ZHONGSHEN XUEXI SHIYE XIA DE
YINGYU ZHIHUI XUEXI SHENGTAI YANJIU

终身学习视野下的
英语智慧学习生态研究

罗红卫 等 著

中山大学出版社
SUN YAT-SEN UNIVERSITY PRESS

·广州·

图书在版编目（CIP）数据

终身学习视野下的英语智慧学习生态研究/罗红卫等著 . —广州：中山大学出版社，2023.10
ISBN 978 - 7 - 306 - 07819 - 3

Ⅰ. ①终…　Ⅱ. ①罗…　Ⅲ. ①英语—教学研究　Ⅳ. ①H319.3

中国国家版本馆 CIP 数据核字（2023）第 100854 号

出　版　人：王天琪
策划编辑：嵇春霞　卢思敏
责任编辑：卢思敏
封面设计：曾　斌
责任校对：袁双艳
责任技编：靳晓虹
出版发行：中山大学出版社
电　　话：编辑部 020 - 84110283，84113349，84111997，84110779，84110776
　　　　　发行部 020 - 84111998，84111981，84111160
地　　址：广州市新港西路 135 号
邮　　编：510275　传　真：020 - 84036565
网　　址：http://www.zsup.com.cn　E-mail：zdcbs@mail.sysu.edu.cn
印　刷　者：广东虎彩云印刷有限公司
规　　格：787mm×1092mm　1/16　23.5 印张　420 千字
版次印次：2023 年 10 月第 1 版　2023 年 10 月第 1 次印刷
定　　价：76.00 元

项目总策划

罗红卫

主要作者

罗红卫　　肖俊洪　　王睿萍

陈　玮　　李　蕊　　傅　龙

刘　溪　　侯海冰　　王诚谦

序　一

随着人工智能、区块链技术、大数据、5G、VR/AR/MR/XR、物联网等新兴技术与其他技术的空前融合，人类社会即将迎来新一轮变革，智慧社会或将到来。智慧教育是智慧社会的必然产物，是教育发展的必然选择，是数字时代的必然变革。而智慧学习生态理念是培育智慧人才的系统方法，包括智慧学习生态的目标（理念价值的传承与发展，智慧人才的生态观、发展路线、培育路线、培育目标）、方法（培育智慧人才方法的理念、学习情境创设、生态平衡、方法生态）和手段（建构生态化学习环境、设计智慧学习圈）。一方面，数字技术的进步助推了外语教育的范式跃迁，教育数字化转型已经成为外语教育改革和发展的方向，呼唤着外语教师开展教育数字化转型的创新和变革，以适应外语教育的各种新变化和新范式。另一方面，智慧学习生态的理论影响着数字时代英语教育的融创实践，如何开展英语智慧学习生态研究成为英语教育数字化转型时期值得思考的问题。《终身学习视野下的英语智慧学习生态研究》正是应对外语教育数字化转型的一种积极的创新和变革。本书从终身学习的视角展开英语智慧学习生态系统研究，研究视角独特，研究内容具有新意。

本书具有四个鲜明特色。

第一，提出了英语智慧学习生态观。智慧学习生态观是智慧教育理论与系统生态学理论相融合后形成的关于智慧人才培育的生态理念。它将系统生态学理论拓展至教育领域和数字世界，希望通过教与学各要素的互联互通、学与教群体（生物群体）的各司其职、学习空间及相关资源（非生物群体）的物尽其用，达到培育智慧人才的目的。英语智慧学习生态观融合智慧学习生态理论与外语教学理论，从英语教法和学法生态、技术赋能英语个性化学习、英语教育中的文化智能的角度出发，阐述英语智慧人才培养的生态理念。英语智慧学习生态观认为，在技术融合的生态化语言学习环境中，英语学习者、英语教学者以及管理者与其所在的英语教与学空间、管理空间以及空间中的资源相互作用而形成了英语教法－技术－文化系统。首先，本书从英语智慧学习生态的认知、情感、文化目标的角度论述英语智慧人才的培养目标；从人机协同底线思维、布鲁姆教育目标与 SAMR 模型融合创变的英语教法生态、支持深度学习的环境样态等方面深入探讨英语智慧教法生态和学法生态；从技术赋能下英语教与学生态多样化、个性化，英语智慧韧性生态系统的方面研究技术赋能的英语智慧生态系统；从外语教育超越语言、走向文化的新趋势的角度探索英语教育中的文化智能，关注二语习得的社会文化维度，分析道格拉斯冷杉小组（DFG）关于"语言学习和教学的多方面性"概念模型的研究。其次，从上述英语教法、技术、文化三个角度对英语智慧学习生态进行系统阐释。最后，从学习机器到智慧学习的发展历程、建构英语智慧学习生态模式的必要性阐述、适合教师的英语智慧学习生态模式建构、英语智慧学习生态的教与学实践探讨等方面研究建构终身学习视野下的英语智慧学习生态模式。

第二，本书提出的英语智慧学习生态观聚焦于英语智慧人才的培养。智慧人才的生态观研究主体更多涉及的是教师、学生，而非囿于智能技术环境，更多关注的是教育主体——人的发展，审察社会对新型人才的急切需求，关注教师专业发展的迫切需要，着力于探究教育改革的实践性价值。本书从英语智慧人才培养的三个主要目标出发进行研究分析：从布鲁姆的认知目标理论、基于认知目标的英语学习信息化工具——英语"数字布鲁姆"、元认知理论、元认知与英语智慧学习出发，开展英语智慧人才的认知目标的研究；从英语教学中的情感因素、英语智慧学习生态中的情感出发，探索英语智慧人才的情感目标；从二语习得的社会文化维度、英语教育中的文化智能、英语智慧学习中的文化智慧出发，探究英语智慧人才的文化目标。

第三，"终身学习视野下的英语智慧学习生态研究"是一项有意义的跨学科研究。在本研究中，教育学、英语语言学、计算机科学、生态学等学科彼此交互和融合，各学科相互补充、取长补短，许多形式模型可以表现或解释数字时代学习系统在互动时的动态变化，从而推动彼此向前发展。本书从终身学习理论国内外研究现状、英语智慧学习生态国内外研究现状、终身学习研究案例三方面对终身学习与英语智慧学习生态进行了探讨。依托 Web of Science 数据库、中国知网（CNKI）数据库，梳理了近10 年终身学习、智慧学习生态、英语智慧学习生态三个层面的相关研究文献，基于出版年份与文献发布数目分布、研究方向分布、出版物与被引频次分布、文献来源出版物分布、精炼 Web of Science 数据库与本课题相关度较高的研究方向分布等数据信息，展开研究分析。本书根据终身学习体系中有关学习术语的两分法，即正式学习、非正式学习两方面，从全日制高等教育、开放教育和 K-12 基础教育领域出发，探讨终身学习视野下的英语智慧学习生态模型应用场景。在本书中，关于全日制高等教育的内容以基于慕课视域的高职英语教学改革为例。

第四，对计算机辅助语言学习（CALL）走向数字化转型进行了深入研究。本书根据英语教学的听、说、读、写、译目标，将英语教育中的主流智能技术大致分为如下七种：用于听、说方面的智能技术，用于阅读方面的智能技术，基于智能技术的写作工具，基于智能技术的翻译软件，用于相关英语形成性评估的测评、监控、分析等方面的智能技术，基于英语游戏化学习的"寓教于乐"智能软件，关于英语个人学习环境或个性化学习的智能技术。

本书十分适合在高等教育、基础教育、终身学习与远程教育领域从事英语教育研究的研究人员，以及英语教育政策制定者、英语教师和广大英语学习者参阅和学习。

祝智庭

2022 年 12 月 7 日于上海

序　二

进入 21 世纪以后，新兴技术不断涌现，所谓"人工智能的春天"已经到来。计算机视觉、语音、机器翻译和自然语言处理领域的持续发展，使得技术赋能的英语教学改革如火如荼，成果显著。根据祝智庭教授的观点，计算机辅助语言学习已经从原来的媒体教学，向着生态化、平台化、智能化、融创化方向发展。

本书以终身学习的视角，对英语智慧学习生态进行了比较全面、深入的研究，探索了外语教育数字化转型时期的计算机辅助英语学习，分析了数字时代英语教与学的融合创新，凸显了技术、英语语言、文化三者之间的相互融合。本书研究角度独特，充满时代感；研究内容丰富新颖，令人耳目一新，具有独特价值。

本书具有以下四个鲜明特色。

第一，将技术和文化因素与英语教法、学法创造性地融合在一起，提出了基于教法－技术－文化的英语智慧学习生态理念。英语智慧学习生态观将外语教学理论与智慧学习生态理论有机结合，认为在技术融合的生态化语言学习环境中，英语学习者、教学者和管理者与其所在的英语教与学空间、管理空间以及空间中的资源相互作用而形成了英语教法－技术－文化系统。本书从英语教法和学法生态，英语教育中的技术应用，外语教育超越语言、走向文化的新趋势三个方面对英语智慧学习生态理念进行了全面系统的阐述。

第二，探索在数字时代构建英语智慧学习生态系统的途径。无论是网络基础设施，还是网络英语学习资源、网络学习工具、英语教师数字技能发展培训等方面，都为英语智慧学习生态系统研究提供了肥沃土壤。本书以终身学习为视角，基于正式学习、非正式学习二分法，深入探讨英语智慧学习生态模型的多种应用场景。在正式学习中，从全日制高等教育、开放教育和 K-12 基础教育等方面探索英语智慧学习生态模型的应用。在非正式学习中，对慕课（非学分）、开放教育资源进行特征分析，对非正式学习中使用的英语学习网站、社交媒体网站进行了综合介绍，以开展终身学习视野下英语智慧学习生态的研究。

第三，聚焦英语教育中的文化智能的探索研究。基于数字时代的英语教育呈现出"超越语言，走向文化"的新境界。本书从道格拉斯冷杉小组的语言学习和教学的多面性概念模型着手，捕捉宏观、中观、微观层面之间的动态相互关系，探讨二语习得的社会文化维度，为英语教育者、英语教师和英语教育政策制定者在应对 21 世纪社会面临的问题和机遇时提供指导性意见。

第四，将个性化英语教学与布鲁姆教育目标、SAMR 模型融合创变，提出了"布鲁姆教育目标＋SAMR"的个性化英语教学生态模型。本书强调，个性化英语教学需要关注英语学习者的差异化（differentiation）、个别化（individualization）、学生能动性（student/learner agency）三方面，把这三个重要因素纳入"布鲁姆教育目标＋SAMR"整合模型中，试图适应不同学习风格的学习者，使英语活动处于 SAMR 模型的最高层次，即重塑层次。本书认为，技术赋能的英语个人数字环境是个性化英语学习新生态，涉及内容、技能、评价、学习者特点、文化等元素以及推动教学的认识论。

罗红卫教授长期从事外语信息化、终身教育的研究，参加了多项国家社会科学重大项目、国家自然科学基金面上项目等国家级、省级课题研究，在宏观领域和微观领域都有比较深入的研究与理论思考。罗红卫教授治学严谨、注重创新，善于发现和提出问题，近年来带领研究团队对英语智慧学习生态进行了深入探讨，发表了许多独特的见解，受到外语教育界的广泛关注和好评。本书正是在其研究的基础上经过反复推敲和修改完成的，充分体现了罗红卫教授敏锐的洞察力、深入的思考和创新的勇气。

习近平总书记指出，人工智能、大数据、量子信息、生物技术等新一轮科技革命和产业变革正在积聚力量，催生大量新产业、新业态、新模式，给全球发展和人类生产生活带来了翻天覆地的变化。本书的应运而生，也是贯彻落实总书记重要指示精神的成果。我相信，本书的许多观点将引起高等教育、基础教育、终身学习与远程教育领域的英语教育研究者和英语教育政策制定者的极大兴趣和思考，本书的出版对广大英语教师和英语学习者将大有裨益，也必将促进英语智慧学习生态理念的进一步丰富、发展与完善。

方健壮

2022 年 12 月 8 日于广州

前　言

　　数字时代新兴技术的空前发展与相互融合，引发了人类社会的又一次变革。数字变革"3D"模式——digitization（数码化）、digitalization（数智化）和 digital transformation（数字转型）——带来了新的教育和运营模式，教育机构的运作、发展方向和价值理念随之发生了巨大的变化。在外语教育领域，教育数字化转型已经不可避免地成为外语教育改革和发展的方向。数字达尔文主义告诉我们，必须不断演变以适应变化，才得以生存。面对数字化转型趋势带来的挑战，外语教师唯有遵从数字达尔文主义——技术爆发时代的适者生存法则，开展教育数字化转型的创新和变革，使自身适应各种新变化和教育新范式，才能更好地开展数字时代的外语教育，更为有效地向外语学习者传授适应未来社会生活的知识和技能。为了应对当前外语教育数字化转型带来的挑战，本书以英语智慧学习生态为研究主题，以终身学习为切入点，开展了外语教育数字化转型与融合创新的系统研究。

　　本书的智慧学习生态概念源于祝智庭教授的智慧教育理论和智慧学习生态系统理论。2017 年，祝智庭教授发展了其在 2012 年下的定义，认为"智慧教育的真谛是通过构建技术融合的生态化学习环境，通过培植人机协同的数据智慧、教学智慧与文化智慧，本着'精准、个性、优化、协同、思维、创造'的原则，让教师能够施展高成效的教学方法，让学习者能够获得适宜的个性化学习服务和美好的发展体验，使其由不能变为可能，由小能变为大能，从而培养具有良好的人格品性、较强的行动能力、较好的思维品质、较深的创造潜能的人才"。同年，祝智庭教授又提出智慧学习生态系统概念，认为"智慧学习生态系统是在一定的智慧学习空间（技术融合的生态化学习环境）中，学与教群体（学习者、教学者、管理者）与所在的空间及空间中的资源（设备、设施、工具、制品符号、内容等）相互作用而形成的'教法－技术－文化'系统，这一系统是教法、技术、文化相互驱动形成的智慧系统，它为开展教与学活动提供良好、适宜的环境"。基于祝智庭教授的智慧教育、智慧学习生态系统的理论，本书如此定义英语智慧学习生态的概念：英语智慧学习生态是在技术融合的生态化学习环境中，英语学习者、教学者、管理者与其所在的空间及空间中的资源，如设备、设施、工具、制品符号、英语学习内容等，相互作用而形成的"英语教法 – 技术 – 文化"系统。这一系统是英语教法、技术、文化相互驱动形成的智慧系统，它为开展英语的教与英语的学的各类活动提供良好、适宜的环境。

英语智慧学习生态系统中的智慧学习空间是具有技术创新意识，英语教法与技术和文化互相作用、互相驱动的生态化学习环境，是以体验、数据为中心的线上、线下互相融合的无缝英语学习空间。本质上，英语智慧学习生态系统是英语的教法 – 技术 – 文化系统。在英语智慧学习生态环境中，英语教法是以具有创新意识的支持、引导等英语教学支持服务为中心的学与教动态平衡的教法生态，英语智慧学习是一种具有实践创新意识的、以学生为中心的、侧重基本知识及技能研习的学习生态。英语教育的过程是中英文化中的理念价值的传承过程，英语学习的目的旨在促使中英文化中理念价值的传承与发展，完成这一任务的物质载体是设备、设施、工具、制品符号等，这些同样也是技术层面的内容。在教学理念方面，英语智慧学习生态系统同样注重"以学生、体验、数据、服务为中心"的原则。

围绕英语智慧学习生态的核心理念，本书从八个方面展开终身学习视野下英语智慧学习生态研究：终身学习与英语智慧学习生态（第一章）、英语智慧学习生态理念（第二章）、英语智慧学习生态之多元目标（第三章）、英语智慧学习生态之教法与学法（第四章）、技术赋能的英语智慧生态系统（第五章）、终身学习视野下的英语智慧学习生态模式建构（第六章）、终身学习视野下的英语智慧学习生态模型应用场景（第七章）、未来英语智慧学习生态研究前瞻（第八章）。

本书的完成及出版得到了许多专家学者和部门的支持与帮助，特在此表示衷心感谢。特别感谢广东开放大学的学校领导与应用外国语学院、教务处、信息化建设部以及其他相关部门给予的鼎力支持与帮助。广东开放大学 2021 年创新强校项目为本书出版提供了充分的经费支持和保障，使得研究团队能够展开终身学习视野下英语智慧学习生态系统的研究与探索。特别感谢青岛开放大学学术委员会主任赵铁成教授的大力支持与帮助，组织了得力的研究团队，共同参与本书的研究，使得本书的撰写得以顺利完成。特别感谢华东师范大学祝智庭教授、浙江东方职业技术学院王佑镁教授、广东汕头开放大学肖俊洪教授对本书的内容策划提出的宝贵意见。尤其诚挚地、真诚地感谢华东师范大学祝智庭教授，为本书的研究提供了理论根基、框架支持，他在本书撰写过程中提出的宝贵意见，始终深深地启发着研究团队。中山大学出版社的领导和编辑对本书的出版提供了大力支持，在此一并表示衷心感谢。

本书是"终身学习视野下的英语智慧学习生态研究"研究团队的集体研究成果。全书由罗红卫负责策划、组织和统稿。研究团队由广东开放大学、青岛开放大学共同组成。无论是对章节目录的热烈讨论，还是对章节内容的仔细推敲、对参考文献格式的反复修改，研究团队都倾注了满腔的热情，付出了艰辛的努力，同时也获得了丰硕的研究成果。在此，我要对整个研究团队致以最真诚的感谢和由衷的敬意。

本书八个章节，作者分别如下。

第一章

　　第一节　罗红卫

　　第二节　罗红卫

　　第三节　〔美〕丽莎·玛丽·布拉斯科、〔英〕斯图尔特·哈泽著，肖俊洪译

第二章　罗红卫

第三章　王睿萍　罗红卫

第四章　陈玮　罗红卫

第五章　李蕊　罗红卫

第六章　傅龙　罗红卫　王诚谦

第七章

　　第一节　刘溪　侯海冰　王诚谦　罗红卫

　　第二节　刘溪　罗红卫

第八章　罗红卫

全书由罗红卫通改定稿。

鉴于水平有限，撰写过程中的错误和疏漏在所难免。真诚地希望同行、专家不吝赐教，批评指正。

罗红卫

2022 年 12 月 10 日

目　　录

第一章　终身学习与英语智慧学习生态

终身学习思想早在春秋战国时期就已初步萌芽。中国古代伟大的教育家、思想家孔子认为学习是人类成长的一个历史性过程："吾十有五而志于学，三十而立，四十不惑，五十而知天命，六十耳顺，七十而从心所欲，不逾矩。"① 孔子以人生的不同阶段为节点，描述了人的发展与终身接受教育不可分离。在西方哲学中，苏格拉底的素养教育和心智教育类似终身学习的启蒙思想。他认为"认识自己"是最终让人向真理和至善靠近的方法，"每个人的身上都有太阳，主要是如何让它发光"，而"让它发光"则是教育的终极目的。② 苏格拉底的对话方法是唤醒人的心智、追寻智慧的关键，也可以说是终身学习的方法。18 世纪末、19 世纪初，随着世界工业革命的快速发展，人类的生产生活方式发生了巨大的变化，新知识与新认识促使人的发展终身化。在 1965 年联合国教科文组织国际教育发展委员会大会上，法国教育理论家保罗·朗格让正式提出了"终身教育"的思想。③ 终身教育为终身学习概念的产生奠定了基础。20 世纪70 年代，埃德加·富尔提出了终身学习的理念，认为现代人应当将"重点放在教育与学习过程的自学原则上，每一个人必须终身不断地学习"④。英国教育哲学家格特·比斯塔认为我们正处在一个"学习的时代"（an age of learning）。⑤

随着社会变迁，智慧社会、智慧教育正在到来。人工智能、大数据、5G、增强现实（AR）/虚拟现实（VR）/混合现实（MR）、物联网等新兴技术与其他技术的空前融合，为终身学习的深入拓展提供了广阔的空

---

① 钟茂森：《细讲论语：学而为政篇》，长江文艺出版社 2011 年版，第 41 页。

② 傅佩荣：《哲学与人生》，北京联合出版公司 2019 年版，第 86 页。

③ ［法］保罗·朗格让：《终身教育导论》，滕星等译，华夏出版社 1988 年版，第 16 - 24 页。

④ 联合国教科文组织国际教育发展委员会：《学会生存：教育世界的今天和明天》，华东师范大学比较教育研究所译，中国时代经济出版社 1996 年版，第 180、200、223 页。

⑤ Biesta, D., "What's the Point of Lifelong Learning if Lifelong Learning Has No Point? On the Democratic Deficit of Policies for Lifelong Learning", *European Educational Research Journal*, 2006 (5), p. 173.

间，为英语的终身学习提供了无限的可能，带来了多种新的教学手段和学习机遇。同时，这也带来了更大的挑战，迫使我们英语教学者反思英语的终身学习模式，发散思维，不断创新。从计算机辅助英语教学（Computer-Assisted Language Learning，CALL）、基于网络的语言教学（Network-Based Language Teaching，NBLT）到基于英语智慧生态的终身学习，它们都极大地改变了英语语言教与学的方式。

本章主要从终身学习理论国内外研究现状、英语智慧学习生态国内外研究现状、终身学习研究案例三方面对本章的主题——终身学习与英语智慧学习生态进行探讨。在终身学习理论国内外研究现状部分，笔者将针对终身教育与终身学习概念、终身学习理论国外研究现状、终身学习的国内研究现状展开分析。在英语智慧学习生态国内外研究现状部分，笔者将阐述英语智慧学习生态的内涵。同时，为了更清晰地呈现终身学习视野下英语智慧学习生态国内外研究现状，本部分通过 Web of Science（核心合集）数据库、中国知网（CNKI）数据库，选定时间跨度为 2012 年 1 月 1 日至 2021 年 12 月 30 日，梳理近 10 年智慧学习生态、英语智慧学习生态两个层面的相关研究文献，基于出版年份与文献发布数目分布、研究方向分布、出版物与被引频次分布、文献来源出版物分布、精炼 Web of Science 数据库中与本课题相关度较高的研究方向分布等数据信息，展开研究分析。在第三节，通过终身学习研究案例——自我决定学习教育学与数字媒体网络：引领学生踏上终身学习之旅，从自我决定学习教育学的基本原则、自我决定学习教育学与以学习者为中心的教育理论、自我决定学习教育学与具有网络意识的新兴教育理论、自我决定学习教育学与学习生态、普通教育学—成人教育学—自我决定学习教育学（PAH）渐变过程以及数字媒体的角色等方面，论述自我决定学习教育学。自我决定学习教育学吸收了建构主义、人本主义、才能、联通主义、系统论思维、复杂性理论和学习的神经科学等理论的内涵，对在数字媒体环境下的英语智慧学习设计具有指导作用。

第一节　终身学习理论国内外研究现状

一、终身教育与终身学习的概念分析

终身学习与终身教育的概念在演变的初期，在许多国家和地区常常被交替使用。随着国际教育界对"终身教育"和"终身学习"两个概念的认识逐步加深，两个概念逐步得以区分。

（一）终身教育

终身教育概念的界定一直处于演变过程中，众说纷纭，定义不一。从巴西尔·巴兹尔·耶克斯利、保罗·朗格让、联合国教科文组织、德洛尔等提出的较为具有代表性的几种概念看，可以分为三个阶段。

（1）第一阶段，萌生终身教育是人类普遍的、终身的需要的观点。终身教育概念的雏形源于英国教育家耶克斯利的终身教育概念。耶克斯利在《1919 年成人教育报告》中指出，成人教育是一种"永久的国民需要"，"应当是普遍的和终身的"。耶克斯利在 1929 年出版的《终身教育》一书中，进一步阐述了终身教育思想。① 由于受到当时社会思想的影响，耶克斯利的终身教育思想具有一定的局限性，浸染着宗教色彩。然而，相对于其生活时代而言，该思想仍然具有积极的意义。通过《终身教育》一书，人们对终身教育思想开始有所了解。德国学者戴夫的终身教育包括"正规的"（formal）、"非正规的"（non-formal）及"不正规的"（informal）学习在内，是一种统合和统一的理念。②

（2）第二阶段，对终身教育进一步认识，认为终身教育是一系列很具体的思想、实验和成就，在教育发展过程中，各个阶段之间具有紧密而有机的内在联系。这一阶段以朗格让的终身教育概念为代表。法国教育家

---

① Yeaxlee, B. A., *Lifelong Education*. Cassell, 1929, pp. 51 – 80.
② Dave, R. H., Cropley, A. J., *Foundations of Lifelong Education: Studies in Lifelong Education*. Pergamon Press, 1976, pp. 79 – 92.

朗格让在 1965 年向联合国教科文组织国际成人教育促进委员会递交的《关于终身教育的提案》中，主张终身教育"是一系列很具体的思想、实验和成就"，"是完全意义上的教育，包括了教育的所有各个方面、各项内容，从一个人出生的那一刻起一直到生命终结时为止的不间断的发展，包括了教育各发展阶段各个关头之间的有机联系"。1970 年，朗格让出版了《终身教育导论》，明确指出"终身教育意指一系列非常具体的思想、实验和成就。……即教育这个词所包含的所有意义，包含教育的各个方面、各种范围，包括从生命运动的一开始到最后结束这段时间的不断发展，也包括在教育发展过程中的各个点与连续的各个阶段之间的紧密而有机的内在联系"①。

1972 年，在联合国教科文组织的报告《学会生存：教育世界的今天和明天》（*Learning to Be：The World of Education Today and Tomorrow*）中，埃德加·富尔对"终身教育"的概念又做了进一步的界定："终身教育包括教育的一切方面"，它"并不是一个教育体系，而是建立一个体系的全面组织所根据的原则，这个原则又是贯穿在这个体系的每一个部分的发展过程之中的"。他认为终身教育是"由一切形式、一切表达方式和一切阶段的教学行为构成"的。

（3）第三阶段，终身教育的含义多元化，本质上具有一致性。20 世纪 80 年代以来，终身教育的概念在国际上广泛传播。大众普遍认为，终身教育贯穿于人的一生，终身教育的实施空间扩展至学校以外的家庭、社区、企业等社会场所，终身教育的内容延展至人的一生中个人和社会发展所需要的普通传统教育、职业教育、关注兴趣爱好的休闲教育等日益更新的所有教育，终身教育的目的是塑造全纳型人才。意大利学者吉尔皮认为，需要从国际关系视角对全球终身教育现状进行审视，对终身教育与国际性的组织与合作进行联结。② 加拿大学者克里斯托弗·纳普尔、澳大利亚学者阿瑟·克罗普利主张高等院校的终身教育发展趋势是强调学习何时发生的时间维度和学习何处发生的空间维度。③ 马耳他有学者认为，终身

---

① ［法］保罗·朗格让：《终身教育导论》，滕星等译，华夏出版社 1988 年版，第 16、24 页。

② Gelpi, E., *Lifelong Education and International Relations*. Croom Helm, 1985, pp. 101 – 150.

③ ［加］克里斯托弗·K. 纳普尔、［澳］阿瑟·J. 克罗普利：《高等教育与终身学习》，徐辉、陈晓菲译，华东师范大学出版社 2003 年版。

教育"规划"不是一种系统地批评和评价教育观念的方法论，而是一种比喻，是意识形态层面上的。① 北美学者西里尔·霍尔提出"类型说"和"学习模式"，认为专业的职前教育比职前培训更为重要，有利于满足自我成长的需求。② 20 世纪 90 年代，终身教育进一步深化和拓展。1996年，雅克·德洛尔在报告《教育——财富蕴藏其中》中提出，终身教育是"与生命有共同外延并已扩展到社会各个方面的连续性教育"，是"不断造就人、不断扩展其知识和才能以及不断培养其判断能力和行动能力的过程"。③ 日本终身教育理论的研究者持田荣一等从制度、内容和方法三个方面对终身教育做了这样的定义：终身教育是教育权的终身保障；终身教育是专业和教养的统一；终身教育是不再产生未来文盲的途径。④

（二）终身学习

关于"终身学习"的概念，有学者认为是从 20 世纪 60 年代后期由终身教育转化而来的，主张 1968 年罗伯特·哈钦斯撰写的《学习化社会》是转化的契机。⑤ 吴遵民认为"它不是一个全新的概念，它像蚕蛹一样从它的前辈驱壳中孕育而出，是伴随着一系列概念——终身教育、回归教育、继续教育、永久教育等发展而来的，并且已成为这一概念家族中强壮有力的一员"⑥。关于"终身学习"的概念的演变，可以从以下三个方面展开分析。

（1）国际上较为普遍地认为"终身学习"成为一个新的理论术语的时间节点是 1972 年，联合国教科文组织的报告《学会生存：教育世界的今天和明天》提出"对教育体系进行必要的检修……达到一个学习化社会的境界"，有利于扩大接受教育的机会，承认正式教育、非正规教育和

---

① Wain, K., *Philosophy of Lifelong Education*. Croom Helm, 1987, pp. 28 - 51.

② Houle, C. O., *Continuing Learning in the Professions*. Jossey-Bass, 1986, pp. 21 - 31.

③ 联合国教科文组织 21 世纪教育委员会：《教育——财富蕴藏其中》，教育科学出版社 1996 年版，第 90 - 92 页。

④ ［日］持田荣一、［日］森隆夫、［日］诸冈和房：《终身教育大全》，龚同、林瀛、邢齐一等译，中国妇女出版社 1987 年版，第 104 页。

⑤ 蒋青希：《终身教育与终身学习概念解析及比较》，载《当代继续教育》2015 年第 4 期，第 47 页。

⑥ 吴遵民：《关于现代国际终身教育理论发展现状的研究》，载《华东师范大学学报（教育科学版）》2002 年第 3 期，第 2 页。

非正式教育的多种教育形式。① 随后，在 1985 年法国巴黎召开的联合国教科文组织第四次世界成人教育大会上，《学习是人的基本权利》宣言正式提出了"终身学习权"，认为"成人学习之权，有助于人类解决自身许多关键问题，是人类谋求生存不可缺少的工具"。该宣言首次提出了"终身学习权"，肯定了终身学习不仅是人的需要，也是人的权利的观点，这是学习权在终身教育方面的体现。可以看出，在这一时期，终身学习的概念更多关注接受教育是人的基本权利、人人具有接受教育的机会。

（2）20 世纪 90 年代，终身学习的概念与社会、文化、经济的发展联系更为紧密，更为关注获取就业能力、提升自身价值的方面，并逐步取代"终身教育"，获得国际的普遍认可。当代国际成人及继续教育领域的知名学者彼得·贾维斯从社会学、哲学视角探索终身学习理论，将终身学习和人类经验相互关联，认为终身学习的过程在本质上是人们一生追求理解，认同个人身份、目的和意义，适应纷繁复杂、变化莫测的社会生活的过程。② 1994 年，欧洲终身学习促进会在联合国教科文组织的支持下，在罗马召开首届"世界终身学习大会"，会议报告对终身学习做了这样的界定："终身学习通过一个不断支持的过程来发挥人类的潜能，它激励并使人们有权利去获得他们终身所需要的全部知识、价值、技能与理解，并在任何任务、情况和环境中有信心、有创造性和愉快地应用它们。"1996年，联合国教科文组织发表报告《学习：财富蕴含其中》（Learning：The Treasure Within）。与此同时，欧洲经济与合作发展组织（OECD）在其发布的报告《面向所有人的终身学习》（Lifelong Learning for All）中认为，终身学习是"从摇篮到坟墓"的学习，强调"自我导向学习"，并把"学会学习"（learning to learn）作为"持续一生学习的必要基础"。③ 英国学者戴维·沃森和理查德·泰勒考察英国高等教育与终身教育的历史发展与

---

① Field, J., "Lifelong learning", *International Journal of Lifelong Education*, 2001, 20（1, 2), p. 5.

② Jarvis, P., *Paradoxes of Learning：On Becoming an Individual in Society*. Jossey-Bass, 1992, p. 154.

③ Organisation for Economic Cooperation and Development（OECD）, *Lifelong Learning for All*. OECD, 1997, pp. 13 – 15.

现实情况，研究终身学习对高等教育的影响，思考高等教育的改革问题。① 美国学者罗丝玛莉·卡法瑞拉针对终身学习的课程规划、教与学的形式和方法，提出"互动模式"，内容涉及多领域，如学校、医院、企业、政府、社区、军队、宗教等的实务知识。② 西班牙学者拉蒙·弗莱夏对工具性学习、对话式学习、解放式学习等终身学习的方法展开分析。③ 美国学者克莱尔·艾伦·温斯坦为优秀终身学习者的成长提出终身学习所必需的各种知识、策略并对构成的认知过程进行了研究。④

（3）21 世纪初至今，终身学习的概念开始关注个人的学习，强调以人为本，以学习者为中心。终身学习更大程度上是从个人的层面、个体学习者的视角，为最大限度实现个人价值，提高个人的素养、能力、技能等所做出的主动学习行为。终身学习的概念在理论上更强调以学习者为本，强调学习者的需求、主动性和作用。在实践中，终身学习聚焦学习者的学习动机、情感、个性化学习资源的需求与利用，以及学习方式的适应性等方面。

20 世纪末，在国际上的终身教育理论和实践当中，"终身学习"与"终身教育"的使用频率形成强烈对比，前者被高频使用，而后者则渐渐消失在人们的视野中。在有些国家的政策和文件中，"终身学习"已经取代了"终身教育"。时代变迁是终身学习应运而生的根本原因。在《反思教育》一书中，联合国教科文组织认为当今世界的教育格局正在发生剧变，主要源于人类的学习模式在过去 20 年里发生了巨大的变化。终身教育虽然拓展并完善了传统教育的理念，但是传统的学校正规教育已经不再是以接受知识为主的活动，以提升职业技能、个人素养等为目的的其他活动都已成为教育的活动内容。学习的格局也不再是单一的，而是向混合、多样和复杂的螺旋式趋势转变。贯穿人们一生的终身学习日益丰富和补充人们的知识结构，持续不断地推动着人的发展。在这种情况下，更为强调

---

① Watson, D., Taylor, R., *Lifelong Learning and the University*: *A Post-Dearing Agenda*. Falmer Press, 1998, pp. 44 – 61.

② ［美］罗丝玛莉·卡法瑞拉：《成人学习规划》，洪敏琬译，台北五南书局 1997 年版。

③ García, J. R. F., *El Aprendizaje de Las Personas Adultas a Traves Del Dialogo*. Rowman & Littlefield, 1997, pp. 23 – 35.

④ Weinstein, C. E., Hume, L. M., *Study Strategies for Lifelong Learning*. American Psychological Association, 1998, pp. 113 – 125.

以人为本的终身学习。① 在我国，2019 年发布的文件《中国教育现代化2035》《中共中央关于坚持和完善中国特色社会主义制度　推进国家治理体系和治理能力现代化若干重大问题的决定》都提出了"构建服务全民终身学习的现代教育体系"。

总之，终身学习由终身教育衍生而来，是终身教育的深化和拓展，终身教育是终身学习产生的基础。二者都强调教育的终身性、时空性、连续性、全民性、多元性，强调时时处处的学习，强调正式学习和非正式学习两种教育形式，强调教育的最终目的皆为提升个人能力、促进个人发展与实现自我价值，从而促进社会发展。

二、终身学习理论国外研究现状

（一）Web of Science 数据库 2012—2021 年的文献梳理

以 lifelong learning（终身学习）和 lifelong education（终身教育）为主题关键词搜索 Web of Science 数据库 2012—2021 年的数据，分别得到9579 条和 8929 条结果。

以 lifelong learning 为主题进行搜索的结果涉及 149 个研究方向。每年发表文章 100 篇以上的有 3 个研究方向：教育研究（5732 篇）、计算机科学（2024 篇）和心理学（1075 篇）。每年发表 50 篇以上、100 篇以下的有 5 个研究方向：行为科学（985 篇）、工程学（780 篇）、商业经济（742 篇）、健康护理科学服务（675 篇）和社会科学（573 篇）。每年发表文章 30 篇以上、50 篇以下的有 5 个研究方向，分别为科学技术（389篇）、传播学（375 篇）、神经科学（344 篇）、数学（333 篇）、信息科学（307 篇）（见图 1 - 1 - 1）。

以 lifelong education 为主题进行搜索的结果涉及 78 个研究方向。每年发表文章 100 篇以上的有 3 个研究方向：教育研究（5732 篇）、计算机科学（1183 篇）、心理学（1165 篇）。每年发表文章 50 篇以上、100 篇以下的有 5 个研究方向：行为科学（971 篇）、健康护理科学服务（927 篇）、

---

① UNESCO, *Rethinking Education Towards A Global Common Good?* See https://unesdoc. unesco. org/ark:/48223/pf 0000232555.

商业经济（754 篇）、社会科学（694 篇）和工程学（539 篇）。每年发表文章 30 篇以上、50 篇以下的只有 1 个研究方向，为科学技术（423 篇）。传播学（252 篇）、信息科学（238 篇）、神经科学（177 篇）、数学（161 篇）方向的文献发表量与终身学习有所不同（见图 1 - 1 - 1）。

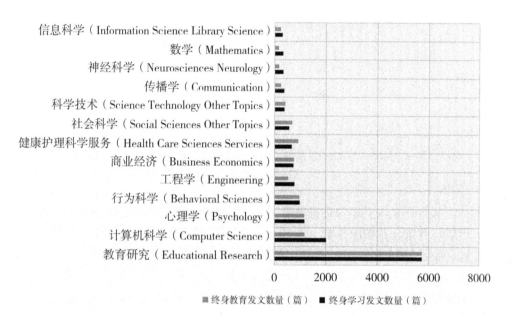

图 1 - 1 - 1　Web of Science 终身学习主题与终身教育主题文献研究方向分布
（2012—2021 年）

对终身学习主题与终身教育主题的发文数量进行比较可以看出，在教育研究、心理学、行为科学、商业经济、科学技术 5 个领域，术语"终身教育"与"终身学习"的使用频率相差不大。社会科学、健康护理科学服务 2 个领域，术语"终身教育"使用得更多。而在计算机科学、工程学、传播学、神经科学、数学、信息科学 6 个领域中，"终身学习"的使用频率较"终身教育"更高。

从 2012—2021 年以终身学习与终身教学为主题的文献发表数量分布情况（见图 1 - 1 - 2）来看，我们可以发现全球研究终身学习、终身教育的热度总体呈上升趋势，其间出现波动：2013 年、2016 年为较低点，2019 年为最高点，2020—2021 年发文的数量有所下降。从发文数量来看，终身学习主题较之终身教育主题，近 10 年的发文数量略多一些（650篇）。

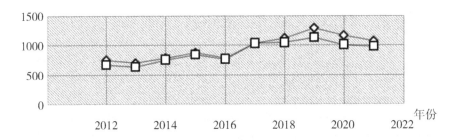

图 1-1-2 Web of Science 终身学习主题与终身教育主题的文献发表数量分布（2012—2021 年）

从终身学习主题和终身教育主题 2012—2021 年按年份的被引频次与出版物数量分布情况来看（见图 1-1-3），两类主题的被引频次逐年增加，除了 2012 年、2013 年被引频次少于当年的出版物数量以外，其余年份的被引频次明显高于当年的出版物数量。关于终身学习主题和终身教育主题的出版物数量在 2015 年分别为 875 本和 846 本，被引频次分别为 2023 次、1961 次；2016 年分别为 779 本和 773 本，被引频次分别为 2856 次、2720 次；2017 年分别为 1032 本和 1042 本，被引频次为 4060 次、3729 次；2018 年分别为 1122 本和 1054 本，被引频次分别为 4906 次、4660 次；2019 年分别为 1293 本和 1137 本，被引频次分别为 7264 次、6557 次；2020 年分别为 1168 本和 1016 本，被引频次分别为 9079 次、8107 次；2021 年分别为 1071 本和 986 本，被引频次分别为 11372 次、9858 次。

我们可以发现，近 10 年来，以终身学习和终身教育为主题的研究成果得到了全球越来越多相关研究者的关注，相关研究者将其作为自身深入研究的参考借鉴，终身学习、终身教育研究的广度和深度得到进一步拓展。但是，总的来说，终身学习主题的出版物数量和按年份的被引频次在数量上比终身教育略高。

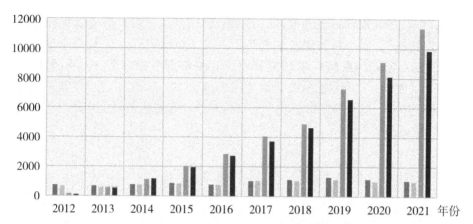

■终身学习出版物（本）■终身教育出版物（本）■终身学习被引频次 ■终身教育被引频次

图 1 - 1 - 3　Web of Science 终身学习主题与终身教育主题按年份的被引频次和出版物数量分布（2012—2021 年）

如图 1 - 1 - 4 所示，将终身学习与终身教育两类主题的文献数量根据来源出版物进行排列，可以发现有 5 家出版物每年至少发表 10 篇以上关于终身学习和终身教育两类主题的相关主题，按发表数量由多到少列举如下：国际技术教育发展大会（终身学习 331 篇、终身教育 260 篇）、国际教育新学习技术大会（终身学习 281 篇、终身教育 233 篇）、《社会及行为科学》（终身学习 250 篇、终身教育 209 篇）、国际教育研究革新大会（终身学习 175 篇、终身教育 153 篇）、《终身教育》（终身学习 120 篇、终身教育 122 篇）。此外，2012—2021 年每年发表 10 篇以上相关主题文章的还有预印本网站 arXiv，终身学习主题共有 129 篇，但终身教育主题则仅有 6 篇。社会科学教育人文学科研究最新发展①在 2012—2021 年每年也发表 10 篇以上相关文章，终身教育主题有 106 篇，终身学习主题仅有 84 篇。

在这里解释一下预印本网站论文。简单地说，预印本网站论文是指还未向期刊投稿发表的论文。作者通过预印本形式将论文发表在相关网站

---

①　根据 Web of Science 数据库，社会科学教育人文学科研究最新发展（Advances in Social Science Education and Humanities Research）指关于终身学习、终身教育主题的各类国际会议出版物（会议论文集）的集合。

上，如网站 arXiv. org，获取同行评审、改进意见，以此促进学科社群的
共享和交流，是一种快捷的学术传播方式。网站 arXiv. org 是为全球研究
人员提供开放存取的科学研究资料库，由物理学家保罗·金斯伯格于
1991 年创建，早期仅收录物理学领域的预印本。1999 年后，其收录领域
扩大至数学、物理学、计算机、非线性科学、定量生物学、定量财务以及
统计学等领域。

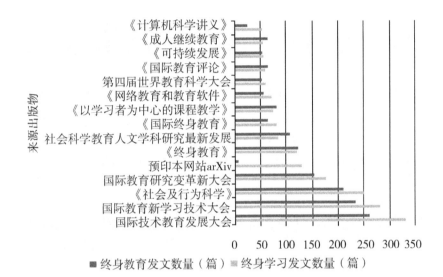

图 1－1－4　Web of Science 终身学习主题与终身教育主题来源出版物分布
（2012—2021 年）

如图 1－1－4 所示，关于终身学习与终身教育两类主题，每年至少发
表 10 篇以下、5 篇以上相关主题文章的出版物有 7 家，按发表数量由多
到少，分别是《国际终身教育》（终身学习 80 篇、终身教育 63 篇）、《以
学习者为中心的课程教学》（终身学习 74 篇、终身教育 80 篇）、《网络教
育和教育软件》（终身学习 70 篇、终身教育 55 篇）、第四届世界教育科
学大会（终身学习 60 篇、终身教育 51 篇）、《国际教育评论》（终身学习
58 篇、终身教育 63 篇）、《可持续发展》（终身学习 55 篇、终身教育 63
篇）、《成人继续教育》（终身学习 54 篇、终身教育 63 篇）。值得注意的
是，《计算机科学讲义》以终身学习为主题的发文量为 250 篇，但是终身
教育主题仅有 24 篇。

在 Web of Science 数据库中，从以终身学习为主题的9579 篇文献和以终身教育为主题的8929 篇文献中筛选与本课题相关度较高的13 个研究方向——教育研究、计算机科学、心理学、行为科学、工程学、社会科学、传播学、科学技术、语言学、哲学、文化研究、信息科学、人文学科，分别得到6128 条和5369 条结果。

分析检索结果可以发现，两类主题的文献发表数量均在1000 篇以上的为教育研究（终身学习4422 篇和终身教育4125 篇）和心理学（终身学习1070 篇和终身教育1022 篇）两个研究方向。以终身学习为主题、以计算机科学为研究方向的有1362 篇，但是以终身教育为主题、以计算机科学为研究方向的则仅有779 篇。两类主题的文献发表数量均在100 篇以上、1000 篇以下的研究方向为行为科学（终身学习904 篇和终身教育861篇）、工程学（终身学习649 篇和终身教育409 篇）、社会科学（终身学习456 篇和终身教育515 篇）、传播学（终身学习316 篇和终身教育237篇）、科学技术（终身学习231 篇和终身教育199 篇）、信息科学（终身学习171 篇和终身教育195 篇）。研究方向为语言学的终身学习和终身教育两类主题的发文量存在差异，分别为109 篇和70 篇。发表数量在10 篇以上、100 篇以下的研究方向为人文学科（终身学习90 篇和终身教育31篇）、哲学（终身学习34 篇和终身教育35 篇）、文化研究（终身学习32篇和终身教育31 篇）（见图1－1－5、图1－1－6）。

图1－1－5、图1－1－6显示，两类主题中，以教育研究视角开展研究的文献占比，终身学习达到72.16%，终身教育达到76.83%。但是，在其他研究方向中，终身学习和终身教育两类主题的文献占比都急剧下降。如计算机科学，前者占比22.27%，后者占比14.51%；心理学，前者占比17.46%，后者占比19.04%；行为科学，前者占比14.75%，后者占比16.04%；工程学，前者占比10.59%，后者占比7.62%；社会科学前者占比7.44%，后者占比9.59%；传播学前者占比5.16%，后者占比4.14%；科学技术前者占比3.77%，后者占比3.71%；信息科学前者占比2.79%，后者占比3.63%。从语言学、人文学科、哲学、文化研究等角度开展终身学习、终身教育相关研究的文献数量微乎其微，前者占比分别为 1.78%、1.47%、0.56% 和 0.52%，后者占比分别为 1.30%、1.75%、0.65% 和0.58%。

终身学习视野下的英语智慧学习生态研究

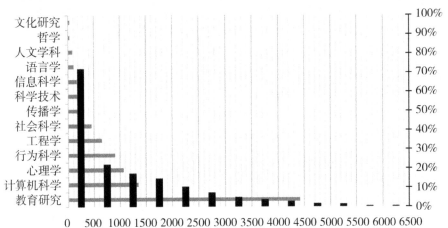

图 1-1-5　与终身学习主题相关度较高的研究方向分布（2012—2021 年）

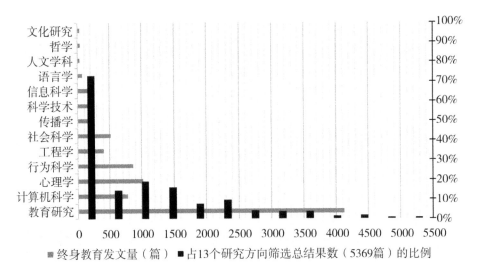

图 1-1-6　与终身教育主题相关度较高的研究方向分布（2012—2021 年）

以 lifelong learning 和 lifelong education 作为检索词进行文献梳理发现，2012—2021 年发表在 Web of Science 数据库的研究成果达到了一定数量，国际上对终身学习、终身教育研究的认可程度、重视程度逐年上升，而且

·14·

研究呈现稳步深入态势。其中，2019 年的发文量最多，2020 年、2021 年发文量有所下降。从数量上来看，较之终身教育主题，终身学习主题近 10 年的发文数量略多一些。从发表文献数量和被引频次来看，终身学习主题在数量上比终身教育主题略多。从文献数量和来源出版物来看，终身学习与终身教育具有相当的共同特点，但是在预印本网站 arXiv、《计算机科学讲义》两种来源出版物中，以终身学习为主题的发文量远远高于终身教育主题。从与本课题相关度较高的研究方向来看，研究方向多样化，涉及多门学科，以教育研究、计算机科学、心理学、行为科学等学科居多。终身学习和终身教育两类主题在一定程度上发文量相差无几，教育研究方向皆为其聚焦点，对其关注度明显高于其他研究方向。而语言学、人文学科、哲学、文化研究等研究方向皆为非关注点，相关文献数量微乎其微。不过这些研究方向也存在一定区别，差异较为明显的为语言学研究方向，终身学习主题较之终身教育主题，发文数量多出近 40 篇。

综上所述，首先，在终身学习和终身教育两类不同主题中，全球范围内选择终身学习视角开展相关研究的学者多于选择终身教育视角的研究者。其次，在终身学习研究中，英语语言与计算机科学、文化研究相互融合、跨学科研究的深度和广度仍然欠缺。本书选择的以终身学习为视角开展英语智慧学习生态研究有极大的拓展空间。

（二）国外终身学习理论研究

梳理 Web of Science 数据库关于终身学习与终身教育的文献的研究内容，可以发现国外终身学习理论研究主要聚焦于下列五个方面。

关于终身学习与数字时代、高等教育的相关研究。汤姆·范韦尔特和迈克·肯多对信息技术支持的终身学习环境的特点、可持续性、社区和教育机构的作用、信息技术的作用展开探索。[1] 帕克·罗斯曼认为大学可以成为跨年龄、跨文化的全球性虚拟学习系统，深信"全民教育"梦想的实现指日可待。日本学者井上由纪子关注在线教育环境下终身学习的理论、学习策略和设计高等教育课程等方法。[2] 汉斯·休斯和玛丽·斯诺威

---

① Van Weert, T. J., Kendall, M., *Lifelong Learning in the Digital Age*: *Sustainable for All in a Changing World*. Springe, 2004, pp. 14 – 39.

② Inou, Y., *Online Education for Lifelong Learning*. Information Science Pub, 2007, pp. 4 – 19.

的研究发现，终身学习在高等教育领域的影响仍然不显著，引用其他学者的话，即"主流"高等教育在满足对更加开放、灵活和平等的制度要求方面进展依然缓慢。① 他们的研究结果基于美国、英国、加拿大、德国、日本、澳大利亚、奥地利等国"非传统"学术的参与的案例，促使人们反思在高等教育领域开展终身学习的迫切性和必要性。与此相类似，为了解继续高等教育在结构、组织和类型方面的异同，迈克尔·努斯特和安珂·汉弗特对英国、法国、德国、芬兰、奥地利和美国在该方面的情况展开系统调查。结果显示，高等教育系统中的继续教育差异明显，多种概念如"继续教育"与"终身学习"本身毫无区别。②

关于终身学习与公民教育、价值观教育的研究。威廉姆·迈尔和格雷厄姆·汉弗莱斯认为，在国际上，公民教育具有重要作用，国际社会现有的国际恐怖主义和战争威胁大大增加了新时期公民教育改革的必要性，成年公民教育的需求不可忽视。③ 戴维·阿斯宾和朱迪斯·查普曼开展了针对国际背景下的价值观教育和终身学习政策的研究。他们探讨了两类教育的性质、目的、范围，提倡终身学习者作为个体和社会一员接受教育，提出受教育的方式和方法，并指出批判性评价可能阻碍教育原则的实施及对哲学、文化和传统的吸收。④

关于终身学习与老年教育的研究。塔里卡·塔肯伦和巴里·莱恩通过对欧洲、澳大利亚、日本和美国的老年工作者进行研究，认为劳动力市场忽视了老年工作者的经验和能力，从而产生负面效应，强调在所有工作地点实施针对性的培训，开展年龄管理、终身学习和培训。⑤

关于终身学习和性别关系的研究。卡罗尔·莱斯伍德和贝克·弗朗西斯探讨了在终身学习机会、参与和结果模式方面男女两性显著的性别区别

① Schuetze, H. G., Slowey, M., *Higher Education and Lifelong Learners*: *International Perspectives on Change*. Routledge/Falmer, 2000, p. 244.

② Knust, M., Hanft, A., *Continuing Higher Education and Lifelong Learning*: *An International Comparative Study on Structures*, *Organisation*, *and Provisions*. Springer, 2009, pp. 87–98.

③ Williams, M., Humphrys, G., *Citizenship Education and Lifelong Learning*: *Power and Place*. Nova Science Publishers, 2003, pp. 150–167.

④ Aspin, D. N., Chapman, J. D., *Values Education and Lifelong Learning*: *Principles*, *Policies*, *Programmes*. Springer, 2007, pp. 35–43.

⑤ Tikkanen, T., Nyhan, B., *Promoting Lifelong Learning for Older Workers*: *An International Overview*. Office for Official Publications of the European Communities, 2006, pp. 64–70.

和权力关系。① 彭尼·琼·波克和苏·杰克森从女权主义和后结构主义的视角，专门研究了终身学习存在的复制和维持排他性话语与实践机制，批判性地分析了两种主义在终身学习领域背后暗含的价值观。②

关于终身学习政策的研究。由于国际学界对终身学习的重视，各类国际组织联合制定各种终身学习政策，各国也纷纷调整自身的终身学习政策、模式，推展模式各不相同。2001 年，两位来自澳大利亚的学者大卫·阿斯平、朱迪斯·查普曼与加拿大学者迈克尔·哈顿以及日本学者泽野由纪子一同编撰了《国际终身学习手册》（*International Handbook of Lifelong Learning*）。书中说到信息技术变革、全球化和知识经济的转变极大地影响着世界，给世界所有公民带来了巨大的挑战，认为应对挑战的唯一手段是"教育、教育、教育"，为未来的知识经济和学习型社会做准备是一项终生的事业。该书通过国际范围内的教育实践优秀案例对之前的终身学习政策和计划的观点、原理和理论进行了分析、评论和修订，提出了有关终身学习政策的主要概念、理论和价值观的新观点。③ 2012 年，大卫·阿斯平和朱迪斯·查普曼又与英国学者凯伦·埃文斯等一起对《国际终身学习手册》进行大幅修订，收集来自更多国家的终身学习研究者的最新研究成果，对终身学习领域的难题、主题和争论的问题进行更为全面的调查、分析、探索和发展，对现行终身学习政策、计划和实践进行思考、阐明、实施和评估，更新版本为《国际终身学习手册（第二版）》。④第二版在研究范围、视野方面更具有广泛性、创新性和国际性。

2009 年，《国际终身教育杂志》的创始编辑、英国学者彼得·贾维斯编撰出版了《劳特利奇国际终身学习手册》（*The Routledge International*

① Leathwood, C., Francis, B., *Gender and Lifelong Learning: Critical Feminist Engagements*. Routledge, 2006, pp. 86 – 89.

② Burke, P. J., Jackson, S., *Reconceptualising Lifelong Learning: Feminist Interventions*. Routledge, 2007, pp. 31 – 67.

③ Aspin, D. N., Chapman J., Hatton M., et al., *International Handbook of Lifelong Learning*. Kluwer Academic Publishers, 2001, pp. 68 – 80.

④ Aspin, D. N., Chapman, J., Evans, K., et al., *Second International Handbook of Lifelong Learning*. See https://www.academia.edu/2343423/The_Second_International_Handbook_of_Lifelong_Learning.

Handbook of Lifelong Learning）①。该书以学习者为中心，汇聚了国际终身学习领域主要专家的最新研究成果，涉及终身的学习、终身学习场所、学习方式、终身学习政策、社会运动、终身学习中争论的问题、地域维度，考察了在当时的国际社会背景之中系统的全球框架下终身学习的复杂性。

20世纪60年代以来，在联合国教科文组织等国际组织的大力倡导和推动下，终身学习思想很快受到国际社会的重视，在许多国家和地区广泛传播开来。发展终身教育、构建学习型社会，成为21世纪许多国家与地区教育改革和发展的主要任务。同时，随着终身教育实践的发展，终身学习理论研究日渐深入，终身学习政策的理论研究已经从教育领域延伸拓展到社会其他领域，如经济、文化等领域。

三、终身学习理论国内研究现状

以"终身学习"和"终身教育"作为检索词进行主题模糊搜索，查询中国知网2012—2021年的相关文献，分别得到20226条和12093条结果。

两类主题的搜索结果涉及11个主要主题、11个次要主题。以终身学习为主题进行搜索，每年发表100篇以上文献的主要主题和次要主题皆为终身学习（分别为1510篇和3660篇）；每年发文50～100篇的主要主题为终身教育（717篇）、社区教育（533篇），次要主题为学习者（676篇）、学习型社会（624篇）；每年发文10篇以上、50篇以下的主要主题为继续教育（381篇）、核心素养（354篇）、开放大学（307篇）、学分银行（295篇）、学习型社会（284篇）、高职院校（282篇）、自主学习（260篇）、学习型城市建设（230篇），次要主题为终身教育（395篇）、终身教育体系（287篇）、全民终身学习（256篇）、社区教育（195篇）、终身学习体系（164篇）、终身学习能力（144篇）、老年教育（143篇）、继续教育（140篇）（见图1-1-7、图1-1-8）。

以终身教育为主题进行搜索，每年发表100篇以上文献的主要主题和次要主题皆为终身教育（分别为1689篇和1385篇）；每年发文50～100

① Jarvis, P., *The Routledge International Handbook of Lifelong Learning*. See https://www.routledge.com/The-Routledge-International-Handbook-of-Lifelong-Learning/Jarvis/p/book/9780415581653.

篇的主要主题为社区教育（823篇）、继续教育（543篇），次要主题为终身教育体系（781篇）、学习型社会（658篇）、终身学习（605篇）；每年发文10篇以上、50篇以下的主要主题为终身学习（411篇）、开放大学（380篇）、职业教育（266篇）、高职院校（229篇），次要主题为学习者（352篇）、社区教育（215篇）、老年教育（196篇）、老年大学（170篇）、继续教育（162篇）、社区居民（141篇）、终身教育理念（139篇）（见图1-1-8）。

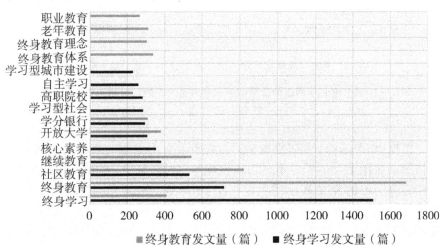

图1-1-7　中国知网以终身学习与终身教育为主题的文献主要主题分布
（2012—2021年）

从以终身学习与终身教育为主题的文献的主要主题和次要主题分布情况来看，研究均主要在教育研究领域内开展。在前11个主要主题中，终身学习和终身教育主题文献共同涉及的主要主题有7个，即终身学习、终身教育、社区教育、继续教育、开放大学、学分银行、高职院校。核心素养、学习型社会、自主学习、学习型城市建设4个主要主题唯有终身学习主题文献涉及；终身教育体系、终身教育理念、老年教育、职业教育4个主要主题只有终身教育主题涉及。在前11个次要主题分布中，终身学习主题和终身教育主题共同涉及的主要主题有8个，即终身学习、学习者、学习型社会、终身教育、终身教育体系、社区教育、老年教育和继续教育。

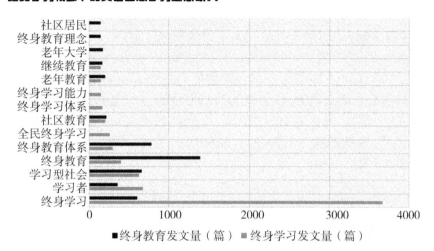

图1-1-8 中国知网以终身学习与终身教育为主题的文献次要主题分布
（2012—2021 年）

根据2013—2021年以终身学习与终身教育为主题的文献发布数量分布情况（见图1-1-9），我们可以发现国内对终身学习的研究保持理性，关于终身学习的发文量比较稳定，除2013年、2014年、2015年、2021年出现波动，有所下降以外，其他年份差异不明显。而关于终身教育的整体研究发文量则呈逐年下降趋势，2013年为最多，2021年为最少，发文量相差近600篇。

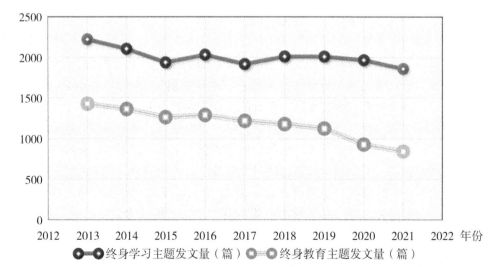

图1-1-9 中国知网以终身学习与终身教育为主题的文献发布数量
（2013—2021 年）

从 2012—2021 年以终身学习和终身教育为主题的文献所涉及的学科分布情况来看（见图 1-1-10），在中国知网列出的前 11 个相关学科中，两个主题的文献共同涉及的学科一共有 9 个，成人教育与特殊教育是这两个主题发文量均为第一的学科，其余 8 个学科是教育理论与教育管理、职业教育、高等教育、中等教育、计算机软件及计算机应用、图书情报与数字图书馆、初等教育、学前教育。不同之处是以终身学习为主题的文献涉及外国语言文字（1157 篇）、医学教育与医学边缘学科（321 篇），而终身教育主题文献则未涉及。以终身教育为主题的文献所关注的体育（490篇）、中国政治与国际政治（162 篇），以终身学习为主题的文献对此并无关注。

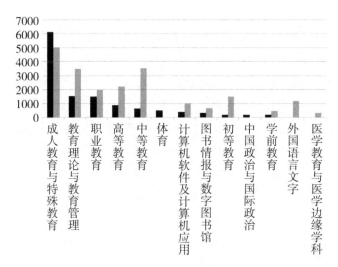

　　■ 终身教育主题发文量（篇）　　■ 终身学习主题发文量（篇）

图 1-1-10　中国知网以终身学习与终身教育为主题的文献所涉及的
学科分布（2012—2021 年）

　　将以终身学习与终身教育为主题的文献数量根据来源出版物进行排列，可以发现关于终身学习和终身教育两类主题每年至少有 10 篇以上相关主题文章发表，共同的来源出版物有 7 家：《中国成人教育》（终身学习 430 篇、终身教育 466 篇）、《成人教育》（终身学习 249 篇、终身教育 336 篇）、《终身教育研究》（终身学习 189 篇、终身教育 215 篇）、《世界教育信息》（终身学习 182 篇、终身教育 303 篇）、《现代职业教育》（终身学习 177 篇、终身教育 113 篇）、《职教论坛》（终身学习 166 篇、终身教育 190 篇）、《成才与就业》（终身学习 163 篇、终身教育 129 篇）。在只发表终身学习主题文献的来源出版物中，位列前 4 名的是《考试周刊》（279 篇）、《课程教育研究》（191 篇）、《中国远程教育》（169 篇）、《职业技术教育》（158 篇）。在只发表终身教育主题文献的来源出版物中，位列前 4 名的是《继续教育研究》（202 篇）、《当代继续教育》（122 篇）、《中国职业技术教育》（117 篇）、《继续教育》（116 篇）（见图 1 - 1 - 11）。

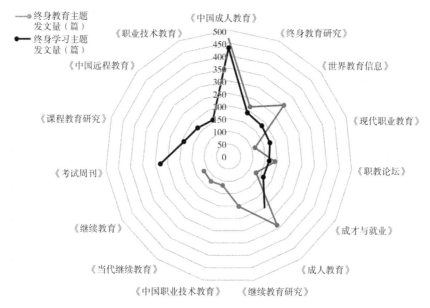

图 1 - 1 - 11　中国知网以终身学习与终身教育为主题的文献来源
出版物分布（2012—2021 年）

从对 2012—2021 年中国知网关于终身学习、终身教育的文献的梳理来看，发表在中国知网的研究成果达到了一定数量，国内对终身学习、终身教育的研究的认可、重视皆达到了一定程度。首先，从学科分布情况来看，以终身学习和终身教育为主题的发文量排列第一的学科是成人教育与特殊教育，其他名列前茅的 8 个学科基本与教育相关。存在明显差异的是外国语言文字是以终身学习为主题的文献所关注的学科，而以终身教育为主题的文献则并未涉及该学科。其次，从每年发文数量变化趋势来看，终身学习和终身教育两个主题有所差异。国内对终身学习的研究保持理性，近10年关于终身学习的发文量比较稳定。但是，关于终身教育的整体研究发文量呈逐年下降趋势，关注度有所减弱。再次，从发文量来看，终身学习较之终身教育，近10年的发文数量多出8000篇左右。最后，从来源出版物的维度看，终身学习与终身教育两类主题虽然具有不少的共同特点，但是，发表在《课程教育研究》《中国远程教育》上的则只有以终身学习为主题的文献，而发表在《继续教育》上的只有以终身教育为主题的文献。

综上所述，首先，国内关于终身学习和终身教育的主要研究均在教育研究领域内开展，研究方向较为单一。其次，国内选择终身学习视角开展相关研究的文献明显多于选择终身教育视角的。针对终身教育开展的研究较之关于终身学习的研究，发文数量整体呈逐年下降趋势，国内学界更多地将视角转向终身学习。最后，关于终身学习、英语语言研究、智慧学习生态、文化研究的跨学科整合研究少之又少，跨学科研究的深度和广度仍然欠缺。

第二节　英语智慧学习生态国内外研究现状

一、英语智慧学习生态的内涵

（一）智慧学习生态系统

理解英语智慧学习生态的内涵，需要先弄清楚智慧学习生态系统。2017年，祝智庭提出智慧学习生态系统（Smart Learning Ecosystem，SLE），认为智慧学习生态系统是在一定的智慧学习空间（技术融合的生态化学习环境）中，学与教群体（学习者、教学者、管理者）与其所在的空间及空间中的资源（设备、设施、工具、制品符号、内容等）相互作用而形成的"教法－技术－文化系统"。这一系统是教法、技术、文化相互驱动形成的智慧系统，为开展教与学活动提供了良好、适宜的环境。[①]

在这里，智慧学习空间是技术融合的生态化学习环境，从体系架构的层面，可以分为物理层、网络层、文化层。其所涉及的领域包含教学领域、学术领域、管理领域与生活领域四大领域。祝智庭将智慧学习生态系统的学习环境生动地比喻为以社会文化为"大气层"的线上、线下融合的学习环境，是涉及由学术至生活的层面的广域空间。从根本上来说，智慧学习生态系统中的学习环境是一种教法、技术、文化互相作用、互相驱动的环境。社会文化把控、引领着教法、技术的发展方向；技术增强、赋能教法和文化，赋予教法、文化以智慧，促成智慧教法、智慧文化；教法融合技术、文化，实现技术的价值，传承文化的理念。

学与教群体是指学习相关者，即学习者（学生及其同伴）、教学者、管理者，他们是学习过程、学习环境中的生物体，与技术融合的生态化学习环境中的学习资源相互作用，借助反馈、优化、协调、适配、扩散和聚合机制，形成统一的功能整体，构成智慧学习生态系统。它的设计具有四个原则：以体验为中心、以服务为中心、以学生为中心和以数据为中心。

（二）英语智慧学习生态系统

根据祝智庭的智慧学习生态系统概念，英语智慧学习生态是在技术融合的生态化学习环境中，英语学习者和英语教学者、管理者与所在的空间及空间中的资源，如设备、设施、工具、制品符号、英语学习内容等，相互作用而形成的"英语教法－技术－文化系统"，这一系统是英语教法、技术、文化相互驱动形成的智慧系统，它为开展英语的教与学的各类活动提供良好、适宜的环境。

英语智慧学习生态系统中的智慧学习空间是具有技术创新意识的，英语教法、技术、文化互相作用、互相驱动的生态化学习环境，是以体验为中心、以数据为中心的线上和线下互相融合的无缝的英语学习空间。本质上，英语智慧学习生态系统是英语教法－技术－文化系统。在英语智慧学习生态环境中，英语教法是以具有创新意识的辅导、引导等英语教学支持

---

① 祝智庭、彭红超：《智慧学习生态系统研究之兴起》，载《中国电化教育》2017 年第 6 期，第 1－10、23 页。

服务为中心的学与教动态平衡的教法生态，英语智慧学习是一种具有实践创新意识的、以学生为中心的、偏重于基本知识及技能研习的学习生态。① 英语教育的过程是中英文化中的理念价值的传承过程，英语学习旨在促使中英文化中的理念价值的传承与发展，完成该任务的物质载体是设备、设施、工具、制品符号等，这些同样是技术层面的内容。在教学理念方面，英语智慧学习生态系统同样注重"以学生为中心、以体验为中心、以数据为中心、以服务为中心"的原则。

基于英语教法－技术－文化的英语智慧学习生态系统体现了文化智慧、数据智慧、教学智慧。文化智慧为英语教学把握方向；数据智慧、教学智慧是指通过学习空间监测数据，分析教学过程、学习过程、资源质量等教学因素，开展数据分析，调整英语教与学的策略，优化教学设计，实现人机合理、协调的分工，促使英语教师更加关注其专业化发展，从而为更好地培育具有英语知识、技能、能力、品性均衡发展的英语智慧人才发挥推动作用。

二、英语智慧学习生态国内外研究现状

为了更为清晰地了解国内外关于英语智慧学习生态的研究现状，本部分以 Web of Science 数据库、中国知网（CNKI）数据库为基础，设定时间跨度为 2012 年 1 月 1 日至 2021 年 12 月 30 日，梳理近 10 年智慧学习生态、英语智慧学习生态两个层面的相关研究文献，针对出版年份与文献发布数目分布、研究方向分布、出版物数量与被引频次分布、文献来源出版物分布、Web of Science 数据库中与本课题相关度较高的研究方向分布等数据信息，展开研究分析。

（一）智慧学习生态近 10 年的相关研究

1. Web of Science 数据库的文献梳理

本研究以 smart learning ecosystem 为检索词在 Web of Science 数据库进行主题搜索，得到 645 条结果。主要文献类型为论文、综述论文、社论材

① 祝智庭：《智慧教育新发展：从翻转课堂到智慧课堂及智慧学习空间》，载《开放教育研究》2016 年第 1 期，第 18－26 页。

料等，具体检索策略如表1-2-1所示。

表1-2-1　文献数据库检索策略

类型	描述
时间跨度	2012年1月1日至2021年12月30日
语言类型	英文
筛选策略	机器自动筛选与手工筛选相结合
输入检索条件	主题"smart learning ecosystem"

以smart learning ecosystem为主题进行搜索，结果涉及81个研究方向。每年发文量40～50篇的研究方向为计算机科学（489篇）；每年发文量30～40篇的研究方向不存在；每年发文量20～30篇的研究方向为工程学（225篇）；每年发文量10～20篇的研究方向为电信（155篇）、教育研究（124篇）；每年发文量5～10篇的研究方向为商业经济（82篇）、数学（79篇）、环境科学生态（71篇）；每年发文量3～5篇的研究方向为传播学（46篇）、数学计算生态（43篇）、自动控制系统（41篇）、能源燃料（37篇）和公共管理（32篇）（见图1-2-1）。

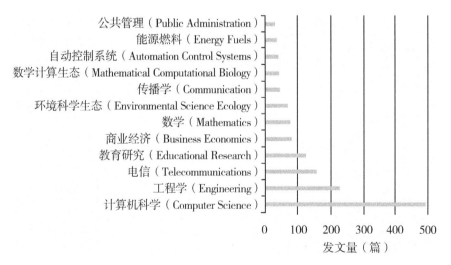

图1-2-1　Web of Science智慧学习生态文献研究方向分布（2012—2021年）

从智慧学习生态文献研究方向分布情况可以看出，计算机科学是智慧学习生态的主要研究方向，其次为工程学、电信、教育研究、商业经济、数学、环境科学生态，传播学、数学计算生态、自动控制系统、能源燃料和公共管理是智慧学习生态发文量相当少的研究方向。

从 2012—2021 年智慧学习生态文献的出版年份与文献发布数量分布情况看，全球研究智慧学习生态的发文量除了在 2021 年稍有下降，总体呈现稳步上升趋势。2012—2018 年，发文量增长速度差异不明显，但是 2019 年的发文数量徒增，上升显著。从发文数量来看，2020 年的增长速度虽然略低于 2019 年，但较之前 6 年，仍然存在明显差异（见图 1 - 2 - 2）。

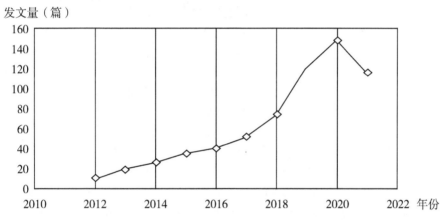

发文量（篇）

图 1 - 2 - 2　Web of Science 智慧学习生态出版年份与文献发布数目分布
（2012—2021 年）

从 2012—2021 年智慧学习生态文献数量与被引频次分布情况来看，文献的被引频次逐年增加，增加幅度变化大。由 2012 年被引 0 次至 2016 年的 123 次，再至 2021 年的 2052 次，近 10 年实现了从 0 次到 2000 多次的变化（见图 1 - 2 - 3）。

我们可以发现，近 10 年，智慧学习生态的研究结果在全球得到的关注日渐增多，相关研究者将其作为自身研究的参考借鉴，开展对智慧学习生态研究的进一步探讨。但是，值得注意的是，智慧学习生态研究的出版物数量和发表文献的总量还不够大，全球智慧学习生态研究的广度和深度还需要拓展、深入。

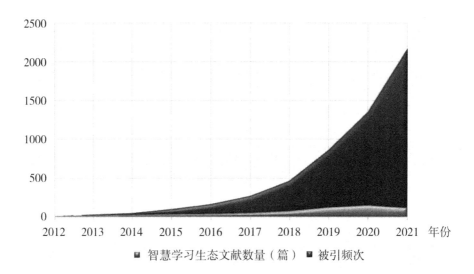

图 1 - 2 - 3 Web of Science 智慧学习生态文献数量和被引频次分布
(2012—2021 年)

将智慧学习生态文献的数量根据来源出版物进行排列，可以发现以智慧学习生态为主题，每年平均发表 1 ～ 2.8 篇相关主题文章来源出版物有 6 家，发文量由高到低分布如下：《传感器》（*Sensors*）（28 篇）、《IEEE 通信调查和指南》（*IEEE Communications Surveys and Tutorials*）（16 篇）、预印本网站 arXiv（15 篇）、《计算机科学讲义》（*Lecture Notes in Computer Science*）（14 篇）、《IEEE》（*IEEE Access*）（12 篇）、《交互设计和建筑》（*Interaction Design and Architectures*）（11 篇）。每年平均发表 0.5 篇以上、1 篇以下的相关主题文章来源出版物有 3 家，发文量由高到低分布如下：《IEEE 物联网杂志》（*IEEE Internet of Things Journal*）（9 篇）、《可持续发展》（*Sustainability*）（7 篇）、《智慧革新系统和技术》（*Smart Innovation Systems and Technologies*）（6 篇）（见图 1 - 2 - 4）。

从智慧学习生态文献的来源出版物分布情况来看，以智慧学习生态为主题的文献的来源出版物主要有预印本网站 arXiv 以及《计算机科学讲义》等，将智慧学习生态与教育学科、文化研究等相互结合的跨学科研究在国际上并不多见。

从以智慧学习生态为主题的 645 篇文献中快速筛选与智慧学习生态主

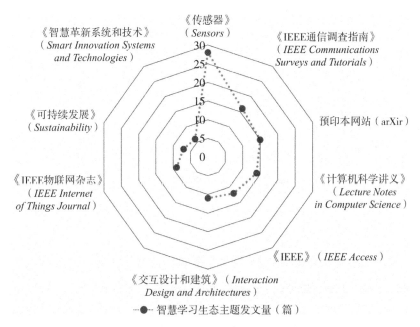

图 1 -2 -4　Web of Science 智慧学习生态文献的来源出版物分布
（2012—2021 年）

题相关度较高的研究方向——教育研究、计算机科学、心理学、行为科学、工程学、社会科学、传播学、科学技术、语言学、哲学、文化研究、信息科学、人文科学，得到 416 条结果。其中，语言学、哲学方向的结果为 0 条。

如图 1 -2 -5 所示，有 100 篇以上文献的研究方向为计算机科学（322 篇）和工程学（194 篇）。有 50 ～ 100 篇文献的研究方向为教育研究（74 篇）。有 50 篇以下、10 篇以上文献的研究方向为传播学（33 篇）、科学技术（24 篇）、社会科学（14 篇）、心理学（13 篇）、信息科学（12篇）。其他研究方向为行为科学（8 篇）、文化研究（1 篇）。如图 1 -2 -5 所示，从文献占比来看，以计算机科学视角开展研究的达到 77.40%，其次为工程学，占比为 46.64%，排列第三的为教育研究，占比 17.79%。然而，其余 10 个研究方向的占比急剧下降，占比均为 10% 以下。尤其从语言学、哲学、文化研究等角度开展智慧学习生态研究的占比更是微乎其微，发表篇数分别为 0 篇、0 篇和 1 篇，仅占 0%、0%、0.24%。

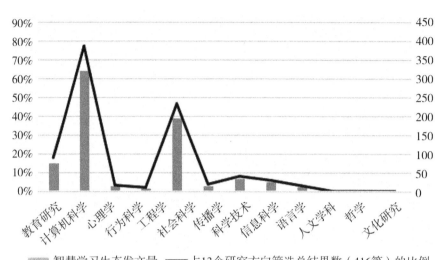

图 1-2-5　与智慧学习生态主题相关度较高的研究方向分布（2012—2021 年）

　　从对 2012—2021 年 Web of Science 数据库中关于智慧学习生态的文献进行梳理来看，发表在该数据库的研究成果虽然有一定数量，但是发展的空间仍然很大。从以智慧学习生态为主题的文献的发表数量来看，总体呈现稳步上升趋势。从出版物数量与被引频次分布情况来看，文献的被引频次逐年增加，增加幅度变化极大，近 10 年相关文献的被引频次从 0 次上升到 2000 多次。这些都表明国际上对智慧学习生态研究的认可程度、重视程度逐年增加，该方向成为全球学术领域的一大研究热点。

　　但是从与本课题相关度较高的研究方向来看，研究方向较为单一，涉及学科局限于计算机科学、工程学，以语言学、哲学、文化研究、人文学科等角度开展的智慧学习生态研究相当少，发文量寥寥无几。由此，跟随全球智慧学习生态研究趋势，开展智慧学习生态与英语语言、文化研究的跨学科研究，具有极大的现实意义和实用价值。

　　2．中国知网的文献梳理

　　以"智慧学习生态"作为检索词进行主题模糊搜索，查询中国知网近 10 年（2012—2021 年）的相关文献，得到 49 条结果。

　　搜索结果涉及的前 11 个主要主题是智慧学习、智慧学习生态系统、智慧教育、"互联网＋教育"、生态系统、大学英语、智慧课堂、学习生态系统、智慧学习环境、生态圈、实践路径。发文量为 20 篇以下、10 篇以上的主要主题是智慧学习（18 篇）、智慧学习生态系统（10 篇）。其余的 9 个主要主题的发文量仅为 2～5 篇。搜索结果涉及的前 11 个次要主题为智慧学习环境、学习者、智慧教育、智慧学习、智慧教室、生态系统、智慧课堂、智慧校园、核心素养、泛在学习、智慧性。以智慧学习环境、学习者两个主题为次要主题的文献的发文量为 11 篇，其余 9 个次要主题的发文量仅为 2～7 篇。在排列前 11 位的主要主题和次要主题分布中，共同的 5 个主题为智慧学习、智慧教育、生态系统、智慧课堂和智慧学习环境（见图 1－2－6）。

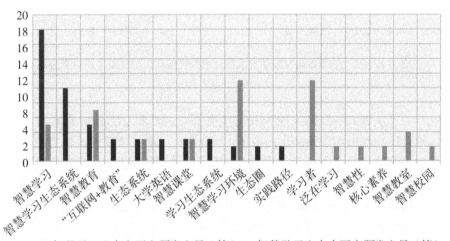

■ 智慧学习生态主要主题发文量（篇） ■ 智慧学习生态次要主题发文量（篇）

图 1－2－6 中国知网智慧学习生态文献的主要主题和次要主题分布
（2012—2021 年）

从智慧学习生态的主要主题和次要主题分布情况来看，主要研究均在智慧学习、智慧学习生态系统、智慧教育研究领域内开展。

从 2012—2021 年中国知网智慧学习生态文献的出版年份与文献发布数量分布情况（见图 1－2－7）来看，国内智慧学习生态研究在 2012—2014 年 3 年间发文量为 0。2015 年至 2021 年的发文量逐步增加，除了 2017 年出现波动，有所下降，其他年份的研究热度逐年上升。但是，智慧学习生态的整体研究仍然需要加强，研究广度和深度有待拓展。

发文量/篇

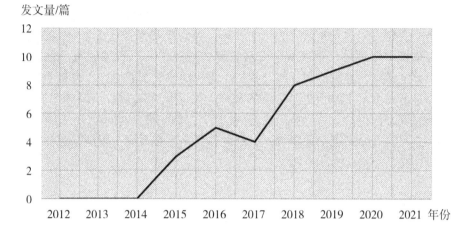

图1-2-7　中国知网智慧学习生态文献的出版年份与文献发表数量分布
（2012—2021年）

　　从2012—2021年智慧学习生态文献的学科分布情况来看（见图1-2-8），在中国知网列出的前11个学科中，除去与智慧学习生态主题研究毫无关系的安全科学与灾害防治学科，教育理论与教育管理排列第一，发文量为43篇，计算机软件及计算机应用发文量为31篇，位列第二。其余8个学科——高等教育、中等教育、外国语言文字、互联网技术、初等教育、成人教育与特殊教育、职业教育、材料科学的发文量为1～5篇。

　　如图1-2-9所示，将智慧学习生态文献的数量根据来源出版物进行排列，可以发现近10年发表3篇以上相关主题文章的来源出版物仅有《电化教育研究》1家。发表2篇以上相关主题文章的来源出版物仅有3家：《创新创业理论研究与实践》《中国电化教育》《中国教育信息化》。发表1篇相关主题文章的来源出版物有6家：《中国教育网络》《中国远程教育》《教育观察》《无线互联科技》《职教论坛》《高等工程教育研究》。

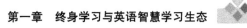

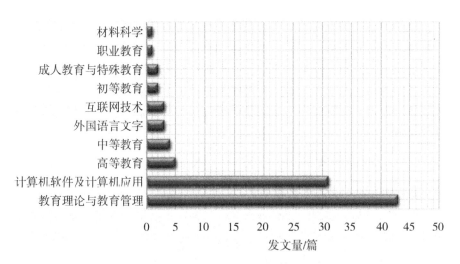

图 1 - 2 - 8　中国知网智慧学习生态文献的学科分布（2012—2021 年）

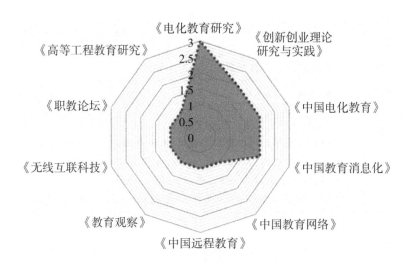

…智慧学习生态主题发文量（篇）

图 1 - 2 - 9　中国知网智慧学习生态文献的来源出版物分布（2012—2021 年）

综上所述，首先，根据对 2012—2021 年发表的智慧学习生态文献的梳理，发表在中国知网的研究成果数量不多，该研究处于发起阶段。文献主题主要分布在智慧学习、智慧学习生态系统、智慧学习环境、智慧教育、生态系统领域。其次，从发表年度趋势来看，研究热度逐步升温。再次，从学科分布情况来看，教育理论与教育管理名列第一，计算机软件及计算机应用紧随其后。最后，从来源出版物来看，《电化教育研究》《创新创业理论研究与实践》《中国电化教育》《中国教育消息化》是发文数量较多的刊物。从总体来看，智慧学习生态的研究热度逐年上升，发展势头迅猛。但是，智慧学习生态的整体研究仍然需要加强，研究广度和深度有待拓展。

（二）英语智慧学习生态的国内外研究现状

1. Web of Science 数据库

本研究以与 English smart learning ecosystem 相关的不同检索词为检索条件，3 次搜索 Web of Science 数据库，得到 3 种搜索结果，具体检索策略如表 1－2－2 所示。下面分别对 3 种结果进行分析。

表 1－2－2　文献数据库检索策略

类型	描述
时间跨度	2012 年 1 月 1 日至 2021 年 12 月 30 日
语言类型	英文
筛选策略	机器自动筛选
输入检索条件	（1）设主题词或标题为 English smart learning ecosystem； （2）设主题词为 learning ecosystem 和 Internet-based English learning 或 online English learning 或 English e-learning； （3）设主题词为 language learning 和 smart learning ecosystem

第一种检索结果：将主题词设为 English smart learning ecosystem 或者将标题设为 English smart learning ecosystem，时间为近 10 年（2012—2021 年），得到 3 篇文献。由于文献数量较少，故将检索年份跨度扩展至所有年份（1995—2022 年），结果依然为 3 篇。3 篇文献之中，中国研究者的研究占了 2 篇。3 篇文献的出版年份分别为 2018 年、2020 年、2021 年，研究方向均涉及计算机科学和教育研究，主要探讨在数字游戏中使用

proxemics 及其在增强应用于智能生态系统的游戏介导交互方面的效用①、"互联网＋教育"视角下的智慧英语教学平台建设策略②、智能学习生态系统高校英语的构建与评价③。

2012 年至 2021 年，国际上对相关主题开展的研究稀少。虽然近 5 年开始出现个别研究文献，但发表年份分布态势不均衡，发展趋势不明朗（见图 1－2－10）。来源出版物首次皆为国际学术会议报告，之后被收入会议论文集和相关期刊（见图 1－2－11），来源出版物受众较少，研究影响覆盖面较窄。从被引频次来看，仅有 1 篇关于智能生态系统的游戏主题的文章被引用了 4 次，表明相关主题的研究产生的影响较小，未受到学术界广泛关注。值得注意的是，将计算机教育与教育研究相互融合以开展英语智慧学习生态研究的方式开始出现，而且中国学者针对英语智慧学习生态开展的相关研究已经走在国际前列。

发文量/篇

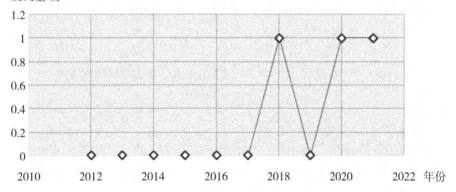

图 1－2－10 Web of Science 英语智慧学习生态相关研究文献发表年度趋势
（2012—2021 年）

---

① Costa, L. V., Veloso, A. I., Mealha, O., "A Review of Proxemics in 'Smart Game-Playing'", 2nd International Conference on Smart Learning Ecosystems and Regional Developments (SLERD) 2018, *Citizen, Territory and Technologies: Smart Learning Contexts and Practices* 80, pp. 219－226.

② Wei, Z., "Construction Strategy of Smart English Teaching Platform from the Perspective of Ldquointernet＋Educationrdquo", 2020 International Conference on Machine Learning and Big Data Analytics for IoT Security and Privacy, *Advances in Intelligent Systems and Computing* (AISC 1283), pp. 122－128.

③ Lu, W., "Construction and Evaluation of A Smart Learning Ecosystem for College English", 2020 2nd International Conference on Applied Machine Learning and Data Science (ICAMLDS 2020), 2020, *Journal of Physics: Conference Series* 1629, pp. 203－235.

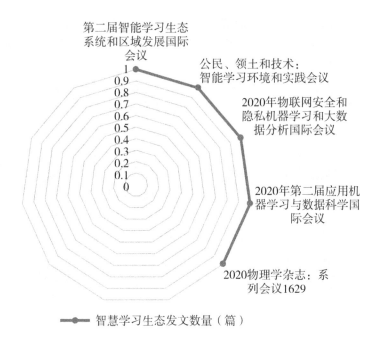

图 1-2-11 Web of Science 英语智慧学习生态文献的来源出版物分布
（2012—2021 年）

从对第一种检索结果的分析来看，近 10 年来，Web of Science 中以 English smart learning ecosystem 为主题词或标题的研究成果极其稀少（3 篇文献），主要发表年份为 2018—2021 年。这表明国际上对英语智慧学习生态研究的认可程度和重视程度低，该研究发展趋势不明朗，但是该研究方向已经萌芽。从发表文献和被引频次的影响来看，仅 1 篇关于智能生态系统的游戏主题的文章被引用了 4 次。这表明该研究的影响覆盖面较窄，相关主题的研究产生的影响较小，未受到学术界关注。相关文献的文献类型主要为会议报告，来源出版物受众较少。从与英语智慧学习生态主题相关度较高的研究方向来看，计算机科学和教育研究为主要的研究方向，研究方向单一。从文献的来源出版物来看，第二届智能学习生态系统和区域发展国际会议、2020 年物联网安全和隐私机器学习和大数据分析国际会议、2020 年第二届应用机器学习与数据科学国际会议是相关主题文献主要的出版物。然而，值得关注的是，计算机教育与教育研究方向相互融合，协同开展英语智慧学习生态研究的方式已经出现。此外，中国学者已经走在全球英语智慧学习生态相关研究的前列。

第二种检索结果：将主题词设为 learning ecosystem 和 Internet-based English learning 或者 online English learning 或者 English e-learning，时间为近 10 年（2012—2021 年），得到 5765 篇文献。其中，综述论文 217 篇，开放获取 1636 篇。具体出版年份分布情况为 2021 年 1332 篇、2020 年 845 篇、2019 年 718 篇、2018 年 626 篇、2017 年 544 篇、2016 年 411 篇、2015 年 389 篇、2014 年 373 篇、2013 年 286 篇、2012 年 242 篇（见图 1－2－12）。文献类型主要为论文 3697 篇和会议报告 2318 篇。研究方向按发文量的多少排列前 7 位的如下：教育研究 3316 篇、计算机科学 2711 篇、语言学 850 篇、文科其他主题 565 篇、数学 503 篇、工程学 453 篇、心理学 390 篇。将发文量排列前 7 位的研究方向的文献进行精炼，得到 5148 篇文献。

发文量/篇

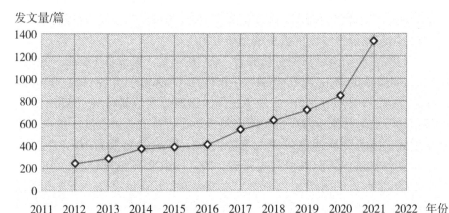

图 1－2－12　Web of Science 智慧学习生态与网络英语学习相关文献
发表数量年度趋势（2012—2021 年）

排列各来源出版物的相关文献发文数量，可以发现 10 年中发表 100 篇以上相关主题文献的来源出版物有 3 家，发文量由多到少分布如下：国际技术教育发展大会（INTED Proceedings）（131 篇）、国际教育新学习技术大会（EDULEARN Proceedings）（126 篇）、预印本网站 arXiv（114 篇）。10 年中发表 100 篇以下、50 篇以上相关主题文献的来源出版物有 7 家，发文量由多到少分布如下：《计算机辅助语言学习》（*Computer Assis-*

ted Language Learning）（97 篇）、《国际新兴技术学习杂志》（*International Journal of Emerging Technologies in Learning*）（79 篇）、国际教育研究革新大会（ICERI Proceedings）（78 篇）、《计算机科学讲义》（*Lecture Notes in Computer Science*）（78 篇）、《社会及行为科学》（*Procedia—Social and Behavioral Sciences*）（69 篇）、《阿拉伯世界英语杂志》（*Arab World English Journal*）（68 篇）、《电子学习和教育软件》（*E-learning and Software for Education*）（63 篇）。

从智慧学习生态与网络英语学习按年份被引频次与出版物数量分布情况来看（见图 1 - 2 - 13），2012 年至 2014 年被引频次区别不明显，2014 年至 2020 年逐年增加，2020—2021 年急剧增长，2021 年比 2020 年多出 2800 余次。在 5765 篇文献中，被引频次 1000 次以上的有 1 篇，其主题是关于英文和普通话的端到端语音识别。该文章认为，端到端深度学习方法可用于识别英语或普通话语音，方法的关键是对 HPC（High Performance Computing，高性能计算）技术的应用。① 其次为被引频次达 305 次的文章《对身份和应用语言学中的投资模型研究》。②

从对第二种检索结果的分析来看，近 10 年来，Web of Science 数据库中以 learning ecosystem 和 Internet-based English learning 或者 online English learning 或者 English e-learning 为主题词的研究成果数量可观（5765 篇）。这表明国际上对智慧学习生态与网络英语学习研究的认可程度、重视程度逐年增强，该研究呈现稳步深入态势，2021 年的发文量为 10 年中最高点。从发表文献数量和被引频次来看，2021—2022 年急剧增长，2021 年比 2020 年多出 2800 余次。文献类型主要为论文和会议报告。从与本课题相关度较高的研究方向来看，研究方向多样化，涉及多种学科，教育研究、计算机科学和语言学为主要研究方向。从文献数量和来源出版物来看，国际技术教育发展大会、国际教育新学习技术大会 、预印本网站 arXiv 是相关主题文献主要的出版物。可以看出，计算机科学仍然是语言学习与智慧学习生态研究的热点方向，从教育研究方向开展语言学习与智

---

① Amodei, D. , Ananthanarayanan, S. , Zhu, Z. Y. , "Deep Speech 2: End-to-End Speech Recognition in English and Mandarin", 33rd International Conference on Machine Learning 2016, *International Conference on Machine Learning*, Vol 48, pp. 48 - 56.

② Darvin, R. , Norton, B. , "Identity and a Model of Investment in Applied Linguistics", 2015, *Annual Review of Applied Linguistics* 35, pp. 36 - 56.

慧学习生态研究也逐渐成为学者们关注的研究课题。

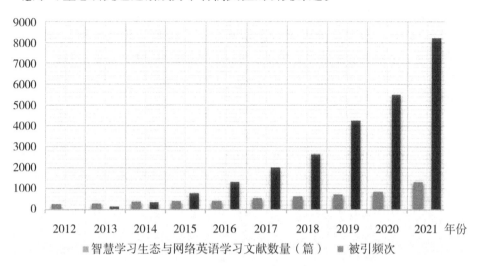

图 1-2-13 Web of Science 智慧学习生态与网络英语学习文献被引频次与发文量分布情况（2012—2021 年）

第三种检索结果：将主题词设为 language learning 和 smart learning ecosystem 进行高级检索，时间跨度为近 10 年（2012—2021 年），得到 34 篇文献，而且包括第一种检索结果中的 2 篇（有关"智能游戏"中的 Proxemics 评论①、"互联网＋教育"视角下的智慧英语教学平台建设策略②）。将检索年份跨度扩展为 1995—2021 年，结果仍然为 34 篇。可以看出在 2012 年之前，对相关主题的研究没有得到展开。在 34 篇文献中，开放获取 6 篇。文献类型为会议文献 21 篇、期刊文献 13 篇。具体出版年份分布情况为 2021 年 9 篇，2020 年 6 篇，2019 年、2018 年均为 5 篇，

---

① Costa, L. V., Veloso, A. I. and Mealha, O., "A Review of Proxemics in 'Smart Game-Playing'", 2nd International Conference on Smart Learning Ecosystems and Regional Developments (SLERD), 2018, *Citizen, Territory and Technologies*: *Smart Learning Contexts and Practices* 80, pp. 219 – 226.

② Wei, Z., "Construction Strategy of Smart English Teaching Platform from the Perspective of Ldquointernet + Educationrdquo", 2020 International Conference on Machine Learning and Big Data Analytics for IoT Security and Privacy. *Advances in Intelligent Systems and Computing* (AISC 1283), pp. 122 – 128.

2017 年 1 篇，2016 年、2014 年均无文献出版，2015 年 3 篇，2013 年 4 篇，2012 年 1 篇。从数据可知，有关语言学习与智慧学习生态的研究，2012—2016 年研究文献发表数量忽高忽低，仍处于较低水平。2018—2021 年的文献发表数量逐步增多，呈现上升趋势（见图 1−2−14）。

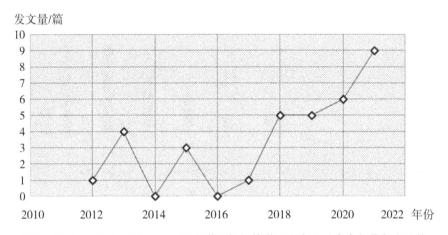

图 1−2−14　Web of Science 语言学习与智慧学习生态文献发表数量年度趋势
（2012—2021 年）

从研究方向来看，发文数量排前 7 位的如下：计算机科学 33 篇，商业经济 10 篇，工程学 10 篇，教育研究 8 篇，数学 6 篇，环境科学生态 5 篇，电信 5 篇（见图 1−2−15）。可以看出，计算机科学仍然是语言学习与智慧学习生态研究的热点，从教育研究方向开展语言学习与智慧学习生态研究也逐渐成为学者们关注的研究课题。

从 2012—2021 年语言学习与智慧学习生态按年份的被引频次与文献数量分布情况来看，文献的被引频次从 2018 年起增幅变大，呈现上升态势。2012 年、2013 年被引频次为 0，2014 年、2015 年、2016 年、2017 年被引频次都在 3 次以下。但是 2018 年以后，被引频次增至两位数，相关研究的热度逐渐上升（见图 1−2−16）。

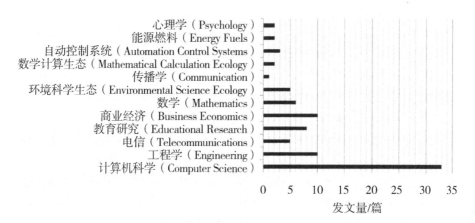

图 1 - 2 - 15 Web of Science 语言学习与智慧学习生态文献研究方向分布（2012—2021 年）

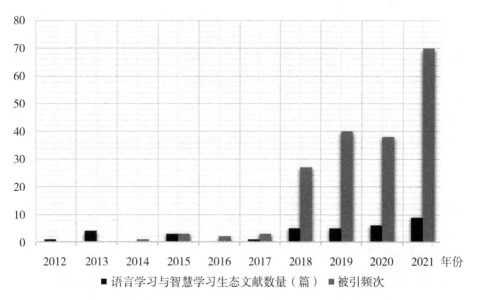

图 1 - 2 - 16 Web of Science 语言学习与智慧学习生态按年份的被引频次与文献数量分布（2012—2021 年）

从研究领域来看，相关研究主要分布在科学技术（34 篇）、技术（33 篇）领域；其次在社会科学（18 篇）、生命科学生化（7 篇）和物理科学

（7篇）领域；人文学科领域的研究仅有1篇。主要概念为生态学、环境科学、保护、经济、元主义、方法和技巧、人口研究以及社会学。教育研究较为关注基于语义网的智能学习环境范式①、各国教师在技术使用方面乐观和悲观态度的对比研究②、学与教编程课程的微学习应用架构建议③、支持智能学习生态系统和智能教育的协同设计和工具④等。

　　从对第三种检索结果的分析来看，近10年来，Web of Science数据库中以language learning和smart learning ecosystem为主题词的研究成果数量有限，文献仅有34篇，而且2012—2016年所发表研究文献的数量时高时低，状态不稳定。这表明，国际上在2012年至2017年对语言学习与智慧学习生态的研究认可程度、重视程度不高。但是2018—2021年文献发表数量增多，增长幅度较大，国际上对研究的关注度呈现上升态势。从发表文献和被引频次来看，文献类型主要为论文和会议报告。从与本课题相关度较高的研究方向来看，商业经济、工程学、教育研究为主要的研究方向。从文献数量和来源出版物来看，国际技术教育发展大会、国际教育新学习技术大会、预印本网站是相关主题文献主要的出版物。可以看出，计算机科学仍然是语言学习与智慧学习生态研究的热点方向，从教育研究方向开展语言学习与智慧学习生态研究也逐渐成为学者们关注的研究课题。

2. 中国知网

　　本研究以与英语智慧学习生态相关的不同检索词为高级检索输入条件，3次搜索中国知网数据库，得到3种搜索结果，具体检索策略如表

---

① Ouf, S., Abd-Ellatif, M., Salama, S.E., et al., "A Proposed Paradigm for Smart Learning Environment Based on Semantic Web", *Computers in Human Behavior*, 2017（72），pp. 796–818.

② Tomczyk, L., Jauregui, V.C., Amato, H., et al., "Are Teachers Techno-optimists or Techno-pessimists? A Pilot Comparative among Teachers in Bolivia, Brazil, the Dominican Republic, Ecuador, Finland, Poland, Turkey, and Uruguay", *Education and Information Technologies* 2020, 26（3），pp. 2715–2741.

③ Skalka, J., Drlik, M., Obonya, J., et al., "Architecture Proposal for Micro-Learning Application for Learning and Teaching Programming Courses", IEEE Global Engineering Education Conference（IEEE EDUCON），*Proceedings of the 2020 IEEE Global Engineering Education Conference*（EDUCON 2020），2020, pp. 80–987.

④ Mealha, O., Rehm, M., Rebedea, T., "Co-design and Tools Supporting Smart Learning Ecosystems and Smart Education", 5th International Conference on Smart Learning Ecosystems and Regional Development, *Proceedings of the 5th International Conference on Smart Learning Ecosystems and Regional Development: Smart Innovation, Systems and Technologies*（SIST 197），2021, pp. xiv, 270.

1-2-3 所示。下面分别对 3 种结果进行分析。

表 1-2-3 文献数据库检索策略

类型	描述
时间跨度	2012 年 1 月 1 日至 2021 年 12 月 30 日
语言类型	中文
筛选策略	机器自动筛选
输入检索条件	（1）设定主题词或篇名为"英语智慧学习生态"； （2）设主题词为"学习生态"和"基于互联网的英语学习"或者"在线英语学习"或者"网络英语学习"； （3）设主题词为"语言学习"和"智慧学习生态"

第一种检索结果：将主题词或篇名设为"英语智慧学习生态"，时间为近 10 年（2012—2021 年），得到 103 篇文献。相关文献具体发表年份分布情况为 2020 年 13 篇、2019 年 12 篇、2018 年 23 篇、2017 年 14 篇、2016 年 7 篇、2015 年 10 篇、2014 年 19 篇、2013 年 2 篇、2012 年 3 篇。从数据可知，2014 年、2018 年为英语智慧学习生态研究的关注度较高的两年，2012 年、2013 年、2016 年为关注度较低的年份。虽然研究趋势波动较大，但是总体呈现上升趋势（见图 1-2-17）。

发文量/篇

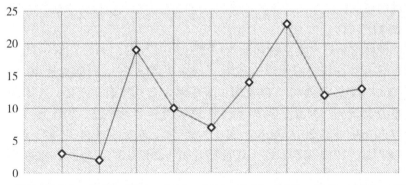

图 1-2-17 中国知网英语智慧学习生态相关文献的发表年度趋势
（2012—2021 年）

从研究所涉及的学科来看，发文量排前 6 位的为外国语言文字（65 篇）、中国语言文字（29 篇）、中等教育（9 篇）、教育理论与教育管理（9 篇）、计算机软件及计算机应用（6 篇）、高等教育（2 篇），其他学科如会计等仅有 1 篇。主要主题与次要主题都较为分散，11 个主要主题中，涉及同一主题且有 2 篇以上文献的仅为大学英语、智慧学习和构建研究。在 20 个次要主题中，涉及同一主题且有 2 篇以上文献的仅为学习者、智慧学习环境和生态化。可以看出，英语智慧学习生态的研究涉及多种学科，计算机科学与英语智慧学习生态的融合研究仍然是学界的研究关注点之一。各类教育学科，如中等教育、高等教育，开展语言学习与智慧学习生态研究也逐渐成为学者们关注的研究课题。

从 2012—2021 年英语智慧学习生态相关文献按年份的被引频次与发文量情况来看（见图 1 - 2 - 18），相关文献的被引频次在 2014 年为 226 次，全部为图书出版物；2017 年为 74 次、2018 年 50 次、2015 年 42 次、2012 年 41 次、2013 年 13 次、2019 年 9 次、2016 年 7 次、2020 年 2 次、2021 年 0 次。2014 年和 2017 年的被引频次是这 10 年的最高点和次高点，被引频次增长态势不明显。值得注意的是，2017 年的相关研究《"智慧学习"取向下的大学英语学习环境构建研究》从"互联网 +"教育背景出发，从智慧学习环境入手，将生态学理论的思想融入教育中，从物质循环、能量流动和信息传递三大基本规律出发，构建智慧学习生态环境模型。① 该文献被引频次为 42 次，在相关度、下载量等方面较为突出。但是，从所收集的数据来看，关于外国语言文字学科、英语智慧学习生态研究的文献的被引频次不高，排列综合第一位的被引频次仅仅为 5 次，下载次数为 260 次。

第二种检索结果：将主题词设为"学习生态"和"基于互联网的英语学习"或者"在线英语学习"或者"网络英语学习"，时间为近 10 年（2012—2021 年），得到 4728 篇文献，其中绝大多数为期刊论文。具体每年发文量为 2021 年 834 篇、2020 年 955 篇、2019 年 649 篇、2018 年 721 篇、2017 年 636 篇、2016 年 648 篇、2015 年 614 篇、2014 年 572 篇、2013 年 594 篇、2012 年 587 篇。从数据可知，2012—2018 年的研究热度

① 李桂真：《"智慧学习"取向下的大学英语学习环境构建研究》，载《广西教育学院学报》2017 年第 5 期，第 158 - 163 页。

发展较为平缓，2019 年的研究热度降低，但是 2020 年的研究热度迅速上升，虽然在 2021 年有所下降，但是总体呈现上升趋势（见图 1－2－19）。

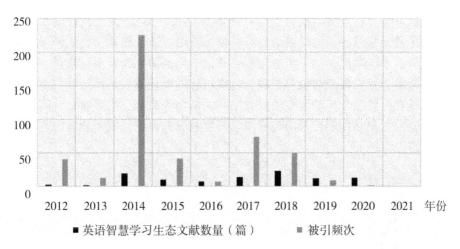

图 1－2－18　中国知网英语智慧学习生态相关文献按年份的被引频次与发文量情况（2012—2021 年）

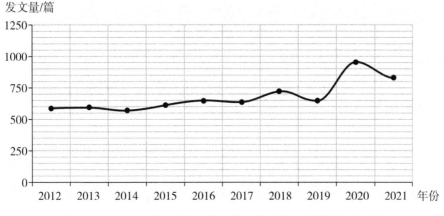

图 1－2－19　中国知网学习生态等主题相关文献发表年度趋势（2012—2021 年）

从研究所涉及的学科来看，发文量排前 7 位的为外国语言文字（6088篇）、教育理论与教育管理（3304 篇）、计算机软件及计算机应用（2453

篇)、中等教育(820 篇)、初等教育(354 篇)、中国语言文字(96 篇)、高等教育(87 篇)。研究所涉及的主要主题与次要主题都较为集中,发文量排前 6 位的主要主题为大学英语、自主学习、网络环境下、网络环境、网络自主学习、大学英语自主学习(见图 1-2-20)。发文量排前 6 位的次要主题为学习者、大学英语教学、学习英语、教学模式、自主学习、大学英语。可以看出,学习生态与网络英语学习的研究涉及多种学科,外国语言文字、教育理论与教育管理、计算机软件及计算机应用与学习生态的融合研究仍然是学界的研究关注点之一。从初等教育、中等教育、高等教育等研究方向开展语言学习与智慧学习生态研究也已经成为学者们逐渐关注的研究课题。

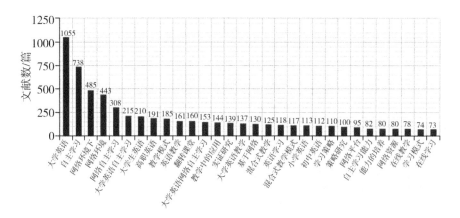

图 1-2-20 中国知网学习生态等主题相关文献所涉及的主要主题情况
(2012—2021 年)

从 2012—2021 年中国知网学习生态等主题相关文献的被引频次分布情况来看,被引频次排前 20 名的文献的总被引次数为 2853 次,总下载次数为 175495 次,篇均被引次数为 142.65 次,篇均下载次数为 8774.75,下载被引比为 0.02。2016 年和 2013 年的被引频次是这 10 年的最高点和次高点,被引频次高达 617 次和 595 次。从这 20 篇文献的文献互引网络分析看,参考文献和引证文献数目远远高于原始文献数目。另外,值得注意的是,2017 年被引频次最多的一篇文献为《大学英语混合式教学模式探析》①，该文章结合案例分析了清华大学所开设的课程"生活英语交流"的混合教学方式，认为线上线下形式多样的交流互动是实施英语混合式教学的核心环节，提供丰富优质的学习资源是实施英语混合式教学的重要手段。

第三种检索结果：将主题词设为"语言学习"和"智慧学习生态"，时间为近 10 年（2012—2021 年），仅仅得到 1 篇文献，文献名为"Building Ecological Intelligence Through Indonesian Language Learning Based on Kethek Ogleng Dance"②（《通过基于 Kethek Ogleng 舞蹈的印尼语学习建立生态智能》），出版物为 *International Journal of Education*。该文章通过调查基于 Kethek Ogleng 舞蹈的印度尼西亚语学习，进行了定性描述性研究。该研究在 SMPN（州立初中）面向 2017—2018 学年第二学期九年级学生进行。研究结果表明，该方法可以提高学生的生态智能水平。根据对分发的问卷的答复，学生的生态智能和环境技能的平均水平显示出进步的迹象。这种方法成功的指标体现在学生在环境管理中的态度和行为的变化，包括对教室和厕所的清洁、对可回收材料的使用、对教室的水电保护、对教室周围树木和植物的保护、对垃圾的适当处理以及对有机和无机废物的利用。

总之，从三种检索结果分析来看，近 10 年来，对智慧学习生态和英语语言学习的研究数量总体呈现上升趋势，尤其将主题词设为"学习生态"和"基于互联网的英语学习"或者"在线英语学习"或者"网络英语学习"，研究文献数量众多。这表明，国内学术界对语言学习与智慧学习生态的研究认可程度、重视程度较高。从与本课题相关度较高的研究方向来看，智慧学习生态与网络英语教育的研究涉及多种学科，外国语言文字、教育理论与教育管理、计算机软件及计算机应用与学习生态的融合研究仍然是学界的研究关注点之一。主要涉及的研究主题为大学英语学习模式、网络环境下的自主学习等，如大学英语小规模限制性在线课程（Small Private Online Course，SPOC）和大学生英语网络自主学习影响因

---

① 杨芳、魏兴、张文霞：《大学英语混合式教学模式探析》，载《外语电化教学》2017 年第 173 期，第 21－28 页。

② Hendriyanto, A., Mustofa, A., Sutopo, B., "Building Ecological Intelligence Through Indonesian Language Learning Based on Kethek Ogleng Dance", *International Journal of Education*, 2018, 11 (1), p. 50.

素研究。从发表文献数量和被引频次来看，2016 年至 2020 年增长幅度较大。从文献互引网络分析来看，参考文献和引证文献数目远远高于原始文献数目，这表明该研究的广度和深度得到了拓展。可以看出，从教育研究方向开展语言学习与智慧学习生态研究也逐渐成为学者们关注的研究课题。

三、终身学习视野下的英语智慧学习生态

建立于 19 世纪的现代语言学既受到结构主义、行为主义、认知心理学和建构主义等学派的影响，又受到生态学的影响，于是产生了语言学的分支——生态语言学。它最初由挪威语言学家霍更在 1972 年给出了定义。① 他认为，生态语言学是对任何一门语言与其所处环境的相互作用的研究。同时，社会语言学和心理语言学的研究发展又为生态语言学的形成和发展提供了扎实的理论依据。从数字时代下智慧学习生态与生态语言学相互融合的视角，研究终身学习视野下的英语教学，是与时俱进的，体现了国际终身学习视野下智慧学习生态系统研究的发展趋势。

数字时代为终身学习视野下英语智慧学习生态系统的构建提供了无限可能。2022 年，为学习者提供多种符合个性化学习要求的智慧服务的国家层面的数据中心——国家智慧教育平台已经建成。数字校园建设速度迅猛，高等学校、职业院校基本建立了数字校园，中小学校由教育行政部门统筹建设数字校园。网络英语学习资源丰富，如新世纪网络英语课程、英语精品课程、精品英语资源共享课、英语精品在线开放课程等，涉及基础教育、职业教育、高等教育等学历教育和非学历教育。目前，我国慕课（MOOC，即大型开放式网络课程）的课程数量和学习人数均居世界第一。网络学习工具，如腾讯会议、微信（企业微信）等交流类网络学习工具，以及腾讯课堂、学习通、雨课堂、讯飞平台等教学类网络学习工具被广泛应用于英语教学，网络学习工具用户人数众多。

除了各类硬件和软件的普遍应用为终身学习视野下的英语智慧学习生态提供了物质基础，面向各类人群的数字技能培训也全面启动。例如，面

---

① Haugen, E., *The Ecology of Language*. Stanford University Press, 1972, pp. 32 – 38.

向中小学教师、高等学校教师的人工智能助推教师数字技能发展培训[1]，面向社会大众的学历的、非学历的数字技能培训（如"'互联网＋'职业技能培训计划"、百日免费线上技能培训行动），面向特殊群体（如残障人士、老年群体）的数字技能培训，面向西部地区的数字技能培训（如"慕课西部计划"与"在线开放课程新长征计划"），等等，都为英语智慧学习生态的构建提供了良好的社会环境和人文环境。

第三节　自我决定学习教育学与数字媒体网络：引领学生踏上终身学习之旅[2]

一、引言

以前能获取信息和知识的人为数甚少，而现在信息和知识都已经是唾手可得的了。我们是在一段相对较短的时间内经历这种转变的。过去，人们文化水平低，书籍短缺，只好依靠教师传授知识。如今，随着大众化教育的出现，我们依靠编码知识（codified knowledge）学习。学习的能动性以前掌握在他人手里，如今也在很大程度上受到正式教育体系的控制。然而，技术革命使我们获取和分享信息、知识和技能的方式发生了巨大的变

① 冯晓英、林世员：《中国教师培训发展报告（2021）》，国家开放大学出版社2022年版，第1–10页。

② 本文获得原文作者授权译成中文，发表于《中国远程教育》2020年第3期。该论文同年被中国人民大学复印报刊资料《成人教育学刊》全文转载。本文已取得作者和译者同意，收录在此节。原文作者［美］丽莎·玛丽·布拉斯科、［英］斯图尔特·哈泽，译者肖俊洪。丽莎·玛丽·布拉斯科（Lisa Marie Blaschke），博士，德国奥尔登堡大学（University of Oldenburg）终身学习中心"管理技术促进学习"硕士学位课程项目总监，欧洲远程网络学习网络协会（European Distance Education and E-Learning Network）高级会士，多家远程教育学术期刊的编委会委员、专家委员会委员和审稿人。主要研究方向：自我决定学习教育学、在线协作学习、Web 2.0和社交媒体在教学中的应用、用户界面设计等。斯图尔特·哈泽（Stewart Hase），博士，心理学家和教育家。2000年，他与克里斯·肯尼恩（Chris Kenyon）一起提出著名的"自我决定学习教育学"（Heutagogy）理论。主要研究方向：21世纪技术的教育能供性和学习的新兴神经科学。肖俊洪，汕头广播电视大学教授，期刊 *Distance Education* 副主编，期刊 *System：An International Journal of Educational Technology and Applied Linguistics*（Elsevier）编委。

化。我们现在能够置身于根据环境和需要而出现和发展的学习生态（learning ecologies）中。学习者拥有加入和发展这些生态的能动性，而我们的教育体系则正在受到挑战，我们必须采用能最大限度发挥技术能供性的教与学的新方法。

自我决定学习教育学（Heutagogy）是关于如何创设学习体验的一个新理论。它研究的是自我决定学习（self-determined learning），全面培养学习者能力，把学习者看成"他们自己学习的主要推动者，学习是个人体验的结果"[1]。自我决定学习教育学是对成人教育学（Andragogy）的发展[2]，建立在建构主义（constructivism）、人本主义（humanism）、才能（capability）、联通主义（connectivism）、系统论思维（systems thinking）、复杂性理论（complexity）和学习的神经科学等理论的基础上。[3] 这些理论的核心是学习者的能动性和学习者选择自己学习路径的能力。

对于希望在学习过程扮演主动角色、采用主动的学习方法的 21 世纪

---

① Hase, S. & Kenyon, C., "Heutagogy: A Child of Complexity Theory", *Complicity: An International Journal of Complexity and Education*, 2007, 4 (1), pp. 111 – 119.

② Hase, S. & Kenyon, C., "From Andragogy to Heutagogy", *Ulti-BASE In-Site*, 2000.

③ Blaschke, L. M., "Heutagogy and Lifelong Learning: A Review of Heutagogical Practice and Self-determined Learning". *The International Review of Research in Open and Distributed Learning*, 2012, 13 (1), pp. 56 – 71; Blaschke, L. M. & Hase, S., "Heutagogy: A Holistic Framework for Creating 21st Century Self-determined Learners". In: Kinshuk, M. M. & Gros, B. (Eds.), *The Future of Ubiquitous Learning: Learning Designs for Emerging Pedagogies*. Springer Verlag, 2015, pp. 25 – 40; Hase, S. & Kenyon, C., "Heutagogy: A Child of Complexity Theory", *Complicity: An International Journal of Complexity and Education*, 2007, 4 (1), pp. 111 – 119; Hase, S., "An Introduction to Self-determined Learning". In: Blaschke, L. M., Kenyon, C. & Hase, S. (Eds.), *Experiences in Self-determined Learning*. Center for Open Education Research (COER), University of Oldenburg, 2014; Hase, S., "Self-determined Learning (Heutagogy): Where have We Come Since 2000?", *Southern Institute of Technology Journal of Applied Research*, 2016.

学习者和教师而言，由于能得益于数字技术①，尤其是社交媒体②在教育上的能供性，自我决定学习教育学是一个合适学习框架。技术具备驱动诸如自我决定学习教育学这种教育创新的潜能。③ 下面拟阐述自我决定学习教育学及其原则，剖析它作为一个支持学习者能动性的生成性过程（generative process）与以学习者为中心、具有网络意识的教与学方法的关系，探讨如何通过数字媒体发展终身学习生态。此外，下文还拟讨论普通教育学—成人教育学—自我决定学习教育学渐变过程［Pedagogy-Andragogy-Heutagogy（PAH）continuum，下文简称"PAH 渐变过程"］以及如何引领学习者适应这个过程的一些实际做法，使他们能够成为更能自我决定的学习者。

二、自我决定学习教育学的基本原则

自我决定学习教育学的核心是人本主义和学习者能动性，后者指

---

① Blaschke, L. M. & Hase, S., "Heutagogy: A Holistic Framework for Creating 21st Century Self-determined Learners". In: Kinshuk, M. M. & Gros, B. (Eds.), *The Future of Ubiquitous Learning: Learning Designs for Emerging Pedagogies*. Springer Verlag, 2015, pp. 25 – 40; Eberle, J. & Childress, M., "Using Heutagogy to Address the Needs of Online Learners". In: Rogers, P., Berg, G. A., Boettcher, J. V., et al. (Eds.), *Encyclopedia of Distance Learning* (2nd ed.). Idea Group, Inc., 2009, pp. 2239 – 2245; Jaakkola, M., "Teacher Heutagogy in the Network Society: A Framework for Critical Reflection". In: Jandric, P. & Boras, D. (Eds.), *Critical Learning in Digital Networks*. Springer International Publishing, 2015, pp. 163 – 178.

② Blaschke, L. M., "Heutagogy and Lifelong Learning: A Review of Heutagogical Practice and Self-determined Learning". *The International Review of Research in Open and Distributed Learning*, 2012, 13 (1), pp. 56 – 71; Blaschke, L. M., "Using Social Media to Engage and Develop Online Learners in Self-determined Learning", *Research in Learning Technology*, 2014b, 22; Cochrane, T., Antonczak, L., Guinibert, M., et al., "Developing A Mobile Social Media Framework for Creative Pedagogies", 10th International Conference on Mobile Learning, Madrid, Spain, 2014; Cochrane, T., & Narayan, V., "Cultivating Creative Approaches to Learning". In: Blaschke, L. M., Kenyon, C. & Hase, S. (Eds.), *Experiences in Self-determined Learning*. Center for Open Education Research (COER), University of Oldenburg, 2014, pp. 149 – 169.

③ Gerstein, J., "Education 3. 0 and the pedagogy (andragogy, heutagogy) of mobile learning. (Web log message)". User generated education, 2013.

"学习的权力牢牢控制在学习者而非教师手中"①，能促进正式和非正式学习环境中的能动性。马斯洛相信人类具有在生活中达成自我实现境界的内在愿望，即"因自己基本人格需要而工作，实现其潜能，发挥其才能以及达成自己最佳状态的倾向"②。另一位人本主义者卡尔·罗杰斯发现人类有一种自然的学习倾向，因此，他鼓励把学习者作为教育过程的中心，甚至提出废除分数、学分、考试乃至教师。③ 人类与生俱来懂得学习，除了其他活动以外，他们还通过摸索、提出假设和验证假设、失败、利用各种感知、与他人一起做事、玩耍或工作进行学习，间接地或直接参与其中。④ 自我决定学习教育学吸收这些成分以及神经科学方面的研究成果，把它们用于设计以学习者为中心的学习体验。⑤

班杜拉认为，"要成为能动者，则必须有意通过自己的行动使事情得以实现。能动性包含个人影响得以实施的天赋、信念系统、自我调节能力及分布式结构和功能，而不是作为一个单独实体存在于某一个地方"⑥。根据班杜拉的观点，人的能动性有四个特点：意向性（intentionality）（未来将开展的活动）、前瞻性（forethoughtfulness）（考虑某个行动的后果）、

① Hase, S., & Kenyon, C., *Self-determined Learning: Heutagogy in Action*. Bloomsbury Academic, 2013, p. 20; Bandura, A., "Social Cognitive Theory: An Agentic Perspective", *Annual Review of Psychology*, 2001, 52, pp. 1 – 26; Maslow, A. H., "A Theory of Human Motivation," *Psychological Review*, 1943, 50, pp. 370 – 396; Rogers, C. R., *On Becoming A Person: A Therapist's View of Psychotherapy*. Houghton Mifflin Company, 1961.

② Maslow, A. H., "A Theory of Human Motivation", *Psychological Review*, 1943, 50, pp. 370 – 396.

③ Rogers, C. R., *On Becoming a Person: A Therapist's View of Psychotherapy*. Houghton Mifflin Company, 1961.

④ Hase, S., "An Introduction to Self-determined Learning". In: Blaschke, L. M., Kenyon, C. & Hase, S. (Eds.), *Experiences in Self-determined Learning*. Center for Open Education Research (COER), University of Oldenburg, 2014; Hase, S., "Self-determined Learning (Heutagogy): Where have We Come Since 2000?", *Southern Institute of Technology Journal of Applied Research*, 2016.

⑤ Blaschke, L. M., & Hase, S., "Heutagogy: A Holistic Framework for Creating 21st Century Self-determined Learners", In: Kinshuk, M. M. & Gros, B. (Eds.), *The Future of Ubiquitous Learning: Learning Designs for Emerging Pedagogies*. Springer Verlag, 2015, pp. 25 – 40; Hase, S., "Self-determined Learning (Heutagogy): Where have We Come Since 2000?", *Southern Institute of Technology Journal of Applied Research*, 2016.

⑥ Bandura, A., "Social Cognitive Theory: An Agentic Perspective", *Annual Review of Psychology*, 2001, 52, p. 2.

自我反应（self-reactiveness）〔指导行动以及如何开展这个行动的信念和自我效能感（self-efficacy）〕和自我反省（self-reflectiveness）（检查和反思行动的后果和意义）。① 班杜拉强调学习者能动性的重要性，指出"人不仅仅是环境事件使然的内在机制的旁观者。他们是体验的推动者而不只是体验的经历者……人脑具有生成性、创造性、积极主动性和反思性，而不仅仅是反应性"②。

学习者能动性是自我决定学习教育学的核心，是整个理论的基础，贯穿每一个方面。自我决定学习教育学鼓励学生对学习设计和路径负责，教师则发挥促进学习的作用，在一个能提供支持、不具威胁性的环境中鼓励学习者开展行动和体验。③ 根据自我决定学习教育学，学生是学习体验的中心，因此，它采用的是一种人本主义的教育方法，即主张学生是自己学习的推动者。

自我决定学习教育学的另一项内容是反思，具有单环和双环学习（single-loop and double-loop learning）的特点。学习者不仅反思所学知识（单环学习），而且也反思如何学习以及所学知识如何影响自己的价值体系（双环学习）。④ 教育具有持续性，建立在学习者持续探究和试错的基础上，因此，"出错是一种关键学习方法"这个理念得到广泛接受。

自我决定学习教育学的另一个原则是才能。史蒂芬森和威尔认为："有才能的人对自己在以下方面的能力有信心：（1）采取有效和合适的行动，（2）解释其目的，（3）有效地与他人一起生活和工作，（4）在一个多样化而又不断变化的社会，继续单独以及跟他人一起学习自己的经

---

① Bandura, A., "Social Cognitive Theory: An Agentic Perspective", *Annual Review of Psychology*, 2001, 52, p. 2.

② Bandura, A., "Social Cognitive Theory: An Agentic Perspective", *Annual Review of Psychology*, 2001, 52, p. 4.

③ Hase, S., & Kenyon, C., "From Andragogy to Heutagogy", *Ulti-BASE In-Site*, 2000.

④ Schön, D. A., *The Reflective Practitioner: How Professionals Think in Action*. Temple Smith, 1983; Schön, D. A., *Educating the Reflective Practitioner: Toward a New Design for Teaching and Learning in the Professions*. Jossey-Bass, 1987; Mezirow, J. & Associates. *Fostering Critical Reflection in Adulthood: A Guide to Transformative and Emancipatory Learning*. Jossey-Bass, 1990; Blaschke, L. & Brindley, J., "Establishing A Foundation for Reflective Practice: A Case Study of Learning Journal Use", *European Journal of Open, Distance, and E-Learning*, 2011, p. 2.

验。"① 才能不应与能力（competency）混淆在一起，能力是通往才能的垫脚石。我们可以把能力看作学习者使用某一项技能或完成某一项活动的能力，而才能则是指学习者在不熟悉、独特的环境中展示自己能力的能力。② 哈泽和肯尼恩把各种能力说成是学习的基本要素，而才能则是指在新环境中使用这些能力的能力。③ 他们指出："才能指在新环境和具有挑战性的场合使用各种能力的能力。才能关乎未知和未来，而不是常规工作……能力是学习的基本要素，但是我们的生活经验、机缘、挑战、充满未知因素的未来——诸如此类非我们所能控制的事情迫使我们利用这些基本要素做更多事情。"④

得益于神经科学研究成果，我们现在可以更准确地描述促进人类学习的条件。相关研究结果显示，如果学习者能开展探索和反思，建构自己的学习，成为学习的推动者，把学习与先前学习联系起来，积极验证信息，建立情感关系，利用他们的识别能力，把信息分成小块进行消化，以及参与到社会中，那么学习便能得到提升。⑤ 上述这些促进学习的条件得到神经科学的支持，并进一步巩固自我决定学习教育学的理论基础、原则和应用。最终，自我决定学习教育学提出把学习过程的责任交给学习者（学习者能动性）有助于培养学习者的自我效能感、才能、认知技能以及诸如批判性思考和反思等的元认知技能，根本目标是培养具有反思能力的实

---

① Stephenson，J. & Weil，S.，*Quality in Learning：A Capability Approach in Higher Education*. Kogan Pa，1992，p. 2.

② Hase，S. & Kenyon，C.，"Heutagogy：A Child of Complexity Theory"，*Complicity：An International Journal of Complexity and Education*，2007，4（1），pp. 111 – 119.

③ Hase，S. & Kenyon，C.，"Heutagogy and Developing Capable People and Capable Workplaces：Strategies for Dealing with Complexity". In Proceedings of The Changing Face of Work and Learning Conference. University of Alberta，2003，p. 25.

④ Hase，S. & Kenyon，C.，"Heutagogy and Developing Capable People and Capable Workplaces：Strategies for Dealing with Complexity". In Proceedings of The Changing Face of Work and Learning Conference. University of Alberta，2003，p. 25.

⑤ Blakemore，S. & Frith U. *The learning brain：Lessons for education*. Maiden，2005；Hase，S. & Kenyon，C.，*Self-determined Learning：Heutagogy in Action*. Bloomsbury Academic，2013；Hase，S.，"Self-determined Learning（Heutagogy）：Where have We Come Since 2000?"，*Southern Institute of Technology Journal of Applied Research*，Special Edition，2016；Tokuhama-Espinosa，T.，*Mind，Brain and Education Science：A Comprehensive Guide to the New Brain-based Teaching*. W. W. Norton，2011.

践者和具有自主能力的终身学习者。

三、自我决定学习教育学与以学习者为中心的教育理论

以学生为中心的教与学越来越流行，因此，那些强调支持学习者能动性的教育理论再次激发了研究者的兴趣。这些理论包括自我效能感理论、自我决定理论、建构主义理论、自我指导学习（self-directed learning）理论和自我调节学习（self-regulated learning）理论等。这些理论旨在培养学习者的能动性，因而成为自我决定学习教育学的基础。下面拟逐一简要介绍这些理论并阐述它们与自我决定学习（自我决定学习教育学）的关系。

（一）自我效能感理论

效能指的是取得某一个或一些结果的能力，而自我效能感则指对自己能取得这个（些）结果的能力的信心或感知。[①] 学习者如何看个人的自我效能感取决于他（她）对自己能力的态度，而这种态度可能建立在一些因素的基础上，比如"个人的成就和失败、看到跟自己相似的人成功或不成功地完成各种任务，以及受到劝说"[②]。班杜拉认为自我效能感会影响学习行为和学习者的学习意向，高自我效能感有利于营造一个奋发自强的环境[③]，此时"感知自我效能感高的人比感知自我效能感低的人更加努力，取得更大成功，更加执着"[④]。学习者对个人自我效能感的感知会影响其在逆境时付出努力和执着的程度，从而影响学习。班杜拉还认为学习者只有以自我指导的方式完成任务才能保持自我效能感。此外，自我指导使学习者勇于面对潜在威胁，有助于提高他们应对挑战性的技能，最终使

① Bandura, A., "Self-efficacy: Toward a Unifying Theory of Behavioral Change", *Psychological Review*, 1977, 84 (2), pp. 191 – 215.

② Olson, M. H. & Hergenhahn, B. R., *An Introduction to Theories of Learning* (8th ed.). Pearson Prentice Hall, 2009, p. 338.

③ Bandura, A., "Social Cognitive Theory: An Agentic Perspective", *Annual Review of Psychology*, 2001, 52, pp. 1 – 26.

④ Olson, M. H. & Hergenhahn, B. R., *An Introduction to Theories of Learning* (8th ed.). Pearson Prentice Hall, 2009, p. 338.

他们能够成功。①

作为自我决定学习教育学的一部分，自我效能感在影响学习者的行为和发展方面扮演重要角色。如果学习者在学习过程中具有能动性和自主性，那么他们便能做出独立的选择，在独立完成任务时经历成功和失败，从而发展自己对自我效能感的感知能力。随着自我效能感的增强，学习者对自己完成相同任务的能力的感知也得到了发展。

（二）自我决定理论

与学习者能动性和自我决定学习密切相关的是德西和瑞恩的自我决定理论。② 该理论认为个人具有自主（通过自我调节）和与他人一起（在社会环境下）持续自我发展的愿望。该理论指出人类自我发展的愿望包含三种核心需要，即"能力、相关和自主"③。

自我决定学习教育学涵盖自我决定理论的主要内容，比如，学习者自主、内在动机和设置目标的动机、自我调节以及自我效能感。除此之外，反思和元认知、双环学习、学习者能力和才能、非线性（non-linear）教与学以及神经科学关于我们如何学习的研究成果等也是自我决定学习教育学的原则。④

---

① Bandura, A., "Self-efficacy: Toward a Unifying Theory of Behavioral Change", *Psychological Review*, 1977, 84 (2), pp. 191 –215.

② Deci, E. L. & Ryan, R. M, *The Handbook of Self-determination Research*. The University of Rochester Press, 2002.

③ Deci, E. L. & Ryan, R. M, *The Handbook of Self-determination Research*. The University of Rochester Press, 2002, p. 6.

④ Blaschke, L. M., "Heutagogy and Lifelong Learning: A Review of Heutagogical Practice and Self-determined Learning", *The International Review of Research in Open and Distributed Learning*, 2012, 13 (1), pp. 56 –71; Blaschke, L. M. & Hase, S., "Heutagogy: A Holistic Framework for Creating 21st Century Self-determined Learners". In: Kinshuk, M. M. & Gros, B. (Eds.), *The Future of Ubiquitous Learning: Learning Designs for Emerging Pedagogies*. Springer Verlag, 2015, pp. 25 –40; Hase, S., "Self-determined Learning (Heutagogy): Where have We Come Since 2000?", *Southern Institute of Technology Journal of Applied Research*, 2016; Hase, S. & Kenyon, C., *Self-determined Learning: Heutagogy in Action*. Bloomsbury Academic, 2013.

（三）建构主义理论

社会建构主义认为学习者在从已知向未知的探索过程中获得知识。[①]新知识建立在学习者已有知识和经验的基础上，学习过程是独一无二和积极的，既是个人行为，又具有情景性，"取决于他们个人和集体的理解、背景和倾向"[②]。

把建构主义付诸实践，其方法以学习者为中心并具有以下特点：主动和真实学习、在做中学、脚手架式学习以及协作。[③]建构主义的首要目标是为学习者创建意义，而这个目标的达成则有赖于把情景成分融入学习活动中，促进知识建构（包括多种视角）及支持协作、交流和有吸引力的对话、探究和解决问题等。[④]

建构主义以学习者为中心的方法和对学习者探索、探究和开放式学习的强调也是自我决定学习教育学的特点。根据自我决定学习教育学，教师发挥辅导作用，搭建学习过程中的"脚手架"，引导学习者从已知向未知探索。在这种情况下，学生"有创造性，积极参与到学习中，师生之间形成一种动态而非被动的关系"[⑤]。

（四）自我指导学习理论

成人教育学因诺尔斯的研究而受到关注，其理念是教成年人学习的方法应该从根本上有别于教儿童学习的方法。[⑥]诺尔斯认为学习者越成熟，在学习过程中越能进行自我指导。他认为成人教育学是"一个过程，学

①　Olson, M. H. & Hergenhahn, B. R., *An Introduction to Theories of Learning* (8*th ed.*). Pearson Prentice Hall, 2009.

②　Dron, J. & Anderson, T., *Teaching Crowds: Learning and Social Media*. AU Press, Athabasca University, 2014, p. 43.

③　Harasim, L., *Learning Theory and Online Technologies*. Routledge, 2011, pp. 68 – 73.

④　Dron, J. & Anderson, T., *Teaching Crowds: Learning and Social Media*. AU Press, Athabasca University, 2014; Jonassen, D., Davidson, M., Collins, M., et al., "Constructivism and Computer-mediated Communication in Distance Education", *The American Journal of Distance Education*, 1995, 9 (2), pp. 7 – 26.

⑤　Hase, S. & Kenyon, C., *Self-determined Learning: Heutagogy in Action*. Bloomsbury Academic, 2013, p. 21.

⑥　Knowles, M., *Self-directed Learning: A Guide for Learners and Teachers*. Cambridge Adult Education, 1975.

习者个人在这个过程中独自或在他人帮助下主动诊断自己的学习需求，制定学习目标，寻找学习所需的人力和物质资源，选择和使用学习策略，评价学习结果"①。他提倡赋予成人学习者选择权、灵活性和自主权，鼓励向学习者提供各种支持（学习辅导、建议、咨询），以便使原来整齐归一的教育体系具有个性化和个人化特点。

与人本主义和自我决定一样，成人教育学"假定学习者受到内在激励的驱动，比如获得尊重（尤其是自尊）的需要、取得成就的愿望、发展的欲望、成就感、了解具体事情的需要和好奇心"②。

自我决定学习理论在成人教育学的基础上进一步发展，帮助学习者从更加结构化、自主程度更低的教育环境过渡到几乎没有或没有结构化、高度自主的环境。③

（五）自我调节学习理论

在自我调节学习过程中，"学生进行自我调节，从元认知、动力和行为上讲成为学习过程的积极参与者……学生监控自己学习方法或策略的效果并对监控反馈做出回应"④。自我调节学习主要强调学习者监控自己的学习效果和根据学习环境改变学习方法、提升学习技能的能力。

班杜拉指出，学习者行为在很大程度上是受自我调节的，他们主要通过观察和把自己的行为与既定的学习表现指南或标准进行比较，从而学会

① Knowles, M., *Self-directed Learning: A Guide for Learners and Teachers*. Cambridge Adult Education, 1975, p. 18.

② Knowles, M., *Self-directed Learning: A Guide for Learners and Teachers*. Cambridge Adult Education, 1975, p. 18.

③ Knowles, M., *Self-directed Learning: A Guide for Learners and Teachers*. Cambridge Adult Education, 1975, p. 21.

④ Blaschke, L. M., "Heutagogy and Lifelong Learning: A Review of Heutagogical Practice and Self-determined Learning", *The International Review of Research in Open and Distributed Learning*, 2012, 13 (1), pp. 56 – 71; Garnett, F., "The PAH Continuum: Pedagogy, Andragogy, and Heutagogy", *Heutagogy Community of Practice*, 2013; Luckin, R., Clark, W., Garnett, F., et al., "Learner-generated Contexts: A Framework to Support the Effective Use of Technology for Learning". In: Lee, M. & McLoughlin, C. (Eds.), *Web 2.0-based E-learning: Applying Social Informatics for Tertiary Teaching*. IGI Global, 2010, pp. 70 – 84.

自我调节。[①] "如果一个人的行为符合或超过其表现标准，这种行为便得到积极评价；如果达不到标准，则会受到负面评价。同样地，感知自我效能感源于人们对成功和失败的直接和间接体验。"[②]

如同自我调节学习一样，自我决定学习理论包含自我实现、自我效能感、自我监控和观察、自我考核、自我教学和自我评价。但是，自我决定学习不同于自我调节学习，前者的教师在指导学习的过程中扮演较为被动的角色，而且示范和外部增强（比如来自教师和其他学习者的激励）不是自我决定学习理论的核心特点。[③]

四、自我决定学习教育学与具有网络意识的新兴教育理论

一些新兴教育理论也包含自我决定学习教育学方法的内容，比如复杂性理论[④]、联通主义[⑤]和根茎学习（rhizomatic learning）理论[⑥]。安德森把这些称为具有网络意识的教育理论，因为它们旨在发挥网络环境的能供性。[⑦]

（一）复杂性理论

考夫曼认为复杂性不是偶然的，会导致无法预测的结果，但我们仍然能够理解一个复杂系统，了解其行为或自组织。[⑧] 根据菲尔普斯和哈泽的观点，复杂性理论是"对简单而有时是无目的性的部分之间的交互如何

---

① Zimmerman, B. J. & Schunk, D. H., *Self-regulated Learning and Academic Achievement*: *Theoretical Perspectives* (*2nd ed.*). Routledge, 2001, p. 5.

② Bandura, A., "Social Cognitive Theory: An Agentic Perspective", *Annual Review of Psychology*, 2001, 52, pp. 1 – 26.

③ Olson, M. H. & Hergenhahn, B. R., *An Introduction to Theories of Learning* (*8th ed.*). Pearson Prentice Hall, 2009, p. 354.

④ Zimmerman, B. J. & Schunk, D. H., *Self-regulated Learning and Academic Achievement*: *Theoretical Perspectives* (*2nd ed.*). Routledge, 2001, p. 5.

⑤ Kauffmann, S., *At Home in the Universe*: *The Search for Laws of Complexity*. Penguin, 1995.

⑥ Siemens, G., "Connectivism: A Learning Theory for the Digital Age", *Elearnspace*, 2004.

⑦ Cormier, D., "Rhizomatic Education: Community as Curriculum", *Innovate*, 2008, 4 (5).

⑧ Anderson, T., "Theories for Learning with Emerging Technologies". In: Veletsianos, G. (Ed.), *Emerging Technologies in Distance Education*. Athabasca University Press, 2010, pp. 23 – 39.

形成连贯且有目的性的整体进行质疑的一种正式尝试"①，包括考虑整个系统、构成这个系统的有机体以及它们是如何交互的。一个系统的有机体彼此独立但同时又相互依存，根据情况进行调整和修改，使"有效行为得以出现和发展，无效想法被摒弃"②。

如同复杂性理论一样，自我决定学习教育学环境下的学习是难以预测的、混沌的。学习者确立和追求学习目标，而教师则引导学习者应对不确定性和复杂性引发的混沌。在自我决定学习教育学和复杂性理论看来，学习具有涌现性，强调学习者的自主、能动性、行动、自组织、反思和试验。③

（二）联通主义

西蒙斯和道恩斯所提出的联通主义也是一个具有网络意识的在线学习理论。④ 他们相信学习发生于创建环境的过程中（比如慕课），在这些环境下，学习者建立关系，形成知识社区。

在联通主义环境下，学习被视为发现意义和建立分布于整个网络的关系的过程。⑤ 与自我决定学习教育学相同，联通主义在很大程度上以复杂性理论为基础，特别强调才能而非能力，强调学习者能够进行自组织和了解如何学习的能力，以及选择学什么的能动性。⑥

（三）根茎学习理论

德勒兹和迦塔里最早把根茎定义为"生长在地下的茎……不同于根

---

① Kauffmann, S., *At Home in the Universe：The Search for Laws of Complexity*. Penguin, 1995.

② Phelps, R. & Hase, S., "Complexity and Action Research：Exploring the Theoretical and Methodological Connections", *Educational Action Research*, 2007, 10 (3), pp. 507 – 524.

③ Anderson, T., "Theories for Learning with Emerging Technologies". In：Veletsianos, G. (Ed.), *Emerging Technologies in Distance Education*. Athabasca University Press, 2010, pp. 23 – 39.

④ Hase, S. & Kenyon, C., "Heutagogy：A Child of Complexity Theory", *Complicity：An International Journal of Complexity and Education*, 2007, 4 (1), pp. 111 – 119；Phelps, R. & Hase, S., "Complexity and Action Research：Exploring the Theoretical and Methodological Connections", *Educational Action Research*, 2007, 10 (3), pp. 507 – 524.

⑤ Anderson, T., "Theories for Learning with Emerging Technologies". In：Veletsianos, G. (Ed.), *Emerging Technologies in Distance Education*. Athabasca University Press, 2010.

⑥ Siemens, G., "Connectivism：A Learning Theory for the Digital Age", *Elearnspace*, 2004.

和须根。鳞茎和块茎都是根茎……根茎本身以各种各样形状出现，从成枝权状向各个方向延伸到收缩为鳞茎和块茎"①。根茎的特点包括：没有模式的多种和各种连接（互相关联的线条），往各个维度和系统且没有结构地大量蔓延，能够断开、重新连接和适应不同情况，以及形成一幅开放式、杂乱无章、没有边界的图谱。② 科米尔把学习视为游刃于根茎这种图谱的有机协商过程，"其标准是不固定的，知识是一个移动中的目标……社区即课程"③。他发现可以用根茎比喻知识和技术日新月异的时代，因为传统验证和认可知识的专家模式难以适应这样一个用户生成内容和社会学习的时代。④

与自我决定学习教育学一样，根茎学习是非线性的，学生自主规划学习路径，努力在混沌中获取知识，同时也在某种程度上得到教师的引导。把根茎学习应用于 c 型慕课（cMOOC）的研究显示其效果喜忧参半，因为学习者必须展示出高度自主且做出几乎是游牧式的行为。在根茎学习环境下，重新考虑学习空间里（对学生、教师和管理层而言）的权力分配可能也会带来一些问题。自我决定学习教育学也具有这些特点。⑤

五、自我决定学习教育学与学习生态

自我决定学习教育学的原则与学习生态理念有很多相同之处，比如学习者的能动性和数字技术的能供性。杰克逊认为，"一个人的学习生态包括其过程和一系列环境和交互，这些为学习者提供了学习、发展和成就的机会和资源。每一个环境都是由各种目的、活动、物质资源、关系以及源

---

① Dron, J. & Anderson, T., *Teaching Crowds: Learning and Social Media*. AU Press, Athabasca University, 2014; Siemens, G., "Connectivism: A Learning Theory for the Digital Age", *Elearnspace*, 2004.

② Deleuze, G. & Guattari, F, *A Thousand Plateaus: Capitalism and Schizophrenia*. University of Minnesota Press, 1987, p. 7.

③ Deleuze, G. & Guattari, F, *A Thousand Plateaus: Capitalism and Schizophrenia*. University of Minnesota Press, 1987, p. 7.

④ Cormier, D., "Rhizomatic Education: Community as Curriculum", *Innovate*, 2008, 4 (5).

⑤ Cormier, D., "Rhizomatic Education: Community as Curriculum", *Innovate*, 2008, 4 (5).

自它们的交互和借助媒介的学习所构成的独特组合"①。西蒙斯认为,学习生态具有以下特点:自适应性、动态性、反应敏捷性、混沌性、自组织性、个人指导性、鲜活性、多样性、非正式结构化和涌现性。② 这些特点契合自我决定学习教育学的学习者能动性、自我效能感和才能、自我反思和元认知以及非线性学习环境等原则。自我决定学习教育学方法与杰克逊的独立自我指导学习生态的情况尤为吻合,因为"人们出于自身的目的,通常是在工作中或其他自我生成的环境中为自己的学习活动创设自己的学习生态"③。在这种情况下,学习者通过确定目标、环境、内容、过程、资源和关系决定学习路径④。

自我决定学习教育学除了可被应用于正式教育环境外⑤,也可被应用于终身学习⑥,学习者能够独立获取信息、发展各种能力,进行终身学习。

六、普通教育学—成人教育学—自我决定学习教育学渐变过程

如前所述,自我决定学习教育学被视为对成人教育学或自我指导学习的延伸。⑦ 布拉斯科根据自我决定学习教育学的核心原则阐述从成人教育

① Mackness, J., Bell, F. & Funes, M., "The Rhizome: A Problematic Metaphor for Teaching and Learning in a MOOC", *Australasian Journal of Educational Technology*, 2016, 32 (1), pp. 78 - 91.

② Jackson, N. J., "The Concept of Learning Ecologies", *Lifewide Learning, Education, and Personal Development* (e-book), 2013.

③ Jackson, N. J., "The Concept of Learning Ecologies", *Lifewide Learning, Education, and Personal Development* (e-book), 2013, pp. 2 - 3.

④ Jackson, N. J., "The Concept of Learning Ecologies", *Lifewide Learning, Education, and Personal Development* (e-book), 2013, p. 13.

⑤ Jackson, N. J., "The Concept of Learning Ecologies", *Lifewide Learning, Education, and Personal Development* (e-book), 2013, p 13.

⑥ Hase, S. & Kenyon, C., *Self-determined Learning: Heutagy in Action*. Bloomsbury Academic, 2013; Hase, S., "Self-determined Learning (Heutagogy): Where have We Come Since 2000?", *Southern Institute of Technology Journal of Applied Research*, 2016.

⑦ Blaschke, L. M., "Heutagogy and Lifelong Learning: A Review of Heutagogical Practice and Self-determined Learning", *The International Review of Research in Open and Distributed Learning*, 2012, 13 (1), pp. 56 - 71.

学向自我决定学习教育学的转变过程（见表1-3-1）。①

表1-3-1 延伸成人教育学的自我决定学习教育学

成人教育学（自我指导）	自我决定学习教育学（自我决定）
单环学习	双环学习
能力培养	才能培养
线性设计和学习方法	非线性（动态）设计和学习方法
教师-学习者指导	学习者指导
使学生学习（内容）	使学生明白如何学习（过程）

向学习者能动性转变是自我决定这个概念的主要特点。泰和哈泽在研究中增加了教学成分，他们注意到攻读某个博士学位课程的学生在初始阶段高度依赖教师，随着时间的推移，才渐渐变得越来越以学习者为中心（能动性提高了）。虽然这些学生都是经验丰富的工程师，但是在一开始学习时他们对社会科学研究感到陌生，因此非常依赖教师的指导和领导（普通教育学）。随着课程学习的深入，学生们开始转向自我指导学习（成人教育学），此时，他们开始利用自己的环境因素，减少对教师的依赖。最后，随着学生越来越习惯自我指导，教师只扮演引导者的角色。②有研究者还讨论了学习的这个渐变过程，认为这是一个从传统课堂环境（"粉笔+讲授"）向自我指导转变且最后发展为自我决定的学习转变过程。③ PAH渐变过程显示，不同阶段的学习体验牵涉不同程度的学习者能动性。从学习生态角度看，学习者能动性的提高意味着他（她）对使用现代技术、获取和分享信息有更大的控制权。

但是，"PAH渐变过程"这个术语是由卢金等首先提出的，针对的是

① Hase, S. & Kenyon, C., "From andragogy to heutagogy", *Ulti-BASE In-Site*, 2000.

② Blaschke, L. M., "Heutagogy and Lifelong Learning: A Review of Heutagogical Practice and Self-determined Learning", *The International Review of Research in Open and Distributed Learning*, 2012, 13 (1), pp. 56-71.

③ Tay, B. H. & Hase, S., "The Role of Action Research in Workplace PhDs", *Action Learning and Action Research Journal*, 2004, 9 (1), pp. 81-92.

学习者生成的环境和技术的学习用途。① "学习者生成的环境关乎努力寻找一个可以支持更有效把技术用于支持学习的框架，关乎打开通往知识建构和理解这个过程之门。"② 技术进步使我们有更多机会获取和分享信息，与以往相比，学习者现在能够在个人学习中扮演一个更加自主的角色，因此，师生关系发生了变化。此外，教育环境形成了一个越来越以学习者为中心的资源生态（ecology of resources），一个其资源可以由教师、家长、教育系统或学习者进行组织的生态。③

随着学习者掌握新的学习技能，学习者能动性在学习过程中将得到提高。PAH 渐变过程是用以了解这些学习过程的一种方法。因此，卢金等把 PAH 渐变过程定义为学习者在其所处环境中在认知、元认知和认识论层面得到发展的一个渐变过程。④ 他们认为学习者在管理自己的学习上需要得到帮助。表 1-3-2 从控制中心、教育类型、认知层次以及知识生产环境等角度呈现普通教育学、成人教育教学和自我决定学习教育学的不同。

---

① Eberle, J. & Childress, M., "Using Heutagogy to Address the Needs of Online Learners". In: Rogers, P., Berg, G. A., Boettecher, J. V., et al. (Eds.), *Encyclopedia of Distance Learning* (*2nd ed.*). Idea Group, Inc., 2009, pp. 2239–2245.

② Luckin, R., Clark, W., Garnett, F., et al., "Learner-Generated Contexts: A Framework to Support the Effective Use of Technology for Learning". In Lee, M. J. W. & McLoughlin, C. (Eds.), *Web 2.0-Based E-Learning: Applying Social Informatics for Tertiary Teaching*. IGI Global, 2011, pp. 70–84.

③ Luckin, R., Clark, W., Garnett, F., et al., "Learner-Generated Contexts: A Framework to Support the Effective Use of Technology for Learning". In Lee, M. J. W. & McLoughlin, C. (Eds.), *Web 2.0-Based E-Learning: Applying Social Informatics for Tertiary Teaching*. IGI Global, 2011, p. 72.

④ Luckin, R., Clark, W., Garnett, F., et al., "Learner-Generated Contexts: A Framework to Support the Effective Use of Technology for Learning". In Lee, M. J. W. & McLoughlin, C. (Eds.), *Web 2.0-Based E-Learning: Applying Social Informatics for Tertiary Teaching*. IGI Global, 2011, p. 72.

表1-3-2 PAH渐变过程①

	普通教育学	成人教育学	自我决定学习教育学
控制中心	教师	教师/学习者	学习者
教育类型	学校	成人	研究
认知层次	认知	元认知	认识论认知
知识生产环境	理解学科	过程协商	环境影响

有研究者对PAH渐变过程的实际应用归纳如下："PAH渐变过程代表普通教育学（根据教师制作的学习资源理解学习活动涉及的学科内容）、成人教育学（支持学习小组协作过程，包括内容协商和有序学习以使围绕共同学习活动的交流能够增强参与者对学科的理解，而小组活动则变成形成性考核过程）和自我决定学习教育学（能够促成学习者对正在进行的学习做出自己的反应，包括共同建构以及以富有创意的方式提交终结性考核作品）的可能混合应用情况。"②

有研究者把PAH渐变过程应用于四年制学位的设计上，使用移动技术帮助学习者掌控自己的学习。该研究发现，成功因素包括技术与考核的融合、示范教学工具的使用和与课程所采用教学方法相称的适合的移动技术。③ 布拉斯科使用一些实际方法帮助学习者实现从普通教育学向自我决定学习教育学转变，包括让学生选择学习内容和学习方法、鼓励探索、教师逐渐放手以发挥指导的作用、促使学习者互相学习、帮助他们明白如何

① Luckin, R., Clark, W., Garnett, F., et al., "Learner-Generated Contexts: A Framework to Support the Effective Use of Technology for Learning". In Lee, M. J. W. & McLoughlin, C. (Eds.), *Web 2.0-Based E-Learning: Applying Social Informatics for Tertiary Teaching*. IGI Global, 2011, p.72.

② Luckin, R., Clark, W., Garnett, F., et al., "Learner-Generated Contexts: A Framework to Support the Effective Use of Technology for Learning". In Lee, M. J. W. & McLoughlin, C. (Eds.), *Web 2.0-Based E-Learning: Applying Social Informatics for Tertiary Teaching*. IGI Global, 2011, p.78.

③ Garnett, F. & O'Beirne, R., "Putting heutagogy into learning". In: Hase, S. & Kenyon, C., *Self-determined Learning: Heutagogy in Action*. Bloomsbury, 2014, pp.131-143.

学习（元认知），以及向学习者提供发展个人学习环境的工具。①

　　然而，把从普通教育学向自我决定学习教育学的转变看作一个渐变过程可能会产生误导。这个过程很可能是动态的，学习者处于这个过程的什么位置取决于其在某个特定时期的情况。② 比如，坎宁研究自我指导学习在小学教育中的应用，她设计了相关框架，把要求学习者达到的成熟和自主程度、教师控制和课程结构等方面内容纳入其中。③ 布拉斯科后来又在这个基础上进一步完善（见图1－3－1）。④ 图1－3－1显示，学习者根据其对所学专业或内容的掌握程度，可以沿着这个渐变过程上下移动。

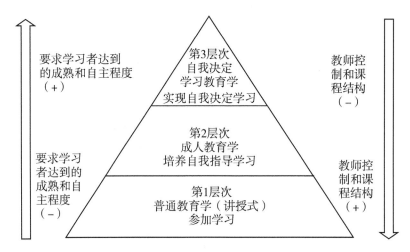

图1－3－1　PAH渐变过程

　　哈泽支持上述概念，并在与布拉斯科的通信中指出："我可能是一个称职的心理学家，因为我有专业经验和知识，我可能在学习上能自我决

① Cochrane, T., "Exploring Mobile Learning Success Factors", *Research in Learning Technology* (*ALT-J*), 2010, 18 (2), pp. 133 –148.

② Blaschke, L. M., "Moving Students Forward in the PAH Continuum: Maximizing the Power of the Social Web". In: Blaschke, L. M., Kenyon, C. & Hase, S. (Eds.), *Experiences in Self-determined Learning*. Center for Open Education Research (COER), University of Oldenburg, 2014b.

③ Jones, C., "Enterprise Education: Towards the Development of the Heutagogical Learner", *The All Ireland Journal of Teaching and Learning in Higher Education*, 2016, 8 (1), pp. 2542 –2547.

④ Canning, N., "Playing with Heutagogy: Exploring Strategies to Empower Mature Learners in Higher Education", *Journal of Further and Higher Education*, 2010, 34 (1), pp. 59 –71.

定。但是我在 50 岁第一次学习艺术时，我可能发现自己非常依赖教师，过了一段时间之后，我才渐渐变得越来越独立，学会成为艺术家。我还可能会因具体情况的变化时而依赖教师，时而独立学习。但是，我有很强的学习自我效能感，能控制学习过程——认识到这一点很重要。"[1]

麦肯翁和坎瓦尔等进一步发展了 PAH 渐变过程，增加了学习者和学习者角色以及教师和教师角色等方面的内容。[2]

PAH 渐变过程是一个很有用的启发式模式，能够高度情景化。如上所述，某个学习者可能有时需要采用讲授式方法学习，有时又能够进行自我决定学习。教与学的方法必须根据特定时期学习者所处环境做出相应调整。正因如此，把这个渐变过程看成是环形的可能有所帮助，因为这能体现学习者和教师在渐变过程如何受到他们的教与学环境的影响。

如果教师相信学习者能成长为更高水平的学习者，那么，他们便能据此设计教学。同样地，学习者在变得越来越能自我管理时可能需要帮助。[3] 教师可以采用或借鉴上文所述的很多以学习者为中心的教学方法，引导学习者变得越来越能进行自我决定，比如：①设计支持学习者自主学习、允许失败的学习环境；②与学习者一起分析和制定学习目标和考核标准；③融入指导学习者学习的问题，融入结合学习者经验的基于问题和项目的学习活动；④提供学习指导，保证学习者有成功的机会；⑤允许学习者决定学习活动和结果；⑥提供积极的、形成性的和及时的反馈，表达同理心；⑦涉及学习的决定时，要给学习者选择权、自主权；⑧鼓励学习者监控自己的学习路径、过程和成绩；⑨促进学习者对学习环境和学习过程进行持续反思（即学什么和如何学）；⑩包含支持学习者探索、创建内容、协作和与他人建立联系，以及分享学习活动的收获。

---

① Blaschke, L. M., "Heutagogy and Lifelong Learning: A Review of Heutagogical Practice and Self-determined Learning", *The International Review of Research in Open and Distributed Learning*, 2012, 13 (1), pp. 56–71.

② 摘录自私人通信——本书作者注。

③ Mckeown, L., "Pedagogy-Andragogy-Heutagogy", 2011; Kanwar, A. S., Balasubramanian, K. & Umar, A., "Lifelong Learning in South Africa", *International Journal of Continuing Education & Lifelong Learning*, 2013, 5 (2), pp. 17–39.

七、数字媒体的角色

随着技术的快速发展，学生参与学习和创建知识与信息的能力以及教师采用上述教学方法的能力均得到了提高。这些新数字媒体具有促进学习者的能动性和自我决定学习的能供性。数字媒体能供性不仅仅是技术的特点，它还影响到技术的用途，带来了预期之中和意料之外的结果。[1]

探索和发现信息，创建和分享新知识，与他人协作创建新信息，通过因特网与他人建立联系、结成网络，反思所学知识以及如何把这些知识融入自己的知识结构和现有价值体系中——凡此种种，均是数字媒体能供性的体现。有研究者认为，使用数字媒体支持自我决定学习更加强调"重视（学习者）转变的教学方法，而非突出知识转移的教学方法"[2]。

社交媒体尤其能够提供促进学习者能动性和积极探索、建构和分享信息的机会。社交媒体可以在很多方面用于支持自我决定学习（见图1-3-2）。

卡普兰和亨莱恩提出的社交媒体分类体系很有意义。他们根据协作项目、个人展示项目、内容/信息分享社区、虚拟游戏世界和虚拟社交世界等用途对社交媒体进行了分类。[3] 布拉斯科和布林德利把卡普兰和亨莱恩的分类与彭斯基用动词和名词比喻技能和社交媒体工具的做法结合在一起，提出了一个针对具体技能的培养挑选合适媒体工具的框架。[4] 表1-3-3根据社交媒体分类、需要培养的技能（动词）和培养这些技能的社交媒体工具（名词）对这个框架进行了归纳。

---

① Brandt, B. A., "The learner's perspective". In: Hase, S. & Kenyon, C. (Eds.), Self-determined Learning: Heutagogy in Action. Bloomsbury Academic, 2013, pp. 99 –116.

② Conole, G. & Dyke, M., "Understanding and Using Technological Affordances: A Response to Boyle and Cook", *Research in Learning Technology* (*ALT-J*), 2004, 2（3）, pp. 301 –308.

③ Cochrane, T., Antonczak, L., Guinibert, M., et al., "Developing a Mobile Social Media Framework for Creative Pedagogies", 10th International Conference on Mobile Learning, Madrid, Spain, 2014, p. 13.

④ Kaplan, A. M. & Haenlein, M., "Users of the World Unite! The Challenges and Opportunities of Social Media", *Business Horizons*, 2010, 53, pp. 59 –68.

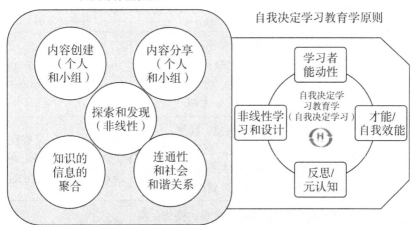

图 1 - 3 - 2　社交媒体能供性与自我决定学习教育学原则

表 1 - 3 - 3　技能与社交媒体工具①

分类	技能（动词）	工具（名词）
协作项目	协作；交流（写作、阅读、讨论、交互）；建构知识（个人和小组）；社交；浏览；协商；解决问题；深度、批判性、逻辑性思考；反思；评价	Wikis、Google Docs、头脑风暴工具（如思维导图）、mashups、Dropbox 和 Box. net
个人展示项目	设计和创建；深度、批判性、逻辑性思考；分享知识；分享经验；给出意见；表达观点	博客、电子档案袋
建立社交关系	交流（写作、阅读、讨论、交互）；协作；搜索；探索；倾听；建立联系；分享；批判性思考；反思；支持别人；建立社区；（自我）宣传推广；交换	Twitter、LinkedIn、Facebook、社交标签（比如 Flickr、Pinterest）、Cloudworks

①　Blaschke, L. M. & Brindley, J., "Using Social Media in the Online Classroom". In: Ally M. & Khan, B., *The International Handbook of E-learning*（Volume 2）: *Implementation and Case Studies*. Routledge, 2015, pp. 11 - 20.

续表 1 - 3 - 3

分类	技能（动词）	工具（名词）
内容/信息 分享社区	交流（写作、阅读、讨论、交互）；协作；搜索；探究；比较；合成；批判性思考；反思；观察；分享；建立社区；（自我）宣传推广；发布	YouTube、Diigo、Twitter、LinkedIn、RSS、Evernote
虚拟游戏世界	建立联系；协作；浏览；玩耍；交流（写作、阅读、讨论、交互）；探索；分析和解决问题；批判性思考；竞争；编程；模仿；创新；计划；模拟	Minecraft、ARG（替代现实游戏）、大型多人在线游戏、全球社会意识游戏
虚拟社交世界	探索；观察；实验；发现；模仿；预测；解决问题；创新；计划；模拟	模拟工具、Second Life

这个框架可用于设计课堂学习活动，因为它把一项教学活动与能用于支持和促进这个活动的技术能供性（工具）结合在一起考虑。它也可用于设计整合式学习（holistic learning）活动，因为这种学习活动要求仔细处理好教学方法（比如学习结果）的平衡，也要做好教学传送的技术形式的平衡。

在线协作类社交媒体支持创建信息，学生共同创建和发展新知识。此外，学生还能利用协作空间开展正式和非正式交流、解决问题、分享研究结果以及批判性讨论和评价。可服务于这些目的的社交媒体工具包括Google Docs 和头脑风暴工具。① 博客和电子档案袋则是个人展示项目这一类的例子，有助于培养使用媒体创建与分享新观点和信息、批判性和创造性地表达观点的学习者技能。② 诸如 Twitter 和 LinkedIn 这些社交网络网站

---

① Blaschke, L. M. & Brindley, J., "Using Social Media in the Online Classroom". In: Ally M. & Khan, B., *The International Handbook of E-learning* (Volume 2): *Implementation and Case Studies*. Athabasca, Canada: Routledge, 2015, pp. 11 - 20.

② Blaschke, L. M., "Moving Students Forward in the PAH Continuum: Maximizing the Power of the Social Web". In: Blaschke, L. M., Kenyon, C. & Hase, S. (Eds.), *Experiences in Self-determined Learning*. Center for Open Education Research (COER), University of Oldenburg, 2014b.

可用于与同行建立联系、建立实践社区。[1] 诸如 YouTube、Diigo、Scoop. it 和 Twitter 这些内容/信息分享媒体能够支持学习者创建、发布内容和信息以及与他人建立联系。[2] 虚拟游戏世界则能够使学生开展探索和与他人建立联系，从而鼓励他们参与到学习和解决问题之中。[3]

八、结束语

技术的发展使其在学习方面的能供性得到很大提升，由此促使正式和非正式教育环境更加重视学习者的能动性。在这种背景下，设计以学习者为中心、学习者是学习的积极推动者而非知识的被动接受者的学习过程，这对教师而言是一个挑战。

自我决定学习教育学理论认为学习过程要以学习者为中心，因此是一个可用于支持和促进学习者能动性的理论框架。一方面，这个理论是对很多历史悠久的教育理论，比如自我效能感、自我决定、自我指导（成人教育学）和自我调节学习等的继承和发展；另一方面，它还强调学习者的才能、反思和元认知以及非线性学习等内容。学习生态这个概念所指的环境能给学习者提供各种机会，包括独自或在教师的帮助下获取信息和学习技能、分享信息、培养学习技能等方面的机会。因此，学习生态是对以学习者为中心的方法的进一步发展。

PAH 渐变过程为教师提供了一个结构化方法，帮助他们了解学生的学习能动性水平并设计相应的学习过程。更为重要的是，教师要提供开放

---

① Schuetz, R., "Creating Learning Legacies Using Blogs". In: Blaschke, L. M., Kenyon, C. & Hase, S. (Eds.), *Experiences in Self-determined Learning*. Center for Open Education Research (COER), University of Oldenburg, 2014; Blaschke, L. & Brindley, J., "Establishing a Foundational Framework for Development of Reflective Practice: A Case Study of Learning Journal Use", *European Journal of Open, Distance, and E-learning* (*EURODL*), 2011 (2).

② Price, D., "Heutagogy and Social Communities of Practice: Will Self-determined Learning Rewrite the Script for Educators?". In: Blaschke, L. M., Kenyon, C. & Hase, S. (Eds.), *Experiences in Self-determined Learning*. Center for Open Education Research (COER), University of Oldenburg, 2014.

③ Blaschke, L. M., "Moving Students Forward in the PAH Continuum: Maximizing the Power of the Social Web". In: Blaschke, L. M., Kenyon, C. & Hase, S. (Eds.), *Experiences in Self-determined learning*. Center for Open Education Research (COER), University of Oldenburg, 2014b.

的学习资源从而增强学习者的控制权的学习生态。社交媒体这些数字工具在学习上具有很强的能供性，能提高学生在在线环境下探索、创建、协作、建立联系、反思和分享知识的能力，因此能为设计以学习者为中心的空间提供更多机会。教师的一个关键作用是提升学习者管理自己学习的技能，从而提高他们的学习能动性。

第二章　英语智慧学习生态理念

当今，人工智能、大数据、5G、VR/AR/MR、物联网等新兴技术与其他技术的空前融合，给人类社会带来了新一轮变革。教育数字化转型已经成为外语教育改革和发展的方向，助推了外语教育范式的跃迁。面对数字化转型趋势带来的挑战，外语教师唯有遵从数字达尔文主义——技术爆发时代的适者生存法则①开展教育数字化转型的创新和变革，使自身适应各种新变化和教育新范式，才能更好地为外语学习者传授适应未来社会生活的知识和技能。英语智慧学习生态正是为了应对当前外语教育数字化转型挑战而产生的一种英语教学创新理念。

英语智慧学习生态与计算机辅助语言教学（CALL）密切相关。计算机辅助语言教学的发展呈现逐步走向数字化转型的态势，从20世纪50年代出现至今，大致经历了四个阶段的发展历程。在最初的20年，以行为主义CALL为代表，计算机模仿教师，采用多次练习和持续反馈的方法进行教学。行为主义CALL的不足之处是不具备交互性，在保持学习者学习动力和兴趣方面存在明显的短板。1970年至1980年，出现了可以进行交流的CALL，其通过一定的计算机程序，刺激、鼓励学习者开展交流、分享、协作。到了1990年，综合CALL开始将计算机当作一种参考工具，逐渐走向多媒体和超文本的外语教学，关注阅读和听力等语言技能。时至今日，CALL已经发展到可以运用视频和音频流等多种形式，转向人工智能、自动化和自适应。从CALL的发展脉络来看，进入21世纪以后，CALL已经从原来的媒体教学向生态化、平台化、智能化、融创化方向发展。CALL的快速发展为英语智慧学习生态环境的建立提供了重要的技术融合的生态条件。

根据祝智庭对智慧学习生态系统的定义，智慧学习生态系统是在一定的智慧学习空间（技术融合的生态化学习环境）中，学与教群体（学习者、教学者、管理者）与其所在的空间及空间中的资源（设备、设施、

---

① ［英］汤姆·古德温：《商业达尔文主义——数字时代的适者生存法则》，王玉译，电子工业出版社2019年版，第3-20页。

工具、制品符号、内容等）相互作用而形成的"教法－技术－文化系统"。这一系统是教法、技术、文化相互驱动形成的智慧系统，为开展教与学活动提供了良好、适宜的环境。[①] 而英语智慧学习生态系统则是在技术融合的生态化语言学习环境中，英语学习者和英语教学者以及管理者与所在的英语教与学空间、管理空间以及空间中的资源相互作用而形成的"英语教法－技术－文化系统"。

英语智慧学习生态系统是体现数字时代数字变革 3D 模式［从 digitization（数码化）、digitalization（数智化）到 digital transformation（数字转型）］的一种外语教育的新的适者生存方式，是数字教育生态与外语融合创变的一种实践，是技术、文化与英语教育教学的深度整合的方式，是英语教法与学法、智能技术、文化意识协调发展的一种教育生态系统，试图为开展数字时代英语教与学活动提供良好、适宜的环境，以适应当代数字化转型的快速变化，应对数字化转型趋势带来的挑战。

下面分别从英语教法和学法生态、技术赋能英语个性化学习、英语教育中的文化智能三个方面阐述基于教法、技术、文化的英语智慧学习生态理念。

第一节　英语教法和学法生态

联合国教科文组织于 2021 年 11 月 10 日发布文件《共同重新构想我们的未来：一种新的教育社会契约》。[②] 该文件阐述了教学法的重要性，提到教学法应围绕合作、协作和团结的原则进行组织。它应培养学生的智力、社会和道德修养，推动他们在同理心和同情心的作用下合力改造世界。它还应教会学生拒绝偏向、偏见和分裂等。对教学法的评估应反映教学目标，包括促进有意义的学习和推动所有学生的学习等。

---

① 祝智庭、彭红超：《智慧学习生态系统研究之兴起》，载《中国电化教育》2017 年第 6 期，第 1 – 10、23 页。

② 教育的未来国际委员会：Reimagining Our Futures Together：A New Social Contract for Education；Executive Summary. See https://unesdoc. unesco. org/ark:/48223/pf0000379381.

一、布鲁姆教育目标与 SAMR 模型融合创变的英语教法生态

祝智庭教授认为，教育系统变革与学习转型可以从教学层面进行。[①]国际上有学者在本杰明·布鲁姆的教育目标的基础上进行创变，把 SAMR 模式技术的赋能作用［即 SAMR 模型的替代（substitution）、增强（augmentation）、修改（modification）、重新定义（redefinition）4 个层次］与布鲁姆教育目标的 6 个类别（即识记、理解、运用、分析、评价和创造）联系起来。SAMR 模型的每个层次皆涉及布鲁姆教育目标的 6 个类别，形成一个新的类似罗盘的指南（见图 2 - 1 - 1），给我们很大的启发。为了更清楚地了解英语教学创变内容，我们首先简要回顾布鲁姆教育目标和 SAMR 模型。

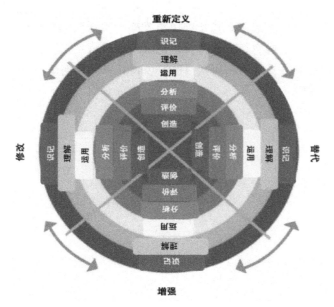

图 2 - 1 - 1 布鲁姆教育目标与 SAMR 融合模型[②]

① 祝智庭、罗红为、王诚谦等：《外语教育数字化转型与融合创新》，载《外语电化教学》2022 年第 4 期，第 7 - 17 页。

② Emma Braaten, see https://www.thinglink.com/scene/551828975953903618.

（一）布鲁姆教育目标

布鲁姆教育目标，又名布鲁姆分类法。它是一个层次模型系统，将教育目标根据不同的复杂程度进行分类，分为 3 个领域：认知、情感和动作技能。[1] 最初，布鲁姆将认知领域中的教育目标分为知识（knowledge）、领会（comprehend）、应用（apply）、分析（analyze）、综合（synthesize）和评价（evaluate）6 个层次。情感领域的教育目标由克拉斯沃尔于 1964 年提出，分为 5 个层次：接受、反映、形成价值观念、组织价值观念系统和价值体系个性化。1972 年，辛普森提出将动作技能领域教育目标分为 7 个层次：知觉、定势、指导下的反映、机械动作、复杂的外显反映、适应和创新。[2] 在不断使用布鲁姆教育目标的过程中，认知领域的教育目标受到一定的质疑。2001 年，安德森等学者对布鲁姆教育目标分类体系进行了修订（见图 2 - 1 - 2)[3]，在两个最高级别将它们按不同的顺序排列，并用动词而不是名词表示。这反映了更准确和更活跃的思维形式，即将认知领域的 6 个层次教育目标修订为识记（remember）、理解（understand）、运用（apply）、分析（analyze）、评价（evaluate）和创造（create）。[4]

① Bloom, B. S., *Taxonomy of Educational Objectives*. Vol. 1: *Cognitive Domain*. McKay, 1956, pp. 20 - 24.

② Anderson, L. W., Sosniak, L. A., *Bloom's Taxonomy*. University of Chicago Press, 1994, pp. 81 - 90.

③ Anderson, L. W., Krathwohl, D. R. *A Taxonomy for Learning*, *Teaching*, *and Assessing*: *A Revision of Bloom's Taxonomy of Educational Objectives*. Longman, 2001, pp. 1 - 26.

④ Granello, D. H., "Promoting Cognitive Complexity in Graduate Writing Work: Using Bloom's Taxonomy as a Pedagogical Tool to Improve Literature Reviews", *Counselor Education and Supervision*, 2001 (40), pp. 2 - 36.

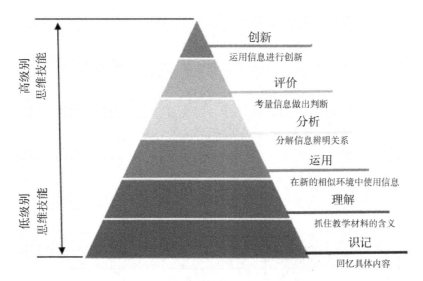

图 2 - 1 - 2　布鲁姆分类法——认知领域[①]

布鲁姆教育目标经过不断完善和修订，时至今日，仍然在数字时代的教育环境中被广泛使用。

（二）SAMR 模型

SAMR 模型由 Phi Beta Kappa（美国大学优秀生全国性荣誉组织）教学奖的获得者鲁本·普恩特杜拉博士于 2010 年开发（见图 2 - 1 - 3）。[②] 该模型提供了一个展示技术对教与学影响的框架。[③] SAMR 模型列出了在线学习的 4 个层次，大致按其复杂程度和变革能力的顺序排列，依次为替代、增强、修改和重新定义。模型的 4 个层次分别建立在前几个层次的技术使用基础上，分为技术增强（enhancement）教学和技术改变（transformation）教学。

---

① Kurt，S.，*Bloom's Taxonomy*．See https：//educationaltechnology. net/blooms - taxonomy/．

② Puentendura，R. R.，*A Brief Introduction to TPCK and SAMR*．See http：//hippasus. com/rrp-weblog/archives/2015/10/SAMR_ ABriefIntro. pdf.

③ Terada，Y.，*A Powerful Model for Understanding Good Tech Integration*．See https：//www. edu-topia. org/article/powerful - model - understanding - good - tech - integration.

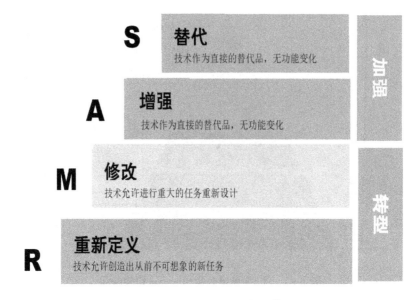

图 2 - 1 - 3　SAMR 模型①

替代为基本学习水平开始阶段，技术充当直接工具替代品，没有功能变化。例如，学生可以在文字处理器上输入笔记，而不是在练习本上手写。在在线课堂中，教师往往专注于前两个层次——替代和增强，这涉及用数字材料替换传统材料，例如：将课堂规范、日程安排或词汇表转换为学生可以轻松参考的数字格式（如 PDF），并在线发布。如果通过 Zoom 或 Skype 等视频会议服务召开班级会议，教师可以为无法参加会议的学生提供会议录音。此外，教师还可以创建自己的教学视频，让学生按照其所设计的节奏浏览、观看。在替代阶段，内容没有实质性变化，变化的只是交付方式而已。

在增强阶段，技术仍然是直接的工具替代品，但功能有所改进。以在文字处理器上打字为例，增强意味着学习过程可以变得更加高效和引人入胜，可以添加图像、超链接文本，也可以快速更改文本本身。增强层次涉及合并交互式数字增强功能和评论、超链接或多媒体等元素，内容保持不变，但学生可以利用数字功能来强化课程。例如，学生可以创建数字作品

---

① Kendon, T. , *SAMR and TPACK：Two Models to Help with Integrating Technology into Your Courses.* See https：//taylor - institute. ucalgary. ca/resources/SAMR - TPACK.

集和多媒体演示文稿，可以有更多选择来展示他们对某个主题的理解。教师可以使用 Socrative 和 Kahoot 等工具将测验游戏化，而不是分发纸质测验试卷。教师还可以使用 Padlet 等应用程序创建虚拟公告板，学生可以在其中发布问题、链接和图片。

在修改层次，教师可以考虑使用 Google Classroom、Moodle、Schoology和 Canvas 等学习管理系统来处理课堂的后勤方面工作，例如跟踪成绩、向学生发送消息、创建日历和发布作业。技术不仅强化了学习活动，还显著改变了学习活动。例如，学生建立了一个博客，他们在其中向全球浏览者公开他们的作业。博客的使用令学生对他们提交的作业更加负责，因此，他们倾向于花更多的时间来完善他们的书面作业。这样，学生的学习和读写能力都会得到提高。另外，在线教学开辟了新的交流渠道，例如，不善交流的学生可以从与教学一起进行的替代对话中受益。Zoom 的文本聊天功能让学生有机会写下他们的问题，如果有数十名学生参与对话，就不会让人感觉有压力。此外，喜欢收集想法的学生可能会受益于在线论坛或教学平台节奏较慢的异步讨论。

重新定义层次为最高级的学习转化水平阶段。学习在重新定义层次发生了根本性转变，以前在课堂上不可能进行的活动成为可能。数字时代良好的技术集成产生了更多新颖和身临其境的效果和作用。例如，学生是多种媒体形式作品的创作者和"出版商"，他们可以邀请专业人士就其作品提供反馈，或者与世界各地的其他人一起参与数字论坛。技术可以将学生与世界其他地方的虚拟笔友（无论其是学生还是某个领域的专家）联系起来。虚拟实地考察使学生能够参观亚马逊热带雨林、卢浮宫或埃及金字塔等。在课堂上阅读完一本书后，学生可以邀请作者聊聊他们的作品并回答问题。学生可以编写自己的 wiki 或博客以供公众阅读和提出反馈（Quadblogging 等平台可以将遥远的教室连接在一起）。这样，学生既可以写作，也可以做出回应。学生可以解决当地的问题（比如，调查附近河流的水质）并邀请社区成员评估他们的数字提案。来自不同国家的学生可以通过 Google Hangout 进行会话，以便实时交换有关自己国家的信息。同样，使用 Google Docs 让世界不同地区的学生在共享作业上进行协作可以增加学习机会，如果没有这种技术，这是不可能实现的。

（三）布鲁姆教育目标＋SAMR 个性化英语教学生态模型

SAMR 模型的主要优势是增强协作、互动和激励，SAMR 模型和布鲁姆教育目标的融合不但可以深化布鲁姆教育目标的概念，而且可以让教师更多地了解技术整合。有学者对布鲁姆教育目标与 SAMR 模型融合实践做了调查研究。① 调查结果显示，将 SAMR 模型和布鲁姆教育目标融合可以作为评估大学技术整合的框架。相关研究发现，基于 SAMR 模型框架设计教学活动更有可能使活动处于模型的最高层次，即模型的修改和重新定义维度，技术使用更为重要和广泛，SAMR 模型与以学生为中心的个性化教学设计紧密相关。② 通过开发和合作，教师能够在修改和重新定义的层次上整合更多的学习活动，有效提高个性化学习效率。③

根据上述分析，本研究提出布鲁姆教育目标＋SAMR 的个性化英语教学生态模型（见图 2－1－4）。个性化学习是促进以学生为中心的学习，以学生为中心是教育进化的主基因。对此，目前全球已经达成共识。④ 在美国发布的个性化学习指南中，个性化学习包含 7 个特征：个别化、学生中心、学生能动性、学生足迹、能力本位、柔性学习环境、联通协作。⑤ 个性化英语教学需要关注英语学习者的差异化（differentiation）、个别化（individualization）、学生能动性（student /learner agency），在三者的交叉点上才会产生个性化学习。⑥ 差异化是众所周知的，这里不再赘述。个别

① Rehman, Z. U., Aurangzeb, W., "The SAMR Model and Bloom's Taxonomy as a Framework for Evaluating Technology Integration at University Level", *Global Educational Studies Review*, 2021 VI (IV), pp. 1 – 11.

② Romrell, D., Kidder, L., Wood, E., "The SAMR Model as a Framework for Evaluating mLearning", *Journal of Asynchronous Learning Networks*, 2014, 18 (2).

③ Jude, L. T., Kajura, M. A., Birevu, M. P., "Adoption of the SAMR Model to Asses ICT Pedagogical Adoption: A Case of Makerere University", *International Journal of eEducation*, *e-Business*, *e-Management and e-Learning*, 2014, 4 (2), p. 106.

④ 祝智庭：《教育数字化转型是面向未来的教育"转基因"工程》，见教育信息化 100 人微信公众号，2022 年 8 月 12 日 18：50 发表于北京。

⑤ Groff J. S., "Personalized Learning: The State of the Field & Future Directions", *Centre for curriculum redesign*, 2017. See https://www. academia. edu/40662346/Personalized_learning_The_ State_of_the_Field_and_Future_Directions_ 2017.

⑥ Kerns, G., "Individualization—The Truly New Element of Personalized Learning". See ht-tps://nceatalk. org/2018/04/individualization – the – truly – new – element – of – personalized – learning/.

化涉及学生的能力或基于学生已掌握的学习内容，有学者将个别化描述为"调整学习节奏以满足个别学生需求的学习体验，重点关注个别化学习发生的时间……在个别化学习中，所有学生都会经历相同的环节，但他们会按照自己的节奏继续前进"①。学生能动性是提升英语教学效果的一种有效方式。国外学者做了相关研究，认为学生能动性包括学生较为成熟的思维习惯、美德方面的实践、成长性思维模式三方面。② 培养学生的能动性是培养学习者主体性的基石。将布鲁姆教育目标与 SAMR 模型相互融合，可以赋能英语个性化教学，促进英语教学中差异化、个别化和学生能动性的结合。

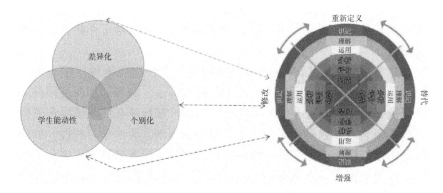

图 2 - 1 - 4　布鲁姆教育目标＋SAMR 的个性化英语教学生态模型③

基于 SAMR 模型框架设计的英语教学活动，能够较为容易地与以学生为中心的设计相联系，更有可能考虑英语学习者的差异化、个别化和学生能动性，适合有着不同个人学习风格的学习者，能够使英语活动处于模型的最高层次。SAMR 模型的主要优势是增强协作、互动和激励，SAMR

---

① Culatta, R., "What Are You Talking About?! The Need for Common Language Around Persona-lized Learning". See http://er. educause. edu/articles/2016/3/what - are - you - talking - about - the - need - for - common - language - around - personalized - learning.

② "Building Learner Agency with Growth Mindset, Habits of Mind and Virtuous Practice". See https://mindfulbydesign. com/events/building - learner - agency - auckland/.

③ Braaten, E. See https://www. thinglink. com/scene/551828975953903618.; Kerns, G., "Individualization—The Truly New Element of Personalized", *Learning*. See https://nceatalk. org/2018/04/individualization - the - truly - new - element - of - personalized - learning/.

模型与布鲁姆教育目标的融合不但可以深化布鲁姆教育目标的概念，开展针对性的英语个性化教学，而且可以让英语教师更多地了解技术整合，尤其在修改和重新定义的层次。在初始技术整合期间，大多数英语教学活动停留在两个较低的层次上——替代和增强。具有英语专业知识的英语教师在这两个层次上开展技术驱动英语教学活动。同时，SAMR 模型提供了一种较为简单的开发和合作模式，英语教师能够利用 SAMR 模型在更高的层次上整合更多的英语学习活动，即修改和重新定义未来英语学习活动。用 SAMR 模型使用层次结构来描述认知水平，其模型可以与布鲁姆教育目标耦合或者并行使用，两者可以共享相同的水平。整合 SAMR 模型和布鲁姆教育目标，可以支持、提高在英语个性化教学中与技术使用相关的能力，尤其是与信息、沟通、协作、团队合作、评估等工作相关的关键能力的增长。

在布鲁姆教育目标与 SAMR 模型融合的个性化英语教学生态中，可以通过思考一些关键问题来反思技术集成的方法。例如，如何使用技术改进英语课程？如何通过技术吸引英语学习者？如何使在线英语学习更接近线下的英语学习？如何利用教室中的技术设备培养英语学习技能？如何开展英语活动以提高学习水平？如何通过使用技术设备来链接、定位和修改练习？如何根据 SAMR 模型的各个阶段设计英语学习练习、允许英语学习者理解来源不同的英语材料和概念？如何利用一些能让英语学习个体独立学习的技术设备来提高英语材料的难度，同时兼顾差异化和个别化？如何使用博客、Google Docs 共享文档，并利用视频支持课堂教学理念，以便在课堂上开展辩论和团队合作？虽然 Skype 是较有影响力的研究工具，但是它在大多数时候没有被当作增强层次的工具使用。对于通过表达不同主题和想法来学习的英语学习者来说，技术赋能的英语教学活动更加有助于他们取得好的英语学习效果，较好地达到布鲁姆教育目标。

值得注意的是，在数字时代，相对于个性化的英语教法生态，大多数英语学习活动仍然停留在对现有教学方式的改进的两个层次上——替代和增强。更高水平的修改和重新定义层次——英语学生学习的转型阶段，仍然呼唤着英语教师们继续努力。实际上，SAMR 模型更像是一个工具箱，目标不是让我们使用最为复杂的工具，而是让我们找到适合英语教学的工具，以支持布鲁姆教育目标的实现，形成一个协调、和谐、高效运转的英语教法生态环境。

二、数字时代英语教师的数字素养

研究数字时代的英语教法生态，不能不提到数字时代英语教师的数字素养，这也是数字时代英语教法生态涵盖的一个重要因素。关于数字素养，国际上较为公认的是 TPACK 模型①，认为 TPACK 能力是数字时代教师必备的能力。TPACK 模型是 2005 年由美国学者科勒和米什拉在舒尔曼提出的学科教学知识（PCK）的基础上提出的。② TPACK 即整合技术的学科教学知识（Technological Pedagogical Content Knowledge），它包含 3 个核心要素，即学科内容知识（CK）、教学法知识（PK）和技术知识（TK）；4 个复合要素，即学科教学内容知识（PCK）、整合技术的学科内容知识（TCK）、整合技术的教学法知识（TPK）、整合技术的学科教学知识（TPACK）（见图 2 - 1 - 5）。对于英语教师而言，除了需要具备英语学科内容知识这个核心要素，教学法知识和技术知识同样需要具备。在 4 个复合要素中，英语学科教学内容知识只占 1/4，其他 3 种涉及技术元素的复合要素——整合技术的学科内容知识、整合技术的教学法知识、整合技术的学科教学知识占了 3/4，这意味着要将技术整合或者融入具体学科内容。由此可见，技术素养对于数字时代的教师来说是非常重要、不可或缺的。

---

① Kurt, S., "TPACK: Technological Pedagogical Content Knowledge Framework". See https://educationaltechnology.net/technological - pedagogical - content - knowledge - tpack - framework.

② Mishra, P., Koehler, M. J., "Technological Pedagogical Content Knowledge: A Framework for Integrating Technology in Teachers' Knowledge", *Teachers College Record*, 2006, 108（6），pp. 1017 - 1054.

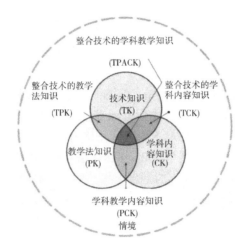

图2-1-5 TPACK 模型

此外，在国际上开展的多项关于数字时代教师素养的研究中，有关数据素养能力的研究值得关注。有学者认为，新时代教师应该具备教育数据素养能力，并且为此构建了教育数据素养能力框架（见图2-1-6）。[1]

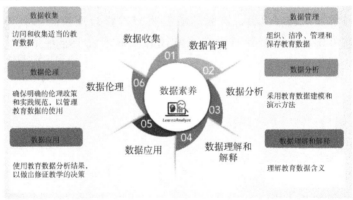

图2-1-6 数字时代教师教育数据素养能力结构框架[2]

---

[1] "The Learn 2 Analyze Educational Data Literacy Competence Profile" (Learn to Analyze Educational Data and Improve Your Online Teaching) (L2A - EDL - CP). See https://learn2analyse.eu/. The Learn2 Analyze project.

[2] "The Learn 2 Analyze Educational Data Literacy Competence Profile" (Learn to Analyze Educational Data and Improve Your Online Teaching) (L2A - EDL - CP). See https://learn2analyse.eu/. The Learn2 Analyze project.

教育数据素养能力框架包括六大能力维度和 17 种具体能力。六大能力维度为数据收集、数据管理、数据分析、数据理解与解读、数据应用、数据伦理。经过整理，具体能力维度与对应的能力详见表 2－1－1。

表2－1－1　数字时代教师教育数据素养能力结构

序号	能力维度	对应能力
1	数据收集	知道、理解、能够获取与访问以及收集适当的数据和/或数据源
		知道、理解、能够应用数据限制和质量测量（例如，有效性、可靠性、数据偏差、收集难度、准确性、完整性）
2	数据管理	知道、理解、能够应用数据处理和处理方法（即清理和更改数据以使其更有条理的方法，例如，复制、数据结构）
		知道、理解、能够应用数据描述（即元数据）
		知道、理解、能够应用数据管理流程（即确保数据可以被可靠地检索以供将来使用，并确定哪些数据值得保存以及保存多长时间）
		知道、理解、能够应用技术来保存数据（即存储、持久化、维护、备份数据），例如，存储介质/服务、工具、机制
3	数据分析	知道、理解、能够应用数据分析和建模方法（例如，应用描述性统计、探索性数据分析、数据挖掘）
		知道、理解、能够应用数据表示方法［例如，通过使用图形、图表、地图和其他数据形式（如文本或表格形式）对数据进行图形可视化］
4	数据理解与解读	知道、理解、能够解释数据属性（例如，测量误差、异常值、数据内的差异、关键要点、数据依赖性）
		知道、理解、能够解释教育数据中常用的统计数据（例如，随机性、集中趋势、均值、标准差、显著性）
		知道、理解、能够解释来自数据分析的见解（例如，模式解释、假设识别、多个观察结果的联系、潜在趋势）
		能够引出数据分析见解与教学的潜在关系

续表 2-1-1

序号	能力维度	对应能力
5	数据应用	知道、理解、能够使用数据分析结果并做出修改指令的决定
		能够评估数据驱动的教学修订
6	数据伦理	知道、理解、能够使用知情同意
		知道、理解、能够保护个人的数据隐私、机密性、完整性和安全性
		知道、理解、能够申请作者身份、所有权、数据访问（治理）、重新谈判和数据共享

了解数字时代的国际发展趋势，与时俱进，提高英语教师的数据收集、管理、分析、理解与解读能力，以此运用大数据开展学习分析、优化英语教学，将会助推数字时代英语教学优良教学效果的产生。

三、英语学法生态：支持深度英语学习的环境样态

21世纪的英语学法生态是支持深度英语学习的环境样态。深度英语学习的环境与数字时代的其他深度学习的生态环境一样，具有4个特性：多样性（diversity）、连贯性（coherence）、适应性（adaptive capacity）、依赖性（interdependence）。[①]

首先，关于英语学法生态环境的多样性设计原则，可以从4个方面进行考虑：①限制差异，注重英语学习环境样态多样性的一致性和相似性；②在进行多样性设计时，兼顾节约资源，在多样性资源中有意识地进行选择；③允许多样性，但是并非多多益善，不要盲目追求多样性；④不局限于单一领域，确保多个领域相关英语学习生态的多样性，并且相应地管理资源。在英语学习生态中，无论是面对面，还是在虚拟英语学习空间，我们都应该尽可能满足学习者对多样性的需求，利用如英语知识素材、语言技能、英语学习经验、英语学习材料、英语学习资源等各类资源以增强英

① Holladay, R., "Learning Ecology: Environmental Patterns for Deep Learning". See https://www.hsdinstitute.org/resources/EnvironmentalPatternsforDeepLearning.html.

语学习体验。

其次，英语学法生态环境具有连贯性。在英语学法生态系统中，不同英语学习主题、不同英语语言应用、不同英语学习者、不同时间和地点等各类因素，按照一定的连贯性条件汇聚在一起，形成一个英语学习整体，学习者可以在高质量、高参与度、以行动为导向的体验中分享彼此的英语学习成果。连贯性条件包含如下内容：①鼓励英语学习者个人的自我表达，不受共同愿景的限制；②鼓励在指定边界内使用独立的身份；③支持英语学习的相似特征，但是不影响英语学习中的具体决策；④英语学习者在英语学法生态系统中分享英语学习的愿景和英语学习的简单规则，在一个连贯的整体内为英语学习决策提供信息。

再次，生态需要适应能力。英语学法生态环境的适应性意指在英语学习生态中，英语学习者得到各类学习支持，同时英语学习者的兴趣和需求也要求对英语学习支持服务的方向、程度进行调整。随着时间的推移，英语学习生态环境中各元素建立了彼此改变和适应的能力。在适应性能力建立的过程中，需要注意：①在英语教学领域进行深入研究，获取适应 21世纪数字时代的英语语言专业知识；②通过聚焦英语专业知识，构建英语学习辅助工作台；③培养有关专业知识的多种兴趣；④建立问题解决和决策响应系统，即时反馈解决办法，做出针对性的响应，采取适应性行动。随着英语学习资源的增多和英语学习的深入，英语学法生态环境的适应性将日益增强。

最后，生态需要相互依存。在自然界中，每个物种都依赖其他物种来获取食物或保护。生态系统的生命周期、食物链和自然天气周期与同样居住在生态系统中的人类的选择和决定互相影响。与此相似，英语学法生态环境也具有依赖性。在英语学习生态系统中，英语教师、管理人员、英语学习个体、团队组成了灵活的、有弹性的、相互依存的社区。在此社区中，需要关注 4 个方面的工作：①让英语学习生态系统中负责学习支持的英语教师、管理人员专注于学习支持服务工作，以提高工作效率；②将系统中各部门人员联系起来，形成息息相关的命运共同体；③确保系统中各部门人员了解其他部门的工作；④赞美英语学习生态系统中各部门人员对系统工作的贡献，塑造他们的共同愿景。

支持深度英语学习生态的环境和工具资源的英语教学设计，较为实际的方法为普适学习设计，又被称为通用学习设计。① 普适学习设计可以促进教育优质公平与个性发展，它有 3 条设计原则：一是提供多样性的参与方式，促进参与；二是多样性的呈现方式；三是多样性的行为和表达方式。普适学习设计对促进良好的英语学法生态具有积极的指导意义。

第二节　技术赋能英语个性化学习

一、英语教育中的主流智能技术

数字时代，技术在英语学习中被广泛使用，各类外语学习产品逐渐向智能化方向发展。目前，国际上水平较高的相关程序是 GPT 2.0。该模型可以生成连贯的文本段落，刷新了七大数据集基准，并且能在未经预训练的情况下，完成阅读理解、问答、机器翻译等多项不同的语言建模任务。② 根据英语教学的听、说、读、写、译目标，可以将英语教育中的主流智能技术大致分为如下 7 种。

（一）用于听、说方面的智能技术

英语语音识别技术在教育领域已经被广泛应用于口语测评、学习交互、智能评分等方面。流利说英语是一款人工智能驱动英语学习 App，提供基于语音评分技术的口语训练课程，为英语学习者提供个性化、自适应的学习课程。Stock Music Player（手机音乐播放器）可以发送英语曲目以便学生聆听和回答问题，并要求学习者在控制时间段内完成听力任务。Vocaroo 是一款语音练习工具，通过该工具，学习者可以对录制的音频进行测评。Voki 是一款培养口语能力的工具，通常可以在完成家庭作业、课堂作业或者做项目时使用。Fake Chat Conversations 是一款创建假设的聊

---

① "Universal Design of Learning （UDL）". See https：//www. mohawkcollege. ca/employees/centre – for – teaching – learning/universal – design – for – learning.

② "Better Language Models and Their Implications". See https：//openai. com/blog/better – language – models/#sample6.

天对话的应用软件。在英语教学中，为了使学生理解某一教学主题，可以要求他们通过该软件创建一个相关的对话。ChatBot 作为一个虚拟的语言学习伙伴，其所提供的协同语言学习可以提升学习效果。

（二）用于阅读方面的智能技术

Quizlet 是一种在线学习工具，可以创建简短测试和拼写测验，示范朗读单词，可以通过游戏加强、巩固词汇学习。WordSalad 是一款从文本中生成"词云"的应用程序，可以通过改变颜色、字体和文字方向来调整"文字云"、绘制漂亮的图片。Quill. org 是一个非营利网站，能提供免费的识字活动，帮助培养阅读理解、写作的语言技能。Memrise 能创建丰富的多媒体英语单词卡（flashcards）课程，让词汇学习充满乐趣。Word it Out 可以将文本转换为"词云"，使用"词云"来教授词汇。i-Ready 是一款为学习者提供阅读指导、性能诊断和进度报告的个性化教学软件，同时也支持在线教学游戏。

关于英语阅读的智能技术，实用的在线英语词典网站是一种重要的工具。目前，免费的在线英语词典网站主要有：韦氏在线词典（美式英语）（https://www. merriam – webster. com/）；牛津在线词典（许多关于英语词汇的学术研究都以此词典为切入点）（https://en. oxforddictionaries. com/）；剑桥在线词典（https://dictionary. cambridge. org），可以切换中文操作界面，包含中文释义及双语例句，同时支持多语言查询；朗文在线词典（https://www. ldoceonline. com），支持真人朗读例句，单词释义丰富详细；柯林斯在线词典（https://www. collinsdictionary. com），每个词条都包含释义、引申义、词源等信息，被誉为现代最全面、最权威的英语向导；麦克米伦在线词典（https://www. macmillandictionary. com），包含许多趣味横生的英语词语学习小栏目；牛津高阶在线学习词典（https://www. oxfordlearnersdictionaries. com），是经典 ESL（English as a Second Language，以英语为第二语言）二语习得词典，适合母语非英语人士使用；韦氏高阶在线学习词典（http://learnersdictionary. com）是美式英语的 ESL 二语习得词典，释义简单易懂，适合初步接触英英词典的学习者。此外，有道词典（http://dict. youdao. com/）、金山词霸（http://www. iciba. com/）、海词（http://dict. cn/）等在线词典已为国人所熟知。

另外，还有 Dictionary 词典（http://www. dictionary. com/），它是有

着超过一亿用户的美国在线词典查询搜索引擎，整合互联网词典内容，收录超过 200 万个词条。Vocabulary（词汇）词典（https：//www.vocabulary.com）的单词例句来源于欧美主流网站及报刊。Urban Dictionary（都市词典）（https：//www.urbandictionary.com），在里面可以查到英语俚语、俗语、各种网络习语、小众词汇的解释。Onelook（词典搜索引擎）（https：//www.onelook.com/），在里面一次就可以查询到包含牛津、剑桥、韦氏、柯林斯、美国传统、维基等知名词典在内的多个词典释义。维基词典（https：//en.wiktionary.org/wiki/Wiktionary：Main_Page）收录了各种语言数量庞大的词汇，包含字源、字义、拼读法等。韦氏图片词典（http：//www.visualdictionaryonline.com/）是可视化图片词典，可以用它来学习物品的英语名称。词源词典（https：//www.etymonline.com/）上可以查询词根、词缀的具体意思及演变历史，方便学习者追根溯源。在同义词词典（https：//www.thesaurus.com）中输入单词，可以查询得到多个与之类似的单词，是替换写作用词的好帮手。在 Forvo（发音词典）（https：//forvo.com/）中可以听到全球不同国家的人不同口音的英语发音。Vidtionary（视频词典）（http：//www.vidtionary.com/）中每个单词均配有一个生动的视频。例如，单词 roar 显示的是一只咆哮着的老虎；单词 crinkle 的视频演示揉纸团，声音逼真。PowerTheSaurus（http：//t.cn/R8CXElU）是一个基于词义相似度的快速、便捷的字典搜索库，网民可以发布和提交某个词汇的近/反义词，可以给提交的单词投票，以随时了解英语文化中不同单词词义的变化。英语押韵查询词典提供在线押韵单词搜索服务（免费）和离线版的查询工具（收费），用户只需要输入某个英语单词，即可查询到与之押韵的其他英语单词。该网站支持 6 种不同的搜索方式。万维词汇网是由 Michael Quinion 创办的英语词汇维基百科，收集、汇总互联网上不断涌现的英语新词，每周都会更新新的英语词汇，对于学习和研究英语的用户有很大的帮助。

（三）基于智能技术的写作工具

运用电子邮件、博客等协作开发异步工具，可以促进内容的共同创建。基于网络的工具 Wordle 可以帮助巩固阅读、写作。WriteToLearn 是一个辅助写作课的智能系统。Grammerly 是一款智能语法纠错、提升写作的插件。Padlet 是一款用于阅读、协作写作的工具，能制作易于阅读且有趣的精美图板、文档和网页工具。Quill Connect 侧重于句子组合策略，有利于从练习造零散和连贯的句子进步到造复杂且结构良好的句子，并得到即时反馈。此外，数字故事能够带动语言融创学习。针对数字故事，国际上开展了多种研究。有研究运用故事板（Storyboard）开展二语教学①，同时衍生了许多相关产品。研究表明，数字故事可以带动学生的参与、触发深度学习反思、促进技术整合、开展项目学习。② 数字故事通过可视化描述、图片说明、排序、视频叙事、交互等活动，提高学习者的数字想象技能和写作技能。③ 数字故事还可以引发社会同理心，提高数字素养、数字参与率，培养批判性思维以及创造、沟通和协作技能。④ 可用于制作数字故事的工具很多。例如，Story Bird（故事鸟）（https://storybird.com/）可以帮助写作者在短时间内创建各类故事，如漫画故事，短篇、中篇、长篇故事，诗歌，散文，等等。在故事鸟，来自全球 100 多个国家的 900 万名作者每日撰写着故事，且有机会得到来自欧美专业老师、出版社编辑和知名作者的专业点评。Powtoon（https://www.powtoon.com/）是制作动画解说和演示文稿、短视频的免费工具，创作者可利用动画将信息变为现实，通过短视频和动画进行视觉交流。Pixtoon（https://www.pixton.com/）是易于使用的漫画和故事板创作工具，以创意为基础，通过漫画教英语，通过释放写作潜力来改变课堂的无聊气氛。

（四）基于智能技术的翻译软件

目前，使用较为广泛的翻译软件有谷歌翻译、百度翻译、DeepL 翻

---

① "Why Use Storyboard That for ESL Classes?". See https://www.storyboardthat.com/english - as - a - second - language.

② "Meridian Stories". See https://www.meridianstories.com/research - and - pedagogy/research - on - digital - storytelling - summary - of - studies - from - the - university - of - houston/.

③ "Percentage Indicating Proficiency on Pre/posttests for Skill and Knowledge. See https://www.researchgate.net/figure/Percentage - indicating - proficiency - on - pre - posttests - for - skill - and - knowledge_fig2_228666240；Figg, C., McCartney, W., McCartney, R. E. W., "Impacting Academic Achievement with Student Learners Teaching Digital Storytelling to Others：The ATTTCSE Digital Video Project", *Contemporary Issues in Technology and Teacher Education*, 2010（10）.

④ "Discover Scientific Knowledge and Stay Connected to the World of Science". See https://www.researchgate.net/publication/324950230_Everybody's_Got_a_Story_Examining_the_Building_of _Empathy_and_Understanding_for_the_Bully_the_Bullied_and_the_Bystander_through_Digital _Storytelling/download.

译、copytranslator 自动翻译工具、阿里云 AI 翻译、知云文献翻译等翻译软件。它们各有特色，例如，百度翻译可以进行图片翻译，DeepL 对俗语的翻译较为自然，copytranslator 采用所见即所得的快速翻译方式。

（五）用于英语形成性评估的测评、监控、分析等方面的智能技术

Quizziz（https：//quizizz. com/）可以快速创建测验。Kahoot（https：//kahoot. com/）是一个基于游戏的免费学习平台，用户可以查找、创建免费的游戏化测验和互动课程，并进行分数分析，是学习参与度较高的平台。ClassMarker（https：//www. classmarker. com/）基于网络的测试服务，是一种易于使用、可定制的在线测试工具。Google Forms（谷歌表格，ht-tps：//www. google. com/forms/about/）支持创建在线表单，可以从多个问题类型中进行选择，通过拖放操作，将问题重新排序；利用自动汇总功能，对问题的回复、反馈进行快速、深入的分析，并得出分析结果。Mi-crosoft Forms（https：//www. microsoft. com/zh－cn/microsoft－365/online－surveys－polls－quizzes）支持创建调查和测验：教师可使用 Forms 促进课堂上的学生互动；可使用测验评估学生学习进度，并将答案轻松导出到 Excel，通过在问题下添加视频，将测验转变为教育资源。Socrative（ht-tps：//www. socrative. com/）是一款有助于增强课堂参与的应用程序，支持创建操作简单的测验、民意调查等，能即时反馈结果。它提供监控和评估学习的功能，支持创建个性化活动。Plickers（https：//get. plickers. com/）是一款功能强大且简单的形成性评估工具，教师可收集实时的形成性评估数据，包括测验、问卷等图表结果以及写作作业等反映学生理解程度的实时结果。Fulcrum Labs(Formerly Adapt Courseware)（http：//www. the-fulcrum. com/）是一种自适应学习工具，考虑了多种学习者学习因素，诸如自我评估、对先前学习目标的掌握、问题表现和学习风格偏好等。教师可以自定义内容和问题，学生还可以跳过其已经掌握的内容。

（六）基于英语游戏化学习的寓教于乐的智能软件

Kahoot 是一个基于游戏的免费学习平台，能让学习变得有趣。使用 Kahoot 的用户可以创建测验，并在测试结束后分析分数。Crossword Labs（https：//crosswordlabs. com/）是一个填字游戏网站，支持免费在线构建、

打印、共享填字游戏。My Free Bingo Cards（https：//myfreebingocards.
com/）是一款免费的 Bingo 卡生成器，也是可打印或在线玩的数字 Bingo
游戏（一种填写格子的游戏，因在游戏中第一个成功者以喊"Bingo"表
示取胜而得名），能提供多种适合各种场合的漂亮的 Bingo 卡。所有 Bingo
卡都可以通过更改标题、单词甚至颜色和背景来定制。传统的英语填字游
戏是在方正的框中完成的，而现在运用人工智能制作的填字软件，游戏是
在不规则的斜框中完成的，富有挑战，交互性、趣味性得到了增强。

（七）关于英语个人学习环境或个性化学习的智能技术

GoConqr（https：//www. goconqr. com/en/）提供了一系列从计划、头
脑风暴、记笔记到测试和评分的学习工具包，师生可以创建、发现和共享
学习资源，包含 Mind Maps、Flashcards、Quizzes、Notes、Slides、Study
Planner、Flowcharts、Library、Groups、Course Builder 等。Flippity（ht-
tps：//www. flippity. net/）是一个智能工具网站，教师可以利用智能工具
在课堂上增强学生的体验感和参与度。Flippity 目前有 27 种不同的工具，
其中一些工具直接通过 Flippity 网站工作，而其他工具则通过独特的、可
定制的 Google 电子表格工作，如 Online Flashcards（在线英语单词卡，一
款书籍阅读类软件）、Trivia Game Show（琐事游戏竞赛，向参赛者询问许
多主题中涉及的有趣但不重要的事实的问题）、Random Name Picker（随
机名称选择器）、Memory Match Game（记忆匹配游戏）、Spelling Word
Manager（拼写词管理器）、Word Search（词搜索）、Crossword Puzzle（填
字游戏）、Bingo Game（Bingo 游戏）、WordMaster、词云、Fun with Fonts、
MadLibs，所有这些功能都可以通过某种方式进行定制。Quik 是一款视频
编辑工具，可以选择照片和视频，剪辑制作在课堂上展示的精彩视频。
Whatsapp Web（https：//web. whatsapp. com/）互动网站可以被用以向学生
发送各种信息，也可以被用作论坛。Mentimeter（https：//www. mentime-
ter. com/）是一款互动工具，用于构建演示文稿、交互式投票、问答和测
验等，可以吸引观众并消除尴尬的沉默。Edmodo（https：//new. edmodo.
com/?language = en）是一个全球语言教育网站，可以帮助学习者充分发
挥潜力，与所需要的人员和资源建立联系。Knewton（http：//www. knew-
ton. com）、Smart Sparrow（https：//www. smartsparrow. com/）是在线智能
适应学习平台，在英语个性化教学中经常被使用。Knewton 是一个学生可

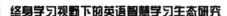

以根据自身不同的能力进行自适应性学习的平台。学习者可以通过该工具根据自身的特点和学习习惯，自定义学习内容和任务，即时调整内容；教师可以通过该工具了解学习者的学习情况，使教学更加个性化。Smart Sparrow 是一个构建适应性课件的平台，用户可以创建诸如学生分析和课程分析等课件，可以创建虚拟实验室，还可以制定基于诸如学生在页面上的停留时间或尝试解决问题的次数这样的变量的自适应规则。基于人工智能的个性化语言学习 App——Duolingo（多邻国），是一款语言学习工具软件。另外，关于个性化学习的智能技术还有个性化的智能辅导软件，如 Mika（麦克），其使用较为广泛，功能强大。此外，甚至出现了个性化智能知识学习工具，如 CTI，其能根据核心概念创建个性化的教科书和课程内容，任何教科书都可以成为它的智能学习指南，它可以在短时间内掌握学习内容，甚至可以创建选择题，节省学生的时间，帮助他们更有效地学习。

二、技术赋能的英语个人数字环境：个性化英语学习新生态

提供最佳的英语学习条件，包括创建以学习者为中心的有效的英语学习环境，是实施数字时代英语教法与学法的重要条件。英语学习环境具有许多不同的组成部分，具体取决于环境和推动教学的认识论。

首先，个性化学习生态中的个人数字环境涉及内容、技能、评价、学习者特点、文化等元素。[①] 有研究认为，基于技术的个性化学习环境包含技术、交流、在线音视频、游戏、协作、书签（bookmarks）、在线搜索、输出笔记（productivity notes）、博客以及基于 Web 2.0 的社交媒体的各类软件。技术环节涉及如 Office、Wordpress、Kindle、Adobe 等各类软件。交流环节，包括借助文本、音视频等实现的交流，涉及如 iTunes、Podcasts、Soundloud 等在线音频软件和 Google Chat、YouTube、TED talks 等在线视频软件。从传统的媒体（如书籍、杂志等）转变为基于技术的各类媒体，从学习的物理地点（如大学、图书馆等）转化成基于网络的虚拟学习空间，这一过程与个人、社会相关，与如家庭、朋友、公众、专业人

---

① Bates, A. W., *Teaching in a Digital Age. Canada Tony Bates Associates LTD*, 2019, pp. 58 – 80.

士、同行、社交媒体等诸因素密切相关。①

其次，推动教学的认识论。目前，国际上盛行两种截然不同的教学方法。一种方法是从客观主义的世界观出发，认为教师的作用仅仅是传播知识，延伸性慕课（xMOOC）和大多数课堂讲座使用的正是此种方法。另一种方法是假设学习是一项基本的人类活动。人类之所以成为优势物种，是因为他们有学习的需要，尤其是能遗传学习能力。教师的工作不仅是传播知识，而且是建立一个丰富的学习环境，通过提供与这些学习目标相关的机会和经验，使学习者能够理解概念、进行批判性思考、应用和评估他们所学的知识，促进学习者进行有益的学习。这是建构主义的世界观，关联主义开放性课程（cMOOC）即是基于此种理念开展的。

个性化英语学习新生态是在技术赋能的英语个人数字环境下，促进数字时代英语学习者的有益学习，真正实现平等和卓越的英语个性化学习。有学者针对平等和卓越的个性化学习提出了五个原则：基于能力的学习、灵活学习、学生驱动学习、学习倾向和真实的学习。② 要实现这五个原则，创造有效的英语个性化学习环境至关重要，可以从以下两方面考虑。

（一）创造和管理一个能够鼓励和促进学习的个性化学习环境

任何学习环境都不仅仅包括用于支持它的技术。一个有效的学习环境，除了包含物理的学习环境（如教室、演讲厅和实验室）或者基于网络的在线学习环境（如学习管理系统），其他与学习环境紧密相关的组成部分也不可或缺。它们包括学习者的个性特点，师生、生生相互交流的方式，教与学的目标，支持学习的活动，可用的资源（例如，教科书、技术或学习空间），有效衡量和推动学习的评估策略，以及注入学习环境的文化。注入学习环境的文化通常指学校或班级的文化，其主导精神和特征包括个人如何互动和对待彼此，以及教师组织教育环境以促进学习的方

---

① Hews, J., "A Technology-based Personal Learning Environment". See https://pressbooks. bccampus. ca/teachinginadigitalagev2/chapter/5 - 2 - what - is - a - learning - environment/.

② The Center for Collaborative Education. As part of the Regional Funds for Breakthrough Schools Initiative, the Center for Collaborative Education (CCE) launched the Massachusetts Personalized Learning Network in 2016. See https://www. nextgenlearning. org/grants/center - for - collaborative - education - ma).

式。创建学习环境模型是一种创造性活动，从学习者的角度考虑创造和管理方能够鼓励和促进个性化的、相对自主的学习，才有可能优化学生的学习能力，促使其开展灵活学习、自主驱动学习和真实的学习。

（二）以学习者为本，重点了解学习者的需求

英语学习者在技术赋能的英语个人数字环境下进行学习，但是，学习是否真实发生是我们非常关注的问题。在教学内容的选择方面，教师具有决定权，而在教学实践活动、反馈、技术使用、评估方法等教学设计方面，教师首先需要了解他们的学生，了解日益多样化的英语学生群体的特征、特定兴趣、需求，如学习和家庭环境、学习目标、先验知识或技能、数字原住民等情况，将其从大量关于学生个体及其差异的信息中识别出来。数字时代下，良好的教学设计能够解决学生日益多样化的问题。同时，将适当的技术和良好的教学设计相互结合，例如，允许不同的学生以不同的速度学习，从而满足动机多样化的学习需求，才能有效支持英语学习者，促进学习的个性化，让真实的学习得以发生。

第三节　英语教育中的文化智能

在 21 世纪这一数字时代，英语教育已经呈现"超越语言，走向文化"的新境界。[①] 日益发展的全球化将新的话语引入高等教育的课程规划中。为了满足知识经济和就业市场的需求，建立以能力为本位的课程成为高等教育发展的必要条件。[②] 当前语言教育正在从知识本位向能力本位转移。英语语言是一个思想交流的工具，英语能力不仅包括英语语言知识和技能，还包含文化、思想等相关知识。文化影响着英语教学内容的选择、其所提倡的技能和态度、教师和学生之间的关系，以及英语学习环境的许多其他方面。英语学习者的特征往往不仅受到家庭文化的影响，还受到学

---

① 祝智庭、罗红为、王诚谦等：《外语教育数字化转型与融合创新》，载《外语电化教学》2022 年第 4 期，第 7 – 17 页。

② Arup，B.，Jothika，K.，*Competency Based Curriculum in Higher Education：A Necessity Grounded by Globalization*. Assam University，2011.

校文化、社会文化的影响。随着数字时代新技术的飞速发展，英语教师可以有意识地创造一种英语学习环境的文化，以支持对今天的网络英语学习者而言很重要的价值观和信念，弘扬中华民族的优秀文化。这也是文化自我强化的众多方式之一。

一、二语习得的社会文化维度

近几十年来，语言学界一直从各种理论视角，如社会性的、文化的、认知的、语言的角度，探究二语习得（SLA）的社会因素以及使用语境与不断变化的文化环境相互融合的方式，关注以各种具体的或象征的方式从事的语言活动。许多不同形式的社会文化研究就是很好的例子，它关注人们在文化活动环境中的社会认知过程、学习的生态和社会认知观点。[①]

在许多关于语言社会文化维度的研究中，道格拉斯冷杉小组（Douglas Fir Group，DFG）的研究都会被论及。DFG 从多个学科的角度关注语言学习的内容，在不同层面或尺度上对影响多语言世界中二语习得的因素进行概念化，提出了"语言学习和教学的多面性"概念模型，捕捉宏观 - 中观 - 微观层面内及其之间的动态相互关系，为英语教育者、英语教师和英语教育政策制定者在应对 21 世纪社会面临的问题和机遇时提供参考。[②]

---

① Lantolf, J., Poehner, M., Swain, M., *The Routledge Handbook of Sociocultural Theory and Second Language Development*. Routledge/Taylor & Francis, 2018, pp. 101 – 128; Lantolf, J., Thorne, S. L., Poehner, M., "Sociocultural Theory and Second Language Development", In Van Patten B., Williams, J. (Eds.), *Theories in Second Language Acquisition*. Routledge/Taylor & Francis, 2015, pp. 207 – 226; Storch, N., "Sociocultural Theory in the L2 Classroom", In Loewen, S., Sato, M. (Eds.), *The Routledge Handbook of Instructed Second Language Acquisition*. Routledge, 2017, pp. 69 – 83; Swain, M., Deters, P., "'New' Mainstream SLA Theory: Expanded and Enriched", *Modern Language Journal*, 2007 (91), pp. 820 – 836; Zuengler, J., Miller, E. R., "Cognitive and Sociocultural Perspectives: Two Parallel SLA Worlds?", *TESOL Quarterly*, 2006 (40), pp. 35 – 58; Atkinson, D., *Alternative Approaches to Second Language Acquisition*. Routledge, 2011, pp. 53 – 76; Atkinson, D., Churchill, E., Nishino, T., et al., "Language Learning Great and Small: Environmental Support Structures and Learning Opportunities in a Sociocognitive Approach to Second Language Acquisition/Teaching", *Modern Language Journal*, 2018 (102), pp. 471 – 493; Steffenson, S. V., Kramsch, K., "The Ecology of Second Language Acquisition and Socialization", In Duff, P., May, S. (Eds.), *Language Socialization*. Springer, 2017, pp. 17 – 42.

② Douglas Fir Group, "A Transdisciplinary Framework for SLA in a Multilingual World", *Modern Language Journal*, 2016 (100), pp. 19 – 47.

在这里，我们一起来研究语言学习和教学的多方面性概念模型（见图
2－3－1）。① DFG 强调意识形态结构。在模型中，宏观层面是价值观结构层
面，此处的 ideological（意识形态的）所指的价值观问题，包含信念价值
观、文化价值、政治价值、宗教价值、经济价值等。中观层面是身份社会
认同问题，连同权力和代理作为社会制度角色和关系的一部分。微观层面
是社会活动层，即符号学资源（semiotic resources）的问题，包含语言学的、
韵律学的、交互的、非言语的、图形的、听力的等互动或社会行为。

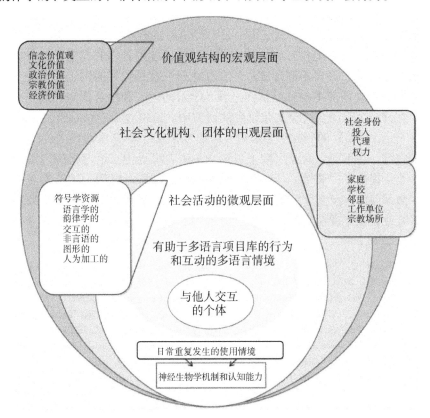

图 2－3－1　语言学习和教学的多方面性概念模型②

---

① Douglas Fir Group, "A Transdisciplinary Framework for SLA in a Multilingual World", *Modern Language Journal*, 2016 (100), pp. 19 – 47.

② Douglas Fir Group, "A Transdisciplinary Framework for SLA in a Multilingual World", *Modern Language Journal*, 2016 (100), pp. 19 – 47.

在图 2-3-1 中，语言社会文化维度的宏观、中观、微观三个层面的各种因素相互作用或共同产生。意识形态在宏观层面上表现、传输，并且在中观和微观的层面上被实例化和采用。随着时间的推移，这种跨层次的动态变化带来个人内部、语言内部和跨语言之间以及社会内部的变化。

　　例如，在出国留学期间的沉浸式英语学习体验中，就其涉及的社会文化机构和社区而言，可能是一个中观层面的问题，留学生可以获得充足的使用第二语言的机会。在进行英语对话时，当对话者切换到另一种共享语言（非学习者的第一语言或第二语言），或在没有给学习者足够机会的情况下轮流交谈时，可能会阻碍学习者运用第二语言进行演讲或说话，从而剥夺了学习者练习第二语言的机会。在图 2-3-1 中更高层次上，如果英语机构选择不提供特定第二语言的课程（基于意识形态、历史、政治、经济或其他因素）或阻止该语言的传统学习者注册课程，这就是在宏观/中观层面对第二语言交互和教学访问的限制。因此，在更大程度上关注第二语言中的社会结构和过程需要考虑不同类型的第二语言访问、经验、参与和结果对不同规模的个人及其社区的影响和产生的后果。

　　虽然图 2-3-1 是个人在多语言环境中与他人互动以及在学习和使用语言的过程中众多因素之间动态相互作用的二维模型，可以展示各个层次内和层次之间的学习和互动生态（"层次"本身是高度本质化的抽象），但该模型无法捕捉多个时间尺度——现在与过去和未来的关系，而对于指定的学习者，这些宏观-中观-微观层面的动态和细节可能会在不同的环境中发生时间或顺序上的变化。国际上有学者针对该模型的这一问题进行了深入研究。

　　2019 年，加拿大不列颠哥伦比亚大学的帕特里夏·达夫针对第二语言习得的社会维度和过程——跨国语境中的多语言社会化进行了研究。[①] 该研究介绍了在 SLA 和与 SLA 相交的更广泛领域（如语言人类学）中将社会体验理论化的一些方式；讨论了道格拉斯冷杉小组如何在多个分析层面上描述影响多语言世界中 SLA 的许多相互关联的因素[②]，并提出了可能

　　① Patricia，A. D.，*Social Dimensions and Processes in Second Language Acquisition*：*Multilingual Socialization in Transnational Contexts*. University of British Columbia，2019，pp. 6-22.

　　② Douglas Fir Group. "A transdisciplinary framework for SLA in a multilingual world"，*Modern Language Journal*，2016，100，pp. 19-47.

重新概念化模型的方法。

因此，从二语习得的社会文化维度进行研究可以发现，英语语言学习不能仅仅停留在英语语言的微观层面，宏观层面的意识形态结构、中观层面的身份社会认同与英语语言学习密不可分、互相作用。现在很多英语教师从事语法、语音等语言要素的教学，基本上没有涉及宏观、中观两个层面，这是一个非常需要引起注意的问题。该模型可以给英语智慧学习生态的构建提供很好的启发。

二、英语教育中的文化智能

（一）文化智能和文化商

2003 年，克里斯托弗·厄勒和素恩·胺在《文化智能：跨文化的个人互动》① 一书中首次提出了文化智能（Cultural intelligence）、文化商（cultural quotient，CQ）的概念，指出文化智能或文化商是跨文化联系和有效工作的能力。后来，大卫·利沃莫尔在《以文化智慧引领》② （Leading with Cultural Intelligence）一书中进行了拓展研究。素恩·胺和林恩·范·戴恩致力于文化商结构的规模化开发，并将其作为一种基于研究的测量和预测跨文化表现的方法。根据克里斯托弗·厄勒、素恩·胺和林恩·范·戴恩的研究，文化智能可以被定义为"一个人在与来自不同文化地区的其他人互动时的适应能力"，包括行为、动机和元认知等方面。③ 利利阿纳·吉尔·瓦莱塔将文化智慧定义为了解、理解并将文化能力应用于日常业务决策的能力，还将文化智能的定义扩展为通过将文化趋势转化为利润和损益影响来产生商业优势的能力。④ 自 2010 年以来，CIEN + 公司

---

① Earley, P. C., Ang, S., *Cultural Intelligence: Individual Interactions Across Cultures*. Stanford University Press, 2003, pp. 130 – 150.

② David, L., *Leading with Cultural Intelligence*. AMACOM, 2009, pp. 170 – 189.

③ Earley, P. C., "Redefining Interactions Across Cultures and Organizations: Moving Forward with Cultural Intelligence", In Staw, B. M. (Ed.). *Research in Organizational Behavior*. Elsevier, 2002, pp. 271 – 299.

④ Ang, S., Van Dyne L. (eds), *The Handbook of Cultural Intelligence*. ME Sharpe, 2008, pp. 65 – 87.

和数据科学平台 Culturintel 率先使用人工智能和大数据工具来发布文化智能的衡量标准，帮助企业提升包容性以促进业务增长。研究表明，文化商是多元文化环境中表现出来的一致预测指标。

（二）英语教育中文化商融合的重要性

当今，全球化在流动性、经济性和连通性方面日益加强，在与跨国公司总部文化、语言截然不同的国家和地区开展业务，与来自不同文化背景的人共同工作已经蔚然成风，多元化和包容性愈发重要。但是，许多跨国公司和涉外企业的业绩记录表明，不少组织内部的文化商不足，CEO（首席执行官）的商业词典中缺少一些微妙但至关重要的东西。在战略多元化方面取得成功意味着弥合断层线——从高层到面向客户的员工。因此，拥有具有高文化商数的人才的跨国公司将在追求全球化的过程中拥有无与伦比的竞争优势。由于世界各地存在着各种不同的商业文化要求，因此需要直接或间接地考虑在商业环境中的沟通方式，开展有效的、团队合作的、独特的商业实践。

Cissoko & Company 是一家总部位于日本东京的数字时代管理咨询公司，该公司与文化商术语的提出者素恩·胺和克里斯托弗·厄勒共同构建了英语智慧人才文化商四元素结构（见图 2-3-2），具体包括 CQ 驱动（CQ Drive）、CQ 知识（CQ Knowledge）、CQ 策略（CQ Strategy）、CQ 行动（CQ Action）。[①] 第一元素 CQ 驱动为动机层面，意指学习其他文化的动机；第二元素 CQ 知识为学习层面，是掌握并辨别职业或工作中可能面临的文化差异；第三元素 CQ 策略为策略层面，是指理解复杂的文化冲突的方法并从中学习；第四元素 CQ 行动为适应层面，涉及行为敏捷性——像文化变色龙一样适应的行动能力。英语教育层面的文化智能切合文化商的四元素构成，是英语智慧人才的文化商成长路径，可以根据文化商的四个层面开展英语教育的文化商创建活动。

---

① Cissoko & Company，Ang，S.，Earley，C. See https://cissokomamady.com/2020/03/16/cultural-quotient-the-new-competitive-advantage/.

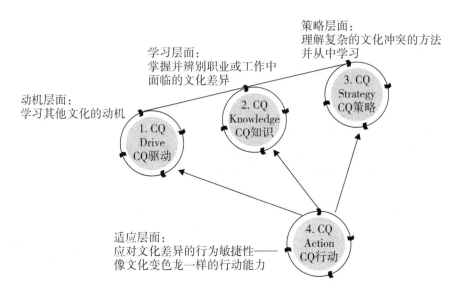

图2-3-2　英语智慧人才文化商四元素构成①

　　全球商业中的信念、价值观、假设和行为规范存在很大差别，获得一定的文化商数需要学习和培训。提升英语学习者的文化商，发展跨文化的领导力是中国英语教师的新使命。

---

　　① Cissoko & Company, Ang, S., Earley, C. See https://cissokomamady.com/2020/03/16/cultural-quotient-the-new-competitive-advantage/.

第三章　英语智慧学习生态之多元目标

进入 21 世纪以来，特别是近 20 年来，信息技术飞速发展，对社会各个领域都产生了巨大的技术冲击。教育领域也迎来了前所未有的大变革，英语学科领域的教学目标自然也随教育改革的潮流不断变迁，从传统的以单一语言运用能力为唯一目标逐渐向近年来提倡的三维目标、四维目标乃至多元目标转变。教学目标既是教学活动的出发点，也是教育者与学习者在教学活动中预期达到的结果，为教育者的教学评估和学习者的学习活动提供导向，是教学成果的检验标准。教学目标是否合理、有效，直接关系到教与学能否在正确的方向上推进。英语教学目标的变化体现在英语教学不仅聚焦英语学科的语言结构、功能等特点，更重视通过语言学习培养学生的多元能力，以期最终实现人的全面发展。这一理念也与终身教育倡导的理念相契合。

1956 年，布鲁姆及其团队首次提出了教育目标分类理论，将教育目标划分为认知领域目标、情感领域目标以及动作技能领域目标三个方面。这一研究成果在教育目标研究领域堪称里程碑式的理论。该理论最初被应用于美国的初等教育教学领域，随后扩展到高等教育阶段，对促进美国高校的教育目标制订、课程设置及教育评价产生了重要影响。西方学者对这一理论的研究主要集中在探究该理论对学习者思维能力培养方面的影响，认为其更符合学习者认知心理的发展层次。在中国，研究者除聚焦对基础理论的研究外，也将其作为制订不同学科、不同教育阶段的教育目标、教学评价标准等方面的参考。

龚亚夫在《论基础英语教育的多元目标——探寻英语教育的核心价值》一文中指明，要体现 2011 年版《义务教育英语课程标准》提出的英语课程应同时具有的人文性和工具性，需全面认识英语教育的核心价值，重构英语学习的目标。英语教育应以语言交流、思维认知和社会文化三者为目标，即设立英语教育的多元目标，以体现英语教育的人文性。[①] 三个

---

① 龚亚夫：《论基础英语教育的多元目标——探寻英语教育的核心价值》，载《课程教材教法》2012 年第 11 期，第 26 页。

目标独立存在、相互交叉且重要程度一致。

在信息教育领域，智慧教育、智慧学习等新概念也陆续登上历史舞台。虽然信息技术给教育领域带来的变革看似远不及其给金融、通信等领域带来的变革之剧烈、成果之立竿见影，但是"十年树木，百年树人"，信息技术对教育领域的影响是一个缓慢的过程，智慧教育引发的变革态势已现雏形，且智慧教育并不是简单的"教育＋信息化"，而是传统教育理念与现代信息化技术的深度融合，这就要求从教育目标、教育过程到教育评价都要进行一系列相应的调整。

祝智庭及其团队在《以指数思维引领智慧教育创新发展》一文中提到了影响智慧教育发展的几个思维方式，其中一个就是多元思维。他们指出，多元思维是为区别于传统只关注智商的单一思维而提出的，这一概念的理论基础是布鲁姆的教育目标分类理论、斯腾伯格的三元智能论及加德纳的智能分类理论。祝智庭等还进一步总结出，在智慧教育境遇中，智慧教育关注的智能应该包括认知智能、情感智能和志趣智能三类。与心理学领域的认知概念相吻合，认知智能是智力和能力两个的表现，包括感觉、记忆、回忆、思维、言语、行为。情感智能是个体具备监控自身及他人的情绪或情感，并利用这些信息指导自己思想、行为的本领。志趣智能是智慧型人才的高阶本领，是一种善于研判、善于创造，富有想象力、超越知识、经验的本领。[1]

当前，较为单一的目标评价体系是制约教育领域智慧发展的瓶颈之一。因此，本研究以布鲁姆的教育目标分类理论为基础，依托龚亚夫的英语课程多元目标分类理论及祝智庭提出的智慧教育境域中的多元思维理论，结合英语学科及智慧学习生态的特点，尝试从认知目标、情感目标、文化目标三个方面构建适配英语智慧学习生态的多元目标，为培养全面发展的智慧型英语人才提供参考。

---

① 祝智庭、俞建慧、韩中美等：《以指数思维引领智慧教育创新发展》，载《电化教育研究》2019 年第 1 期，第 5－16 页。

第一节　认知目标

一、布鲁姆的认知目标理论

布鲁姆及其团队将教育目标划分为认知领域目标、情感领域目标以及动作技能领域目标三类，其中认知领域目标理论的影响最为广泛。布鲁姆及其研究团队将认知领域目标又进一步细分为知识（knowledge）、理解（comprehension）、应用（application）、分析（analysis）、综合（synthesis）、评价（evaluation）6 个层次。

布鲁姆的教育目标分类理论，特别是认知领域目标理论的创新打破了以前学界教育目标设定过于笼统、抽象的局面，为各学科的教育实施者在设定教学目标方面提供了更为系统、具体的理论依据。

20 世纪 90 年代，课程理论与教育研究专家安德森以及曾与布鲁姆合作研究教育目标分类的克拉斯沃尔、教育心理学家梅耶、测验评价专家阿来萨等近 10 名专家为进一步修订布鲁姆的教育目标分类理论组成了一个学术团队，该团队于 2001 年出版了《学习、教学和评估的分类学——布鲁姆教育目标分类学（修订版）》一书（以下简称《修订版》）。《修订版》将布鲁姆原本单一维度 6 个层次的认知目标（知识、理解、应用、分析、综合、评价）进一步划分为知识和认知过程两个维度。将学习者学习时所涉及的相关内容即知识单独划分为一个维度，包括从具体到抽象的 4 个层面，即事实性知识、概念性知识、程序性知识和元认知知识；将学习者的认知过程划分为另一个维度，依据其复杂程度由低到高划分为识记、理解、应用、分析、评价和创建 6 个层面。依据这个分类法，《修订版》建立了认知目标的二维框架。① 另外，在此基础上，《修订版》还将知识维度及认知过程维度的不同层面进一步细化分类，如表 3 - 1 - 1 所示。

---

① 吴树芳、朱杰、王梓懿：《浅析布鲁姆教育目标分类体系》，载《教育现代化》2018 年第 46 期，第 22 页。

表3－1－1　布鲁姆认知目标二维框架

知识维度				认知过程维度					
事实性知识	概念性知识	程序性知识	元认知知识	识记	理解	应用	分析	评价	创建
1.术语知识 2.具体要素知识	3.分类和类别知识 4.原理与概括知识 5.理论模型与结构知识	6.具体技能及算法知识 7.具体技术及方法知识 8.应用适当程序的知识	9.策略知识 10.认知任务知识 11.自我认知知识	1.识别 2.回忆	3.解释 4.举例 5.分类 6.总结 7.推断 8.比较 9.说明	10.执行 11.实施	12.区分 13.组织 14.归属	15.检查 16.评判	17.生成 18.计划 19.实行

（一）知识维度分类

《修订版》将知识维度中的事实性知识、概念性知识、程序性知识和元认知知识4个层面又具体细分为11个子类别：①事实性知识，是学习者在解决问题或掌握某一学科知识时必须了解的基本要素，在知识维度从具体到抽象的排列顺序中处于最低层面。这一层面包括术语知识和具体要素知识2个子类别。②概念性知识，是指整体结构中各个基本要素之间的联系。其抽象程度高于前一层面的事实性知识，包括分类和类别知识、原理与概括知识、理论模型与结构知识3个子类别。③程序性知识，可以简单将其概括为关于怎么做事的知识。这一层面的知识通常指学习者在解决问题时需要掌握的步骤或标准，分为具体技能及算法知识、具体技术及方法知识和应用适当程序的知识3个子类别。④元认知知识，是关于认知和自我认知的知识。元认知知识在知识维度的4个层面中最为抽象，包括策略知识、认知任务知识和自我认知知识3个子类别。

（二）认知过程维度分类

《修订版》将从识记到创建的认知过程的 6 个层面具体细化为 19 个子类别：①识记，是指从长时记忆库中提取相关知识，具体包括识别、回忆 2 个子类别。②理解，是指学习者在学习时建构新知识与原有知识之间的联系的能力，具体包括解释、举例、分类、总结、推断、比较、说明 7 个子类别。③应用，是指学习者运用已经掌握的程序性知识操作或选择适当的程序性知识来解决问题，具体包括执行、实施 2 个子类别。④分析，是指将材料进行分解并确定各部分之间的关联，具体包括区分、组织、归属 3 个子类别。⑤评价，是指依据标准和准则做出判断，具体包括检查、评判 2 个子类别。⑥创建，是指将各个要素整合成一个全新、统一的整体，具体包括生成、计划、实行 3 个子类别。

认知目标的二维框架修改版是对布鲁姆认知目标分类理论的补充发展。由知识维度的事实性知识、概念性知识、程序性知识和元认知知识 4 个层面的 11 个子类别及认知过程维度的识记、理解、应用、分析、评价、创建 6 个层面的 19 个子类别构成的二维矩阵更全面地概括了认知领域不同的目标，为教育实施者及学习者的教学实践提供了更具体的指导依据。

布鲁姆的认知目标分类理论在教育领域是具有里程碑意义的，但仍有其局限性，学界对布鲁姆认知目标分类理论的其中一个争议点就是不同学科有不同的认知特性，而布鲁姆的认知目标分类是超学科性的，无法体现不同学科领域的特殊性。因而各具体学科的研究者在布鲁姆认知目标框架的基础上根据不同学科的特性、不同教育阶段的学习对象的特点提出了更有针对性的认知目标分类体系。本研究亦试图在结合英语学科特性的基础上，聚焦信息技术融合下的英语智慧学习生态范畴内的认知目标。

二、基于认知目标的英语学习信息化工具——英语"数字布鲁姆"

（一）"数字布鲁姆"

近年来，伴随信息化浪潮的发展，教育领域也发生了许多变革。基于修订后的布鲁姆认知目标分类理论，2009 年，美国教育专家迈克尔·费舍尔结合信息数字化工具，依据认知过程维度的识记、理解、应用、分析、评价、创建6个层面首次提出了"数字布鲁姆"。同年，他和他的团队又在原版的基础上更新了部分信息化工具，修订了"数字布鲁姆"（见图3-1-1）。迈克尔·费舍尔的"数字布鲁姆"修订版提出了多种信息化工具，分别对应布鲁姆认知目标的6个层次。

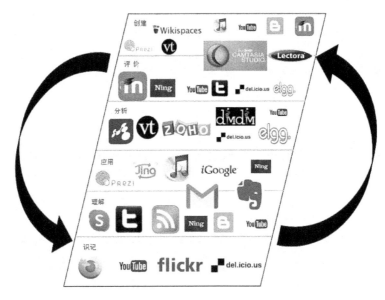

图3-1-1　迈克尔·费舍尔绘制的2009年修订版"数字布鲁姆"①

　　他们在识记层次列出了网络浏览器 Firefox、视频分享网站 YouTube、雅虎旗下的照片共享平台 Flickr 和网络书签站点 Delicious；在理解层次列出了网络电话 Skype、微博网站 Twitter、RSS 聚合器 Google Reader、网络社交平台 Ning、博客网站 Blogger、免费网络邮箱 Gmail、网络笔记管理平台 Evernote 以及在识记层次列出过的 YouTube；在应用层次列出的工具有幻灯片制作工具 Prezi、屏幕抓取软件 Jing、数字媒体播放器 iTunes、Google 搜索的个性化版本 IGoogle 和理解层次出现过的 Ning；分析层次的工具有创建思维导图的在线应用程序 Mindomo、协作式多媒体幻灯片展示

---

　　①　陈丹、祝智庭：《"数字布鲁姆"中国版的建构》，载《中国电化教育》2011年第1期，第71页。

工具 Voicethread、在线办公软件 ZOHO、视频会议聊天室 Dimdim、SNS 开源代码社会性网络平台 Elgg 以及在前面层次列出过的 Delicious 和 YouTube；评价层次的工具有课程管理系统 Moodle、录屏编辑软件 Camtasia Studio 和电子教学制作软件 Lectora 以及 Ning、YouTube、Twitter、Delicious、Elgg；创建层次的工具则有协作性页面编辑网站 Wikispaces 和 Prezi、Voicethread、iTunes、YouTube、Blogger、Moodle。

迈克尔·费舍尔的"数字布鲁姆"可以被看作对布鲁姆认知目标分类的数字化、信息化、可视化重构。

（二）中国版"数字布鲁姆"

2011 年，陈丹和祝智庭在对迈克尔·费舍尔的"数字布鲁姆"中提出的信息化工具进行逐一分析的基础上，将布鲁姆认知目标的 6 个层次分别对标迈克尔·费舍尔的"数字布鲁姆"，首创性地提出了中国版的"数字布鲁姆"（见图 3－1－2）。[①]

中国版"数字布鲁姆"在识记层次对应了网络浏览器——360 安全浏览器、视频分享网站——优酷、照片共享平台——又拍网和网络书签站点——QQ 书签；在理解层次列出的工具有符合华人通话习惯的网络电话——UUcall、社交网站——随心微博、RSS 信息聚合阅读器——新浪点点通、网络社交平台——臭豆网、中国本土化博客网站——新浪博客、免费网络邮箱——163 网易邮、网络笔记管理平台——麦库和在识记层次出现过的优酷；在应用层次列出的工具有幻灯片制作网站——百会秀秀、屏幕抓取软件——红蜻蜓抓图精灵、影音播放软件——QQ 影音、最大的中文搜索引擎——百度以及在理解层次列出过的臭豆网；分析层次的工具有思维导图工具——XMind，可编辑的照片分享网站——好看簿，具有文字、幻灯片制作等多功能的在线软件服务网站——百会网，视频会议网站——全时网络会议和 SNS 开源代码网络平台——ThinkSNS 以及在前面的层次出现过的优酷和 QQ 书签；评价层次的工具有中国 Moodle 研究网站——易魔灯、录屏编辑软件——超级捕快、多媒体课件制作软件——课件大师以及臭豆网、优酷、随心微博、QQ 书签、ThinkSNS；创建层次的

---

① 陈丹、祝智庭：《"数字布鲁姆"中国版的建构》，载《中国电化教育》2011 年第 1 期，第 71 页。

工具则有新出现的提供自建网站功能的网站——Tap 和前面几个层次列出过的百会秀秀、QQ 影音、好看簿、优酷、新浪点点通、新浪博客、易魔灯。

中国版"数字布鲁姆"的提出虽然受到时代的限制，彼时中国的信息化工具正处在发展起步阶段，和国外类似工具相比还存在一定的差距和不足，有些信息化工具尚不能在中国找到特别契合的替代品，但其为当时的中国学习者提供了较为便捷的技术资源，使中国教育者在进行信息化教育时能够更加方便快捷地选择合适的信息化工具。此外，这一本土化图示的提出将"数字布鲁姆"这一信息化教学的新概念引入了中国，也开启了中国信息化教育领域对"数字布鲁姆"研究的先河。随后，国内学界也陆续涌现出与"数字布鲁姆"相关的研究成果，主要研究方向集中在将"数字布鲁姆"应用于各学科的信息化教学实践。

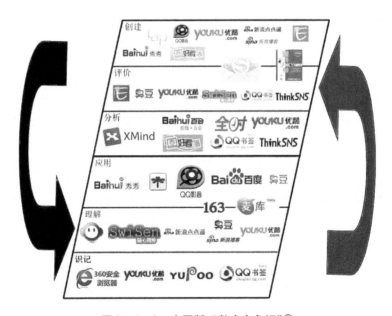

图 3-1-2　中国版"数字布鲁姆"①

① 陈丹、祝智庭：《"数字布鲁姆"中国版的建构》，载《中国电化教育》2011 年第 1 期，第 71 页。

（三）英语"数字布鲁姆"

2017 年，胡贤钰、董宏建在原版"数字布鲁姆"和中国版"数字布鲁姆"的基础上，结合英语学科特点，构建了基于布鲁姆认知目标的英语"数字布鲁姆"（见图 3 - 1 - 3）。①

图 3 - 1 - 3　英语"数字布鲁姆"②

1. 记忆层次

记忆即识记层次在布鲁姆的认知目标分类里处于最基础的地位。学习者在这一层次的主要任务是能对知识进行回忆和识别。将这一任务对应到

①　胡贤钰、董宏建：《基于布鲁姆认知目标的英语数字布鲁姆的构建》，载《中国教育信息化》2017 年第 18 期，第 8 页。

②　胡贤钰、董宏建：《基于布鲁姆认知目标的英语数字布鲁姆的构建》，载《中国教育信息化》2017 年第 18 期，第 8 页。

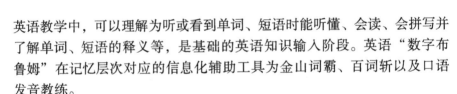

英语教学中，可以理解为听或看到单词、短语时能听懂、会读、会拼写并了解单词、短语的释义等，是基础的英语知识输入阶段。英语"数字布鲁姆"在记忆层次对应的信息化辅助工具为金山词霸、百词斩以及口语发音教练。

金山词霸作为一款免费的在线外语词典应用类软件，收录了包括牛津双语词典在内的 140 余本权威词典。英语学习者在金山词霸不仅可以通过拍照录入、语音录入等方式找出单词、短语的释义，还可以通过软件播放单词、短语的发音，掌握单词、短语的准确发音。相较于传统的纸质词典，在线词典的使用更便捷，语言输入及输出的渠道更多元，大大提高了英语学习者对基础知识进行识记的效率。

百词斩是一款帮助学习者进行词汇记忆的软件。该软件针对不同层次的英语学习者，提供了小学英语、初中英语、高中英语、四六级英语、考研英语、托福、雅思等的分类词库；利用人类对图像的记忆比对文字的记忆更高效的特点，为每一个单词都配了用以联想记忆的图像；同一个单词可以通过多种训练模式进行识记，如听音选义、拼写填空等；根据记忆的遗忘曲线科学地调整学习者的背诵列表，帮助学习者高效复习；支持和朋友组队、在线背单词比赛等，利用软件的社群功能改变学习者的学习模式，实现自学和小组学习自由切换，提高英语学习者的学习积极性。

口语发音教练是一款专门针对中国人的发音习惯研发的学习应用App。软件提供外教真人视频讲解，使学习者能通过录音及回放的方式进行单词跟读练习，以及跟外教进行一对一在线对话，为学习者提供真实语境以帮助其记忆单词。

2. 理解层次

理解层次强调学习者建构新学知识与原有知识之间联系的能力，在这一层次，英语学习者的任务是将输入的知识内化为自身知识，在输入的基础上进行理解。英语"数字布鲁姆"在理解层次列出的信息化工具有TED、有声双语小说以及英语趣配音、流利说英语等。

TED（technology, entertainment, design）是由美国一家私有非营利机构组织的演讲大会，该会议的宗旨是"传播一切值得传播的创意"。TED 演讲的视频内容汇集了全球各行业优秀人物关于不同领域的独特见解。TED 对于英语学习者来说不仅是单纯的英语学习工具，还可以加深学习者对英语文化的理解，有利于其进行更全面的英语学习。

有声双语小说是一款中英双语阅读 App，里面有丰富的双语小说资源。除了为英语学习者提供优质的阅读、听力素材，该软件还支持在线查单词，对英语学习者拓展词汇量也有很大的帮助。

英语趣配音是一款在线英语配音 App，帮助英语学习者在配音的过程中，全方位提高英语听说能力。此外，该软件还提供 AI 智能评估，通过学习报告的形式，将学习评价可视化，提高英语学习者的学习积极性。

流利说英语也是一款在线英语口语学习软件。学习资源贴近生活，覆盖日常对话、旅游出行、职场商务等各类场景；真人语伴和 AI 教师相结合，全面提升英语学习者的词汇量以及口语、听力、阅读水平。

3．运用层次

在运用即应用层次上则强调运用所学知识的能力，匹配的工具有 ReadingPro、*The Atlantic*、Omegle 和扇贝炼句。

Readingpro 是新东方推出的分级阅读线上平台，集测试、听力、阅读于一体，通过测评学习者的英语能力，推荐适合的分级读物，进行分级教学，帮助英语学习者提高听力、阅读、口语能力。

The Atlantic 即美国电子杂志《大西洋月刊》。《大西洋月刊》是关于文学、政治、科学与艺术的综合性杂志，可以为英语学习者提供全面的英语资讯，培养其英语思维方式，提高其英语阅读能力。

Omegle 是一个针对陌生人随机交流的网站，用户无需注册和下载就能和全球在线的网友进行聊天。英语学习者可以通过 Omegle 以语音或文字的形式进行沟通。由于在 Omegle 的聊天是匿名的，因而该平台不仅可以为英语学习者提供更自由的英语交流环境，还可以帮助学习者克服焦虑与紧张，提高其英语口语及写作能力。

扇贝炼句是一款针对英语短语和句子进行训练的工具，其练习的基本模式主要是听写并填空，从初始阶段只挖掉重点单词、短语到后面空出半句，甚至整句，循序渐进地帮助英语学习者在练习听力的同时积累常用的短语和句型，在练习中完善翻译及写作的表达习惯。简单来说，扇贝炼句采取的方法是在进行大量输入（听力及阅读）之后，训练英语学习者的输出（口语及写作）能力。

4．分析层次

分析层次强调对知识进行深层分解并确定各部分之间的关联，在英语学习中对应的主要任务是对语法要点、句子结构、文章主题思想等进阶知识的掌握，因而英语"数字布鲁姆"在这个层次上列出了句酷批改网、问卷星、iMindMap 等工具。

问卷星是一个在线发布问卷的测评平台。在英语"数字布鲁姆"中，这一工具的提出有别于其他信息化工具，后者针对的使用对象是英语学习者及英语教育者，而前者则更多被教育者应用于在教学过程中通过问卷调查的形式掌握学生对英语知识的学习情况、评估和分析教学效果。

句酷批改网是在线批改英语作文的网站，利用语料库的大数据，可以在极短的时间内给学生在线提交的英语作文批改分数，并标记出学生在单词、语法及常用搭配方面存在的问题。这款工具不仅能辅助教师进行英语作文的批改，提高批改效率，也能帮助学生进行写作的自主学习。

iMindMap 是由思维导图的创始人托尼·博赞开发的一款可用来绘制思维导图的软件，能帮助英语学习者通过绘制思维导图的方式对所学的英语知识进行深层分析，理清知识之间的关联。教师在语法及阅读等课程的教学过程中也可以通过思维导图将课文或阅读材料的逻辑关系、文章结构等更直观地展示给学生。

5. 评价层次

评价层次的英语教学目标主要包括对教学成果的检查、评判以及教学反思，评价的主体可以是教师，也可以是学生。英语"数字布鲁姆"列出了这个层次的信息辅助工具：课堂派、AcFun、扇贝新闻、QQ、微信以及电子邮箱。

课堂派是国内一个免费的在线课堂资源管理应用平台。该应用平台能够为老师和学生免费提供班级资源管理、教学课件分享、作业在线批改、成绩实时汇总、课程互动讨论等功能。课堂派将线上课堂中可能运用到的功能整合到一起，实现了线上师生、生生间的实时互动，有利于英语教育者更便捷地掌握学习者的情况，对学习者及时进行干预。

弹幕是通过在视频或者直播页面上弹出文字信息对视频或直播内容进行评价的一种方式。弹幕的互动性强，应用于英语教学时，学生可通过弹幕实时向教师提问，以便于教师及时得到直播课程教学效果的反馈并在授课时随时调整教学策略，以达到更好的教学效果。AcFun 就是这样一家弹幕视频网站。

扇贝新闻是一款英文新闻阅读、交流软件，其文章涵盖内容丰富，且账号、学习记录等与扇贝网的其他英语产品同步，除了提供基础的英语阅读功能，还能让英语学习者通过文章下的评论区与其他学习者进行交流互动，强化英语学习者对所学知识的自我评价与反思。

QQ、微信及各类电子邮箱是人们常用的社交工具，英语教学者和学习者也可以通过这些日常的社交工具辅助英语教与学的实施。教师可以通过微信群、QQ群及邮箱群发的方式向学习者发布学习资源、进行在线测试、了解学生的学习情况，学习者也可以通过聊天群及时与教师及其他学习者交流，随时解决学习过程中发现的问题。

6. 创造层次

创造即创建层次的目标是将各个要素整合成新的整体。英语"数字布鲁姆"列出了有助于英语学习者依托所学知识进行更高层次创新的信息化工具，例如，幻灯片制作软件——Focusky，手机网页DIY制作工具——易企秀，运用翻转课堂的模式助力英语学习者录制微课的视频剪辑软件——小影，集动画创作与程序设计功能于一体的创作型软件——Flash及图像处理软件——Photoshop。这些软件可以帮助英语学习者通过创造与英语学习相关的新成果，如设计英语微课、制作英语学习小程序、英文版电子杂志、英语网页设计等，促进对学习内容的整理、内化与创新。

英语"数字布鲁姆"是基于英语学科的特点对布鲁姆认知目标分类理论的数字化重构，在原版"数字布鲁姆"及中国版"数字布鲁姆"的基础上结合英语学科的教学特点以及近年来国内外信息化发展的新成果，对标更为成熟的信息化教学工具，适用于英语教学不同层次的认知目标，是英语学科教学与信息技术高度融合的成果体现。英语"数字布鲁姆"在为教师将信息技术与英语教学的听、说、读、写等各类活动深度融合提供了有力支撑的同时，也使学习者实现了从英语基础知识的学习到高阶创新思维阶段的自主学习的进步，为智慧学习生态环境中认知智能的实现提供了有效路径。

三、元认知理论

老子有云："知人者智，自知者明。"这体现了认知与元认知的辩证关系。前半句"知人者智"说的是了解他人的人是智慧的，"知人"概括的是认知范畴，是个体对客观世界的信息加工过程；后半句"自知者明"

则表明了个体对自我意识监控的重要意义，与元认知的概念相契合。

1976年，"元认知"作为正式概念出现在人们的视野中，这一新概念是由美国斯坦福大学的心理学家约翰·弗拉维尔在研究儿童心理的过程中提出并界定的。从此，元认知受到了学界的普遍关注。约翰·弗拉维尔将元认知定义为个人对自身认知过程、结果及其他相关事物的认知，以及为完成具体任务而对认知过程进行的主动监测和调节。① 斯坦伯格通过将元认知与认知进行对比，进一步阐述了元认知的含义，认为元认知是对于认知的认知，以及建立在这一认知基础上的自我监测及调节的过程。② 关于元认知的构成，近年来学界的主流观点是元认知结构三分法，即认为元认知应该包括三个组成部分：元认知知识、元认知体验、元认知策略。

除了在心理学和教育学领域，国内外的语言学研究者也积极探索元认知理论对语言学习，特别是二语习得的影响。温登提出要培养学生的学习能力首先应该增强学生的元认知知识，而元认知策略则是培养学生自主学习的关键性策略。他认为学习者可以通过元认知策略了解、监控并调节自己的学习过程。③ 奥马利也指出，无法掌握元认知策略的学生很难评估自身的学习状态、监控自己的学习过程并确定自己未来的学习方向。④ 纪康丽从实证研究的角度，通过对大学一年级学生进行元认知策略的培训及调查，得出元认知策略培训对学生的英语学习能够起到很大的促进作用，掌握元认知策略有利于学生在英语学习中实现自我评估、确立学习目标和制订学习计划等，从而从更深层次更高效地调控自己的学习，进而提高英语学习的效率。⑤ 董晓宇、战菊运用主题分析的方法，深入研究了英语写作教学中学生呈现的元认知知识、元认知体验与元认知策略特征，从更全面的角度表明英语写作教育不仅要关注学生的语言学习，还要帮助学生提高

① Flavell, J. H., "Metacognition and Cognitive Monitoring: A New Area of Cognitive Developmental Inquiry", *American Psychologist*, 1979 (10), pp. 906–911.

② Steinberg, R. J., *Encyclopedia of Human Intelligence*. Vol. 2. Macmillan Publishing House, 1994.

③ Wenden, A. L., "Metacognition: An Expandedview on Cognitive Abilities of L2 Learners", *Language Learning*, 1987, 37 (4), pp. 573–594.

④ O'Malley, J. M., Chamot, A. U., *Learning Strategies in Second Language Acquisition*. Cambridge University Press, 1990.

⑤ 纪康丽：《外语学习中元认知策略的培训》，载《外语界》2002年第3期，第20页。

写作的元认知能力。①

元认知作为深层次的认知活动，其发展水平直接影响着人们的认知发展水平。在英语教学实践活动中，学习者对英语的语言特点及规律等的认知归属于认知范畴，而学习者只有在了解自身学习英语的能力的基础上才能制订符合自身能力的学习目标，获得有意识的认知体验和情感体验，并对自身学习英语的过程进行监控，这些都归属于元认知领域。因而，在英语学科教学中对元认知理论进行研究是很有必要的。

英语学科相对于其他学科来说，对学习者学习的自主性要求更高，仅仅依靠以教师为中心的课堂学习是远远不够的。而智慧学习生态系统相对传统的学习模式来讲是一个以学习者为中心，更加开放、更能激发学习者学习自主性的新型学习系统。因此，英语学习者对元认知知识、元认知体验和元认知策略的获得与掌握，以及教育者对学习者在这些方面的培养和引导都对学习者提高自主学习英语的能力有极大的帮助，对学习者现阶段的英语学习能力乃至终身学习能力的培养都有着非常重要的意义。

四、元认知与英语智慧学习

智慧学习有别于仅以传授知识为目的的传统学习模式，它是一种关注学习者全面成长的学习模式。这种模式更注重对学习者自主学习能力的培养，这一理念恰恰与元认知涉及的范畴相重合。尤其对英语学科的教学来说，利用智慧学习生态的信息技术优势，改变传统的知识灌输模式，强化学习者在英语学习过程中对元认知知识的掌握，刺激学习者的元认知体验，培养学习者对元认知策略的运用能力，能大幅度地提升英语学习者自主学习的积极性。

（一）元认知知识与英语智慧学习

元认知知识是认知主体在认知过程中获取的知识以及那些能够控制认知过程的知识，即对认知的认知知识，是人们在认知活动的过程中，以自身的认知作为认知对象而获得的关于影响认知过程的各类因素的知识，包

---

① 董晓宇、战菊：《英语写作教学中学生的元认知特征研究——知识、体验与策略》，载《中国外语》2019 年第 1 期，第 62 页。

括有关认知主体方面的知识、有关认知任务方面的知识和有关认知策略方面的知识。

具体到英语学习这一认知活动中，学习者在为思考如何学习和习得英语知识而进行的自我认知与反思过程中所获得的知识就是关于英语学习的元认知知识。按照弗拉维尔对元认知知识的分类，有关认知主体方面的知识是关于英语学习者的知识；有关认知任务方面的知识对应的是与英语学习目标相关的知识；而有关认知策略方面的知识就是关于学习者如何学习英语的知识。

关于英语学习者即认知主体的认识又可以分为对个体内差异及个体间差异的认知。智慧学习生态系统可以为英语学习者提供基于大数据的动态学习数据，如学习管理系统（learning management system，LMS）、课程管理系统（course management system，CMS）等。通过对学习过程中的大数据进行分析、反思，可以帮助英语学习者更清晰地意识到自身在从识记到创建的不同认知层面上认知能力的优缺点，从而获取对个体内差异的元认知知识；而通过分析大数据反映出的个体间差异，则可以帮助学习者获得对自身认知能力与他人认知能力之间差异的认知，如认识到母语学习者与非母语学习者、儿童学习者与成人学习者在学习英语过程中的差异。关于认知任务的知识在英语学习中包括学习者对英语语言特征、学习难度以及听、说、读、写任务差异等的感知知识。智慧学习生态相较于传统学习模式为学生提供了更丰富的知识获取渠道，信息技术在英语课堂中的投入使学习者在听、说、读、写等各方面的学习相较于传统课堂有了质的提高，对认知任务的感知知识也更加全面。英语智慧学习生态环境中的认知策略知识，即学习者对自己在智慧学习生态中如何学习英语所意识到的知识。例如，学习者不仅可以意识到词汇量的积累对提高阅读水平有帮助，还可以想到借助移动端在线词典等信息技术工具提升词汇量。智慧学习生态中的英语学习认知主体知识及认知任务知识的变革必然引发认知策略知识的变革，在知识获取渠道更多元的智慧学习生态中，学习者会自觉地选取技术赋能的英语学习辅助工具来更新自身的英语认知策略知识。而对认知主体知识、认知任务知识、认知策略知识等元认知知识的掌握反过来也会进一步提高学生在智慧学习生态中的自主学习能力。

（二）元认知体验与英语智慧学习

元认知体验是伴随认知活动而产生的有意识的认知体验和情感体验。元认知体验既可以是对已知的体验，也可以是对未知的体验；既可以在认知活动之前产生（这一阶段的元认知体验主要包括认知任务的难度、熟悉程度和认知任务的目标等），也可以在认知活动过程中产生（该阶段的元认知体验体现在认知任务的进度及遇到障碍和困难的体验），还可以在认知活动结束后产生（该阶段产生的元认知体验主要是关于目标是否达成，有什么收获和成长等）。元认知体验联通了元认知知识与元认知策略，一方面可以激活相关的元认知知识，另一方面也可以为调节活动提供必需的信息。[①]弗拉维尔认为，元认知体验最可能发生在思维水平较高的情况下，而智慧学习正是培养学生自我管理等高阶思维的新型学习模式，学习者在智慧学习生态中学习英语的过程必然离不开元认知体验。

智慧学习的目的除了传达理性的、抽象的认知概念，还在于借助数字交互技术实现感性的、直接的元认知体验，即感受自我、认可自我、激励自我的体验。[②]数字交互技术的使用可以为英语学习者提供交互式的认知体验和情感体验，使学习者在交互中与学习环境自然融合，沉浸式地将英语知识的认知、学习活动的参与、学习情感的调节通过交互式学习转移到学习者本身，从而将英语学习的认知过程与学习者的元认知体验相融合。比如，通过 VR 全景技术和 3D 技术进行体验式教学，可以突破传统教学的时空限制，给学习者带来身临其境般的学习体验。巴姆福德通过实证研究发现，3D 技术的使用可以在教学活动中为学习者提供更良好的学习体验，带来优质的学习效果，使用 3D 交互教学可以使 86% 的学生提高成绩，而不使用 3D 技术讲授同样的内容则仅有 52% 的学生提高了成绩。[③]

借助数字交互等信息技术的智慧学习生态环境可以在视觉、听觉乃至触觉上为英语学习者打造出传统教学模式无法比拟的沉浸式学习体验，有利于激发学习者在英语学习过程中的元认知体验，从而激活学习者与英语

---

① 汪玲、郭德俊：《元认知的本质与要素》，载《心理学报》2000 年第 4 期，第 458 页。

② 郑海昊、刘韬：《数字交互技术视域下的智慧学习元认知体验研究之一——共我体验突破交互边界》，载《中国电化教育》2018 年第 12 期，第 96 页。

③ Bamford, D. A., "3D Technology in Education White Paper". See http://www.dlp.com/downl,oads/The_ 3D_ in_ Education_ White_ Paper_ US.pdf.

学习相关的元认知知识，进而调整英语学习的元认知策略，提高学生自主学习的能力。

（三）元认知策略与英语智慧学习

元认知策略是对认知的认知策略，通过对主体行动力的影响，可以在人的认知活动的全过程进行监控和调节，包括计划策略、监控策略和调节策略。正确使用元认知策略对提高英语学习的效果起着关键的作用。

关于元认知策略在智慧教育领域的应用，已有研究者进行过探索。胡叶婷以安徽信息工程学院为例，将元认知策略应用到英美文学课程中，利用蓝墨云班课 App 进行交互式教学，探索在智慧教学模式下培养学生自主学习能力和创新能力的方案。学生依据教师在云班课 App 上发布的教学任务，调整自己的学习目标、进度及策略；教师通过教师端随时监控学生的完成情况，引导学生进行总结反思。课程以学生为主体，以教师为主导，实现了在智慧教学模式下，提升学生的自主学习能力的目标。[①] 李森皓、吴晓肯定了元认知策略对学习者的英语听力学习起到的作用，提出基于元认知策略来设计英语听力学习 App：用元认知策略的计划策略对应英语听力教学的听前预测阶段，在学习活动开始前，根据目标制订合适的方案；用元认知策略的监控策略对应英语听力教学的首听验证、二听验证、三听验证阶段，对英语学习者的学习认知状况进行客观的判断；用元认知策略的调节策略对应听后反思阶段，用于英语听力学习结束时对学习认知行为的反思，以便学习者及时调整自身下一步的学习策略。[②]

在英语教学活动中，元认知与智慧学习是一种相辅相成的关系。一方面，学习者通过了解元认知知识、获取元认知体验、掌握元认知策略来规划自身的英语学习目标，监控学习行为，调整学习方式，提升自主学习能力及高阶思维能力，实现真正意义上的英语智慧学习。另一方面，在技术赋能的英语智慧学习过程中，学习者可以提升对元认知知识的了解，刺激自身的元认知体验，调节元认知策略，促进自身元认知能力的发展。

---

① 胡叶婷：《基于元认知策略的应用型本科高校英美文学智慧教学模式探索——以安徽信息工程学院为例》，载《绍兴文理学院学报（教育版）》2020 年第 1 期，第 79 页。

② 李森皓、吴晓：《基于元认知策略的听力学习 App 设计》，载《电子技术》2022 年第 2 期，第 188 页。

第二节 情感目标

一、情感作为教学目标的理论依据

（一）克拉斯沃尔的情感目标分类理论

情感这一抽象性的概念，在传统意义上往往属于心理学的研究范畴，因此，把情感作为教学目标进行教育学范畴的定义有相当大的难度。1964年，克拉斯沃尔及布鲁姆等人继对认知领域目标进行分类后又提出了对情感领域的教学目标进行分类。在教育领域，克拉斯沃尔及布鲁姆团队对情感领域目标的分类理论的影响力虽不及布鲁姆的认知领域目标分类理论深远，但是克拉斯沃尔的情感目标分类理论准确界定了情感领域教学目标的实现过程，对情感领域的教学发展起到了极大的推动作用，是布鲁姆教育目标分类理论的重要组成部分，也标志着情感教育在教育理论中地位的正式确立，得到了教育界的广泛接受和认同。克拉斯沃尔及布鲁姆团队根据价值内化的程度，将情感领域的目标分为以下五个阶梯式的层级。

第一层级，接受或注意，指的是学习者愿意意识或者注意到环境中的某种现象或刺激，是最基础的价值内化水平，也是情感学习的起点，包括觉察、愿意接受和有控制的注意三个层次。例如，让学生注意到课堂上老师的讲解或意识到某一知识点的重要性。这一层级的目标主要是培养学生对教师提供的信息表达愿意接受的态度。

第二层级，反应，强调学习者的主观能动性。在这一层级，学习者不仅能注意到刺激，且能主动参与，对给出的刺激做出积极的回应，有较高的兴趣。它包括对默认的反应、愿意的反应和在反应中得到满足三个层次。例如，学生自愿回答问题或积极完成老师布置的作业等。这类目标强调对特定活动的选择和满足。这类情感目标仍处在低层级阶段，学习者虽然已经超出简单的对现象的注意的阶段，能对现象或刺激做出反应，但还谈不上具备主动进行价值判断的能力。

第三层级，价值判断，指的是学习者看到特定现象或事物具有一定的价值，并能坚定这一判断。它包括对特定价值的接受、偏爱特定价值和信奉特定价值三个层次。例如，学生意识到英语听说能力在交流层面的重要性，积极参加英语听说的学习及练习等。这一层级的学习行为具有一致性与稳定性的特点。这一层级的目标主要是培养学习者对特定学习目标的热情，并能保持这一热情，形成持续的学习过程。在这一层级，学习者对学习目标的价值做出判断和评价后，有一部分学习目标能够被接受、内化，从而转化为个人自身的价值标准。所以，这个层级的目标所体现的态度及行动等都是趋于稳定的。

第四层级，组织化，指的是学习者在遇到复杂情景时，能够对各种复杂的价值观进行分析比较，按照个人的价值判断，形成自己的价值观体系。它包括把价值概念化及将价值体系组织化两个层次。例如，先完成课堂布置的学习任务，再制订自主学习的计划或者对课堂上某一问题做出评价等。这一层级的主要目标是引导学习者将各种不同的价值观内化成系统的价值体系。

第五层级，价值或价值复合体的性格化，指的是学习者通过对第四层级价值体系的组织化，逐渐形成自己所独有的价值体系，并用来指导自己的行动，培养属于自己的行为方式或个性。这一层级是情感目标的最高境界，意味着学习者能把自身价值体系中的各种信念、品质和感情和谐地统一在一起，最终表现为个人世界观的形成。它包括两个层次：第一层次是概括化，即将价值观等进行一般性定向；第二层次是固定化，这一层次的价值观体系已经充分内化，非常稳定。①

克拉斯沃尔的情感领域目标所包含的五个层级是循序渐进的，涉及学习者的兴趣、态度、动机、价值观等诸多的情感因素。五个层级的实现难度依次递增，前一层级目标是实现后一层级目标的基础，学习者只有达到了前一层级的目标才有可能实现下一层级的目标。情感领域的目标分类，有助于英语教育者了解学习者情感发展的过程，帮助学习者达到情感的相应水平，从而提升英语教学的效率。

---

① ［美］B. S. 布鲁姆等：《教育目标分类学第二分册（情感领域）》，施良方、张云高译，华东师范大学出版社 1989 年版，第 227 页。

（二）克拉申的情感过滤假说

20 世纪 80 年代，克拉申提出了著名的语言监控理论（Monitor Theory）。该理论是第二语言习得领域的经典理论之一，主要由五大假说组成：①习得－学得假说（Acquisition-Learning Hypothesis）；②自然顺序假说（Natural Order Hypothesis）；③监控假说（Monitor Hypothesis）；④输入假说（Input Hypothesis）；⑤情感过滤假说（Affective Filter Hypothesis）。其中，情感过滤假说的影响最为深远。

克拉申的情感过滤假说主张："情感过滤是一种阻止语言习得者完全吸收所获得的可理解输入的心理障碍。"① 这一假说认为，第二语言习得的过程不仅受到可理解输入环境的影响，同时还可能受到许多情感因素的制约，这些情感因素既有可能是积极的，也有可能是消极的。克拉申把情感因素看作可调节的过滤器，语言的输入必须经过情感因素的过滤才能被吸收。情感过滤器打开时，语言输入被内化吸收，学习者就能成功习得语言；情感过滤器关闭时，语言输入无法被吸收，学习者也就不能顺利地习得语言。

克拉申认为影响语言习得的情感因素主要包括动力、性格（主要表现为是否自信等）和情感状态（主要指焦虑与放松）。

克拉申认为动力即学习者的学习目的是否明确、坚定，会直接影响第二语言学习者的表现和成绩。在第二语言习得的过程中，学习者的学习目的越明确，投入程度越高，学习效果越好；相反，学习目标不明确的学习者在二语习得的过程中投入性较差，学习效果也就较差。例如，在英语教学的实践过程中，教师发现学生在参加考试前和考试结束后，对英语学习的动机有着明显的变化，相应的学习效果也会体现出比较明显的差异。教师发现学生在参加考试前的学习目标（即通过考试）明确，因此，学习态度也非常积极，会主动地接受各种方式的语言输入。但在通过考试后，大部分学生的学习积极性明显降低，学习效果也比考试前更不理想。这体现了二语习得过程中学习动机的差异会直接导致学习效果的差异。

性格与二语习得的成效也密切相关。如果学习者缺乏自信心，那么无论其有多努力，都很难获得成功。有自信的学习者往往更勇于表达自己的

---

① Krashen, S. D., *The Input Hypothesis*：*Issues and Implications*. Longman，1985.

观点，在二语习得的过程中能充分发挥自己的水平，不易受到外部消极因素的影响，语言习得的进度较快。而不自信的学习者容易受外部消极因素的影响，导致自身的语言发展受到制约，语言习得的速度相对较慢。

情感状态是影响情感过滤的另一重要因素，这里的情感状态主要指焦虑与放松。焦虑感是影响学习输入效果的重要心理障碍。焦虑感强的人，其情感屏障也较高，相对来说在学习过程中获得的输入也就较少；反之，则容易得到更多的输入。研究表明，与儿童相比，成人的情感过滤程度较高，更容易焦虑，因而成人的语言习得效果较儿童差。

二、英语教学中的情感因素

情感指学习者在学习过程中的感情（emotion）、感觉（feeling）、情绪（mood）、态度（attitude）等。人本主义心理学是情感因素理论的依据。人本主义重视人，强调人本身的发展规律，即反对行为主义心理学将人看作机器或动物的观点，也不认同认知心理学对认知过程中人的情感因素的忽视。美国人本主义心理学家卡尔·罗杰斯认为，学习者的认识过程是与学习者的情感因素相伴而生、无法割裂的，"情感教学"虽然不是正式的教学内容，却可以充分调动学习者的学习积极性，只有充分尊重学习者的情感因素，才能引导其取得相应的成就。[①] 因此，将学生学习的认知过程和情感因素有机结合的教育模式才是成功的教育模式。从学科角度来讲，英语作为一门语言学科，在教学过程中教师对情感因素的关注度高于其他学科，因为语言与情感的关系更为密切，情感表达的重要途径之一就是语言，而对语言的理解也无法脱离情感。

积极的情感因素对学习者的学习起到助力作用，而消极的情感因素则会使学习者的学习效率大打折扣。在英语教学实践领域，值得关注的情感因素有以下四个。

第一，焦虑。克拉申认为焦虑是影响学习输入的重要心理障碍。焦虑感越强，情感屏障就越高，语言习得的效果就越差。学界对焦虑的影响作用分为两大类主流观点：一类是认同克拉申的观点，认为焦虑对学习者的认知活动起着阻碍作用，与学习者的语言习得效率成反比，即越焦虑，学

---

① 李银仓：《论外语教学的情感目标》，载《外语教学》2018 年第 2 期，第 68 页。

习效果就越差。[①] 另外一种观点认为，焦虑并不是完全消极的情感因素，对学习者的学习效果有一定的促进作用。例如，艾森克认为焦虑在一定环境下可以被转化为学习者的动力，反而能对学习起到激励的作用。[②] 郭高攀与王宗英也认为焦虑可以使学生保持学习的积极性。[③] 笔者认为，焦虑情绪对学习的影响不能一概而论，对于不同年龄、不同阶段、不同性格的学习者，焦虑因素起到的效果是不一样的，要充分考虑学习者的群体特征及个体差异。例如，对成年学习者来说，焦虑因素的消极影响比其对儿童学习者的影响大；对同年龄段的学习者来说，心理素质好的学习者反而能将焦虑转化为学习的内驱力，而对心理素质较差的学习者来说，焦虑主要起阻碍作用。

第二，抑制，是指学习者在学习过程中为了避免受到批评或嘲讽等而采取的回避或退缩行为。比如，在英语口语学习的过程中，有的学生因为害怕被老师批评或者被同学嘲笑发音不标准而拒绝开口说英语。这对英语口语学习的消极影响是极大的，因为英语口语学习本身就是一个输出的过程，学习者由于害怕受到伤害而拒绝开口表达，无法完成口语的输出，学习自然无法达到理想的效果。因而在英语教学过程中要避免学生的学习效果受到抑制因素的影响。尤其是胆小、性格内向的学习者，更容易因为抑制因素的影响而逃避课堂练习。作为英语教育者，在教学过程中对这类学生要重点关注，多鼓励，积极引导，尽最大可能减少抑制因素的消极影响。

第三，动机。动机对于英语学习者来讲就是完成学习目标的动力，动机的强弱直接影响学习的效果。加德纳和兰伯特将动机分为融合型动机和工具型动机两类。在具体的学习环境中，这两种动机对学习者都能起到一定程度的正向激励作用，区别在于两者的作用程度不同。以英语学习为例，具有融合型动机的英语学习者把英语学习当作自己的喜好，而具有工具型动机的英语学习者仅把英语当作一种工具来学习。一般情

---

　　① 徐振国、孔玺、张冠文等：《学习画面情感对学习者情感的影响研究》，载《电化教育研究》2020 年第 11 期，第 79–86 页。

　　② 罗佳：《情感过滤假说的实证研究》（学位论文），湖南科技大学 2007 年。

　　③ 郭高攀、王宗英：《第二语言习得中情感因素的研究》，载《重庆工学院学报（社会科学版）》2009 年第 3 期，第 139 页。

况下，融合型动机对英语学习行为的激励作用显著大于工具型动机。[1]徐土根和何桦指出，学习者的学习动机是可以被激发和培养的。例如，老师可以在课前引导学生提前了解学习目标、成绩评估的标准等，让学生提前了解达到学习目标的可能性，削弱学生避免失败的学习动机，增强学生追求成功的学习动机。[2]郭高攀与王宗英指出，工具型动机和融合型动机两者之间可以互为转化。学习者存在因自己的课堂表现、教师的教学方法与教学风格而改变自己的学习动机类型的可能性。例如，一个原本具有工具型动机的学习者可能因为教师对其鼓励而喜欢上学习，转变为具有融合型动机的学习者，使学习行为变得更为主动和持久；相反，一个原本具有融合型动机的学习者也可能因为不喜欢教师的教学风格而减弱自己的学习动机，转化为具有工具型动机的学习者。[3]鲜敏认为，中国大多数英语学习者为工具型动机驱动的学习者，其英语学习具有较强的实用性和目的性，学习者虽然在短时间内为了解决现实需求而增强驱动力，但是一旦目的达成，学习动机就会立刻减弱，无法形成具有融合型动机的学习者的学习自觉性和持久性。理想的状态是学习者能兼具两种动机。[4]因此，不论是工具型动机还是融合型动机都能为学习者的学习带来积极的推动作用。英语教育者要充分调动学习者的学习动机，尤其是融合型动机，从长远看，这更有利于实现英语学习者尤其是成人英语学习者的全面可持续发展。

第四，移情。移情指设身处地地理解他人的思想、情感并与之产生共鸣，是一种站在他人的角度思考问题的情感或行为。在英语教学环境下，学习者具备移情的能力不仅有利于营造和谐的同窗友谊、师生关系融洽的课堂氛围，更有助于培养学习者对目的语及其文化的正确态度，增强学习者跨文化交际的水平，有利于其克服文化差异；教师具备良好的移情能力

---

① Gardner, R. C., Lambert, W. E., *Attitudes and Motivations in Second Language Learning.* Newbury House Publishers, 1972.

② 徐土根、何桦：《学习动机理论与课堂教学》，载《杭州师范学院学报（自然科学版）》，2004 年第 6 期，第 540 - 542 页。

③ 郭高攀、王宗英：《第二语言习得中情感因素的研究》，载《重庆工学院学报（社会科学版）》2009 年第 3 期，第 139 页。

④ 鲜敏：《情感因素对第二语言习得的影响》，载《读与写（教育教学刊）》2016 年第 11 期，第 21 页。

能更好地引导学生，从学生的学习需求角度出发，提高英语教学的水平和成效。

三、英语智慧学习生态中的情感

与传统的学习模式相比，智慧学习更重视培养学习者的高阶思维能力、解决复杂问题的能力以及创新能力，而这些高阶能力的养成都离不开情感因素的影响。积极的情感因素对认知活动有积极的促进作用，而消极的情感因素则对认知活动起到消极的阻碍作用。如果在信息技术的助力下能够在智慧学习生态环境中实现对情感因素的监控与分析，将会对英语智慧学习生态的构建起到积极的促进作用。

信息技术的发展是一柄双刃剑，它给传统教育教学领域带来变革的同时也带来了一些不容忽视的挑战。例如，当学习过度依赖技术时，往往会导致学习者情感缺失，反而会影响学习的效果。有研究者注意到了这些问题的存在，并从不同角度进行了探索。罗红卫、祝智庭以情感为教学关注的焦点，采用软系统方法论，在活动理论、情感过滤假说的理论基础上，对沮丧、恐惧－焦虑－担心、兴奋、信任和信心这五种影响语言习得的情感变量进行分析，构建了针对网络英语教学的情感设计框架，为网络英语教学提供了情感教育的新视角，解决了在线英语学习动力不足的问题。[①] 2009 年，罗红卫又在前一阶段的研究基础上，对网络英语教学的情感设计框架进行了进一步的阐释。该框架为相互关联的"四塔三层"结构："四塔"是语言感知塔、语言理解处理塔、情感塔和语言教学决策塔；"三层"为反应处理层、有意识管理层和元管理处理层。[②] 该框架综合考虑了网络环境、情感因素、英语学科的教学理论及教学策略等因素，通过强化积极情感因素、弱化消极情感因素来增强学习者的学习动机，进而提高通过网络学习英语的能力。

还有一些研究者对远程学习及 e-Learning 系统中学习者的情感状态进行了深入的研究。汪亭亭等为了识别并干预网络学习者在学习过程中出现

① 罗红卫、祝智庭：《网络英语教学的情感设计框架》，载《外语电化教学》2008 年第 1 期，第 4－18 页。

② 罗红卫：《网络英语教学的情感设计研究》（学位论文），华东师范大学 2009 年。

的疲劳状态，定义了专注、疲劳及中性三种与学习相关的状态。① 詹泽慧则基于学生三维情绪空间模型，从唤醒、兴趣及愉快三个维度监测远程学习者的疲劳、兴趣及愉悦情感状态。② 司岩关注了高中教育阶段多媒体环境下英语听说教学的情感策略研究，提出加强学生学习的主体意识以激发其学习动机，在多媒体环境中实施情感的策略。③ 王彩丽结合《全新版大学英语综合教程（第二版）》及其自身在高等教育阶段的英语教学经验，从实践层面探讨运用积极情感因素实现大学英语智慧教学的方法和途径。④ 祝智庭等在《以指数思维引领智慧教育创新发展》中提出，在智慧教育的境域中，协同、沟通、领导力等能力需要以情感为纽带，需要个体具备监控自身及他人的情绪或情感，并利用这些信息指导自己的思想、行为的本领，即情感智能。⑤ 情感智能的应用需要信息技术的加持，以实现个体对自身及他人的情绪或情感的监控。王丹、郭传友、沈云云认为智慧高于智能并创造智能，提出当前教育需求及理论落后于人工智能的发展，急需构建符合人工智能技术发展的四维（物理空间、信息空间、心理空间、价值空间）情感生成智慧教育模式。VIPKID、51Talk 及科大讯飞智能语音系统等人工智能技术助力教育发展的成功案例表明，四维情感生成智慧教学模式研究具有可行性。该模式在教学过程中依托人工智能可以根据学习者的情感反馈实时调整教学设计，以实现学习者的情感参与、智慧生成及高阶思维能力发展，从多维度促进学习者知识全局观的建立。⑥ 徐振国、孔玺、张冠文等应用情感计算、人工智能、大数据等技术，采用卷积神经网络来识别学习者情感和学习画面情感，并设计开发了基于学习者

---

① 汪亭亭、吴彦文、艾学轶：《基于面部表情识别的学习疲劳识别和干预方法》，载《计算机工程与设计》2010 年第 8 期，第 17 - 64 页。

② 詹泽慧：《基于智能 Agent 的远程学习者情感与认知识别模型——眼动追踪与表情识别技术支持下的耦合》，载《现代远程教育研究》2013 年第 5 期，第 100 - 105 页。

③ 司岩：《多媒体环境下高中英语听说教学情感策略研究》，载《英语广场》2018 年第 1 期，第 160 - 161 页。

④ 王彩丽：《情感教学在大学英语智慧教学中的运用——以"全新版大学英语"综合教程为例》，载《文教资料》2017 年第 29 期，第 217 - 218 页。

⑤ 祝智庭、俞建慧、韩中美等：《以指数思维引领智慧教育创新发展》，载《电化教育研究》2019 年第 1 期，第 5 - 16 页。

⑥ 王丹、郭传友、沈云云：《基于"人工智能 +"的四维情感生成智慧教学模型构建》，载《山东农业工程学院学报》2020 年第 7 期，第 181 - 186 页。

情感的学习画面情感自适应调整系统。他们以济南某中学的 98 名学生为研究对象，运用准实验研究法验证了在智慧学习环境下学习画面情感自适应调整能够提高学习过程中学习者积极情感所占的比例，进而激发学习者的学习兴趣。[①]

因而，我们在思考智慧学习生态下的英语情感教学时应该注意到，信息技术的发展为英语教学拓宽了获取知识的渠道，丰富了英语学习资源，同时对英语学习者和教育者的要求也更高了。

学习者在英语学习的过程中不再是单纯地获取知识，而是需要提高在智慧学习环境中的自我认知等高阶思维能力，需要具备监控自身及他人的情绪或情感并利用这些信息指导自己思想、行为的本领，即情感智能。通过获取情感智能，克服英语学习过程中焦虑、沮丧等消极情感给学习带来的阻力，提高自主学习的动力。

随着近年来信息技术的发展，情感智能中的情感识别、情感表达等的研究已经取得了突破性的进展，这一点有利于英语教育者在教学实施过程中更客观地监控英语学习者的情感状态及变化，并根据获取的信息及时对学习者的学习进行引导及干预。然而，情感的理解与分析是人脑特有的功能，是电脑很难触及的领域。这也是智慧学习生态的构建不能只依赖信息技术，而需要借由人机交互来实现的原因之一。在英语智慧学习生态环境中，电脑做电脑擅长的工作，人脑做人脑擅长的工作，各司其职，通过人机交互发挥积极情感因素对学习的促进作用，减弱消极情感因素对学习的干扰作用，更好地实现英语教学的情感目标。

第三节　文化目标

一、文化是什么

汉语中的"文化"一词最初指的是与"武力征服"相对应的"文德

---

① 徐振国、孔玺、张冠文等：《学习画面情感对学习者情感的影响研究》，载《电化教育研究》2020 年第 11 期，第 79－86 页。

教化"这一词组的简化，出自汉代刘向《说苑·指武》："圣人之治天下也，先文德而后武力。凡武之兴为不服也。文化不改，然后加诛。"1868年，日本开始引入、学习西方的先进思想，推行明治维新。日本学者在翻译引进的英语文献时，发现没有与 culture 对应的日语词汇，于是借用了古汉语中的"文化"一词来翻译 culture，而后又被中国近代学者从日语引入近代汉语，"文化"一词才有了现在的含义。

现代关于文化的最早定义来源于英国的人类学家爱德华·伯内特·泰勒。他认为，从广义上来说，文化是一个复合的整体，它包含了知识、信仰、艺术、道德、法律、风俗以及个人作为社会成员所应该习得的其他能力与习惯①，是人类为适应自身所处环境和改善生活方式所做出的所有努力的总和。

美国人类学家阿尔弗雷德·克洛伊伯和克莱德·克拉克洪在1952年出版的《文化：概念和定义批判分析》一书中，列举了文化的164种不同的定义，并对文化做了一个综合的定义："文化存在于各种内隐的和外显的模式之中，借助符号的运用得以学习与传播，并构成了人类群体的特殊成就，这些成就包括他们制造物品的各种具体式样。文化的基本要素是传统（通过历史衍生和由选择得到的）思想观念和价值，其中尤以价值观最为重要。"② 从此以后，各个领域的学者们纷纷试图从不同的角度定义文化，以至于产生了专门的文化学学科。因而对文化下定义是一个看似简单、实则繁复的过程。

《现代汉语词典》对"文化"有如下解释：①指人类在社会历史发展过程中所创造的物质财富和精神财富的总和，特指精神财富，如文学、艺术、教育、科学等。②指运用文字的能力及一般知识。③考古学用语，指同一个历史时期的不以分布地点为转移的遗迹、遗物的综合体。同样的工具、用具，同样的制造技术等，是同一种文化的特征，如仰韶文化，龙山文化。③ 这里的第二、第三项释义不属于本研究探讨的范畴。本研究探讨的文化即第一项的释义，指人类在社会历史发展过程中所创造的物质财富

---

① [英]爱德华·伯内特·泰勒：《原始文化》，连树声译，广西师范大学出版社2005年版。

② 成雪梅：《"文化"内涵考辩》，载《贵州民族学院学报（哲学社会科学版）》2008年第6期，第145–148页。

③ 中国社会科学院语言研究所词典编辑室：《现代汉语词典》，商务印书馆2016年第7版，第1371页。

和精神财富的总和。

二、英语教学与文化目标

文化是孕育语言的土壤，不同的文化土壤孕育出不同的语言；而语言又是传播文化的载体，各个国家和地区的文化通过各种语言实现交流互通，因而语言和文化之间的关系密不可分。随着国际化进程的不断推进，英语作为世界上使用范围最为广泛的语言之一，其在国际文化交流中所起的重要作用自然是不言而喻的。

然而在英语学科教学领域，对文化范畴的界定仍沿袭了 20 世纪七八十年代的概念，即局限于目的语国家的文化。学习者通过了解目的语国家的衣、食、住、行等文化表征来学习目的语国家的文化，避免与目的语国家原住民之间产生文化矛盾。这一文化诠释误区不仅存在于英语学科教学领域，在以其他语种作为第二语言的教学领域也普遍存在。

近年来，第二语言习得领域的研究者们逐渐聚焦这一误区。张正东指出，在英语的实际教学过程中，只追求适应英语国家的习俗，则有可能伤害中国学生的自尊心以及审美观，对中国英语教学的人文性产生不良影响。[①] 霍利迪指出，某人不应该仅仅是因为来自某地而被片面地定义为一定属于某种文化。[②] 克拉姆齐认为，在跨文化交际过程中，人们受到多种文化影响，可能会形成"第三种文化"，这种文化是独立于民族、国别乃至地域而存在的，既不属于个体的出生地，也不归属于某个特定民族、国家、区域。[③] 世界上使用英语的人大多数并非来自英语国家，因而英语学习者想要学好英语，不仅要学习英语国家的文化，还要了解其他各国的文化。用"所学目的语言国家"的价值观念等界定"文化"这一观念已经落后于时代发展了。英语教学的文化目标如果是一味地追求模仿英语国家的文化习惯，则容易陷入贬低自身文化、忽视其他文化的价值误区，不利

① 张正东：《中国外语教育政策漫议——我国外语教育的国情特点》，载《基础教育外语教学研究》2005 年第 12 期，第 16 页。

② Holliday, A., "The Role of Culture in English Language Education: Key Challenges", *Language and Intercultural Communication*, 2009, 9 (3), pp. 144–155.

③ Kramsch, C., "Third Culture and Language Education", In Cook, V., Wei, L. (eds), *Contemporary Applied Linguistics*. Continuum, 2009, pp. 233–254.

于形成开放的心态。

2001 年 11 月 2 日，联合国教科文组织的第 20 次全体会议通过了《世界文化多样性宣言》。宣言指出，文化是独特、多样的。文化多样性是世界各国人民之间交流、革新和创作的源泉。世界各国人民应在尊重彼此文化的前提下承认世界文化的多样性，认识到这种多样性是全世界人类所共有的遗产。这一观点也应该成为英语教育者及学习者在确定英语文化教学目标方面的共识，他们应跳出单一学科的局限，从更广阔的视野探索更全面的英语教学文化目标。

（一）跨文化交际

跨文化交际，顾名思义，是跨越不同的文化进行的交流、交际活动。这里的不同文化可以是不同国家的，也可以指同一国家不同地区或不同民族的不同文化背景。跨文化交际对应的英语用语有两种说法：一种是 cross cultural communication，另外一种是 intercultural communication。国外学者一般不对二者做刻意区分，但也有少数学者认为 intercultural communication 强调文化对比，cross cultural communication 强调跨文化交往。理论上，跨文化交际强调的是不同文化间的交际，但外语教学领域关注更多的是不同国家间，或者说使用不同语言的地区间的文化交际。

跨文化交际由来已久，可以说几乎与人类历史是同步发展的，有人的地方就有交际，不同文化间的交流传播就构成了跨文化交际。随着人类文明的发展，跨文化交际也发生了变化，尤其是交通和通信方式的改变，增加了跨文化交际的范围及频率，跨文化交际的理念也在不断更新迭代。

"一方水土养一方人"这一单一文化规范的理念已不符合当今世界文化多元化的现状，传统的跨文化交际理念亟须更新。新的跨文化交际理念提倡海纳百川的多元文化，正是有了多元的文化，世界才变得多姿多彩。英语学习者在跨文化交际过程中，遇到文化冲突时，应采取顺应或调试的策略。顺应是用开放的心态去适应对方的文化。而调试则是在自身文化和对方文化乃至更多元文化的基础上创建第三种文化，即内化的文化。英语学习者要想形成良好的世界观，就不应局限于狭隘的民族主义，更不应该崇洋媚外，而应该以开放的心态对待世界各国的多元文化，积极学习有益的文化，尝试调试和改造不适应时代发展的本国文化及其他国家文化，从而形成良性、多元的世界观、文化观。

（二）文化自信

习近平总书记在庆祝中国共产党成立 95 周年大会上明确提出：中国共产党人要"不忘初心、继续前进"，就要始终坚持"中国特色社会主义道路自信、理论自信、制度自信、文化自信"。"四个自信"中的"文化自信，是更基础、更广泛、更深厚的自信"。这也是英语教育者在英语教学、学习者在跨文化交际过程中应该坚持的自信。

中华文化博大精深、包罗万象，充满魅力和吸引力。作为英语教育者及学习者，要对中国文化有足够的自信，既不狂妄自大，也不妄自菲薄，理性、科学地看待中华文化及其他文化。对待任何文化都应该取其精华，去其糟粕。学习其他文化优点的同时，继承发展中华文化的优良传统，将优秀的中华文化展现给世界，讲好"中国故事"。

（三）英语教学文化目标

英语课程兼具语言的工具性和教育的人文性，英语教学作为学习者接触外国文化和思想的重要途径，对学生的人生观、价值观、世界观的形成有着直接的影响，明确英语教学的文化目标对英语教学有重要的指导意义。

良性的文化传播不是单向的文化输出或输入，而是既有输出又有输入的双向传播。因此，英语教学的文化目标不仅是学习及掌握英语国家及地区的文化知识，也不只是将中国的文化传播到西方国家，而且应该培养中西方文化的传播者。英语教学在教授语言的同时，还要重视英语的文化交流传播功能。一方面，教师应积极引导学生在学习英语的过程中了解、吸收西方优秀的文化，并将其传播到中国；另一方面，充分树立文化自信，挖掘、传播优秀的中华文化至西方，讲好"中国故事"。

此外，在通过英语学习传播中西方文化的过程中，英语学习者应该打破对某一特定文化的刻板印象，取其精华，去其糟粕，树立属于学习者自己的文化观，这也正是英语课程思政的精神内核。英语课程思政不应该简单将思政课程披上英语的外衣，也不是粗暴地改变英语课程原本属性的英语版国学课，而是以英语知识、技能为跨文化交际的途径，在传播中西方文化的过程中助力学习者形成正确的人生观、价值观、世界观，提升英语学习者的核心素养，最终实现人的全面发展，这也契合了智慧教育领域中文化智慧的理念。

三、英语智慧学习中的文化智慧

智慧教育领域所强调的智慧是特定文化境域中的智慧，因为在一种文化中的智慧决策，在其他文化中可能会显得愚笨。信息技术加持下的智慧教育与数字教育的最大区别体现在对于文化理念价值的重视程度上，相比数字教育，智慧教育更重视文化理念的价值。[①] 受人本主义思潮的影响，智慧教育领域中信息技术的使用和教育的变革都是为了实现个性化的自适应学习，体现了智慧教育个性化的特征。

（一）文化智慧的定义

祝智庭等在 2019 年发表的《以指数思维引领智慧教育创新发展》一文中对其智慧教育中的文化智慧的概念进行了详细的阐释。该文指出，在祝智庭的定义中，教育是一种形态文化的现象。文化的生成过程是通过理念价值、行为方式和制品符号三大核心要素的循环迭代来实现的。在文化的生成过程中，理念价值渗透不同的个体，"个体基于已有知识经验，根据不同的情境需求，选择性地处理获得的理念价值；所获得的多个理念价值将通过模式识别与价值认同过程，抽象成为新型文化，以此实现对理念价值的传承与发展"。而理念价值的传承与发展的实质是心智能量的流动，通过行为方式来进行信息的传递，制品符号的循环使用与演进则是物质循环的一种体现。[②]

将这一概念引申至英语教学活动中，英语课程教学设计可以被看成英语课程希望传递的理念价值经由教学行为方式形成制品符号（如教案、讲义等）的过程，而实际的英语教学过程则是教案、讲义等制品符号经由英语教学的行为方式生成理念价值（学习者的理念价值）的过程，以此实现英语教学文化智慧的发展。

---

① 祝智庭、孙妍妍、彭红超：《解读教育大数据的文化意蕴》，载《电化教育研究》2017年第 1 期，第 30 页。

② 祝智庭、俞建慧、韩中美等：《以指数思维引领智慧教育创新发展》，载《电化教育研究》2019 年第 1 期，第 5 页。

（二）文化计算

随着计算机技术的迭代发展，人机交互过程中文化因素的重要性也逐渐显现。劳特博格将近 50 年人机交互的发展分为以下四个阶段：人与单个计算机交流的个人计算（personal computing）阶段、以计算机为交流媒体的合作计算（cooperative computing）阶段、以社区为交流媒介的社会计算（social computing）阶段以及以潜意识文化决定为交流媒介的文化计算（cultural computing）阶段。[①]

有别于笨重的计算机时代，灵活的移动设备的出现使人们得以更便捷地接入网络。劳特博格据此总结了人机交互发展的三大趋势：一是计算机等机械设备的存在感越来越弱；二是这些机械设备的使用越来越便利；三是社区的形成。[②] 计算机、手机等机械设备的角色逐渐弱化，与此同时，人的作用却日益增强。文化计算就是在这种人本主义思潮的影响下产生的新概念。

文化计算是利用人工智能、大数据等技术工具与传统的人文学科交叉融合，实现文化内容的挖掘传播、推动数字文化研究、促进文化发展的技术手段。

文化计算的出现使得抽象的文化得以通过具体的数据形态实现量化处理，并得以可视化。计算机技术和文化研究方法的深度融合，使研究者可以更好地挖掘文化、传播文化，达到促进文化交流的目的。

这一成果应用于英语教学领域则可以帮助英语学习者和教育者更好地理解原本抽象的文化概念，以量化形式呈现的文化知识使文化学习目标更具体、清晰。文化计算可以帮助英语学习者和教育者在跨文化交际过程中遇到文化冲突时，对中西文化的优劣进行可视化分析，以更好地理解多元化的文化差异，吸收不同文化的优点，去其糟粕，帮助跨文化交际者形成开放的交流心态。与此同时，文化计算有助于英语学习者及教育者在面对

---

① Rauterberg, M., "From Personal to Cultural Computing: How to Assess a Cultural Experience", In Kemper, G., Von Hellberg, P. (Eds.), *uDayIV—Information Nutzbar Machen*. Pabst Science Publisher, 2006, pp. 13－21.

② Salem, B., Rauterberg M., "Power, Death and Love: A Trilogy for Entertainment", In Kishino, F., Kitamura, Y., Kato, H., et al. (Eds.), *Entertainment Computing － ICEC* (*Lecture Notes in Computer Science*), 2005, pp. 279－290.

博大精深的中国文化时从更深层次挖掘中华文化的文明密码，增强文化自信。

（三）模因论

1976 年，理查德·道金斯在《自私的基因》中根据基因的特征提出了 Meme 这一人类文化传递复制因子的新概念，中国学者何自然等将其翻译为“模因”。模因是文化信息单位，它像基因可以得到继承、复制。①模因论被运用于文化传播研究中，可以用达尔文进化论的观点解释文化进化的规律。

模因论的出现，为研究人类文化传递的机制提供了新的依据。语言作为文化的载体，其发展离不开模因，而模因又是依靠语言来进行复制与传播的。因此，探索模因论的理论基础，了解以模因为单位的文化传播机制，为思考英语文化教学乃至英语全科教学提供了全新的思考路径，有助于实现个性化的自适应学习，从而助力英语智慧学习生态的构建。

---

① 何自然、何雪林：《模因论与社会语用》，载《现代外语》2003 年第 2 期，第 200 页。

第四章　英语智慧学习生态之教法与学法

2019 年 12 月 7 日，祝智庭在"2019 教育信息化产学研协同创新论坛"上做了题为"智慧教育精解"的主旨报告。

祝智庭指出，智慧教育的真谛就是通过构建技术融合的生态化学习环境，通过培植人机协同的数据智慧、教学智慧与文化智慧，本着精准、个性、思维、创造的原则，让教师能够施展高成效的教学方法，让学习者能够获得适宜的个性化学习服务和良好的发展体验，使学习者由不能变为可能，由小能变为大能，从而培养具有良好的价值取向、较强的行动能力、较好的思维品质、较大的创造潜能的人才。这也正是智慧教育祝氏定义①的核心内容。

本章将从人机协同底线思维、英语智慧教法生态、英语智慧学法生态三方面阐述英语智慧学习生态之教法与学法。

第一节　人机协同底线思维

一、人机协同理念

伴随着电脑视觉、机器学习、语音识别、人类自然语言信息处理等现代人工智能科技的出现与发展，人工智能的理论研究和技术研发日益成熟。人工智能是研究、开发用以模拟、延伸与拓展人的智能的理论、方式、技巧和应用体系的一种崭新的社会科学理论。借助人工智能科技产品可以对人的意识、思维的信息过程实现模拟和延伸，用机器替代人的某些思维过程和智能行为（如学习、推理、思考、规划等）。在思考方法上，人工智能并不仅仅局限于逻辑思维，而且在形象思维和灵感思维等方面也

---

① 祝智庭、彭红超：《智慧学习生态：培育智慧人才的系统方法论》，载《电化教育研究》2017 年第 4 期，第 5 页。

都有了突破性的发展。人工智能正在改变人类的生活观念和经济社会的思维模式。

国务院印发的《新一代人工智能发展规划》将人工智能定位为：引领未来的战略性技术；国际竞争的新焦点；新一轮产业变革的核心驱动力；经济发展的新引擎。人工智能领域呈现出深度学习、跨境整合、人机合作、群智开放、自主操控的新特点。在新一代人工智能、虚拟现实、物联网、区块链等新信息技术的共同作用下，计算机驱动认知学习、跨媒体协作信息处理、人机交互能力与提升技术、群体融合智能、自主智能技术等是中国新一代技术的主要研发方向。受大脑科学发展影响的人类脑智慧蓄势待发，数据化、硬件化、平台化发展趋势越来越明确，新一代人工智能的领域研究、概念构建、技术研发、软硬件应用等工作全面深入，将不断催生链式创新，促进中国经济的可持续增长，实现行业发展由数字化、网络化向智能化的全面飞跃。

人机协同是人工智能的重要特征。人工智能作为一门学科从建立开始一直致力于人机协同智能的理论和技术升级，用机器来模仿人类的感知和行为能力，以替代人类的部分工作。比如，在一些恶劣的自然环境下，以及需要做很多重复性工作的领域和岗位，都可以用人工智能替代人工。人机协同发展给今天人们的工作模式带来了重大变革。可见，人机协同理念将是社会变革与发展中最重要的研究方向。在人机协同的工作关系中，人们主导与把控工作进程，而让机器去实现工作的具体任务，在整个工作流程中，人机关系逐步融合，从而走向人机协同。

机器学习是人工智能的核心概念，是指计算机通过模仿并实现人们的学习活动，以获得新的知识或技术的核心技术。当前，机器学习已被广泛应用于工业、农业、医疗、教育、金融等众多领域。"AI＋工业""AI＋农业""AI＋医疗""AI＋教育""AI＋金融"给人们的生活带来了全新体验和重大变革。教育信息化时代，"AI＋教育"则将智慧教育环境下的人机协同推向了更高的水平。

（一）智慧教育人机协同的内涵

1. 智慧教育人机协同的定义

人机协同，是社会生产力伴随着云计算、大数据、人工智能等技术不断发展的产物。人机协同既是数字技术发展的产物，也是数字化社会发展的必然。人机协同是通过人机交互实现人类智能与机器智能的深度融合。在智慧教育引领教育信息化的建设过程中，人机协同理念的运用加快了教育信息化时代的变革。"协同"（synergetics）一词最早可追溯至古希腊语，"协和、同步、和谐、协调、协作、合作"均是协同的基本范畴。《说文解字》有云："协，与众之同和也。协同，合会之道。"由此，"协同"也可以被进一步理解为将两个或两个以上的不同资源或者个体，通过建立必要的逻辑关系，协作一致地共同完成既定目标的一系列活动。

协同是技术赋能智慧学习新生态的核心机制，又可分为人际协同与人机协同。其中，人际协同包含目标导向型与机会驱动型；而人机协同则由社交网（social web）和语义网（semantic web）相交构成，二者的交互促进了人们集体智慧的发展。[①] 在人工智能技术的推动下，人机协同在智慧教育中得到了具体的实践应用，并取得了显著成效，推动了智慧教育的发展进程。

智慧教育源于教育信息化，是人工智能、大数据、云计算等数字技术促进教育信息化发展的新生态。智慧教育生态本质上构建了一种教法、技术、文化相互驱动的教育环境，智慧学习生态系统的理念也在此基础上应运而生。

祝智庭提出，智慧学习生态系统是在一定智慧学习空间（技术融合的生态化学习环境）中，学与教群体（学习者、教学者、管理者）与其所在的空间及空间中的资源（设备、设施、工具、制品符号、内容等）相互作用而形成的"教法－技术－文化系统"。[②]

在教育领域，经过理论和实践的不断深入，笔者认为可以这样来进一步理解智慧教育人机协同的内涵：智慧教育人机协同，就是指在智慧学习生态系统中，将人和机器资源在教法、技术、文化相互驱动的教育环境中，运用教育逻辑思维进行合理配置，形成解决教师端和学生端教与学问题的对策方案，进而实现教学效果最优化。

未来的校园将会是越来越智慧的校园，人机协同将会成为未来校园智能教学环境的主要服务方式，数据智能驱动也会成为教育领域改革的重要

①　祝智庭：《智慧教育引领未来学校教育创变》，载《基础教育》2021年第2期，第5页。
②　祝智庭、彭红超：《智慧学习生态系统研究之兴起》，载《中国电化教育》2017年第6期，第1－10、23页。

动力。随着智慧教育生态理念的不断深入，基于对教法、技术、文化相互驱动的智慧学习生态系统的探索，逐步推进着教育信息化要求下的学校教育、继续教育乃至终身教育的发展进程。

2．智慧教育人机协同的核心要素

在人工智能、大数据、云计算等数字技术介入智慧教育后，基于人机协同理念的智慧学习生态系统日趋完善，教师、学习者、教育应用、教学情境、教学策略以及教学方法等教学要素均得到了全新的界定。因此，智慧教育人机协同主要涉及人、机器和环境三个方面的核心要素。

智慧教育人机协同的核心要素之主体——人，就是知识的传授者和学习者，即教师和学生。在教学活动的基础层面，人机协同拓宽了教学知识和信息传递的渠道，打破了空间、时间和地域的限制，颠覆了传统意义上的教学活动的认知过程。因此，在智慧教育人机协同的教与学双边活动中，信息时代数字科技应用的蓬勃发展对教师的信息化教育能力和学习者的信息化学习能力提出了更加富有实践意义的要求与挑战。

智慧教育人机协同的核心要素之媒介——机器，可以简单地被理解为人机协同智慧教育的硬件设施和配套软件，包括多媒体计算机、虚拟现实（VR）设备、增强现实（AR）设备、智慧终端设备以及支持硬件使用的软件技术等。

智慧教育人机协同的核心要素之学习空间——环境，主要包括智慧化校园环境、智慧教学多媒体教室、智慧教学实验室、创客空间、智慧教育网络云平台等。

智慧教育人机协同三个核心要素之间具有互为影响、共同发展的共生关系。可以说，智慧学习生态系统的形成就是在经济社会发展的不同阶段，基于人机协同理念，围绕人、机器、环境三者的共生发展，实现人类认知的高级构建的过程。

（二）智慧教育人机协同的底线思维

1．底线思维的概念

思考（thinking）乃是人的心智程序运动，思维（mode of thinking）好比程序计算（programming algorithm），而思考模式（mindset，又译为"心态""心向"等）则是人的心智程序。常言道，"思维确定方向"，而思考方式即是一种已确定的思考模式取向。尽管智慧教育的目标非常伟大，但是实际实施智慧教育时也会受许多因素限制，首先便是思维的影响。思维的作用是双向的，既有促进作用，也存在阻碍作用。

思维来源于大脑，控制着人的行为和意志，人的思维具有对数据进行采集、整理、加工等功能。人工智能的核心目标包括建立与人的能力相当，或者远超过人的能力的推理、认知、规划、学习、沟通、感知、移物、利用工具，以及操纵机器等的能力。机器学习的能力不断地向人的思维能力靠近，人工智能的学习能力一旦超越了人的思维能力，人类将会面临被完全替代的风险。由此，底线思维的概念应运而生。

底线思维是科学思维体系中的一种思维方法。"底线"一词在《现代汉语词典》中的解释为：①足球、篮球、排球、羽毛球等运动场地两端的界线。②指最低的条件，最低的限度。在《牛津高阶英汉双解词典》中，"底线"即网球比赛场地两端的直线，棒球跑道的边界线。在运动场中，如果球越出界线，那么将球打出界线的队伍会丢分并交换发球权，这会使队伍陷入被动的不利状态，以致出现败局。为获得比赛主动权和成功，就必须将球限制在界线之内。所以，"底线"在日常生活中常被引申为不能触碰、踩踏、超越的控制线、约束线，又被称为"红线""警戒线""高压线"等。

从唯物辩证法的角度看，底线是量变转为质变的重要边界线，一旦突破边界线，事物的性质就会发生根本性变化；在伦理学中，由善意向罪恶转变的最后一个屏障，就是底线这个临界点，越过这个临界点，主体的行为则由善转为恶；从社会运行机制上看，底线是个人、企业、社区良性运转的阵地，如果阵地失守，个人失语、企业失范、社区失序的问题就可能出现，久而久之，就可能造成颠覆性和毁灭性的后果。因此，底线是我们生活和实践活动的重要准则。生活中的法律底线、道德底线等都是不能逾越的边界线。

当前，人工智能被应用到越来越多的领域中，无论是在生产线上替代工人工作的智能机器人，还是我们身边的机器人管家，人工智能都改变着人类社会的思维方式。人工智能的迅速发展引起了诸多业内专家的担忧和思考。它可能会完全替代人类，这是人工智能时代发展中人们必然要面对的风险问题。因此，要科学合理地运用底线思维。

2. 智慧教育底线思维的本质

智慧教育致力于构建智慧学习环境、探索新型教学模式。"以智能技术赋能教育变革"是未来教育的重要形式之一。在智慧学习生态系统中，人机协同必须遵循底线思维，即把适合机器（智能技术）做的事交给机器去做，把适合人（教师、学习者、管理者、服务者等）做的事交给人来做，把适合人机合作的事交给人与机器一起来做。人机协同底线思维是人工智能技术赋能智慧教育的重要理念。

从人机协同学习情境的创建到人机协同规范学习行为、促进学习者参与学习过程，以及收集学习过程数据、监控教学环节和提供支持服务，均体现了人机协同作用对学习者学习进程的正向干预功能。人机协同可以更好地帮助学习者有效实现认知目标，提升自身效能感知、认知能力品质和学习效率等。但人机协同的方式如何与实际的教学活动融合，如何通过有效的人机协同，运用好项目型教学，多专业、多学科交叉学习，游戏化教学等方法把学习者放在教学的主要地位，这些问题的解决离不开教师的教学决策和主导作用，而机器适时、适当地参与教学，则是智慧教育人机协同底线思维的本质。更准确地来说，"以人为本"的教育理念不仅针对学生，对于教师同样适用。尤其在人机协同的环境中，人是第一位的，机器是不能完全替代人的思维、情感、认知和角色的。这是人工智能技术发展的重要指导方向，也是智慧教育人机协同必须遵守的底线思维。

3. 智慧教育底线思维的特性

智慧教育是计算机技术与人类教育思想和教学方法的深度融合。我们在教学中不断探索如何将人工智能等技术手段更多、更广泛地融入教学过程，以期能用技术代替和优化教师教学的更多层面。因此，基于智慧教育的理念去思考如何运用计算机技术实现人机协同的教学过程的最优化，是当前智慧教育发展的一个重要课题。而底线思维正是在这个研究过程中最重要的人机协同适度原则和风险预知的指导思想。

智慧教育底线思维的本质就是，机器的参与要适度，不可以无限制地超越教育过程中教师教的主体指导地位和学生学的主观能动特性。同时，不仅要从教师教学和学生学习活动的微观角度，还要从不同地域智慧教育发展的适用性的宏观角度出发，辩证地看待人机协同的利弊和发展进程。

那么，如何在智慧教育中科学、合理地运用底线思维呢？结合当前的技术发展、教师信息化能力水平和学生学习的特性，底线思维的运用应体现如下基本特性。

（1）机器参与的科学预见和适度性。

当前人工智能技术的应用已深入人们生活的各个领域，在教育信息化发展进程中，无论是在线教育还是课堂教学活动，计算机的参与度越来越高。在教学中，信息化教学的开展还是教学效果评估、教师授课水平评价的重要指标。对于机器参与教学，我们应具备科学预见和适度应用的能力。

教师在机器参与教学环节的过程中，不能单纯地追求课堂的形式和信息化手段的多样化，而忽略教师自身在教学过程中的主体地位。我们要深刻地认识到，机器无法取代人类，教师也无法被机器取代。这是一种具有风险认知的科学预见底线思维意识。因此，应稳住教师在学生心目中的地位和形象，保持教师与学生的良好互动，不能把课堂交给机器。这是师生情感的需要，是教师教学能力自我提升的需要，也是学生在学校学习阶段、在走向社会前能够全面健康成长的重要保障。教师要根据教学内容适度选择机器参与的形式和程度。

由此可见，科学预见和适度应用的特性，正是底线思维在智慧教育中运用的重要特性。

（2）激发主观能动性。

在智慧教育教与学的双边教学活动中，成功调动学生学习的主观能动性是获得最佳学习效果的核心因素之一，其中主观能动性包括教师教和学生学两个方面。机器的参与应在智慧学习环境中将教师和学生的主观能动性发挥到最大，同时达到二者相对平衡的状态。但这是一个复杂而又难以进行评价的动态过程。

底线思维就是对机器、教师和学生三者在智慧学习中进行最优化教学设计和协调组织的指导思想。在不断发展的教学设计理论的指导下，教师发挥自身的主观能动性，融合底线思维，运用好计算机技术进行教学设计，这是其必须遵循的教学设计原则和方法。在运用计算机方法和手段的过程中，应充分考虑机器的作用、教师的教学主观能动性和学生的学习主观能动性的结合度，不能够过度依赖机器。机器替代教师教、学生依赖机器学都将会削弱教师和学生的主观能动性。底线思维的运用能够充分激发教师和学生的主观能动性。

由此可见，激发主观能动性也是底线思维在智慧教育中的运用的重要特性。

（3）辩证性。

目前，地域差异依然是智慧教育开展的最重要的客观影响因素之一。依据现实教学的环境条件、硬件基础、教师素养等因素，运用底线思维科学辩证地分析机器参与教学、人机协同的利弊是必不可少的重要教学策略。

底线思维在智慧教育中的辩证性随着客观因素的变化而变化。我国东部经济发达地区的整体教育水平高于西部地区，这是受地域、经济、教育、文化等多种因素综合影响的。随着国家政策的制定及西部经济的崛起，西部地区的智慧教育也必然能够取得一定的进步，但推进智慧教育不能给当地教育部门，乃至教师、学生及其家庭带来过重的经济负担。因此，辩证性也是底线思维在智慧教育中运用的重要特性。

二、英语智慧学习生态的人机协同底线思维

我国教育学家陶行知认为，教育是依据生活、为了生活的"生活教育"，教育的目的是培养有行动能力、思考能力和创造力的人。英语智慧学习更加注重挖掘人自身的语言禀赋和潜能，启迪人的智慧，促进学习者全面发展和个性化成长。在智慧教育理念的指导下，人工智能、大数据等数字技术推动人机协同英语学习从课内走向课外，从计算机辅助学习走向媒体融合的多模态、多元化的学习模式和情景体验。由此，"人－机器－环境"在人机协同底线思维理念的指引下，形成英语智慧学习生态。

下面将从英语智慧学习生态的人机协同模式和底线思维原则的角度进一步阐述英语智慧学习生态人机协同底线思维的运用。

（一）英语智慧学习生态的人机协同

1. 英语智慧学习生态的人机协同理念

人机协同的实现离不开人机交互技术，人机交互技术应用于教育领域可以说是从计算机辅助教育（computer based education，CBE）开始的。

计算机辅助教育是计算机技术在教育领域中的应用的统称，它涉及教学、科研和管理等教育领域的各个方面。它包含计算机辅助教学（computer aided instruction，CAI）和计算机管理教学等。计算机辅助教育的概念始于20世纪50年代。20世纪80年代末到90年代初，计算机辅助教育

进入实用化时期。伴随着计算机多媒体技术的兴起，计算机辅助教学融合文字、声音、图片、视频等多种媒体，并通过人机交互技术广泛地应用到教学环节中。

中国在20世纪80年代中期开始运用计算机辅助英语教学。此后，计算机辅助手段不断融入英语听、说、读、写、译的教学全过程。借助计算机技术的运用，英语教学在交互性、个性化、情景化等方面实现了更加高效和便捷的教学效果。计算机辅助英语教学改变了传统课堂教学情景方式单一、信息传递单向的劣势，实现了语言学习主要环节的最优化。

随着计算机网络技术的发展和人机协同理念的日趋成熟，英语在线教育网络平台、手机App、微信小程序等网站和软件大量涌现，英语学习逐渐从课堂走进生活场景。"人－机器－环境"英语学习人机协同突破了时间、空间和地域的限制，适应了时代发展的需要并日趋完善。基于"教法－技术－文化系统"的英语智慧学习生态应运而生。将教法、技术、文化三者有机融合，就是英语智慧学习生态的人机协同理念的最佳运用。

2. 人机协同英语学习模式

人机协同英语学习遵循英语语言学习的特点，采用语言识别技术、机器学习、自适应技术等人工智能技术，搭建了适合学习者的智能化学习平台。下面，我们通过目前比较普遍的两种人机协同英语学习模式来更深入地介绍人机协同英语学习的特点。

（1）在线学习模式。

英语在线学习网络平台面向社会各类学习者，允许学习者通过在线形式系统地学习英语课程，满足了学习者的个性化需求。此类平台的学习内容分类明确，学习者可以根据个人需求选择英语口语学习、职场商务用语、应试学习、旅游英语、个人提升等多种类别的课程；学习形式灵活，可以参与网上1～4人小班制课程，亦可参与一对一私人定制课程；学习社群可以在线交流学习心得，群体特征明显，学习目标导向明确。高端的英语网络学习平台还提供外教授课、一对一真人陪练。

当前比较流行的英语网络学习平台还设计了针对听力、口语、单词背诵、分级阅读、新闻、歌曲以及中小学和大学应试英语学习等提升英语综合能力的模块化学习版块。人气比较高的英语学习网站有立刻说英语学习网、轻松背单词、可可英语、在线英语听力室等。

英语网络学习平台的特点是课程内容体系较为完善，学习内容丰富，既可以进行系统学习，也可以进行模块化学习；能够满足学习者在课堂学习之外，通过网络进行自主学习和个性化学习的需求；能够实现社群学习的交流与互动，提升英语学习的兴趣和质量。

（2）移动学习模式。

移动学习（mobile learning）是一种在移动设备的帮助下，在任何时间、地点有效结合移动计算技术，能够给学习者随时随地的学习带来全新感受的学习模式。移动学习被认为是未来学习不可缺少的一种学习模式。

来自中国互联网络信息中心（CNNIC）的第 49 次《中国互联网络发展状况统计报告》显示，截至 2021 年 12 月，我国手机网民规模达 10.29 亿人。其中，我国网民使用手机上网的比例达 99.7％；使用台式电脑、笔记本电脑、平板电脑上网的比例分别为 35.0％、33.0％ 和 27.4％。可以说，5G 移动通信技术改变了人们的生活方式，造就了学习的新理念和新模式。

众多手机小程序、App 软件拓展了手机最初的使用功能，英语学习 App 也受到了英语学习者的欢迎并被广泛使用。例如，以下几款英语学习 App 从英语学习的听、说、读、写层面带给学习者不同的学习体验。

百词斩是一款非常好用的记单词软件，它以图文和语音结合的方式帮助我们记忆单词，还提供英语单词跟读和听说功能。听歌学英语 App 采用边听英文歌边学英语的方式，提供歌曲中的一些单词和句型的详细讲解，有利于学习者在听歌的同时轻松学习英语。软件 collapse 相当于一个移动的英语角，提供话题实时交流，学习者在练口语的同时可以提高沟通技巧。喜马拉雅听书 App 里有非常多名人演讲、日常口语表达、影视英语等资源，值得英语爱好者体验。English Radio（英语电台）提供了大家耳熟能详的 BBC、VOA 等电台的新闻，是一个很不错的锻炼听力的 App。Daily Curiosity 是一款有利于学习者带着趣味阅读英语，提高阅读能力的软件。它每天会推送有趣的消息，让使用者保持对新事物的好奇心。

可见，人机协同的英语学习已经不仅仅局限于课堂教学，它以更适合英语语言学习特点的模式、和谐自然的存在方式改变着英语学习者的学习习惯、学习行为，并逐渐融入我们的日常生活。

（二）英语智慧学习生态中人机协同底线思维的原则

1. 英语智慧学习生态中人机协同底线思维的重要性

人类社会在人工智能、云计算等网络科学技术的推动下，正在逐步接近新一轮科技革命的临界点，一个全新的社会形态——"智慧社会"将会不断改变人类工作、生活与学习的模式。社会生产力发展迎来了数字化技术的大爆发，社会转型提出了加速培育符合社会需求的英语人才的新要求。在英语智慧学习生态中正确运用底线思维，科学地融合人工智能工具并展开人机协同英语教学尤为重要。

人机协同的英语学习模式，决定了英语学习自主化、智能化、开放化、情景化的学习特点。人机协同的英语学习模式中机器参与的科学预见和适度性、激发主观能动性和辩证性等底线思维的科学运用，是英语智慧学习生态良性发展的重要保障。

英语教育是因人而异的教育，个性化的英语学习需求需要更多的智能化教育服务予以支持，英语教育资源配置则需要人工智能提供各种数据及分析模型的支持，从而形成人机协同的教育决策机制，实现英语智慧学习生态的闭环发展。因此，人机协同智慧教育底线思维在人机协同英语教育决策的发展中具有重要的指导意义。

2. 英语智慧学习生态中人机协同底线思维的基本原则

目前，众多的英语学习网站和软件被英语学习者广泛使用，我们也可以看到，人工智能确实取代了一些英语教学活动。人工智能有着和人相似的能力，对英语学习者的学习有很大帮助，但同时也存在一些潜在风险。英语教学环节的哪些方面可以使用信息技术、运用哪些人工智能技术、应用范围和程度都必须由人来把控。人机协同仍须在人制定的规则下进行。

我们必须有深刻的底线思维意识，并掌握人机协同底线思维的基本原则。英语智慧学习生态中人机协同底线思维的主要原则如下。

（1）人主动控制机器。

人主动控制机器是英语智慧学习生态中人机协同底线思维的第一原则。人操控计算机应当是人机交互协作的首要基础。

首先，英语智慧学习只是通过计算机智能软件为学习者带来更适切的学习信息服务，而不是用人工智能替代学习者进行认知处理。学习者通过人机协同模式进行学习，掌握自主学习进度、知识扩展的深度以及学习思维模式的发展方向。

其次，智能分析技术，尤其是大数据分析技术的发展为教学研究提供了大量信息数据。教师通过数据分析可以了解学习者的英语学习习惯、人际关系网络、知识发展阶段，以及情感特质等信息。对有利于判断学习者的学习情况，进一步提升英语学习效果，进行教学设计、软件智能化功能改进等的数据可以进行分类设计并汇总反馈。

因此，在人主动控制机器的原则层面，除了要对教学设计进行控制，还要防止学习者个人隐私等数据的泄露。

（2）机器应适应英语学习需求。

机器应适应英语学习需求，是英语智慧学习生态中人机协同底线思维的第二原则。机器参与英语学习需要服务于当前学习者的学习需求。

首先，学习需求决定机器提供的智能化学习内容。机器应以学习者在特定时间、特定场景内的学习需求为中心提供与教学设计相适配的智能服务。

其次，智能技术要服务于当下的英语智慧学习。自计算机辅助教学兴起，计算机就开始被应用于英语教学。比如，在比较早期的英语在线考试中，题型多为选择题、填空题、翻译题等在技术上比较容易实现匹配的题型，因此，计算机辅助英语学习发展迅速。随着人工智能技术的发展，现在的单词背诵、人机对话、情景练习等英语智能化学习软件的种类和形式多样，功能日趋强大。但这些智能化的应用软件是否与学习者当下的学习相适应呢？要实现这一点，我们应对大量学习数据进行分析研究，开发出既适应英语语言学习要素，又能够满足英语智慧学习生态需求的英语学习软件。

机器应适应英语学习需求，满足智慧教学场景的复杂性、教学活动的动态性。此外，还要研究学习者的个性化需求、情感认知、学习行为等数据，不断优化软件，使其与英语学习匹配度更高，促进智能程序与学习者在良性互动的基础上构建更为紧密的协同关系。

（3）坚守法律底线与伦理道德。

坚守法律底线与伦理道德是英语智慧学习生态中人机协同底线思维的第三原则。为促进新一代人工智能健康发展，更好地协调发展与治理的关系，积极推动人工智能全球治理，亟须加强人工智能伦理问题研究与治理。国家新一代人工智能治理专业委员会发布了《新一代人工智能伦理规范》（以下简称《伦理规范》），旨在将伦理道德融入人工智能全生命周期，为人们开展人工智能相关活动提供伦理指引。《伦理规范》充分考虑了当前社会各界有关隐私、偏见、歧视、公平等伦理关切，提出要保障人类拥有充分的自主决策权，确保人工智能始终处于人类的控制之下。

英语智慧学习生态人机协同发展理应遵守相关法律和伦理规范的要求，运用好底线思维的原则。

第二节　英语智慧教法生态

2019 年 9 月，《中国教育现代化 2035》明确提出了"推进教育现代化的八大基本理念"。其核心思想是，因材施教，共建共享，服务于终身教育发展，培养以德为先、知行一体、全面发展的社会人才，到 2035 年"建成服务全民终身学习的现代教育体系、形成全社会共同参与的教育治理新格局"。英语是当前国际交流和使用最为广泛的语言之一，其母语使用者人数排名世界第三，仅次于汉语和西班牙语。近 60 个主权国家和联合国、欧洲联盟以及一些区域国际组织将英语列为官方语言之一。英语也是我国学习者人数最多的第二语言。学习英语是我们与国际接轨，加强国际合作交流，宣传中国传统文化，让世界了解中国，让中国走向世界的语言基础。英语学科教育应融合全民终身学习和智慧教育的教育现代化理念，在人工智能技术的支撑下，贯穿从义务教育、高等教育、职业教育到继续教育的全民终身学习的教育领域。

本节将从英语智慧教法生态的核心元素、人机协同形态、人机协同多元评价三方面，阐述英语智慧教法生态。

一、何谓英语智慧教法生态

英语学科作为中国教育体制下的外语教育学科之一，既有外语教育的共性，也有英语教育的特性。语言和文化密不可分，文化是外语教育的重要组成部分。外语教育的人文、政治和跨文化属性决定了英语学科的培养目标和英语教法生态的独特性。

祝智庭将智慧教育定位为"通过人机协同作用优化教学过程与促进

学习者美好发展的未来教育范式"[1]。智慧教育作为一种教育范式，不仅体现了人工智能时代的人才观，还是一种与时俱进的教育方法的实践和应用。智慧教育的理论概念架构主要包括基于计算机智能技术应用的智慧环境、基于技术创新和教学方法研究的智慧教学法、基于人才观变革的智慧评估三个方面。[2] 从计算机技术被创新应用于课堂教学之初，到教育信息化发展的 2.0 时代，英语智慧教学方法紧随着时代的发展不断与技术深度融合，在人机协同理念的引导下，传统的英语基础教学方法与计算机智能技术相融合，逐步形成了具有"精准、个性、优化、协同、思维、创造"的智慧教育特色的英语智慧学习教法生态。

（一）英语智慧教法生态

1. 传统英语教法基础理论

由于教育实践依据的教育指导思想或理论基础存在差异，以及教育内容与目标的差异，教育实践活动的类型与过程也必然存在差异，并由此产生了多种多样的教学模式。其分类方式也有所不同。比如，人们常说的"以老师为中心""以学生为中心"和"以老师为主导，学生为主体"的双核心教学模式，是依据课堂教学的组织结构的关系差异来分类的；而小班授课、分组教学、个别化教学方法则是依据课堂组织类型的形式差异来分类的；基于做（hand-on）的教学活动、基于思维（mind-on）的教学活动、基于事实（reality-on）的教学活动，则是根据教育目标的差异来分类的。

在教学研究中，比较常见的是依据不同教学理论进行分类，主要有三种模式。①行为修正模式。主要依据行为主义学习理论，强调环境影响对学习者行为结果产生的作用，包括斯金纳的操作性条件培养与强化理论、班杜拉的观察模仿学习与行为矫正理论等。主要方法包括程序教育、掌握学习方法、模拟，以及计算机操作和训练等。尤其适用于学习技能的训练和培养。②社会互动模式。主要依据社会互动理论，强调教师与学校、学

① 祝智庭、彭红超：《技术赋能智慧教育之实践路径》，载《中国教育学刊》2020 年第 10 期，第 1 页。

② 顾小清、杜华、彭红超等：《智慧教育的理论框架、实践路径、发展脉络及未来图景》，载《华东师范大学学报（教育科学版）》2021 年第 8 期，第 20 页。

生与学校之间的相互作用和关系，包括班杜拉的社会认知方法、维果斯基的文化历史研究学说等。研究方法包括合作学习、群体研究、角色扮演、社会科学研究等。尤其适用于社交沟通技巧的训练。③人格发展的个人模式。主要依据个别化教学的理论与人本主义的教学思想，强调个人在教学中的主观能动性。

2. 英语智慧教法生态的理念

20 世纪 70 年代，美国著名教育学家劳伦斯·克雷明提出"教育生态观"的概念。他认为，"教育生态观是指应用生态学方法探讨教育与人的发展。主要根据生态平衡、自然环境与适应性、群体的布局与结构、人际交往等方面，力图构建理想的校园内外部生态环境，提升教学效能，促进学生健康成长"[①]。在英语教学中秉承多元化和综合化的思想，通过多学科的融合来提升教学的效果，这正体现了教育生态融合的理念。

英语智慧教与学的双边活动伴随智慧教育的发展，经历了计算机辅助英语教学、多媒体英语课件、英语网络课程、微课英语教学、英语翻转课堂等教学方式的迭代。无论是英语教学方法的多样化，还是各种教学技术手段的应用，英语智慧学习的实现都离不开英语智慧教法与英语智慧学习环境、英语学习者三方的相互作用，以及技术赋能的人机协同英语教学机制和文化育人的思想指引。在教育生态融合理念的促进下，形成了技术赋能、文化育人、人机协同的英语智慧教法生态。

英语智慧教法生态也是教法－技术－文化系统的英语智慧学习生态的重要组成部分。

（二）英语智慧教法生态的核心元素

下面我们将分别对基于教法－技术－文化系统的英语智慧教法生态中的四个核心元素——英语教法智慧、英语智慧教学法、英语智慧教学组织形式、英语智慧教法生态的教师数据素养进行详细阐述。

1. 英语教法智慧

英语教法智慧是基于教法－技术－文化系统的英语智慧教法生态的文化智慧、数据智慧和教学智慧不断变化、协同配合、两两相关的动态变化

---

① 梁云、陈建华：《劳伦斯·克雷明教育生态学视域下的学校变革》，载《外国中小学教育》2016 年第 6 期，第 30 页。

的人机协同新型认知的体现。

（1）英语文化智慧。

文化和智慧的关系辩证而又富有哲理。文化"化人"是智慧，智慧"人化"是文化，文化唯有转变成人们生产、生活中的智慧，才能产生更积极的社会影响，智慧唯有被运用在文明的传承创新过程中，才能激活和切实发挥它的效能。① 文化智慧，蕴含了最根本的人文精神和人类文化生活的内在灵魂，具有深厚的内涵和现实意义。文化智慧能够塑造人类真、善、美的心灵，智慧与文化的融合能够发挥个人的主体作用，培育有价值的人生。文化智慧蕴含在不同学科的教育过程中，推动了人类社会文化的进步和发展。

在智慧教育理念的指导下，英语文化智慧被赋予了具有技术属性的时代特征。人机协同文化智慧在英语学科教学中与英语语言文化教育有机融合，形成了具有英语文化智慧的特色课堂。教师收集、存储、编辑有关内容，并将其通过各种新媒体方式展示给学生：通过 PPT 介绍英语国家文化的各个方面（如建筑艺术、服饰、饮食、文学、绘画等）；通过播放视频片段等方式讲述风俗习惯、传统的节日庆典；带领学生研究电视节目中的历史内容；通过网络下载与课程有关的中国历史图片、音像资源，把相关的历史旁白插入课文介绍中。通过各种智慧学习方法和学习手段，比较中西文化的差异，探讨中西文化的深刻内涵。

英语文化智慧作为英语教育的目标导向，通过人机协同有机融合数据智慧和教学智慧，形成了文化智慧定导向、数据智慧定决策、教学智慧定行动的英语教法智慧体系。

（2）英语数据智慧。

教育数据指的是在整个教育教学活动进程中形成的以及基于教学需要收集到的一切有助于教学或可创造重大社会价值的信息和数据集合。大数据技术被应用在英语教学中，从定量分析和定性分析两个层面对学生的认知、情感、元认知和动机过程进行多维度分析，为英语数据智慧的实现提供了精准教学的数据积累和决策依据。在英语教育领域，教师分析学生的学情动态，并逐一制订相应的教学解决方案。如今，教师可通过大数据完

---

① 李红学、何凤箫：《文化智慧教育的思考》，载《文学教育（上）》2014 年第 5 期，第 106 页。

成这些工作，极大地节省了时间成本，提高了工作效率。大数据分析系统以学习者为中心，根据教、练、测三环节建立线上与线下相结合的教学流程，并运用大数据分析技术全程实时地分析学习者个人和班级整体的教学进程、学情反馈以及阶段性结果，有助于教师有效掌握学生在学习过程中出现的问题，及时调整教学方案。教师通过数据分析和反馈，实现对英语教学过程的动态管理。

英语数据智慧是教师实践经验、数据挖掘技术和学习科学理论三者的有机集成，其意义是海量信息向智慧的递进和转化，形成了英语语言数据智慧的实践途径，并在协作研究与探索式实践中发展为集体英语数据智慧，并对英语教师数据智慧的培育提出了应用要求与实施对策。

（3）英语教学智慧。

教学智慧在《教育大辞典》中被定义为"教师面对复杂多变情境所体现出的某种灵敏、快速、精确的判断"[①]。

在教育领域，教学智慧主要体现在教师将学科领域的基础知识、教学情境、课堂经验等内化为知识，最后再将之运用于处理和解决实际的教育问题，从而逐渐形成教师个体的教学智慧。英语教学智慧也体现了英语教师数据智慧核心素养的水平。

2．英语智慧教学法

教法，即教学方法，是教师与学习者为达到一致的教育目标并完成共同的教学任务，教师在教学过程中所采用的方法和具体措施的统称。教学方法反映了一定的教育目标和学习中的价值观，受教育目标、教育内容以及具体的教育活动组织形式的影响，从属于教学方法论，是教学方法论的一个层面。

祝智庭先生提出的智慧教育的理论框架主要包括基于计算机智能技术应用的智慧环境、基于技术创新和教学方法研究的智慧教学法、基于人才观变革的智慧评估三大要素，如图4－2－1所示。[②]

由图4－2－1可见，智慧教学法位于智慧教育过程中非常重要的中间环节，与智慧环境和智慧评估共同构成了智慧教育理论框架。

① 卢凤萍、张骏：《基于 DIKW 模型的教师数据智慧生成过程与发展路径研究》，载《现代职业教育》2022 年第 1 期，第 112 页。

② 祝智庭：《智慧教育引领未来学校教育创变》，载《基础教育》2021 年第 2 期，第 5 页。

智慧教学法，主要包括智慧教法和智慧学法，是人机协同智慧的核心。智慧教学法的研究和实践主导者是传授知识的教师，而教师与机器人机协同智慧则是教学模式和教学方法的创新形式，执行差异化教学、个体化教学、协作教学、群智教学、入境教学、泛在教学等。

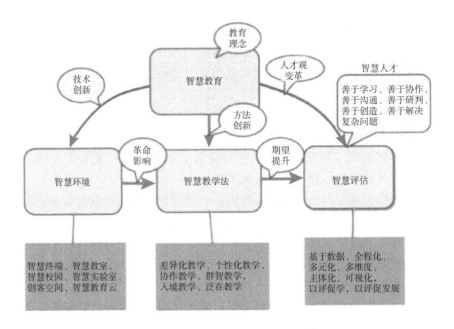

图 4 - 2 - 1　智慧教育的理论框架①

在基于教法－技术－文化系统的英语智慧教法生态中，融合智慧教育的指导思想和智慧教学理念，比较典型的英语智慧教学法有主题教学、互动式教学、任务式教学、情景教学、翻转课堂、微课教学、游戏教学、故事教学。

（1）主题教学，指的是围绕某一主题进行的教学活动，有利于吸引学生的注意力，培养学生跨学科学习的能力。主题教学的实施过程包括确定教学主题、整合资源、围绕主题设计教学活动、开展教学活动、进行总结评价。

---

① 祝智庭：《智慧教育引领未来学校教育创变》，载《基础教育》2021 年第 2 期，第 5 页。

（2）互动式教学，是指老师采用答疑或提问等方式为学生建立师生交流、生生交流的氛围，以此引发学生的好奇心。它能全面调动学生学习的积极性，达成互动式课堂的教学效果。目前，互动式教学的类型有主题探讨式互动教学、归纳问题式互动教学、精选案例式互动教学、多维思辨式互动教学。

（3）任务式教学，是指注重"在做中学"的一种教学模式，可以让学生内化所学知识，培养其研究和处理具体问题的技能。任务式教学主要包括制定目标、选定内容、设计程序、输入材料、教师和学习者角色设定以及任务情景六个要素。①

（4）情境教学，通过情境对话、音乐渲染等形式为学生创设丰富多样的学习情境。创设情景的途径可以归纳为生活情景展现、实物情景演示、图画情景再现、音乐情景渲染、表演情景体会、语言情景描述。

（5）翻转课堂，使课堂和教师的角色发生了变化，是对传统课堂教学结构与教学流程的彻底颠覆。翻转课堂的主要特点是教学视频短小、针对性强、教学信息清楚明确、重建学习流程、学生交流协作互动效果明显、复习检测方便快捷。

（6）微课教学，以片段式教学视频为核心，是新兴媒体在英语教学中的一种运用。微课教学模式包括微视频、微练习、微课件、微教案、微反思等，具有碎片化学习的特点。

（7）游戏教学，使游戏和课堂教学相结合，有助于活跃课堂教学气氛，进而提高学习者的参与度。教师通过游戏的形式创设活泼的教学内容，以提升课堂教学质量。游戏教学的基本环节包括游戏设计、游戏实施、比较总结、知识讲解。

（8）故事教学，有利于调动学生的创造力和想象力，进而有效地开拓学生的思路。故事教学的主要辅助方式有：使用图画、面具、手偶等物品讲故事；老师边讲边表演，或边讲边引导学生表演；播放音频讲故事；以母语与英文相结合讲故事；重点词汇适当讲解；等等。

3. 英语智慧教学组织形式

英语智慧教学组织形式是英语教学实施的主要环节。英语智慧教学遵循英语语言学习的特点和规律，模拟式、探究式、讨论式、合作式、案例

---

① 李革菊：《英语教学法带你提升教学魅力》，中国书籍出版社 2020 年版，第 11 页。

式等教学组织形式与主题教学、互动式教学、任务式教学、情景教学、翻转课堂、微课教学、游戏教学、故事教学等教学方法深度融合。不同的教学方法不限于特定的教学组织形式，而是根据英语教学内容灵活运用，选择合适的教学方法和组织形式，以学习者为中心，激发学生学习的热情，促使其创造性地开展学习，从而获得良好的学习体验。

在英语智慧教学中以问题式学习和项目式学习为课程设置目标，针对课程选用适宜的教学模式，启迪学习者的创新思路，让学习者带着问题深入思考，通过个人或小组研究性学习，找到解决问题的办法。最终，英语语言学习从感性认识上升到理性认识，形成英语语言学习的逻辑思维，由英语知识的学习转化为英语语言在文化理解传承中的运用，以及跨学科、跨文化英语语言学习和交际技能的自我提升。

4. 英语智慧教法生态的教师数据素养

数据分析能力对于教育而言，其价值在于把教育数据分析技术运用于人机协同的教育决策。英语教师应从发展丰富的语言经验教育转向提高基于数据的教育能力，从发展教学评估方法转向提高教育数据分析素养，以适应教育数据分析的多模态、个体化、全过程等发展趋势。曼迪纳契把教师对数据进行分析并形成适应特定学习者需要的教学策略的技能，称为教学数据素养（pedagogical data literacy）。她还提出了教学数据素养模型，包含舒尔曼的七个知识点，即专业知识、一般教学法的基础知识、学科教学法知识、课程教学法专业知识、研究者及其特点的专业知识、教育情境知识、教育课程目的与价值的专业知识，以及教育数据分析运用的五大基本要素，即认识问题、运用数据分析方法、将数据转换为信息、将信息转换为策略、评价成果。[①] 很显然，教师的数据智慧并非简单的统计分析才能或教育才能，而是一种高层次的综合技能。

英语教师所应具备的英语教学智慧是学习科学理论的能力、数据分析决策能力、教学中的实践经验三者的最有效融合。

（1）学习科学理论是英语教师数据智慧的重要基础。学习科学融合了教育学、心理学、认知科学等多个专业领域的理论知识和方法，只有把握学习科学理论，才能真正深刻理解"人是如何学习的，怎样才能促进

---

① 彭晓玲、吴忭：《"数据驱动的精准教学"何以可能？——基于培养教师数据智慧的视角》，载《华东师范大学学报（教育科学版）》2021年第8期，第45页。

有效的学习"这个根本问题，从而通过数据完善学习流程和学习环境设计。

（2）数据分析决策技能是英语教师数据智慧的基本能力。基于信息的教育范式不仅仅涉及对教学评价信息的统计分析，还重视对话语、生理特征和行为的统计分析。教师应掌握适当的统计分析技术以适应教学信息的多模态、多样化、全方位传播。

（3）课堂实践经验是英语教育数据智慧的实践基础。一方面，教师现有的教学经历有助于发现在课堂教学中学生面临的实际问题，并掌握数据情境，提出合乎学生情况的教学计划和对策；另一方面，最新的证据和发现也有助于检测和调整教师自身的教学经历和知识。与不同应用领域的结合促成了教学规划、教学数据分析、循证教育技术的蓬勃发展。教育设计必须坚持循证教育的核心理念，创建数据生成环境，通过教学数据分析技术获取、分析、解读数据，进而通过数据分析结果提升教育教学设计的质量，在数据分析驱动的教育问题处理流程中，形成数据智慧。

综上所述，英语教学智慧是整合了学习科学理论、数据分析技能、教学实践经验的更高阶的教学能力，是以问题为导向的多学科交叉整合创新。

二、英语智慧教法生态的人机协同

人机协同智慧教育的发展基础是人工智能、大数据、云计算等数字核心技术在教育领域的突破和应用。从计算智能、感知智能发展到认知智能，人工智能经历了从技术驱动、数据驱动到情景驱动的过程，在教育中的应用也取得了显著成效。尤其是面对全球突发性事件时，人工智能和教育的深度融合、"AI＋教育"生态概念在教育中的应用得到了充分肯定。

根据人机协同中机器由弱到强的智能，并结合英语语言教学的特点，可将教师和 AI 的关系分为 AI 教师代理和 AI 教师助手两个形态。

AI 教师代理是利用 AI 代替教师来解决一些初级、单调、复杂的日常工作的智能形式。在此阶段，AI 将完成教师的部分日常工作，利用计算智能解决简单的教学问题。AI 教师助手则是教师利用 AI 来提升常规工作效率的形式。AI 将利用其认知智慧管理教师收集的教学数据，并对数据进行分析和解读，这个过程也能促进提升 AI 处理模糊事物的能力。

（一）人机协同的英语智慧教法形态

1. AI 教师代理

AI 教师代理可以代替教师完成重复性工作。教师应该以培育学生的全面品格与创造力为首要任务。但是，当前教师的工作任务十分繁重，他们除了要进行日常教学和班级管理，还必须完成各种布置操作、审批操作、考核组卷、阅卷打分、教学成果统计与分析、备课、家长反馈等任务。这些工作复杂性和规则性强，智力投入较低，但需要耗费大量时间和心血，导致教师在较长时间内超负荷工作，影响了其对自身本职工作的信心和归属感，更会影响其教学效果、专业发展、教育创造力的培养等。

当教师的工作任务规则性较强，而 AI 在完成工作方面又具有较强的主动性时，AI 与教师的工作协同将以 AI 代理的方式存在，即 AI 可以完全取代教师负责安排作业、批改作业、考试出题、安排考试、教师资源查询、班级管理、教师信息反馈等复杂、规则性较强和烦琐度高的任务。

2. AI 教师助手

AI 教师助手即教师增强 AI 自动化处理。在 AI 教师代理的模式中，教师可通过 AI 完成机械性或重复性的教学工作，从而提高工作效率，既对其知识智能起到重要作用，也可以较好地解决教学原则问题。而除了知识传授，教学活动还是情感交流与创造的重要活动，学习者的主观体验、情感经验等都会对教学成果产生很大的影响。但由于 AI 教师代理无法根据学习者的情感体验与知识经历研究教学问题，在这项规则性与创造性兼备的教学任务面前，教师需要积极介入并发挥机器的指导作用，让 AI 担任教师的教学助理，并利用教师的教学信息化能力，增强 AI 教师助手处理教学事务的智能性与智慧性，进而辅助教师提高管理课堂与完成教育任务的效能。

在规律性和创造性共存的智慧教育环境里，教师与 AI 机器各具优点，只有发挥二者的协同优势，才能达到良好的人机协同智慧学习作用。在此过程中，教师的主观能动性是挖掘学习者存在的认知问题的基础，对学习者也具有重要的参考价值。在这种人机协同模式下的课堂教学中，AI 在教师的主导下进行辅助教学，即 AI 成为教师的助手，辅助教师完成教学任务，而对学生的思维判断和行为决策则由教师完成。二者各司其职而又彼此融合。在具体人机协同模式中，二者将通过发挥各自的优点互相弥补各自的短板。

AI 助手辅助教师的工作，包括完成学校的综合评估任务、形成作业总结报表、进行学习障碍诊断、安排课程和学习日程等。

（二）人机协同的英语教师角色转变

国际教育技术协会（ISTE）提议的教师角色细化模型从学习者、引领者、公民、分析者、协作者、设计者和促学者七个维度规划了技术赋能教师发展的新路向。下面将从人机协同英语精准教学的组织实施者和人机协同英语学习中学生成长的引导者两个方面进行综合阐述。

1. 人机协同英语精准教学的组织实施者

在人工智能虚实融合的环境中，线上教学和线下教学相结合，线上有成千上万的教学服务平台，不同 AI 可以将学生的学习需求进行个性化组合，随之而来的是英语教师工作形态向着不同方向转变。例如，英语语言学习服务产品研发与设计、个性化学习指导、综合性学习活动组织、学习问题诊断与改进、学业指导生涯发展规划、社会性的课外活动规划和设计等。

（1）学习服务产品研发与设计：通过现代信息技术手段，研究灵活多样的新的语言学习场景，设置立体化、跨学科交叉融合的语言训练综合性项目，为学习者创造丰富多元、精准有效、适应性强的英语课程资源和语言学习体验。

（2）个性化学习指导：实施因材施教、因情境而异的个性化、差别化英语智能教育，为学生跨越语言文化差异、实现专业提升提供精准有效的教学。教师要成为学生学习上的朋友，以适应学生的需求，实现个性化发展的培养目标。

（3）综合性学习活动组织：根据实际情况，组织学生参加以项目设计与问题解决为基础的研创型英语学习活动，引导学习者参与英语语言知识的情景性、社会化与应用交流学习，帮助学习者在处理实际问题的过程中实现创新、设计、建构、探索和合作技能的提升。

（4）学习问题诊断与改进：教师应利用 AI 系统对英语学习者的信息进行收集和统计分析，掌握学习者的动向，找出干扰他们学习英语的重要问题所在。同时，根据他们的不良学习情况，提供有针对性的改善措施。

2. 人机协同英语学习中学生成长的引导者

人机协同信息时代，英语教师工作的目标不再是传统的"传道、授业、解惑"，而是更加充分地调动学习者的兴趣和想象力，培育富有创造性的批判性思维，进而进行面向学习者个体的差异化、精准化教学。教师的核心价值不仅仅包括学科知识与自身专业能力，还包括教师的人文底蕴、责任担当、国家认同、跨文化交往、艺术审美等核心素质。而教师的主要任务也并非灌输知识，而是帮助学生挖掘自身最大的潜能，并作为学生的精神导师，培育学生的心智、助力学生成才、启发学生心灵。教师并不会被智能机器所替代，而是以人机协同的模式与机器共同完成教育任务，并在人机协作中彰显教师自身的优势。

（1）社会网络连接指导：学习是内部认知网络和外界认知网络的联系节点。教师应协助学生建立良好的、完善的自身内部认知网络，并作为关键的外界认知桥梁和节点，协助学生完成与外部认知网络的对接。教师要指导和帮助学生找到重要的认知学习节点，协助他们在知识学习和人际社会节点间进一步建立链接，形成良性联系。

（2）心理健康管理与疏导：未来，教师应该更加重视学生的心理健康和心灵发展。在 AI 的支持下，教师不但能够掌握学生的知识、技能水平，而且能够掌握学生的身心发展状况，例如，身心健康、个性成长、学业素养、发展潜能、社会发展能力等，以便及早发现他们的身心问题并予以有效干预。

（3）信仰和人生价值的引导：未来，教师应指导学生正确处理成长道路中遇到的困难，引导他们坚持理想信念，树立正确的人生观，引导他们理解和执行社会规范、公共道德与社会伦理，改善他们的精神面貌，塑造他们健康的人格，引导他们树立正确的世界观和价值观。

（4）生涯发展规划指导：教师将协助学生了解自身的个性特点、特长与优势，指导学生积极参加职业体验，尽可能多地熟悉各个行业的职位技能结构，并以此引导学生做出合理的学业计划。同时，运用学生个性化大数据分析，为学生在专业发展、学科抉择、职业规划等方面提供有针对性的指导和协助。

三、英语智慧教法生态的人机协同多元评价

教学评价是依据教学目标对教学过程及结果进行价值判断并为教学决策服务的活动，是对教学活动现实的或潜在的价值做出判断的过程。

20世纪90年代，美国发展心理学家霍华德·加德纳博士根据其多年来对人类潜能发展的大量观察和研究，提出了关于人类智能结构的新概念——多元智能理论。他认为人类具备对世界多元化的认识方式和思维方式，每个人都至少拥有八种相互独立存在的智能，包括语言、逻辑数学、视觉空间、肢体运动、音乐、人际交往、自我认识和认识自然。[①]

这一理论挑战了传统评价概念，对许多西方国家当时的教育和教育改革产生了积极的影响。近年来，多元智能理论在我国教育领域得到了广泛应用和研究，促进了我国信息化教育的重大改革。

在人机协同英语智慧学习中，多元化的英语教学模式来源于多元智能理论的引导。例如，通过人机协同运用语言智能和人际交往智能可以提高学生的英语交际能力；利用逻辑数学智能可以提升英语阅读水平；利用音乐智能能提高英语听、说水平；利用自我认知智能有利于培养学生学习英语的信心。人机协同英语智慧学习体现了以多元智能理论为基础的多元化教学理念。

本节着重于研究人机协同在英语智慧教法生态中的作用。下面将从人机协同英语学习教育功能评价、教学过程评价和教学效果评价三个方面，阐述英语智慧教法生态的人机协同多元评价。

（一）人机协同英语学习教育功能评价

教育功能（educational function），是指人类教育活动和教育系统对个体发展和社会发展形成的功效和影响。教育功能具有客观性、必然性、方向性和多元性的特征。

人机协同在英语智慧教法生态中发挥了重要的英语教育协同作用。人工智能技术通过计算机、扫描仪、打印机、大屏幕投影仪、手机等硬件设

---

① 王星河：《多元化的成人英语教学评价模式探究》，载《淮海工学院学报（人文社会科学版）》2014年第4期，第132页。

备，在网络信息技术的支撑下协同英语教学模式创新。人机协同英语学习教育功能的评价内容主要包括人机协同对话功能、协同功能、互补功能、倍增功能、融合功能五个方面。

1. 对话功能

对话功能教育功能评价是指实时、及时、有效地连接英语教师和英语学习者的教学环节，实现全时空英语学习的交互功能评价。

2. 协同功能

协同功能教育功能评价是指协同教师教学媒体手段的适时运用、数据赋能英语教学，提供数字化资源工具、自动评阅测试等数据学情分析，协同教师制定精准教学策略的功能评价。

3. 互补功能

互补功能教育功能评价是指智能化数字英语产品与有限的教师面授英语教学互为补充，创建英语语言学习情景，提升英语听力、口语、阅读和写作技能的功能评价。

4. 倍增功能

倍增功能教育功能评价是指人工智能技术的应用，突破了英语学习课堂模式教学瓶颈，使教学效果倍增的功能评价。

5. 融合功能

融合功能教育功能评价是指"移动＋英语教育""人工智能＋英语教育"等交互式学习的教学模式、教学资源、教学环境深度融合的功能评价。

（二）人机协同英语学习教学过程评价

教学过程评价，是评估教师的教与学生的学的价值关系的活动，通常涉及对课堂教学活动中教师、教学时间、教学内容、教学方法、课堂氛围、教学管理等诸多要素的评估，包括对学生学习效果的评估以及对教师教学过程的评估等。[①]

教学过程评价，通常包括形成性评价和终结性评价两种形式。目前，对人机协同英语学习教学过程的评价尚未形成一个统一的评估体系。我们

① 杨志明、刘巧民、黄芬等：《英语课堂教学过程评价量表的研发及应用》，载《教育测量与评价》2020 年第 11 期，第 29 页。

认为，根据人机协同的程度可以从智能学习、交互学习、智能平台、智能助理、智能资源、智能管理等方面去进一步深入研究和探讨。

（三）人机协同英语学习教学效果评价

教学效果是指教育者在一定条件或环境下，在一段时间内对教育对象实施教育行为，使教育对象发生的某种变化。这种变化的结果就是教学效果，也可以被称为教学结果，而对这种变化结果做出的价值判定，就是教学效果评价。教学效果评价通常包含学生学习态度、合作交流、实验能力、学习成绩、满意度和认可度及信息技能教学方法能力、教学内容深度和广度等评价指标。

我们在探讨人机协同英语学习中的教学效果评价时，结合当前英语智慧教法生态和人机协同理念的特点，将人机协作教学能力提升效果、文化认知和情感培养教学效果、创新思维和启迪智慧教学效果三个方面设定为教学效果评价内容。

（1）人机协作教学能力提升效果：在人工智能技术和基础设备为促进教师和学生有效学习提供的人机协作技术环境下，人与机器协作提升教学能力的效果评价。

（2）文化认知和情感培养教学效果：人机协作英语学习汇聚了大量英语学习资源，计算机技术的融入对语言知识学习以及文化素养和人类情感教育培养的效果评价。

（3）创新思维和启迪智慧教学效果：机器的学习思维与人类语言学习思维的协同和融合，对学习者智慧的开发与启迪以及创新思维培养的效果评价。

第三节 英语智慧学法生态

一、何谓英语智慧学法生态

著名教育家陶行知先生曾说："我认为好的先生不是教书，而是教学生学。"教师不能只关注"教什么"和"怎样教"的问题，而应该重视学生"学什么"和"怎样学"的问题。

智慧教育最早的倡导者 IBM 在 2009 年提出了"学习者的技术沉浸""个性化和多元化的学习路径""服务型经济的知识技能""系统、文化与资源的全球整合"和"21 世纪经济发展的关键作用"五大路标。基于"互联网＋教育"的英语智慧学习新形态通过新兴技术与教育的深度融合，促使了英语智慧学法生态的形成，并向多维空间、多元化、多模态、个性化方向发展，通过人－人交互或人－机交互，形成学习共同体。① 在教育理念上，从传统的教师"如何教"转变为学习者"如何学"。

下面将从英语智慧学法理论、英语智慧学法生态的核心元素、英语智慧学法生态人机协同学习情境、英语智慧学法生态的学生发展性评价出发，阐述英语智慧学法生态。

（一）英语智慧学法生态

1. 传统英语学法基础理论

英语学习者、爱好者的年龄分布极为广泛，在终身教育理念的指导下，英语教育分为基础英语教育、专业英语教育等。英语教学融合了多种跨学科的专业知识，包括语言学基础知识、第二语言习得方法、词汇学理论和句法学结构、文体学、语料库理论知识以及认知心理学等内容。英语学习的相关理论在中国的发展历经了漫长的过程。英语学习有利于学习者获得人际交流和沟通的语言技能，更重要的是有利于其通过英语去感受不同国家、不同地域的风土人情和文化氛围，用发展的眼光看世界，用世界的格局谋发展——用英语讲好中国故事！

传统的英语学习基础理论主要有行为主义学习理论、认知主义学习理论、建构主义学习理论。

行为主义研究者中影响最深远的是 20 世纪 40—50 年代美国新行为主义心理学家斯金纳，他提出了教育是"塑造人的行为"的观点、操作性条件反射论，以及反应概率强化论和程序教学法。斯金纳认为"教学就是安排可能发生强化的事件以促进学习"，给学生创设能对学习的刺激做出反应的机会，在学生做出反应之后，应当有随之而来的反馈。随着教育

---

① 张海生、范颖：《"互联网＋教育"时代的学习新形态：主要类型、共性特征与有效实现》，载《中国远程教育》2018 年第 10 期，第 24 页。

的发展，行为主义学习理论在一些以培养学生动作技能为主的传统教学中依然具有很强的活力。但是，行为主义教学思想存在机械化、被动性和低效性的特点，对学习者认知复杂事物造成很大阻碍，尤其是它对学习者的认知兴趣、创造性和主动性的忽视并不完全适应当前技术融合、人机协同智慧教育的主流思想。

认知主义学习理论指出，学习并不是通过"S（刺激）→R（反应）"直接、机械地联系，其中介是学习者的主观能动作用。在贯彻这一根本思想的基石上，认知主义学习理论包括格式塔、联结－认知主义、建构主义等理论流派。20世纪70年代至90年代初，以美籍心理学家门加涅为代表的联结－认知主义兼取了行为主义"联结"的思想和认知主义教学思想二者之所长，从而获得了众多教师与学习者的认可。其主要思想内容包括：学习是改变行为；学习离不开内、外部条件；认知因素是有结构的。

20世纪90年代后期，建构主义被广泛应用于教育领域，引发了又一次教育心理学的变革，使得认知主义流派中的建构主义的思想观点得以快速发展。建构主义指出，"学习是建构内在的心理表征的过程，学习并没有把认识从外部搬到记忆中，只是以已有的体验为依据，透过与外部互动来建立新的认识"[①]。建构主义认知理论更重视具体情境对意识造成的影响。其主要思想包括：学习是以学习者为中心、主动进行意义建构的过程；学习者进行意义建构的过程是双向的；学习者对事物意义的建构是多元的。

在教育近一个多世纪的发展过程中，随着社会生产力的进步和时代的发展，教育理论认知不断迭代。在人工智能迅猛发展的时代，各种学习理论为教育改革与创新打下了坚实的基础，为智慧教育生态系统的形成提供了理论指导。我们在研究英语智慧学法生态时，应更好地运用这些学法理论，让理论指导实践，构建符合时代需求的英语智慧学法生态。

2. 英语智慧学法生态的理念

当前人机协同英语智慧学习提供了基于人工智能技术的技术赋能智慧英语学习环境，从培养学生的英语语言素质、思想素质、文化素质、创新思维的多元角度，在人机协同英语学习中，融合教育数字化转型，促进以

---

① 刘晓峰、贾林祥：《建构主义学习理论及其对成人教育的启示》，载《成人教育》2008年第1期，第18页。

学生为中心的智慧教育价值观形成，通过数据分析，设计多种学习模式，挖掘学生潜在的学习创造能力，帮助学生建立自主学习的良好习惯，提升学生自主学习英语的能力。

　　基于祝智庭提出的智慧教育的理论框架，智慧学法生态从组织结构看，包括面向班级的差异化教学、面向小组的合作研创型学习、面向个人的自主适性学习和面向群体的互动生成性学习，分别对应基础知识与技能、综合应用能力、个人特长智能和集体智慧四个层次结构，如图4-3-1所示。[①]

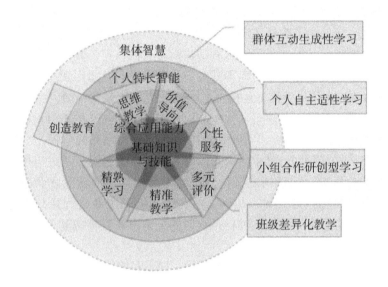

图4-3-1　英语智慧学法生态[②]

　　结合人机协同英语学习的特性，数据智慧驱动的精准教学和个性化、多元化人机协同技术赋能的英语智慧学法生态也可以划分为英语基础知识与技能层、英语综合应用能力层、英语个人特长智能层和英语群体智慧层四个层级。

---

　　① 顾小清、杜华、彭红超等：《智慧教育的理论框架、实践路径、发展脉络及未来图景》，载《华东师范大学学报（教育科学版）》2021年第8期，第20页。
　　② 顾小清、杜华、彭红超等：《智慧教育的理论框架、实践路径、发展脉络及未来图景》，载《华东师范大学学报（教育科学版）》2021年第8期，第20页。

（1）英语基础知识与技能层：采用班级差异化教学，主要让学习者掌握基础知识与核心技能。

（2）英语综合应用能力层：利用小组学习与研创型课程的主要任务，训练学习者的综合运用技能。

（3）英语个人特长智能层：在个人自主适性教学中，学习者能够按照个性喜好和发展的需求，自由选用教学资源。

（4）英语群体智慧层：采用群体交互、互动式学习模式，在互联网上进行集体交互、广泛联通的学习，实现学习认知在互联网个体和普遍连接的互联网之间的循环发展。

英语智慧学法生态以精准教学、思维教学、精熟学习、个性服务、创造教育、多元评价为教育理念，也是"教法－技术－文化"系统的英语智慧学习生态的重要组成部分。

（二）英语智慧学法生态的核心元素

1. 英语智慧学法生态的学习者特征

英语智慧学法生态，使用人工智能信息技术为进行个性化适性学习（personalized adaptive learning，PAL）的学习者画像，可以精细地刻画每一位学习者的个性特征和学习特征，比如学习者的优势、偏好、动机等个体特性。个性化适性学习的核心是关注学习者的个性发展、个体特征、个人成长等元素。所以，学习者画像的建立应该从属性层、学习层、愿景层这三个维度出发。

属性层描述学习者的个人特性，包括学习者的基础信息（名字、学号、年级等）、学习习惯、学习兴趣等。由于这类数据多是结构化特征明确的数据，且数据信息相对固定，因此可通过数据表格或量表的形式来收集。同时，可利用智能监测技术来辅助数据更新的智能检测模块，效果更佳。

学习层描述学习者当前的学习行为表现。这一类信息多是非结构化信息且为动态数据，所以，必须在柔性学习平台中建立智能感知体系来监测学习者的行为表现与情感变化，建立大数据分析系统以发现、研究学习者的真实状态，包括认知情况、知识偏好、学习态度以及学习方式等。

愿景层刻画学习者的个人发展愿景。在这个阶段需要考虑学校课程目标和个人成长目标数据，两者在多数情况下是以结构化形式的数据呈现的。可以通过定制表单来获取相关数据，包括教师设定的课程目标数据和学生的自身成长目标方向的数据等。

运用大数据技术生成学习者的画像后，将获得学习者的共性和个性特征数据，对进一步研究和构建英语智慧学法生态具有重要的指导意义。

2. 英语智慧学法生态的学习环境

从历年《地平线报告》来看，个性化学习（personalized learning）作为信息时代教育发展的重要特征，一直是教育信息化面临的挑战，而适性学习（adaptive learning）可以作为实现个性化学习的可能途径。

在大数据等智能技术的影响下，个性化适性学习成为第五代教育技术研究范式。① 英语智慧生态学习环境基于技术融合的跨学科人机协同，在满足学习者实时学习需求的基础上，使学习内容和学习活动更为适应学习者的个性特点和需求。运用个性化适性学习的核心理念，利用信息技术数字化赋能教育，随时随地监测学习者在个人特点、个性表达、个人发展等方面的差异和变化，并根据这种差异和变化及时地调整教育方略，开展行之有效的教学活动。

3. 英语智慧学法生态的精准教学

英语智慧学法人机协同学习的核心是精准教学。教师可以通过把握英语教学过程的学情数据来进行精准教学定位，实行差异化、个性化的分层教学，指导学生掌握好英语基础知识与技能，达到精熟学习的效果。英语智慧学法的精准教学体现在以下五个方面。

（1）准确掌握英语课程目标与学生发展目标，精确制订教学任务，精选学习内容和学习模式，精确检测英语成绩，使英语学科教育整体过程可测量、可调控。

（2）在英语语言学习中从创客教育②视角，结合人机协同的技术特点，着眼于在实践中培养学生的创新思维。鼓励学生勤于探索、坚韧求真、善于思考，注重合作和创新精神。通过小组学习与研创型课程的主要任务，训练学生的综合运用技能。

---

① 祝智庭、沈德梅：《基于大数据的教育技术研究新范式》，载《电化教育研究》2013 年第 10 期，第 5 页。

② 创客教育是一种融合科学、技术、工程、艺术、数学等知识与技能，遵循自由开放、创新创意、探究体验的教育理念，以实践创造学习为主，培养创新型人才的新型教育模式。

（3）在英语教学中，教师应善于运用语言思维进行教学，激发学生语言学习的兴趣，引导学生发展个人自主适性学习的能力，制定个性化学习策略，为学生提供个性化学习服务，培养和提升学生的个人特长智能。

（4）英语教育是一种跨文化的学科教育，是西方文化和我国传统文化交叉融合与传递渗透的重要渠道。教师应坚持正确的价值导向，把语言学习和文化学习紧密结合，引导学生认识外国的历史和社会现象，加深对中外文化差异的理解，同时也要提高学生对我国历史文化的认知与阐释能力，加强博大精深的中国传统文化的对外传播和交流。加强群体学习的认同感，形成学习共同体。

（5）通过数据技术赋能，综合运用教师评价、学生自我评价、学生相互评价、家长评价等方式，对学生的英语学习情况和教师的教学情况进行全面的考查，进而生成全面、客观、有科学数据支撑的英语综合素质评价报告。

数据智慧驱动的精准教学和个性化、多元化人机协同技术赋能的英语智慧学法生态通过精准教学、精熟学习、创客教育、思维训练、价值引领、个性服务、多元化评价实施路径与英语智慧教法生态共同构建了完整的英语智慧教学生态空间。

二、英语智慧学法生态的人机协同学习情景

英语智慧学法生态人机协同学习情景，体现在文化元素和信息技术与英语智慧学习的深度融合之中。在"互联网＋教育"教育理念和人机协同底线思维理念的引领下，英语智慧学法生态的人机协同学习融合文化元素构建了形式多样的学习方式，形成了基于技术融合的英语智慧学习基本特征。

（一）基于文化元素的英语智慧人机协同学习方式

文化模式是社会学与文化人类学研究的课题之一，分为特殊的文化模式和普遍的文化模式两类。特殊的文化模式是指各民族或国家具有的独特的文化体系。各民族或国家之间有着不同的文化，即各民族或国家的文化模式不同。英语学习离不开文化素养的培养，在信息技术高速发展的时代，随着经济全球化、文化元素多元化的深入发展，英语智慧生态学习应

注重为学生营造培养英语交际表达、英文资料阅读、英文写作等文化素养的氛围，构建形式多样、融合文化元素的英语智慧生态学习情境。

随着"互联网＋教育"的深入开展，基于文化元素的英语智慧人机协同学习方式——自主学习、泛在学习、混合学习、定制学习、社群学习、沉浸式学习、探究学习、创新学习和休闲学习等多种英语智慧学习新形态相继出现，给学习者带来了丰富而精彩的学习体验。

1. **自主学习**（autonomic learning）

英语学习者借助智能化学习工具，发挥自身的主观能动性，发现自己的学习兴趣、适合自身的学习方法，开展自主学习。智能技术可以拓展学习者的感知、协助认知加工并支持多种形式的自我表达。例如，利用视频增强技术，增强英语视频内容的感知效果，提高学习者的语言感知能力和学习的内生动力。同时，智能分析工具还能让学习者清晰地了解自主学习中的注意力投入、时间管理和策略使用等数据，帮助学习者开展自主反思，提升自主学习的效果。

2. **泛在学习**（ubiquitous learning）

随着"互联网＋教育"的深入开展，移动学习技术（M-learning）迅速得到教育领域的普遍重视和支持。知识资源不再受空间局限，也克服了传统资源单向传播的弊端，泛在学习（U-learning）就此出现了。泛在学习在英语学习中得到了充分体现，英语学习者年龄分布广泛、语言学习需求明确。泛在学习的特征是，任何人都可以自带设备，无论何时何地，都可以从任何章节开始学习任何课程。这种灵活、便捷的学习方式非常适合英语学习者，下至儿童、上至老人都可以通过自带移动设备进行主动学习。因而，借助信息技术的广泛应用，学习资源在网络和移动技术的推动下，促使在线学习逐步向移动学习过渡，并促成"无处不在的学习"。

3. **混合学习**（blended learning）

混合学习，就是多种学习方式的有机结合。在英语教学中，混合学习是面对面的（face-to-face）课堂学习和在线学习（online learning，或e-learning）这两种学习方式的有机整合。混合学习依托于学习者特性、技术水平、智能化环境以及智慧教学方法四大维度要素的深度融合。混合学习有利于促进学习者认知学习、技能提升、情感感知和学习发展等学习个体的综合发展。混合学习注重将传统的学习模式的优势与数字化信息技术参与的学习模式的优势相结合，高效发挥教师引导、启迪智慧、监测教学数据的主导作用，又重视激发学习者学习的兴趣、主动性和创造力。混合学习是线上学习与线下学习的有机组合，是"互联网＋教育"最为流行和常见的学习方式。

4. 定制学习（customized learning）

定制学习是个性化学习的一种学习方式，可以根据学习者个人的认知需要、知识背景、认知方式和文化背景等提供一整套有针对性的教学策略与技术支持方案。英语定制学习在基于大数据的学习环境下，可以对学习者感兴趣的学习资源类型进行大数据分析与锁定，并将同类型的学习资源智能推送给学习者，供学习者选择学习，而后生成学情分析大数据，为学习者后续的学习提供有针对性的学习建议。定制学习同时具备学习过程分析和评价的功能，非常适用于英语学习。

5. 社群学习（social learning）

社群学习是让有共同爱好与兴趣的学习者展开在线交流的一种群体参与学习的学习方式。社群学习打破了学校围墙的束缚，通过互联网实现了具有交互性和大规模特点的在线学习。社群学习是一种自发的、主动性强、学习效率高的学习形式，英语学习者可以通过社群学习的方式获得良好的学习体验，使英语学习成效更加明显。英语社群学习使人与人之间的知识互动走向分享、协作，文化氛围变得更加浓厚，小型学团或社群将成为教学组织的重要方式。

6. 沉浸式学习（immersive learning）

沉浸式学习是构建在虚拟现实、基于手机的虚拟应用系统和虚拟世界中的网络平台上的一个知识新形态。它利用虚拟现实、增强现实和混合现实（MR）等技术手段，为学习者创造了一种无限贴近现实情况或真实场景的虚拟现实教学情境，学习者可以用身体的各种感官来全面投入学习活动，且全程安全、高效。沉浸式教学通过 Web3D、云计算、大数据分析等手段，为学习者创造三维仿真情景，帮助师生在特定教育情境中自主创建对象，允许学习者以多种互动形式参与社会化的网络学习。

7. 探究学习（inquiry learning）

学习者在教师的引导下自主开展探索活动，在探究中以自身已有的知识获取新的知识和技能，进而解决问题。在英语学习中，探究式学习可以促进学生深度思考，提升思维能力，促进深度学习。

8. 创新学习（innovative learning）

学习者通过广泛而深入的共享交流和深层次的认知加工，开展协同创新。智能技术作为技术驱动力融入学习过程，促进学习机制创新、学习成果创新、学习思维创新。

9. 休闲学习（leisure learning）

随着人工智能技术的广泛应用，自动化和智能化机器取代了机械重复的工作岗位，人们工作之余的休闲生活由此变得多姿多彩。在终身学习视域和移动互联网背景下，休闲学习应运而生。学习者利用闲暇时间，在数字化环境中获得愉悦的学习体验。休闲学习是一种在休闲的状态下进行的学习，在网络学习环境中，学习者没有学习压力地进行休闲学习，其本质可以说是一种高质量的休闲活动。另一种是通过休闲活动来获得学习效果，即学习者通过参与网络活动达到交互学习的目的，其本质是一种学习的体验活动。网络休闲活动和休闲机制可吸引和激励学习者完成学业目标，休闲学习的特性非常适用于轻松愉悦的英语学习，休闲学习也将成为英语智慧学习的发展趋势之一。

（二）基于技术融合的英语智慧学习的基本特征

1. 英语智慧学习与信息技术深度融合

"互联网＋教育"是体现时代特征的全新的智慧教育形式，其实质上是新型信息资源开发和教育理念持续发展演化整合的成果。在互联网时代，英语智慧学习紧随技术的发展，结合语言学习的需求和特点，学习过程与技术深度融合，在培养学生英语学科学习和文化理念创新及其个体发展的过程中，人机协同英语智慧学习是英语学习者的最佳学习方式。技术的参与使过去的口耳相传、纸质图书演变为声音、图片、视频等全媒体融合的各种交互式、可视化学习形式，进一步丰富了学习者感知世界的途径。英语智慧学习的信息化、智能化、可视化超越了时间和空间的限制，丰富了英语学习的内容和学习资源。英语知识的获取、资源的传递、学习模式的优化，均在互联网技术的辅助下，以最有效的方式得以实现。同时，学生的自主学习能力和创新能力也在技术融合的教育形式中得到增强。

2. 英语智慧学习时空走向多维化

"互联网＋教育"时代的教育是没有围墙的教育，英语智慧学习的时空由单维走向多维，时间维度和空间维度由平面化向立体化发展，这带给了英语学习者全新的学习体验。在移动网络的作用下，学习将贯穿于课前互动、课中互动以及课后交流的始终。在智能技术的作用与支撑下，学习空间将由真实空间进入虚拟空间，由固定的课堂场所进入更加开放、自主的学习世界。即时学习和碎片化学习提升了英语学习的效率、情景体验、语言感知、跨地域的文化交流。随之而来的是英语学习从正式学习转变为正式学习和非正式学习相结合。技术赋能英语智慧学习实现了任何时间（any time）、任何地点（any where）、任何人（anyone）、任何内容（any content）、任何形式（any format）的全时空学习模式。多元化的学习模式日益形成，社群学习、沉浸式学习、休闲学习等多种学习新形态使学习者的学习更加自主、自觉和自由。

3. 英语智慧学习交互合作学习共同体

在互联网技术、人工智能等新兴技术的引领下，智慧教育的核心角色——教师与学生之间的互动发生了重大变革。英语智慧学习生态中，教师的主要教学任务发生了转变，教学任务由单纯的知识传递转化为引导学习者的批判性思考与创新发展，在良好的情境气氛中全面发掘学生的个性特征与潜在才能。在教学过程中，教师之间、教师与学生之间互助合作、一同前进，教师与学生之间的边界也将变得越来越模糊。在网络技术的影响下，传统"一师对多生"的教学管理模式转变为具有网络化沟通和交互特点的泛在化、交互式合作学习共同体模式。这种泛在的学习与交互合作平台使不同地区的教师和学生都可以随时自主地参加学习活动。此外，与其他地区的师生进行沟通与合作也成为可能，与传统合作教学小组的形式相比，英语智慧学习交互合作学习共同体的优势更加明显。

4. 注重学习体验，突出自主学习

英语智慧学习更加注重学习者的体验，并通过良好的学习体验，激发学习者的热情、创新思维和自主学习的主观能动性。英语智慧学习充分利用互联网信息技术和新媒体呈现形式多样的学习内容，激发学习者的求知欲；开发集听、说、读、写功能于一体的学习软件，供学习者自主学习。在课堂中采用游戏教学、娱乐教学、故事教学、翻转课堂等多样的教学方式，通过角色扮演、场景模拟、虚拟现实等方式让学生积极参与学习过程，提高学习过程的趣味性、时效性和多样性，使学生体验快乐学习的乐趣。教师在学习者参与学习的过程中，运用大数据统计、分析学习者遇到

的共性问题和个别化问题，及时调整教学策略，开展精准教学、分层指导；强化师生和生生交流互动，为学习者提供线上能随时与同伴进行交流互动、线下与他人分享自身学习经验和体会的机会。英语智慧学习让学习者充分体验到学习的乐趣，最大限度地激发学习者的学习内驱力，促使其通过互联网主动选择学习资源，制订学习目标和学习计划，开展高效的自主学习。

5. 智慧教学提升学习效率

随着"互联网＋教育"深入开展，教育以大数据等信息技术产品为基础开展教学活动和管理工作，课堂效果明显提升。英语智慧学习注重学习者群体的自主求知欲和情感认知，利用多元化的教学方法和人性化服务，通过人机协同为学习者群体带来高效、优质的学习体验。英语智慧课堂利用云计算、大数据等信息技术形成智能课堂环境，更有效地把课前、课中以及课后学习活动连接在一起。学习者能够自由设定学习时段、地点和自己的学习节奏。而教师则能够透过学习者的学习过程记录数据，随时随地了解和评估学生的学习成果，及时给出学习指导、学习反馈和学习评价。随着虚拟现实技术被引入课堂教学环节，学习者有了更加高效的学习体验，从而提升了教学效果和学习效率。

三、英语智慧学法生态的学生发展性评价

发展性评价（development assessment）是形成性教学评价的一种类型，它是针对以评估和激励发展为目的的终结式评估的缺点所设计的，强调面向未来，并注重评估目标的整体发展。发展性评价尊重学生的人格、个性差异，在平等对话的条件下通过评价促进学生的发展。评价为促进学生发展提供依据，应该体现以人为本的思想，建构学生个体的发展。

英语智慧学法生态的学生发展性评价应体现人机协同英语学习中的学生核心素养培养。以信息化、数字化、全球化为前提和背景，运用指导性原则、系统性原则、科学性原则、可操作性原则和发展性原则，开展学习主体、学习内容和学习效果多元化的发展性评价，为英语智慧学法生态的学生发展核心素养提供具有指导价值的评估报告。

第五章 技术赋能的英语智慧生态系统

由于疫情的影响，2021 年 3 月全球教育联盟①发布的报告显示：全球仍有近一半学生的学校处于全面或部分停课状态，近 1/3 的学生无法进行远程学习；1100 多万名女童可能永远无法重返课堂；受学校关闭的影响，阅读能力不及格的儿童数量增加至 1 亿；未来将有超过 2400 万名儿童和青少年面临辍学的风险。

疫情发生以来，中国特色社会主义制度的优势让我们的教育穿越疫情，"停课不停学"的经验在全世界得到推广。②"加快信息化时代教育变革"是我国未来教育发展十大战略任务之一。③ 从国际高等教育发展实践来看，"高等教育深刻变革的核心趋势是从一种基于实体学习的模型转变为更大程度应用数字化学习技术的模型"。教育技术的未来一定是实现了解放教师的"可选择的未来"，是人自觉、自为、自主使用技术的状态，是不断丰富人类教育教学方法库的过程，是回应本土、现实教育教学需求的灵活实践，是辩证、客观、全面、整体的思维方式，是从现实技术压迫走向未来技术解放的必然。④ 数字化转型是增强教育系统韧性行之有效的

---

① 全球教育联盟于 2020 年 3 月成立，由联合国教科文组织发起，是全球性、民间性、联谊性、学术性、非营利性合作与交流的平台。全球教育联盟旨在通过采取多种措施，积极推动各国加大对线上学习的投入，从而发展更加开放、灵活的全球教育系统，以减轻疫情对教育所造成的直接影响，保障被疫情冲击的受教育权。该联盟目前已在 112 个国家参与 233 个项目，直接影响 4 亿名学生和 1200 万名教师。

② 北京师范大学智慧学习研究院、联合国教科文组织国际农村教育研究与培训中心：《弹性教学手册：中国"停课不停学"的经验》，见互联网教育智能技术及应用国家工程实验室网（https://cit.bnu.edu.cn/sysdt/94144.html）。

③ 2019 年，《中国教育现代化 2035》重点部署的面向教育现代化的十大战略任务之八是："加快信息化时代教育变革。建设智能化校园，统筹建设一体化智能化教学、管理与服务平台。利用现代技术加快推动人才培养模式改革，实现规模化教育与个性化培养的有机结合。创新教育服务业态，建立数字教育资源共建共享机制，完善利益分配机制、知识产权保护制度和新型教育服务监管制度。推进教育治理方式变革，加快形成现代化的教育管理与监测体系，推进管理精准化和决策科学化。"

④ 李芒、段冬新、张华阳：《教育技术走向何方：从异化的预测到可选择的未来》，载《现代远程教育研究》2022 年第 1 期，第 21 - 30 页。

思路与取向①，技术赋能的英语智慧生态系统为人类提供了更多新的学习模式。

第一节　技术赋能下的英语教育

美国新媒体联盟（New Media Consortium，NMC）与美国高校教育信息化协会学习促进会（EDUCAUSE Learning Intiative，ELI）自 2004 年起发布的《地平线报告》是目前全球教育科技发展领域发布时间最长、最具影响力的报告。该报告每年会从众多对教育领域产生影响的技术中选出六项对教育领域影响较大、可能普及并成为主流的"新兴技术"进行阐述。每年的报告以大量数据和教育教学实践案例来论证技术应用趋势，指出所谓的技术或实践就推动教学进步而言，是否新颖并不重要，重要的是它对于未来规划是否能起到关键性作用。② 技术的教育应用主要不是技术问题，而是教育理念和组织变革问题；技术与教育理念、教育内容、教育方法是共生关系；当技术与各教育要素发生实质性联系时，技术发挥作用的动因不是技术的新与旧，而是技术是否助力先进教育理念落地，帮助师生巧妙运用教学方法处理教学内容。③

一、《地平线报告》概述影响高等教育未来的新兴技术

《地平线报告》的发布，旨在识别和描述可能对高等教育中的教学、学习或创造性表达产生重大影响的新兴技术。自 2004 年起，美国新媒体联盟每年都邀请世界各地数十位甚至上百位专家开展研究，从未来教育面临的挑战、教育发展的趋势和能驱动教育变革的技术三个方面展开预测，

---

① 祝智庭、彭红超：《技术赋能的韧性教育系统：后疫情教育数字化转型的新路向》，载《开放教育究》2020 年第 5 期，第 43 页。

② EDUCAUSE：《地平线报告（2021）》，见 EDUCAUSE Network 网（https://library.educause.edu/resources/2020/3/2020 – educause – horizon – report – teaching – and – learning – edition）。

③ 李芒、段冬新、张华阳：《教育技术走向何方：从异化的预测到可选择的未来》，载《现代远程教育研究》2022 年第 1 期，第 21 – 30 页。

发布关于信息技术及其在教育中的应用情况的前瞻性报告。

　　本节采取纵向对比的方法，就 2004 年至 2021 年 18 年间对高等教育教学、学习或创造性表达产生重大影响的新兴技术进行了梳理（见表 5 - 1 - 1）。

　　在这 18 年的所有报告中，出现了大量重复的主题、话题，如关注衡量新教育模式的学习和竞争等。虽然某些主题、话题在报告中反复出现，但它们只代表教育变革的大致走向，每一种趋势、挑战和技术发展都会随着时间的推移而演变，每年都会有新的视角和新的维度。例如，移动学习在 18 年中 3 次出现在报告中，但人们今天理解的移动学习已经不是昨天的移动学习了，虚拟现实、聊天机器人和沉浸式应用程序给移动学习提供了更多功能和更大的学习潜力。同样，一些主题、话题可能早些年在报告中出现，后来一直在发展，在接下来的一段时间里并没有进入专家们的视野，或者进入专家们的视野后，被其他更加有吸引力或视角更新的技术取代，但随着时间推移与技术发展，又重新成为主流教育技术领域关注的热点。例如，开放教育资源①（OER）作为一个全球性运动，最早出现于 20 世纪 90 年代中期，经过 10 多年的发展，于 2010 年入选《地平线报告》。随后，"开放教育资源"这一主题在 2020 年、2021 年再次出现在《地平线报告》中。

---

　　①　开放教育资源（OER）在中国最早是以项目的方式出现的。2003 年，由美国 IET 基金会（International Engineering Technology Foundation，IETF）和美国休利特基金会（Hewlett Foundation）共同资助，中国 26 所著名大学共同参与，在北京成立了中国开放教育资源联合体（CORE）。

表5-1-1 2004年至2021年对高等教育教学、学习或创造性表达产生重大影响的新兴技术一览表

技术名称		年份																
		2004	2005	2006	2007	2008	2009	2010	2011	2012	2013	2014	2015	2016	2017	2018	2019	2020	2021
3D打印	3D Printing											■							
适应性学习	Adaptive Learning													■	■			■	
情感计算	Affective Computing																		
人工智能/机器学习	AI/Machine Learning										■			■	■				■
学生成功分析	Analytics for Student Success																		
分析技术	Analytics Technologies			■															
增强现实和增强可视化	Augmented Reality and Enhanced Visualization							■	■	■									
混合和混合课程模式	Blended and Hybrid Course Models																		■
区块链	Blockchain																		

续表 5-1-1

技术名称		2004	2005	2006	2007	2008	2009	2010	2011	2012	2013	2014	2015	2016	2017	2018	2019	2020	2021
									年　份										
带上你自己的设备	Bring Your Own Device													■					
云计算	Cloud Computing						■												
网络协作	Collaboration Webs					■													
集体智慧	Collective Intelligence					■													
上下文感知计算/增强现实	Context-Aware Computing/Augmented Reality		■	■															
数据混搭	Data Mashups					■													
电子书	Electronic Books				■			■	■										
教学设计、学习工程和用户体验设计的提升	Elevation of Instructional Design, Learning Engineering, and UX Design																	■	
翻转课堂	Flipped Classroom											■	■						

续表5-1-1

技术名称		年 份																		
		2004	2005	2006	2007	2008	2009	2010	2011	2012	2013	2014	2015	2016	2017	2018	2019	2020	2021
游戏与游戏化	Games and Gamification				■							■							■
一切地理化	Geo-Everything						■												
基于手势的计算	Gesture-Based Computing								■										
草根视频	Grassroots Video					■													
智能搜索	Intelligent Searching								■										
学习分析	Learning Analytics									■									
学习对象	Learning Objects		■																
创客空间	Makerspaces												■			■			
大规模网上公开课程	Massive Open Online Courses										■								
微证书	Microcredentialing															■			
混合现实	Mixed Reality													■					
移动宽带	Mobile Broadband					■													

续表 5 - 1 - 1

技术名称		2004	2005	2006	2007	2008	2009	2010	2011	2012	2013	2014	2015	2016	2017	2018	2019	2020	2021
移动计算	Mobile Computing							■											
移动学习	Mobile Learning									■							■		
手机	Mobile Phones				■														
多模态接口	Multimodal Interfaces	■																	
自然用户界面	Natural User Interfaces														■				
下一代学习管理系统	Next-Generation LMS														■				
开放教育资源	Open Educational Resources																■		■
个人广播	Personal Broadcasting			■															
优质在线学习	Quality Online Learning																		■
量化自我	Quantified Self											■							
机器人	Robotics													■					

续表 5－1－1

技术名称		年 份																	
		2004	2005	2006	2007	2008	2009	2010	2011	2012	2013	2014	2015	2016	2017	2018	2019	2020	2021
可缩放矢量图形	Scalable Vector Graphics, SVG	■																	
语义感知应用程序	Semantic-Aware Applications						■												
社交计算	Social Computing			■															
社交网络和知识网	Social Networks and Knowledge Webs		■																
社交操作系统	Social Operating Systems					■													
平板电脑	Tablet Computing										■								
物联网	The Internet of Things									■			■		■				
个人网络	The Personal Web						■												
无处不在的无线	Ubiquitous Wireless		■																

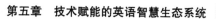

续表 5－1－1

技术名称		年份 2004	2005	2006	2007	2008	2009	2010	2011	2012	2013	2014	2015	2016	2017	2018	2019	2020	2021
用户创建的内容	User-Created Content				■														
虚拟助手	Virtual Assistants											■					■		
虚拟世界	Virtual Worlds				■														
可视化数据分析	Visual Data Analysis							■											
穿戴式科技	Wearable Technology										■		■						
XR（AR、VR、MR、触觉）技术	XR（AR, VR, MR, Haptic）Technologies																	■	

（数据来源：2004—2021 年《地平线报告》。）

二、技术增强英语教育系统的韧性

始于 2019 年的新冠肺炎疫情在全球蔓延，据联合国教科文组织的统计，在疫情最严重的时候，"几乎每个国家都在全国范围内关闭了学校和其他教育机构，全球 90% 以上的在校学生，即超过 15.7 亿的学生受到影响"①。疫情给教育系统带来了前所未有的挑战，引发了人们对教育系统韧性的关注。增强教育系统的韧性、提升其应对各种风险的应急能力，应成为后疫情时代全球教育治理的重要课题。②

（一）教育系统韧性

1. 韧性的内涵与韧性能力

韧性（resilience），源于拉丁语，本义为"回弹"，被广泛运用于物理学、生态学、社会学、组织学、心理学、经济学等领域。③ 作为物理学概念，它一般指材料在断裂前吸收能量或塑性变形的能力，吸收的能量来自外在冲击，可以被界定为消纳能力。在汉语中，"韧"与"脆"相对，"韧性"指物体受外力作用时，虽然变形，但不易折断破裂的性质。塑性变形能力体现为维持原有功能特性而改变自我的能力，可以被界定为适调能力。④

早在 2012 年，美国国际开发署（USAID）就已经认识到恢复力和教育之间的共生关系。只有强大的教育体系才能提高个人、社区和机构的适应力，其韧性计划的重点是为了增强财产、网络和资源的"韧性能力"，增加人们在逆境中利用已经存在的创新和现有能力的机会。理想情况下，韧性教育体系将为人们提供安全、公平的优质教育服务，帮助学生学习应

① IIEP-UNESCO, "Crisis-sensitive Educational Planning". See http://www.iesalc.unesco.org/wp-content/uploads/2020/04/COVID19-Education-Issue-Note-2.4-Planning-1.pdf.

② 刘奕涛、杨体荣、方晓湘：《增强教育系统的韧性：联合国教科文组织危机敏感型教育规划论析》，载《比较教育研究》2021 年第 11 期，第 33 页。

③ 何佩航、陈恩伦：《发展韧性：风险社会下研究生教育的新命题》，载《研究生教育研究》2021 年第 3 期，第 24 页。

④ 祝智庭、彭红超：《技术赋能的韧性教育系统：后疫情教育数字化转型的新路向》载《开放教育研究》2020 年第 5 期，第 46 页。

对冲突或危机的学科知识和社交技能。

韧性被定义为人们、家庭、社区、国家和系统以减少长期脆弱性和促进包容性增长的方式减轻、适应冲击和压力并从中恢复的能力。韧性能力表现为吸收应对能力（absorptive coping capacity）、适应能力（adaptive capacity）和变革能力（transformative capacity）。吸收应对能力指学习者、学校、社区等通过预防措施和适当的应对策略，尽量减少出现冲击和压力的情况，以避免出现长期负面影响的能力，用于应对冲击和压力源的后果。适应能力指学习者、学校、社区等根据长期的社会、经济和环境变化做出明智选择和改变的能力，用于预测未来的冲击。变革能力指社区和大学等通过其治理机制、政策和法规、文化和性别规范、社区网络以及正式和非正式社会保护机制，为系统性变革创造有利环境的能力，用于应对这些冲击和压力源的潜在脆弱性。①

笔者根据美国国际开发署的描述绘制了教育领域韧性能力图谱（见图 5-1-1）。在出现冲突和危机时期，教育系统保持了较高的公共价值和需求，成为信息共享的关键枢纽，是建立韧性恢复力和削弱极端化的关键工具，在增强学习者、学校、社区等的韧性方面起着基础性作用。在教育系统的多个层面（学习者、家庭、学校、社区等）面对不同强度的冲击、压力或影响时，教育韧性体现为吸收应对、适应和变革三个方面的能力。

---

① Shah, R., "Transforming Systems in Times of Adversity: Education and Resilience White Paper". See https://www.eccnetwork.net/resources/transforming-systems-times-adversity-education-and-resilience-white-paper.

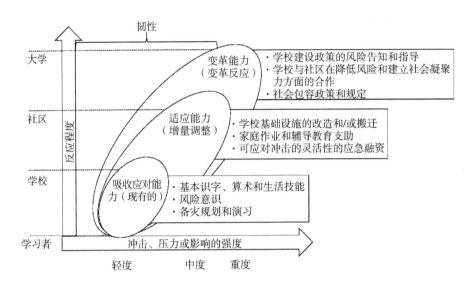

图 5 - 1 - 1　教育领域韧性能力图谱

　　我国学者祝智庭、彭红超对教育系统的韧性有比较深入的研究，他们将韧性的三种能力解读为"消纳、适调、变革"。消纳能力是教育系统的坚守能力，体现系统的稳定性，主要通过启动预防措施或者制订应急预案，缓解甚至规避外在冲击或应激源的负面影响。适调能力是教育系统的增量式调整能力，体现的是系统的灵活性，主要根据社会、经济、环境的变化调整、修改或变换其特性或行为，确保系统的功能和结构不会发生质变，能够持续正常运行。变革能力是教育系统的革命性回应能力，体现的是系统的变更性，主要通过革新、转型等措施创造更加完善的系统，使其不再受冲击或应激源的干扰。这三种能力指明了增强教育系统韧性的三个方向，它们的变化强度和转型成本也是逐级上升的。教育系统的韧性被界定为教育系统通过消纳、适调、变革来消减、规避外在冲击或应激源，或在受压下依然正常运转甚至更加完善的能力。[①] 根据祝智庭、彭红超两位学者的理论绘制的教育系统的韧性能力图谱如图 5 - 1 - 2 所示。

---

　　① 祝智庭、彭红超：《技术赋能的韧性教育系统：后疫情教育数字化转型的新路向》，载《开放教育研究》2020 年第 5 期，第 43 页。

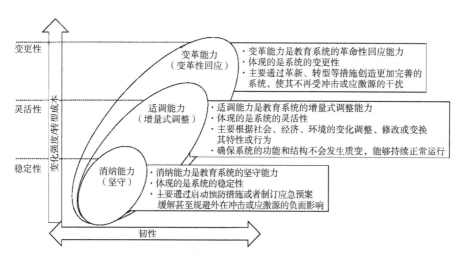

图 5-1-2 教育系统的韧性能力

2. 增强教育系统韧性的生态观

对于国家而言，教育在促进技术、科学进步及经济发展，增强社会凝聚力方面的作用非常重要。对于个人而言，教育有助于培养其必要的技能、态度和行为，从而使其过上健康、高效和有意义的生活。然而，全球有2.44亿失学儿童和青年。[①] 增强教育系统的韧性、提升其应对各种风险的应急能力，应成为后疫情时代全球教育治理的重要课题。

增强教育系统韧性、利用生态观思维进行思考在全球范围内已经形成共识。在生态管理视域下，韧性研究重视生态和人类系统的动态恢复能力与可持续管理能力，以应对重大变化的挑战。[②] 教育系统是开放的生态系统，外接社会化生态系统，内含教育机构生态、教师教学生态和学生学习生态。因此，增强教育系统韧性要从生态观思维着手进行思考。

---

① 数据来源于联合国教科文组织《全球教育监测报告》，见联合国教科文网站（https://www.education‑progress.org/zh/articles/access#% E5% A4% B1% E5% AD% A6% E5% 84% BF% E7% AB% A5）。

② Fiksel, J., "Sustainability and Resilience: Toward a Systems Approach", *IEEE Engineering Management Review*, 2006, 2（3）, p.5.

世界银行全球教育发展实践局和全球减灾与恢复基金（GFDRR）[1]合作项目《灾难恢复指导系列：教育部门复苏》[2] 一文提到：灾害风险管理活动要加强多部门合作，政府应对灾害风险管理、恢复和重建工作的核心部门是教育部、高等教育部和财政部等对整个教育系统负责的部门，其他健康和营养、妇女权利、统计和规划、交通、社会发展和福利等外围部门也发挥着关键作用。此外，由校长和学校/学习中心领导、教师、学校管理人员、当地教育官员、学生及其家庭成员以及社区领导组成的专业人士团队与社区对教育领域灾害风险管理能否取得成功至关重要。以财政或技术支持的形式提供援助的机构或组织等发展伙伴是各国政府在紧急情况下获得优质教育的宝贵资源。广泛存在于公共生活中的非政府和非营利组织，如国际非政府组织（INGO）、双边和多边机构以及慈善组织，致力于促进社会、文化、政治、经济稳定。私营企业通过提供资金鼓励教育创新，并提供咨询服务等。

在我国，增强教育系统的韧性，需要社会各个层级具备不同的特性或反应能力，不仅涉及体制、教育系统的人员和家校层面，也涉及社会文化层面（如企事业单位提供临时岗位，缓解疫情造成的无法顺利就业的难题），且需要促使消纳、适调、变革三种韧性能力相互协同和补充。消纳响应速度快，无须教育系统做出过多的改变，在面临冲击或应激源时，常常是应急预案的首选，但这并非说增强这三种韧性能力必须按照预定的时间顺序。从生态系统角度看，我们要尽早规划和确定增强这三种韧性能力的方案，它们是相互增益的。当然，这也要视干扰（如冲击）的强度而定。干扰强度低时，教育系统往往能够消纳不良影响；干扰强度超出消纳能力时，教育系统便需要逐步增量式调整自身（适调），甚至出现变革局面（变革）。教育系统变革虽然难度较大、短期内无明显效益，但它为更

① 全球减灾与恢复基金由世界银行管理，得到 33 个国家和 11 个国际组织的支持，旨在帮助发展中国家更好地了解、减少自然灾害的危害性，并适应气候变化。全球减灾与恢复基金与 400 多个地方、国家、区域和国际组织合作，提供赠款融资、技术援助、培训和知识共享活动，将灾害和气候风险管理纳入政策和战略的主流。

② 该文由瑞提什·沙阿博士（奥克兰大学）、克里斯·享德森（怀卡托大学）和丹尼尔·蔻驰（奥克兰大学）撰写。

好地应对未来类似的冲击提供了机会。①

（二）人工智能在增强教育系统韧性中的价值

在过去 20 年里，对数字系统日益增长的依赖极大地改变了社会许多方面的运作方式。通过互联网连接的聚合技术平台、工具和接口正在迅速向更分散的 3.0 版转变，人们对基于多种技术协同工作的人工智能、物联网（IoT）/机器人物联网支持的设备、边缘计算、区块链和 5G 等的需求也在增长。未来，随着社会逐渐接受基于区块链技术的下一代互联网，这些数字工具的互联性和融合性将继续增强。②

1. 人工智能技术发展概况

人工智能技术自 20 世纪 50 年代首次激发计算机科学家们的想象力以来，已经发展为一门具有重大商业应用价值的重要研究学科。

第一，人工智能在促进人才培养和教育变革方面潜力巨大。

"人工智能是引领新一轮科技革命和产业变革的重要驱动力。"③ 当前，人工智能技术不仅正在加速第四次工业革命产业结构重组与经济社会转型，而且在促进人才培养和教育变革方面也发挥着巨大潜力。人工智能具有技术属性和社会属性高度融合的特点，是经济发展新引擎、社会发展加速器。大数据驱动的视觉分析、自然语言理解和语音识别等人工智能能力迅速提高，商业智能对话和推荐、自动驾驶、智能穿戴设备、语言翻译、自动导航、新经济预测等技术正快速进入实用阶段，人工智能技术正在渗透并重构生产、分配、交换、消费等经济活动环节，形成从宏观到微观各领域的智能化新需求、新产品、新技术、新业态，改变了人类的生活方式甚至社会结构，实现社会生产力的整体跃升。同时，加快人工智能在教育领域的创新应用，利用智能技术支撑人才培养模式的创新、教学方法的改革、教育治理能力的提升，构建智能化、网络化、个性化、终身化的教育体系，是推进教育均衡发展、促进教育公平、提高教育质量的重要手

---

① 祝智庭、彭红超：《技术赋能的韧性教育系统：后疫情教育数字化转型的新路向》，载《开放教育研究》2020 年第 5 期，第 41 页。

② World Economic Forum，"The Global Risks Report 2022，17th Edition"．See https://www3. weforum. org/docs/WEF_ The_ Global_ Risks_ Report_ 2022. pdf.

③ 习近平：《推动新一代人工智能健康发展　更好造福世界各国人民》，载《人民日报》2019 年 5 月 17 日第 1 版。

段，是实现教育现代化不可或缺的动力和支撑。①

　　全球范围内的人工智能出版物②的数量于过去 20 年里急剧增加，2000 年至 2019 年间，出版物总数增长了近 12 倍。截至 2019 年，与 2014 年相比，中国人工智能出版物所占世界总量的比例处于领先地位（见图 5 - 1 - 3）。在人工智能期刊引文占世界总量的比例上，中国在 2020 年首次超过美国，而欧盟的总体份额则从 2017 年开始持续下降（见图 5 - 1 - 4）。根据计算研究协会（CRA）Taulbee 年度调查③，高等教育机构的人工智能教育所占份额整体增加，计算机科学（CS）毕业生从事人工智能的人数增加。

---

　　① 中华人民共和国教育部：《教育部关于印发〈高等学校人工智能创新行动计划〉的通知》，见中华人民共和国教育部网（http://www.moe.gov.cn/srcsite/A16/s7062/201804/t20180410_332722.html）。

　　② 本节中人工智能相关出版物包括计算机科学（CS）下的 arXiv 预印本网站，包含 cs. AI（artificial intelligence）、cs. CL（computation and language）、cs. CV（computer vision）、cs. NE（neural and evolutionary computing）、cs. RO（robotics）、cs. LG（machine learning in computer science）和 stat. ML（machine learning in statistics）。除了上述发表学术论文的传统途径，人工智能研究人员还接受了在电子预印本在线存储库 arXiv 上发表他们的工作论文（通常是同行评审前）的做法。arXiv 允许研究人员在将研究成果提交给期刊和会议之前分享他们的发现，这大大加快了信息发现和传播的周期。

　　③ 这项调查在 2000 年 11 月到 2021 年 1 月期间，向美国、比利时、英国、加拿大、中国、德国、俄罗斯等的 73 所大学发布调查问卷，其中 18 所大学达到了 24.7% 的回应率，包括清华大学、上海交通大学、剑桥大学、加州理工学院、哈佛大学、斯坦福大学、耶鲁大学奥斯汀分校等高校。计算研究协会（CRA）成立于 1972 年，当时名为计算机科学委员会（CSB）；1986 年，CSB 成立了计算研究委员会（CRB）；1990 年，CRB 被命名为计算研究协会（CRA），并在华盛顿特区开设了一个常设办公室。计算研究协会 Taulbee 年度调查自 1974 年开始，在每年秋季进行，涵盖前一学年的调查内容，因回应率较高，公认调查可信度较高。这项调查冠以"Taulbee"之名，是为了纪念匹兹堡大学的奥林·爱迪生·陶尔比对开展该项调查项目的贡献。

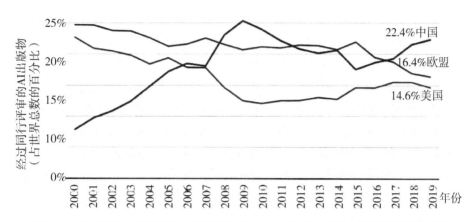

图 5-1-3　2000 年至 2019 年同行评议的人工智能出版物所占世界总量的比例①

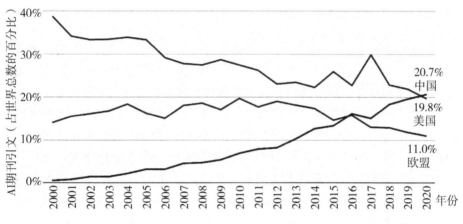

图 5-1-4　2000 年至 2020 年人工智能期刊引文占世界总量的比例②

　　尽管新冠肺炎疫情导致全球经济衰退，但在人工智能方面的投资不但没有受到影响，反而其实际投资增长了。中国的"游戏、粉丝、游戏、

　　① 数据来自《2021 年 AI 指数报告》，见斯坦福官网（https://dev-hai-aiindex.pantheon-site.io/ai-index-report-2021/）。

　　② 数据来自《2021 年 AI 指数报告》，见斯坦福官网（https://dev-hai-aiindex.pantheon-site.io/ai-index-report-2021/）。

足球""学生、课程、EdTech①、英语"两个领域在人工智能方面的投资额显著增加。预计到2024年，世界人工智能教育应用市场规模将达到60亿美元。②

第二，人工智能成为国际竞争的新焦点、经济发展的新引擎。

人工智能将在未来几十年内塑造全球竞争力已成为各国政府的共识，各国政府、区域和政府间组织都在争相实施针对人工智能的政策，以最大限度地发挥这项技术的潜力，同时消除其社会和道德影响。自2017年加拿大发布全球首个国家人工智能战略以来，截至2020年12月，已有30多个国家和地区发布了类似文件。

2019年，美国第116届国会被戏称为"历史上最关注人工智能的国会会议"，国会记录提到"人工智能"的次数是第115届国会的三倍多。美国国防部网站公布了《2018年国防部人工智能战略摘要——利用人工智能促进安全与繁荣》，并成立联合人工智能中心（JAIC），旨在加快人工智能快速赋能关键作战任务、统筹协调人工智能研发项目、积极维持美国在AI方面的战略地位。③ 2020财年，美国联邦民用机构（不属于美国国防部或情报部门的机构）为人工智能研发拨款9.735亿美元，如果将美国国会拨款也计算在内的话，款项将达到11亿美元。虽然美国国防部的官方预算尚未公开，但彭博政府（Bloomberg Government）④ 分析了国防部公开的研发、测试和评估（RDT&E）预算申请，透过这些数据揭示了国防部在人工智能研发方面的支出。2018—2021财年，美国国防部人工智能专用研发、测试和评估预算情况如图5-1-5所示。同时，美国国防部在人工智能产品和服务合同上的支出达到了历史最高水平。2020财年，

---

① EdTech是指能够为教师主导型的课堂带来增强助力，并改善学生的教育成果的硬件和软件。也就是说，EdTech可以用IT工具、硬件、软件来增强课堂效果、改善学习体验。

② 《人工智能与教育：政策制定者指南》，见联合国教科文组织数字图书馆网（https://unesdoc.unesco.org/ark:/48223/pf0000378648）。

③ 清华大学-中国工程院知识智能联合研究中心、清华大学人工智能研究院、中国人工智能学会：《人工智能发展报告（2011—2020）》，见搜狐网（https://www.sohu.com/a/459477909_100204233）。

④ 彭博有限合伙企业（Bloomberg L. P.）是全球最大的商业、金融信息和财经资讯服务提供商，由迈克尔·彭博（Michael Bloomberg）于1981年创立。通过彭博法律（Bloomberg Law）、彭博政府（Bloomberg Government）、美国国家事务出版（BNA）和彭博新能源财经（Bloomberg New Energy Finance），为金融业以外其他行业的决策制定者提供数据、资讯和分析工具。

美国联邦部门和机构在非机密人工智能相关合同上总共花费了 18 亿美元，比 2019 财年有所增长，占 2020 年总合同支出（6820 亿美元）的 0.26%，是 2015 财年的 6 倍多，主要集中在美国国防部、美国航空航天局（NASA）、国土安全部和卫生与公共服务部。①

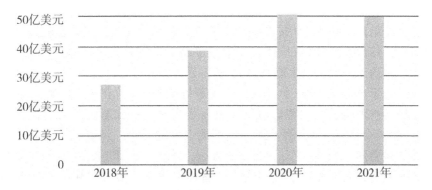

图 5-1-5　2018—2021 财年美国国防部人工智能专用研发、测试和评估预算②

2017 年，我国国务院印发了《新一代人工智能发展规划》（以下简称《规划》）。《规划》指出我国的人工智能战略是世界上最全面的战略之一，它包括通过教育和技能获取进行研发和人才开发，以及道德规范和对国家安全的影响。它设定了具体目标：到 2020 年，在人工智能行业中与竞争对手保持一致；到 2025 年，成为无人机（UAV）、语音和图像识别等领域的全球领导者；到 2030 年，成为人工智能创新的主要中心。在重点任务方面，规划提到要"建设安全便捷的智能社会""发展便捷高效的智能服务"，其中"智能教育"建设任务是要"利用智能技术加快推动人才培养模式、教学方法改革，构建包含智能学习、交互式学习的新型教育体系。开展智能校园建设，推动人工智能在教学、管理、资源建设等全流程应用。开发立体综合教学场、基于大数据智能的在线学习教育平台。开发智能教育助理，建立智能、快速、全面的教育分析系统。建立以学习者为中心的教育环境，提供精准推送的教育服务，实现日常教育和终身教育定

---

① 数据来自《2021 年 AI 指数报告》，见斯坦福官网（https://dev-hai-aiindex.pantheonsite.io/ai-index-report-2021/）。

② 数据来源：彭博政府（Bloomberg Government）分析。

制化"。① 2018 年，教育部印发《高等学校人工智能创新行动计划》，设定了三个主要目标：到 2020 年，基本完成科技创新体系和学科体系的优化布局；到 2025 年，部分理论研究、创新技术与应用示范达到世界领先水平；到 2030 年，引领新一代人工智能发展的人才高地。② 2019 年 5 月，北京大学、清华大学等高校以及科研院所和产业联盟共同发布《北京人工智能原则》，2020 年 9 月又共同发布《面向儿童的人工智能北京共识》。自 2019 年启动"国家新一代人工智能创新发展试验区"建设工作以来，我国已相继支持北京、上海等 18 个地方建设试验区。③

欧盟于 2018 年发布了《欧盟人工智能战略》，旨在推动欧盟人工智能领域的技术研发、道德规范制定以及投资规划；欧盟成员国还签署了《人工智能合作宣言》，就人工智能可能引发的社会、经济、伦理道德和法律等重要问题开展合作，确保欧洲在人工智能研发和应用上具有强大竞争力。随后，其又发布了《促进人工智能在欧洲发展和应用的协调行动计划》，提出设计伦理和设计安全两大关键原则，旨在使欧洲成为处于发展前沿、符合道德伦理、安全的人工智能技术的世界领先地区，强调将通过以人为本的方式促进人工智能技术发展。欧盟专门设立了高级别人工智能专家组（AI HLEG），就人工智能的投资和政策制定提出建议，为人工智能的道德发展制定指导方针。2019 年，欧盟启动 AI FOR EU 项目，建立人工智能需求平台、开放协作平台，整合汇聚 21 个成员国 79 家研发机构、中小企业和大型企业的数据、计算、算法和工具等人工智能资源，提供统一、开放的服务。2021 年，欧盟启动"数字十年计划"④，将通过"数字欧洲计划"和"地平线欧洲计划"，每年向人工智能投资 10 亿欧元。此外，还将通过调动私营部门和成员国的额外投资，以便在未来 10 年达到 200 亿欧元的投资额。2021 年，欧盟为数字图书馆提供了 1340 亿

---

① 国务院：《新一代人工智能发展规划》，见中华人民共和国中央人民政府网（http://www.gov.cn/zhengce/content/2017 – 07/20/content_5211996.htm）。

② 教育部：《高等学校人工智能创新行动计划》，见中华人民共和国教育部网（http://www.moe.gov.cn/srcsite/A16/s7062/201804/t20180410_ 332722.html）。

③ 《我国已相继支持建设 18 个新一代人工智能创新发展试验区》，载《长江日报》大武汉客户端，2021 年 12 月 18 日。

④ Proposal for a Decision of the European Parliament and of the Council Establishing the 2030 Policy Programme, "Path to the Digital Decade". See https://eur – lex.europa.eu/legal – content/EN/TXT/?uri = CELEX%3A52021PC0574.

欧元的资金，以便欧洲可以成为开发尖端、值得信赖的人工智能的全球领导者。①

2. 人工智能赋能教育系统韧性增强

2019 年，联合国教科文组织发布《北京共识——人工智能与教育》，这是联合国教科文组织首个为利用人工智能技术实现 2030 年教育议程提供指导和建议的重要文件。该文件提出，各国要引领实施适当的政策应对策略，通过人工智能与教育的系统融合，全面创新教育、教学和学习方式，并利用人工智能加快建设开放灵活的教育体系，确保全民享有公平、适合每个人且优质的终身学习机会，从而推动可持续发展目标和人类命运共同体的实现。② 2021 年，联合国教科文组织在《北京共识——人工智能与教育》的实施框架下编制《人工智能与教育：政策制定者指南》，力求培养教育领域中具备人工智能素养的政策制定者，帮助政策制定者更好地了解人工智能给教学带来的可能性与影响，以期人工智能在教育领域的应用能够真正有助于实现可持续发展目标："确保包容和公平的优质教育，让全民终身享有学习机会。"③

我们知道，教育系统韧性能力表现为消纳能力、适调能力和变革能力。教育系统通过消纳、适调、变革三个韧性能力，消减、规避外在冲击、压力，不但可以保持教育系统正常运转，还可以发挥其在社会体系内的作用。

第一，人工智能赋能消纳能力。

消纳能力是教育系统的坚守能力，体现的是系统的稳定性，主要通过启动预防措施或者制定应急预案，缓解甚至规避外在冲击或应激源的负面影响。疫情期间，各国学校暂时关闭，转为在线教学，即为消纳韧性能力的体现。④

现代教育集中体现了工业时代的流水线作业和批量生产特征：学生按

---

① 数据来自欧盟官方网站（https://digital-strategy.ec.europa.eu/en.）。

② "Beijing Consensus on Artificial Intelligence and Education". See https://unesdoc.unesco.org/ark:/48223/pf0000368303.

③ 《人工智能与教育：政策制定者指南》，见联合国教科文组织网（https://unesdoc.unesco.org/ark:/48223/pf0000378648）。

④ 祝智庭、彭红超：《技术赋能的韧性教育系统：后疫情教育数字化转型的新路向》，载《开放教育研究》2020 年第 5 期，第 46 页。

年龄分班，使用统一的教材，按照规范的流程进行教学，定期开展考试，达到标准的学生升入更高年级，并以此往复、循环不止。①

（1）在教学方面，人工智能帮助教师完成基础性、重复性任务。人工智能可以帮助教师承担学习资源推送、可重复性教学任务、教学评价、习题推送和批阅等工作。认知诊断理论被认为是当前教育测量领域的核心理论，能够识别学生的认知状态，建立测试项目与知识点（包括解题技巧与方法等）间的映射关系，揭示学生与测试项目结果背后的潜在认知结构。目前，国内外开发的认知诊断模型有 70 多种。② 由认知诊断理论发展而来的知识追踪（knowledge tracing，KT），是实现人工智能辅助教育的有力工具，目前已经成为智能导学系统（intelligent tutoring systems，ITS）的一个主要组成部分，被广泛应用于各个在线教育平台，如 edX、Coursera 和爱学习。③ 在人工智能的助力下，一些重复性的基础教学工作，如字词拼读、课文复述、试题讲解、口语练习等已经可以由教育机器人或智能教育助理来承担。全球范围内，现今共有 60 多个可用的商业智能导学系统，包括 Alef、ALEKS、Byjus、Mathia、Qubena、Riiid 和松鼠 AI。④

此外，通过大规模、细粒度的数字资源库，可以实现知识内容的特征标记，实现学习者和学习资源的双向匹配；通过建立学科知识图谱，自动生成适合各类学生的试题和作业，并实现自动化批改。例如，智能评卷技术已经被应用于普通话水平测试和中考、高考英语听说考试，并可以对作文、翻译等主观题进行自动评分。⑤ 2016 年，国内领先的人工智能技术企业——科大讯飞股份有限公司（以下简称"科大讯飞"）与教育部考试中心共建联合实验室。根据科大讯飞微信公众号的信息，2021 年上半年，科大讯飞为全国 21 个省份 50 个项目约 400 万名中考和高考考生的英语听说人机对话考试提供了服务。

①　曹培杰：《人工智能教育变革的三重境界》，载《教育研究》2020 年第 2 期，第 147 页。

②　马玉慧、王珠珠、王硕烁等：《面向智慧教育的学习分析与智能导学研究——基于 RSM 的个性化学习资源推送方法》，载《电化教育研究》2018 年第 10 期，第 50 页。

③　刘铁园、陈威、常亮等：《基于深度学习的知识追踪研究进展》，载《计算机研究与发展》2022 年第 1 期，第 100 页。

④　《人工智能与教育：政策制定者指南》，见联合国教科文组织网（https://unesdoc. unesco. org/ark:/48223/pf0000378648）。

⑤　汪张龙、徐俊俊、李晓臻等：《纸笔考试智能网上评卷系统的设计和应用——智能教育应用之"考试评价"篇》，载《现代教育技术》2018 年第 3 期，第 7 页。

（2）在教学管理方面，人工智能促进教育管理发展，支持教育资源和教育服务的有效供给。人工智能使教育管理信息系统（EMIS）更加稳定可靠、便于访问、精简、功能强大、用户友好且高效；可以实现学校行政管理各个方面的智能化、自动化，涵盖招生、排课、考勤、作业监测以及校务监管等方面，能优化公文流转、档案管理、人事考评、校务管理等活动流程，提高管理效能。人工智能可以为学校提供面部识别技术、姿态识别技术以及时发现可疑人员，减少密集场所意外事件、校园安全事件的发生。

此外，从教育体系得来的大数据能打破信息壁垒，有助于教育供给方面的政策制定，促进教育管理系统资源整合共享，实现标准化、规范化、协同化，提升教育公共服务水平。人工智能使循证决策和管理朝着更加灵活、动态化和民主化的方向发展，数据流的发展更能适应社会和教育模式的变化。投资有关人工智能的项目，实现对技能和需求的全系统预测，能够使政府做好满足当地相关教育需求的准备，并将其与金融、经济、法律和医学等部门相结合。比如，中国教育科学研究院利用教育决策模拟系统，对实施"全面二孩"政策后的学龄人口进行了预测分析，为提前做好学校布局和教育资源配置提供了参考。①

（3）在学习支持服务方面，人工智能的应用表现在四个方面：特征分析和预测、考核和评价、自适应系统和个性化、智能辅导系统。② 教育评价是对教育活动满足社会与个体需要的程度做出判断的活动。在教育活动中，过程性评价（形成性评价）以反馈调控和改进完善为主要目的。过程性评价由于针对大量的学习者、漫长的学习过程、复杂的知识内容，使用起来并不方便。而总结性评价则在传统教育过程中较常见，便于操作。将人工智能融入教育评价，变不可能为可能，教育评价可以从"结果视角"转向"过程视角"。比如，英国开放大学预测性学习分析系统（OU Analyse）获得了 2020 年联合国教科文组织教育奖。该系统由机器学习方法驱动，总体目标是显著提高英国开放大学学生的保留率，用于识别

① 马晓强、崔吉芳、刘大伟等：《中国教育现代化发展的总体趋势和挑战》，载《教育研究》2017 年第 11 期，第 20 页。

② 詹泽慧、钟柏昌：《人工智能助力高等教育：变革与坚守》，载《中国高等教育》2021 第 20 期，第 23 页。

有失败风险的学生，每周更新一次数据，这些预测结果可供课程指导老师或支持团队使用，并且采用易于获取的仪表盘报告形式，方便使用者考虑最适当的学习支持服务措施。①

第二，人工智能赋能适调能力。

适调能力是教育系统的增量式调整能力，体现的是系统的灵活性，主要根据社会、经济、环境的变化调整、修改或变换系统的特性或行为，确保系统的功能和结构不会发生质变，能够持续正常运行。②

2018年，我国教育部部长陈宝生第一次提出"金课"概念；同年，教育部印发《教育部关于狠抓新时代全国高等学校本科教育工作会议精神落实的通知》，第一次将"金课"写入教育部文件。那么，"金课"的标准是什么？它的标准即"两性一度"——高阶性、创新性、挑战度。③人工智能将助力高等教育课程建设，实现"高阶性、创新性、挑战度"的重要支撑。人工智能在教育领域的应用可以追溯至20世纪70年代。从一开始，人工智能在教育领域的应用便朝着多个方向发展，首先是面向学生的人工智能（为支持学习和测评而设计），然后是面向教师的人工智能（为支持授课而设计），还有面向系统的人工智能（为支持教育机构管理而设计）。④

（1）在教学方面，人工智能帮助教师实现创造性的教学设计，实现学习设计师（LD）的身份转变。学习设计起源于教学设计。教学设计指

<hr />

① 见英国开放大学官方网站 https://analyse.kmi.open.ac.uk。

② 祝智庭、彭红超：《技术赋能的韧性教育系统：后疫情教育数字化转型的新路向》，载《开放教育研究》2020第5期，第44页。

③ 2018年，教育部召开了新时代全国高等学校本科教育工作会议，时任部长陈宝生在会议上提出，对大学生要有效"增负"，要把"水课"转变成有深度、有难度、有挑战度的"金课"。同年，教育部印发的《教育部关于狠抓新时代全国高等学校本科教育工作会议精神落实的通知》提出"各高校要全面梳理各门课程的教学内容，淘汰'水课'、打造'金课'，切实提高课程教学质量"。时任教育部高等教育司司长吴岩在2018年第十一届"中国大学教学论坛"上提出"金课"标准，即"两性一度"——高阶性、创新性、挑战度。"高阶性"指知识、能力、素质的有机融合，培养学生的高级思维力及解决复杂问题的综合能力。"创新性"是难点也是重点，要求课程内容有前沿性和时代性，教学形式有先进性和互动性，学习结果有探究性和个性化。"挑战度"指课程有一定难度，需要"跳一跳"才能够得着，老师要认真花时间、花精力、花情感备课、讲课，学生课上课下要有较多的学习时间和思考做保障。

④ Baker, T., Smith, L., Anissa, N. "Educ-AI-tion Rebooted? Exploring the Future of Artificial Intelligence in Schools and Colleges". See https://www.nesta.org.uk/report/education-rebooted.

向的是对教学材料进行分析、设计、开发、实施、评价的系统过程，学习设计更关注如何将关于学习的理论与研究整合到对学习者的学习体验的设计中，从而达成预期的学习目标。① 学习设计基于学习科学的理论和方法，重点关注如何支持和促进教师由教学者、评价者向学习体验的设计者转变，重点关注如何促进和支持教师开展对学习体验的设计、对学习过程的探究以及基于学习设计的合作与协作，更强调学习生态运营，需要综合考虑学习价值链上所有利益相关者的关系，特别是管理者的参与。在技术变革背景下，教育呈现出供给主体多元化、供给方式多样化、教育资源开放化等特点，应用教育生态学理念开展多元主体参与教育的研究和实践成为可能。学习分析技术通过收集、分析学习者在学习过程中产生的全过程数据，有效支撑教师开展数据支撑的动态学习设计，指导教师和学生开展有效的教与学。贝叶斯网络和机器学习，特别是深度学习的应用，不但可以从行为数据中提取学习分析的数据，还可以转向多模态数据。例如，通过眼动追踪技术观测学习者的信息识别和注意力变化，利用可穿戴设备分析学生在学习过程中的行为和生理特征等。②

（2）在教学管理方面，人工智能帮助教育管理者从粗放式管理转向精准化治理。在智能时代显著的数字化、智能化技术赋能之下，教育治理呈现出教育数据要素化、教育治理协同化、教育决策精准化、教育服务场景化的全新特征。③ 在人工智能背景下，社会个体间的无缝沟通成为可能，信息技术可以激发教育行政部门的治理潜能，解构和重塑现有的教学管理方式。人工智能技术在教育管理方面具有整体性优势，通过群体智能（swarm intelligence，SI）、混合增强智能、智能助理（virtual personal assistant）可以整合、协同、开放教育资源，促进数字资源、师资资源、教育数据要素、信息资源的有效共享，构建"全功能、全流程、全天候的教育公共服务体系"。

---

① 冯晓英、王瑞雪、曹洁婷等：《国内外学习科学、设计、技术研究前沿与趋势——2019"学习设计、技术与学习科学"国际研讨会述评》，载《开放教育研究》2020年第1期，第24页。

② 《人工智能与教育：政策制定者指南》，见联合国教科文组织网（https://unesdoc.unesco.org/ark:/48223/pf0000378648）。

③ 余聪、陈剑波：《智能时代教育治理现代化的特征、结构与发展路径》，载《教学与管理》2021年第6期，第25页。

"深度算法＋大数据"通过对师生教学、管理和日常生活的监测，将各要素转换为相应的数字模型，在综合信息管理平台提供精准的数据内容，实现教育治理认识的全面性与精准化。在综合分析海量数据的基础上形成学生档案袋，监测学生的成长节点，整理学习者的特点，根据学生特色匹配优质师资，实现教育治理服务的定制化。[①] "人工智能驱动的电子学习档案"可以用于整理学生在接受正规教育期间的所有持续评估信息，以及学生参与非正规学习和非正式学习的数据。该记录将作为一种智能和动态简历，可以使用区块链技术来担保和认证。如此，学生便可以拥有一个强大的、经认证的学习经历和成绩记录，这有可能比一系列考试证书更详细。同时，学生允许高等教育机构和未来雇主安全访问其电子学习档案的相关部分。[②]

（3）在学习支持服务方面，人工智能助力教育质量综合评价指标体系构建。为促进高职院校有效落实质量保证体系建设与运行实施方案，从2008年开始，教育部推广"高等职业院校人才培养工作状态数据采集平台"。该平台是全面了解各高职院校人才培养工作状态的重要信息窗口，数据覆盖了学校人才培养的各个方面，具有独立、原始、真实、公开的特点，反映了学校的办学状态。目前，高职院校通过该平台积累了大量的人才培养工作状态数据，但是数据依旧处于碎片化状态，缺少数据的分析和应用，整改缺乏客观数据依据，整改实施不够精准，诊断结果自然不够科学、精准，无法为学校提供监测预警和科学决策参考。人工智能的引入，有助于构建具有生物识别功能的数字资源管理应用系统，为学校内部质量诊改提供强有力的技术支撑，构建学校、专业、课程、教师、学生等层面诊改数据的应用评价机制，形成一套科学可行的人才培养工作状态数据应用机制，弥补该平台挖掘人才培养状态数据以提高诊改的精准度方面的不足，以期达到中国特色高水平高职学校和专业建设计划（"双高计划"）与《国家职业教育改革实施方案》对职业教育质量发展提出的要求。[③]

---

① 舒永久、李林玲：《高等教育治理体系现代化：逻辑、困境及路径》，载《现代教育管理》2020年第6期，第4页。

② 《人工智能与教育：政策制定者指南》，见联合国教科文组织网（https://unesdoc.unesco.org/ark:/48223/pf0000378648）。

③ 岑洁玲：《"双高计划"下人才培养状态数据在内部质量诊断与改进的应用研究》，载《高教学刊》2020年第30期，第75页。

为实现高等教育质量常态监测、健全教育质量保障体系，从 2018 年起，教育部针对本科院校启用"高等教育质量监测国家数据平台"。该平台充分利用联机分析处理、数据挖掘等现代分析技术和手段，对数据进行分类分析、聚类分析、关联分析、时序分析等多维度、多层次分析，对数据的有效价值进行充分提炼和挖掘；平台具有强大的监测、诊断、预警和调控功能，对监测到的结果或输出信息进行分析和处理，及时反馈给高等学校或教育行政部门，为高等教育的决策活动提供可靠的数据支撑和良好的信息辅助环境。[1]

第二，人工智能赋能变革能力。

变革能力是教育系统的革命性回应能力，体现的是系统的变更性，主要通过革新、转型等措施创造更加完善的系统，使其不再受冲击或应激源的干扰。

人工智能进化与教育高质量发展在本质上是同向促进的。华南师范大学胡小勇、孙硕、杨文杰、丁格莹四位老师通过研究梳理出我国人工智能进化与教育高质量发展在同向发展中不断融合、相互赋能的特征（见图 5 – 1 – 6）。[2]

确保教育领域的包容与公平以及通过教育实现包容与公平，并为所有人提供终身学习的机会，是实现 2030 年教育可持续发展目标的基石。人工智能方面的技术突破应被视为改善最弱势群体受教育机会的一个契机。[4] 各机构通过其治理机制、政策和法规、文化和性别规范、社区网络以及正式和非正式社会保护机制，为教育系统性变革创造有利环境。

（1）在教学方面，人工智能推进教育的包容性和公平性。虽然很多学者认为，人工智能在改善教育和学习方面的作用实际上是被夸大了，但在现实世界，人工智能已经实实在在被用于提升教育包容性和公平性。例

① 乔刚、周文辉：《高等教育质量监测数据平台建设——理念、框架与路径》，载《清华大学教育研究》2017 第 1 期，第 57 – 63 页。

② 胡小勇、孙硕、杨文杰等：《人工智能赋能教育高质量发展：需求、愿景与路径》，载《现代教育技术》2022 第 1 期，第 5 – 15 页。

③ 胡小勇、孙硕、杨文杰等：《人工智能赋能教育高质量发展：需求、愿景与路径》，载《现代教育技术》2022 第 1 期，第 5 – 15 页。

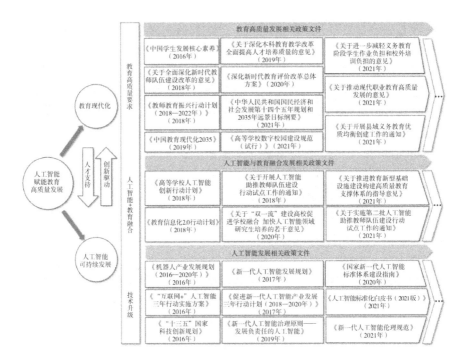

图5-1-6 我国人工智能进化与教育高质量发展在同向发展中不断融合、相互赋能的特征①

如，世界数字图书馆②提供语音助手，让有识字困难的人可以用语音搜索书籍，然后由语音助手朗读书籍。目前，世界上有 3200 万名失聪儿童，其中许多儿童都在为学习与阅读而挣扎。华为与欧洲相关的听障人士协会及其专家，以及慈善机构合作，开发了手机应用程序 StorySign。该应用程序采用了人工智能和增强现实技术，免费提供 10 种语言的手语，通过 AI

① 《北京共识——人工智能与教育》，见中华人民共和国教育部网（http://www.moe.gov.cn/jyb_ xwfb/gzdt_ gzdt/s5987/201908/W020190828311234679343.pdf）。

② 世界数字图书馆（The World Digital Library）网站于 2009 年由联合国教科文组织和 32 个公共团体合作建立，由全球规模最大的图书馆——美国国会图书馆主导开发。参与该计划的有巴西、英国、中国、埃及、法国、日本、俄罗斯、沙特阿拉伯、美国等国家的图书馆和文化机构，他们将文化素材数字化，让读者可以通过网络获取。目前，中国国家图书馆提供了 191 项珍贵文献，包括甲骨文、手稿、敦煌文献、少数民族文字典籍等。世界数字图书馆的构想最初由美国国会图书馆馆长毕灵顿（James Billington）提出。见世界数字图书馆网（https://www.wdl.org）。

人物 Star 将读者选定的文本翻译成手语，实现听障儿童自主学习、阅读。① 另外，还有远程临场机器人（telepresence robots）可以为因患病或难民危机等而无法上学的学生提供重返课堂的机会。②

　　教育公平一直是我国乃至全球教育的难题。受能力状况、年龄、性别、收入等因素的影响，宽带接入在全球范围内仍然是不平等的，人工智能在提升教育的包容性和公平性的同时，有可能加深现有的教育不平等和分歧，边缘化的弱势群体更有可能被排除在人工智能教育之外，从而导致新的数字鸿沟的形成。若人工智能技术在设计上以增进以人为本的教学法为目的，并尊重伦理规范及标准，那么人工智能将对整个人类社会有益无害。因此，各国政府在制定、实施人工智能教育政策时，要确保人工智能技术在教育中的应用合乎伦理，坚守包容和公平底线，让全民终身享有学习机会。

　　（2）在教学管理方面，人工智能可以促进每个学生学习、赋能教师队伍和强化学习管理系统。因材施教是教学中一项重要的教学方法和教学原则，也是人们对教育的终极追求。源于工业化生产的班级授课制教学组织形式，是成本效益最高的人才批量生产方式。人工智能使因材施教成为可能，通过对大数据的分析和运用，尊重学生的个体差异，满足学生和教师各自的独特化、个性化需求。早在 2017 年，《地平线报告》就提到新一代学习管理系统（LMS）的总体目标是适应所有教师和学生的个性化需求，从实现课程管理任务转移到支持适应性学习技术的深化学习行为。现在，人工智能的自然语言处理、语音识别和图像识别技术的精确度已达到90% 以上，自主代理、情绪检测、人工创作等新技术正在蓬勃发展。人工智能技术通过建立开放的、可网络协作的教学系统，重视教学系统的非线性协同作用，提高系统的自组织能力，从而使教学系统的运行效率得到整体提高。

　　（3）在学习支持服务方面，人工智能重塑了学习场景和学习环境。疫情的暴发使得网络授课成为全球普遍选用的教学形式。美国弗吉尼亚州公立教学系统关于线上教学的调查显示：线上教学导致学生成绩大幅滑

---

① 数据来源于华为官方网站（https://developer. huawei. com/consumer/cn）。

② "The Use of Telepresence in Education and eLearning". See https://elearningindustry. com/telepresence – in – education – future – elearning.

落，成绩不及格的学生比例比上一学年猛增 83%。① 为什么网络教学效果差于传统教学效果？原因是多方面的，但主要原因是学习场景不理想，导致信息交互、情感体验效果差。目前，大多数网络授课缺乏三维形体知觉、全息动作感知、实时交流及场景触动，学生的语言、眼神和体态等信息对教师的反馈传递效果不理想，学生的学习动力、学习效率都会大打折扣。随着元宇宙时代的到来，5G、大数据、云计算、拓展现实（XR）和人工智能等技术得到广泛应用，人类已进入场景（CT）时代。场景化正在不断影响和渗透教育领域，并促进教育领域快速地进行自我革新与升级。② 在先进技术的助力下，学习者可以置身于全场景学习环境，拥有更丰富、更开放、更多元的学习资源；深度挖掘学习数据，追踪、捕捉学习行为轨迹；学习者可以接受更加精准、个性化的学习服务支持；引导者可以了解学习者对知识点的掌握程度，让学习者能在集体学习的过程中发现问题、思考问题，进而调整学习进度，增强学习的自主性。以云技术、人工智能为核心，通过云边端协同、数字孪生（DT）、扩展现实等技术，联通物理世界和数字世界，让软件、数据和人工智能算法在云、边、端自由流动，构建万物互联的信息传播机制。

（三）大数据在增强教育系统韧性中的价值

当前，数据已成为重要的生产要素，大数据产业作为以数据生成、采集、存储、加工、分析、服务为主的战略性新兴产业，是激活数据要素潜能的关键支撑，是加快经济社会发展质量变革、效率变革、动力变革的重要引擎。面对世界百年未有之大变局与新一轮科技革命和产业变革深入发展的机遇期，世界各国纷纷出台大数据战略，开启大数据产业创新发展新赛道，聚力数据要素多重价值挖掘，抢占大数据产业发展制高点。为能够敏锐抓住数字经济发展的历史机遇，更好地推进大数据产业高质量发展，2021 年，我国制定《"十四五"大数据产业发展规划》，以此作为未来 5

---

① 参见曾海、陈艳、邱崇光《基于学习环境理论的智慧场景在线教育新生态的研究》，载《中国多媒体与网络教学学报》2021 年第 11 期，第 25 – 30 页。

② 袁凡、陈卫东、徐铷忆等：《场景赋能：场景化设计及其教育应用展望——兼论元宇宙时代全场景学习的实现机制》，载《远程教育杂志》2022 第 1 期，第 16 页。

年大数据产业发展工作的行动纲领。[①]

1. 大数据技术的发展概况

英国学者维克托·迈尔-舍恩伯格和肯尼思·库克耶所著的《大数据时代》开启了大数据研究之先河。大数据开启了一次重大的时代转型，即思维变革、商业变革和管理变革。[②]

第一，大数据影响着教育治理现代化进程。

在社会中，作为个体的人是以关系状态存在的，每个人都是社会网络中的节点。囿于观察角度，人们看不到隐藏在周围的整体性，然而大数据天然具备的容量（volume）庞大、类型（variety）多样、获取速率（velocity）快、真实性（veracity）强、复杂（complexity）、可变（variability）和潜在价值（value）的特点，让人们转变视角，从系统、整体的角度观察世界成为可能。大数据成为人工智能"思考""决策"的基石，是人工智能技术的三大基础之一（另外两个是算法和算力）。人工智能是大数据价值化的体现，信息数据化的认知思维为人工智能的语境定位问题和自然语言理解问题提供了溯因逆推的灵活解决进路，大数据的分层、演化模拟范式和数据层级嵌套式的模拟研究进路，为人工智能构建出具有自学习性、分布性等特征的理论预设。[③]

大数据的挖掘使我们获得了以往所不能获得的潜在数据价值，在知识生产的过程中，我们可以通过海量的数据发掘在小数据状态下未被我们察觉的数据和信息，为知识生产活动提供佐证，"更重要的是通过数据发现教育状态、反映教育活动规律、引导教育研究行为更加科学化和理性化"。"大数据可以在一定程度上减少测量误差，提高基于数据资源的研究结果的效度和信度。"基于数据的"教育预测"并不是教育的终极目的，教育以及教育研究的目的在于洞察和改进，通过大数据在教育研究中的应用，"让教师有机会深度观察自身的教学行为，让学习者具备自我审视的能力、开展自我精准调整，实现高效学习，让教育管理者能精准、及时把握教育系统要素，为教育管理决策提供科学的依据，为采取相应的措

---

① 中华人民共和国工业和信息化部：《"十四五"大数据产业发展规划》，见中华人民共和国中央人民政府网（http://www.gov.cn/zhengce/2021-12/01/content_5655197.htm）。

② 王家耀：《人工智能赋能时空大数据平台》，载《无线电工程》2022第1期，第1-8页。

③ 刘伟伟、原建勇：《人工智能难题的大数据思维进路》，载《新疆师范大学学报（哲学社会科学版）》2018第3期，第120-125页。

施提供合适的理由"。对于教育研究而言，大数据的来临打破了以往数据的静态模式，"动态范式以现代信息技术保证研究的科学性，依靠数据处理的技术规则保证研究的规范性，通过深度的数据挖掘发现研究结论"。①

在国际大数据研究领域，近 10 年来，大数据分析领域的论文总体上呈现大幅度上升趋势，尤其是在 2015 年之后，较往年呈现若干倍数增长的趋势，在 2019 年首次突破了 400 篇（见图 5 - 1 - 7）。其中，美国的研究优势较为明显，发文量处于领先位置，文献的被引频次也遥遥领先。②

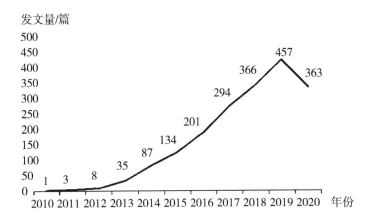

图 5 - 1 - 7　2010 年至 2020 年国际大数据分析领域的论文总量变化趋势③

国际数据公司（IDC）的统计显示，近几年，全球大数据储量的增速每年都保持在 40%，近 90% 的数据是在这几年内产生的，预计到 2025年，全球数据量将比 2016 年的 16.1ZB（1ZB = 1 亿 TB）约增加 9 倍，达到 163ZB。中国的数据产生量约占全球数据产生量的 23%，美国的数据产生量占比约为 21%，欧洲、中东、非洲（EMEA）的数据产生量占比约为 30%，日本和亚太（APJxC）的数据产生量占比约为 18%，全球其他

①　卢盈：《大数据时代教育研究的机遇、挑战与应对》，载《高教发展与评估》2021 年第 4期，第 18 页。

②　张优智、张家麒：《近十年国际大数据领域研究进展：基于 Web of Science 的实证分析》，载《武汉商学院学报》2021 年第 4 期，第 70 页。

③　张优智、张家麒：《近十年国际大数据领域研究进展：基于 Web of Science 的实证分析》，载《武汉商学院学报》2021 年第 4 期，第 70 页。

地区的数据产生量占比约为 8%。①

第二，大数据技术驱动新一轮全球化高速增长，推动经济复苏与繁荣。

当前，数据正在成为重组全球要素资源、重塑全球经济结构、改变全球竞争格局的关键力量。美国、欧盟都在稳步推进各自的数据战略，聚集数据价值释放。在我国"十四五"规划中，"数据"一词出现 60 余次，数据已成为我国国民经济和社会发展的重要风向标。在全球经济衰退、疫情暴发的影响下，世界经济运行的不稳定性与不确定性因素持续增加，商品和资本全球流动受阻，推动以数据为基础的战略转型成为各个国家和地区抢占全球竞争制高点的重要战略。②

美国通过制定人工智能和云计算等技术的研发、资金保障、网络安全、数字教育、先进制造、数字政府、数据战略等各个数字领域的战略，维护其全球数字化转型背景下的数字领导地位。20 世纪 90 年代，美国克林顿政府提出"信息高速公路"计划，旨在以因特网为雏形，兴建信息时代的高速通信网络，使所有的美国人能够更加便捷地共享海量的信息资源。该项计划不单起到了克服当时美国经济下行的劣势、刺激经济增长的作用，更是夺回了美国在重大关键技术领域的领导地位。"信息高速公路"建成后，美国的企业劳动生产率提高了 20% ~ 40%，还培育了谷歌、苹果等一批互联网时代的世界级领袖企业。③ 2009 年，奥巴马政府依据《透明和开放的政府》推出统一数据开放门户网站——Data. gov，实现了政府信息的集中、开放和共享。之后，美国先后提出了国家机器人计划（2011）、先进制造伙伴计划（AMP）（2011）、《联邦云计算战略》（2011）、大数据研究与开发计划（2012）、《数字政府战略》（2012）、《支持数据驱动型创新的技术与政策》（2013）、《国家战略计算计划》（2015）、《国家先进无线研究计划》（2015）、《智慧城市》（2015）、《人工智能》（2016）、《加强国家网络安全——促进数字经济的安全与发展》（2016）、《数据科学战略计划》（2018）、《美国国家网络战略》（2018）、

---

① 《数据治理，数智未来——2020 大数据产业分析综述（一）》，见人民网（https://baijia-hao. baidu. com/s?id = 1687932564283693959&wfr = spider&for = pc）。

② 《大数据白皮书（2021 年）》，见中国信息通信研究院网（http://www. caict. ac. cn/kxyj/qwfb/bps/202112/t20211220_ 394300. htm）。

③ 纵横：《2021 大数据产业分荐》，载《互联网周刊》2021 年第 15 期，第 30 - 32 页。

《美国先进制造业领导力战略》（2018）等体现数字战略实施的计划、政策，加紧布局新一代网络设施、大数据、先进制造和人工智能，力图继续巩固其技术和产业主导优势。2019 年，美国白宫行政管理和预算办公室（OMB）发布《联邦数据战略与 2020 年行动计划》，以政府数据治理为主要视角，描述了联邦政府未来 10 年的数据愿景和 2020 年需要采取的关键行动，是美国数字战略的重要组成部分，帮助美国政府各部门更快、更一致地实现其战略目标，逐步建立强大的数据治理体系。①

2015 年，党的十八届五中全会正式提出"实施国家大数据战略，推进数据资源开放共享"。国务院发布了《促进大数据发展行动纲要》，将大数据视作战略资源并将其上升为国家战略。我国大数据产业蓬勃发展、潜力巨大，政府在 2021 年集中发布了《"十四五"大数据产业发展规划》《"十四五"数字经济发展规划》《"十四五"智能制造发展规划》《"十四五"机器人产业发展规划》等 13 个与科技领域相关的政策文件，涉及科技、数字经济、信息通信、交通、政务、数字化转型等战略性、基础性、引领性重点工程 115 项，"信息化""数字化""智能化""绿色节能"等关键词贯穿其中。大数据技术和应用逐步成为国家基础性战略支撑，是打造数字经济新优势、加快数字社会建设步伐、提高数字政府建设水平的重要力量，也是驱动生产方式、生活方式和治理方式变革的重要力量，具有巨大的发展空间和潜力。以大数据、人工智能、云计算、5G 等产业为中心的新基建堪称 21 世纪的中国"信息高速公路"。随着移动互联网的普及，移动支付、电子导航、搜索引擎、新媒体等不断涌出的大量数据成了这个时代最宝贵的资源，有人甚至称之为新时代的"数字石油"。我国是拥有 14 亿人口的泱泱大国，也是拥有智能手机数量最多的国家，全球数据产生量的 23% 来自中国。每天产生的海量数据都为我国的大数据行业提供了强有力的支撑。随着物联网等新技术的持续推进，到 2025 年，中国大数据产业规模将达 19508 亿元，完成从数据大国到数据强国的转变。② 在 2012—2020 年党和国家关于大数据的重要论述中，"数据""数字中国""人工智能"和"创新"成为高频词汇；2020 年以来，

---

① 杨晶、康琪、李哲：《美国〈联邦数据战略与 2020 年行动计划〉的分析及其启示》，载《情报杂志》2020 年第 6 期，第 150 – 156 页。

② 纵横：《2021 大数据产业分荐》，载《互联网周刊》2021 年第 15 期，第 30 – 32 页。

与激活数据要素潜能相关的词汇增多,"数据安全""数据治理""数据交易"等正逐渐成为指导中国推进经济社会高质量发展的重要力量(见图5-1-8)。①

图5-1-8　我国大数据发展历程和关于大数据发展的政策文件词云②

自 2014 年以来,面对数字化世界的开启,欧盟发布《数据驱动经济战略》,聚焦大数据价值链,倡导欧洲各国紧抓大数据发展机遇,并采取了一系列措施,如通过了《通用数据保护条例》(GDPR)、《非个人数据自由流动条例框架》(FFD)、《网络安全法案》(CSA)和《开放数据指令》(*Open Data Directive*)等。2020 年,欧盟委员会发布了三份作为其"塑造欧洲数字未来"战略的政策文件:一份关于人工智能的白皮书(《人工智能白皮书》)、一份关于欧洲数据战略的报告(《欧盟数据战略》)和一份关于塑造欧洲数字未来的报告(《数字未来报告》),以数字经济发展为主要视角,概述了欧盟委员会在数据方面的核心政策措施及未来 5 年的投资计划,以助力数字经济发展。《欧盟数据战略》提出,2030

① 中国大数据产业生态联盟、赛迪顾问股份有限公司、赛迪智库:《2021 中国大数据产业发展白皮书》,见中国大数据产业生态联盟网(https://www.bdinchina.com/ueditor/php/upload/file/20210728/1627450992976794.pdf)。

② 中国大数据产业生态联盟:《2021 中国大数据产业发展白皮书》,2021 年第六届大数据产业生态大会开幕论坛。

年，欧洲将成为世界上最具吸引力、最安全、最具活力的数据敏捷型经济体，在保持高度的隐私、安全和道德标准的前提下，充分挖掘数据利用的价值以造福经济社会，并确保每个人能从数字红利中受益。《欧盟数据战略》指出，欧盟将通过4项核心举措来推动数据战略的实施落地：一是构建欧盟内部统一的数据获取和利用的治理规则框架，通过出台《开放数据指令》等一系列法律法规，克服欧盟长期存在的内部市场分散化的问题；二是加大数据领域的投资，增强欧洲在数据存储、处理、利用和兼容方面的技术能力和设施建设，并不断资助探索个人数据利用的最佳实践路径；三是尊重并强化公民数据权利，加强数据专业人才建设，扶持中小企业提升数据创新能力；四是构建核心行业和公共利益领域的统一数据空间，减轻特定行业和领域的数据利用行为对整个经济系统和公民基本权利产生的影响，助力上述三项举措更快落地。①

2．大数据赋能教育系统韧性增强

2019年，中共中央办公厅、国务院办公厅印发的《加快推进教育现代化实施方案（2018—2022年）》提出："开展大数据支撑下的教育治理能力优化行动，推动以互联网等信息化手段服务教育教学全过程。"②

步入大数据时代，大数据的价值在教育治理领域正走向一个全新的高度，对现代教育治理产生了深远的影响，为现代教育治理的发展提供了一个新契机，数据驱动的现代教育治理应运而生。大数据作为推进教育变革的科学力量，不仅给技术层面带来影响，更对文化和理念产生冲击。数据驱动现代教育治理以与教育治理有关的数据为核心，通过完全融合"用数而思""因数而定"以及"随数而行"的理念，推动教育决策、教育执行、教育监管以及教育评估四个重要环节的良性循环，满足新时代人民群众日益增长的教育需求，促进教育公平。③下面将从教育系统消纳、适调、变革三个韧性能力的视角，进一步讨论大数据赋能教育系统的韧性增强。

---

① 魏凯、闫树：《美欧发布数据战略对我国的启示》，见微信网站（https://mp.weixin.qq.com/s/wOe2b9Cs1RD2J3fS – gctgw）。

② 《加快推进教育现代化实施方案（2018—2022年）》，见中华人民共和国中央人民政府网（http://www.gov.cn/zhengce/2019 – 02/23/content_ 5367988.htm）。

③ 杨现民等：《中国基础教育大数据2018—2019：走向数据驱动的现代教育治理》，科学出版社2021年版，第46 – 57页。

第一，大数据赋能消纳能力。

　　随着移动信息技术、情境感知技术等先进信息技术的发展，以及移动学习、情境学习和慕课等学习方式的普及，人类将产生大量与教育相关的数据，其规模和更新速度将超出我们的想象，这将彻底改变教育的面貌，对教师的教学、学校的教育管理和学生的学习产生深远的影响。

　　（1）在教学方面，大数据推动教学变革，促使学生自适应学习。自2011年以来，可汗学院（Khan Academy）对于现代教育变革的推动作用一直为人们津津乐道。它的教学辅助系统收集了大量学习者在学习过程中所产生的学习记录，用以追踪和跟进学习者的学习记录，以此来量化学习者的学习行为，了解学习者的学习规律。[①] 美国普渡大学自2007年起启用的"课程信号项目"是业内公认的大数据教育应用的典型案例。在普渡大学，每学期有近6000名学生使用课程信号系统，超过140名教师至少在一门课程中使用该系统。学校通过对个体学习者学习过程数据的分析，根据教育数据建立预测模型，识别存在学习落后风险的学习者并施行有效干预。通过对历史数据的统计发现，同一门课程在使用课程信号系统后，相比使用该系统前课程最终成绩得A和B的人数增加了10.37%，得D和F的人数减少了6.41%。[②]

　　自适应学习是在行为主义心理学、认知心理学理论的基础上，探索人的自我以适应现有的学习模式，并产生习惯性的条件反射信息加工系统，又称"自适应学习构建模型系统"。自适应学习系统能够在学习过程中不断监测学生的行为表现，根据个体的学习特点和习惯，提供实时精确的学习预测，及时调整教学内容，引导学习者接收并开展最适合个体特征的学习内容和活动，最终实现基于个性化推荐的自适应学习。[③] 美国在线杂志《美国高等教育内幕》（*Inside Higher Ed*）和盖洛普（Gallup）组织发起的一项对大学校长的调查研究表明，自适应学习比慕课更有可能对高等教育产生积极影响。美国科罗拉多理工大学（Colorado Technical University，

---

　　① 张燕南：《大数据的教育领域应用之研究——基于美国的应用实践》（学位论文），华东师范大学2016年。

　　② 刘艳华、徐鹏：《大数据教育应用研究综述及其典型案例解析——以美国普渡大学课程信号项目为例》，载《软件导刊（教育技术）》2014年第12期，第47–51页。

　　③ 张燕南：《大数据的教育领域应用之研究——基于美国的应用实践》（学位论文），华东师范大学2016年。

CTU）自 2012 年秋季开始通过将自适应学习平台 Realizeit 集成到已有的学习管理系统中，推出了自适应学习系统 IntelliPath。该项目多次获得美国西部州际高等教育委员会教育技术合作社（WICHE Cooperative for Educational Technologies）颁布的杰出工作奖。目前，CTU 基本实现了自适应学习系统的大规模应用，已建设自适应学习课程 218 门，学生人数达 129287 名，约有 600 名教师从事自适应教学的研究。①

（2）大数据促进教育管理的变革。快速变化的技术创造了需要新技能的、不断发展的工作类型和能力，促进了教育在适应更广泛的学生需求方面的重大进步，可以彻底改变教育的提供方式，让更多的学生以更低的成本和更大的灵活性接受高等教育。然而，技术只有以学生自身的具体目标、需要和兴趣为基础，才能对学生的学习和成功产生革命性的影响，其目的是使后者更高效、更灵活。但技术也提供了机会，促进教育结构和实践发生更大的改革。② 早在 2011 年，美国奥斯汀佩伊州立大学开发了一个课程推荐系统——学位罗盘（Degree Compass），该系统能够成功地将学生与即将到来的学期中最适合他们的才能和学习计划的课程进行配对。学位罗盘系统使用预测分析和数据挖掘技术，将过去数十万条学生的成绩记录与该学生的成绩单结合起来，为每个学生提供个性化的推荐。学位罗盘系统既不限制也不规定学生和顾问的选择，它通过创建可改善每个学生可用信息的选择架构来设法增强学生的选择。

（3）大数据提供全方位、个性化的学习支持服务。亚利桑那州立大学为学生提供了一种新型的、灵活的获取大学学分的方式——"全球新生学院"（GFA）创新项目，还开发了一个名为"电子顾问"的系统，为每位学生配备了属于自己的电子顾问，以帮助学生找到更合适的专业。电子顾问系统主要从学位搜索（degree search）和主要地图（major map）两条路径运作。学位搜索允许学生在线搜索符合其目标和兴趣的专业。主要地图显示学生必须参加哪些课程以及何时完成学业。电子顾问系统广泛适用于专业选择、课程路径等，不仅可以为每个学生制订一条学习路径，而

---

① 汪存友、黄双福：《自适应学习支持下的美国高校课程设计和教师角色研究——以科罗拉多理工大学 IntelliPath 项目为例》，载《网络教育》2020 年第 7 期，第 35 – 41 页。

② "A Supplement to the National Education Technology Plan". See https：//tech. ed. gov/higherednetp/.

且使大学能够提供学生必须参加的课程，以便学生按时完成专业所需课程。学生通过个性化的专业选择、课程选择逐步获得成功。电子顾问系统提供了强大的分析和基于数据的参考，以帮助顾问指导学生做出最佳选择。通过电子顾问系统的帮助以及社会的支持和辅导，亚利桑那州立大学大一升大二本科生的保留率从过去五年的76%上升到84%。大学生保留率每增加一个百分点，亚利桑那州立大学的财政收入增加约170万美元，与此同时也大大提高了学生顺利毕业的可能性。电子顾问系统虽然是针对亚利桑那州立大学的特殊情况而开发的，但它是一个通用的设计，适用于几乎所有综合性和多元化的大型学术机构。①

第二，大数据赋能适调能力。

教育系统韧性的适调能力体现的是系统的灵活性，教育系统可以根据社会、经济、环境的变化进行调整、修改或变换，以确保系统的功能和结构不会发生质变，能够持续正常运行。近年来，全球经济和社会发展趋势极大地改变了传统教育的学生属性。面对新的教育重新设计学生属性以适应一个系统是不可能的，但我们可以为学生重新设计一个系统。

（1）在教学方面，大数据将促进多领域跨学科人才的培养。大数据的规模成倍数增长，已经形成了庞大的数据资源系统，这有助于加快个性化教育资源建设，有效对接学生多元化、个性化的学习需求。大数据分析通常涉及对数据的深层次挖掘和分析，而不仅仅局限于简单的统计和计算。近年来，人工智能发展迅速，也为大数据分析提供了新的技术能力，极大地推动了计算机硬件性能和软件技术的发展，为快速准确处理海量数据提供了技术支持。因此，未来大数据处理离不开人工智能，大数据在个性化教育领域的应用也必然会提高个性化教学的智能化水平。大数据分析涉及多种技术，如云计算、物联网、移动网络技术等。随着技术的革新，还将有新的技术参与其中，大数据在未来将成为各种技术的集合体。除此之外，大数据将促进多领域跨学科人才的培养。未来，大数据在教育领域的应用范围将会不断扩展，将有效地促进个性化教学与多领域融合，进而

---

① 武晓婷：《大数据时代美国大学个性化学习项目的进展及启示——以美国三所大学为例》（学位论文），曲阜师范大学2019年。

让个性化教学更具层次化和针对性。①

（2）在教学管理方面，大数据技术将驱动评测精准化。教育大数据的关键技术主要包括四类：教育数据挖掘技术、学习分析技术、数据可视化技术、决策支持技术。② 大数据技术可以促进精准化评测，成为驱动新一轮教育改革与发展的创新动力。近年来，我国高等教育领域中的线上教学、混合式教学的普及率较高，累积了各类教学过程中的数据资料；2008年创建的高等职业院校人才培养工作状态数据采集平台和2018年创建的高等教育质量监测国家数据平台推动了教师教学的督导评价、学生评教、教育教学评优、成果申报、教学状态数据线上报送模式的变革，累积了大量关于教学评价、教学成果和教学状态的数据。这些大数据有利于做好顶层设计，打通部门间的数据壁垒，将教师课堂教学评价、实践教学、教学成果、教学研究、业绩考核、职称评审等教学大数据进行有机整合，逐步打造多维教学评价决策分析系统，全面、客观地反映教学状态；有利于逐步建立和完善基于教学大数据的教学预警机制，持续完善专家、督导人员、学生评教模式，完善以正向激励为主的考核制度，构建点、线、面结合的教学立体评价体系，促进教师教学能力显著提升，推动高校教学质量不断提高。③

（3）在学习支持服务方面，大数据将为全方位、个人化服务提供技术支撑。学习支持服务是远程教育教学过程中的重要环节，最初目的在于利用现有的条件与资源为学习者创设良好的学习环境，引导学习者自主学习。为满足学习者的多元化、个性化需求，优质的学习支持服务离不开高效的技术支持。例如，英国开放大学使用的档案管理工具 VOICE、数据分析工具"学生支持工具"（Student Support Tool）和"学生之家"（Student Home）个人主页。VOICE 根据商业模型改版而成，登录系统后，能查询到学生个人信息、学生所有的学习记录以及学生与学校的联系记录，即使负责的工作人员发生变动，访问者也能快速获取学生与学校的联

① 朱枝：《大数据背景下高校英语个性化教学实践研究》，载《教育理论与实践》2021年第30期，第59－61页。

② 黄荣怀、王运武、焦艳丽：《面向智能时代的教育变革——关于科技与教育双向赋能的命题》，载《中国电化教育》2021年第7期，第22－29页。

③ 尹天光：《基于大数据分析的高校教师教学发展性评价体系构建研究》，载《教育理论与实践》2021年第27期，第42－45页。

系历史，了解该工作进行的具体阶段，使支持服务工作具有连续性。"学生支持工具"通过分析实时更新数据，监测和支持学生的学习进程，自动识别需要干预的学生，并对教学过程进行修正。比如，在确定了最需要帮助的学生之后，改进支持服务的类型和目标；改变教材呈现方式以便更准确地反映学习者的需求；等等。"学生之家"将学生学习与学习支持服务整合为一体，服务包括提供课程内容、考试方式、考试成绩、导师联系方式、辅导时间、论坛信息等。英国开放大学以大数据支撑的学生服务平台为载体，通过持续的学生行为数据分析帮助学生完成学业，形成个性化的学生学习支持服务。[①]

第三，大数据赋能变革能力。

教育系统韧性的变革能力体现在教育系统通过革新、转型等措施创造更加完善的系统，使其不再受冲击或应激源的干扰。

在教育生态系统中，学生的学习既是终身的，即发生在学生一生的各个阶段；也是全方位的，即不仅发生在教育环境中，而且发生在社区或非传统教育机构等多种组织中，如他们的家中、工作场所中，以及在移动和便携式技术支持的其他环境中。在这些无处不在的学习经历中，大数据可以赋能教育系统韧性的变革能力。

（1）在教学方面，大数据将为每个人提供全生命周期的教育机会。1972 年，联合国教科文组织发布报告《学会生存——教育世界的今天和明天》，开展多次性、个性化的终身学习以及建设学习型社会逐渐成为各国政府的决策理念和广泛共识。1999 年，我国教育部发布的《面向 21 世纪教育振兴行动计划》第一次使用"终身学习体系"的概念。2019 年，中共中央、国务院印发《中国教育现代化 2035》，强调要"更加注重终身学习"，并把"建成服务全民终身学习的现代教育体系"作为教育的首要发展目标，将"构建服务全民的终身学习体系，建立全民终身学习的制度环境，开展多类型、多形式的职工继续教育，扩大社区教育资源供给，加快发展城乡社区老年教育，推动各类学习型组织建设"[②]。大数据技术

---

① 张佳妮、江颖：《学习支持服务如何使远程教育更具吸引力？——英国开放大学 MILLS 对我国远程教育的启示》，载《外国教育研究》2019 年第 6 期，第 57－73 页。

② 《中国教育现代化 2035》，见中华人民共和国中央人民政府网（http://www.gov.cn/zhengce/2019－02/23/content_5367987.htm）。

的发展，为每个人在线终身学习提供了机会。腾讯课堂联合艾瑞咨询发布了《中国综合性终身教育平台大数据报告——腾讯课堂数据篇（2021年）》，提出2021年综合性终身教育市场规模将达到3000亿元左右，且未来3年年均复合增长率约为16%（见图5-1-9）。①

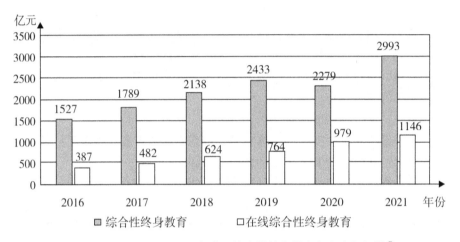

图5-1-9　2016—2021年中国综合性终身教育行业市场规模②

（2）在教学管理方面，大数据将实现面向人人的全纳和公平教育。新的创新技术不断诞生并渗透教育行业，微小突破将极大促进终身教育行业的持续演进，并加速教育现代化的整体发展。大数据技术不仅可以提升语音/图像识别、知识点串联、水印溯源等教育资源生产、传播过程的效率，还可以提升自适应学习、用户关联、推荐算法等内容获取、知识结构建立等精细化学习服务的效率。语音/图像识别技术能够通过精准识别音视频课程内容进行文稿生成或内容定位；知识点串联技术能够对知识点进行颗粒化拆解和自动化串联；水印溯源技术能够基于音频主特征写入音频水印并通过算法进行实时更新；自适应学习能够根据用户即时学习情况，自动调整学习内容及其优先级，实现智能化条件下的因材施教；用户关联基于用户的兴趣、知识量及个人标签，建立相似人群关联及相似学习偏好

① 《中国综合性终身教育平台大数据报告——腾讯课堂数据篇（2021年）》，见艾瑞咨询网（https：//www.iresearch.com.cn/Detail/report?id=3916&isfree=0）。

② 数据来源：《中国综合性终身教育平台大数据报告——腾讯课堂数据篇（2021年）》。

关联；推荐算法基于用户个体的知识结构及学习情况，定制符合其学习需求及兴趣的学习计划。①

（3）在学习支持服务方面，大数据将构建全方位、多样化的学习环境。终身学习不仅可以改变教育领域，还可以创造一个更加可持续、健康和包容的未来。关于韧性教育，一个普遍的共识就是要帮助学生建立积极的情绪体验，学会理解在变化的世界中可能存在的复杂性与不可预知性，引导学生以健康的心态应对各种复杂的挑战，寻找解决问题的策略。② 正如2020年联合国教科文组织终身学习研究所（The UNESCO Institute for Lifelong Learning，UIL）发布的《拥抱终身学习的文化》所强调的，"学会学习和管理自己的学习过程必须成为基本能力"，"一个全球学习生态系统允许个人在整个生命过程中，在所有领域进行有计划的或自发的、个人的或集体的学习"。所有这一切只有通过有利的环境才能实现，确保基本需求和强大的社会结构是促进终身学习和缩小教育差距的关键。这些应建立在免费提供教育资源、教育共享空间和开放技术的基础上，同时通过改造教育机构、重新创造（公共）学习空间和重振工作场所来增加学习机会。为此，在开放教育资源运动③的成就和潜力的基础上再接再厉，利用技术的力量为包括社会弱势群体在内的所有学习者谋利益，这一点尤为重要。④

第二节　技术赋能下英语教与学的生态多样化

新兴技术推动了现代教育的发展。在高等教育领域大量应用新兴技术的背景下，我国高等教育领域的英语教学应用也呈现出多样化的特点，对

---

① 《中国终身教育行业研究报告（2020年）》，见艾瑞咨询网（https://www.iresearch.com.cn/Detail/report?id=3557&isfree=0）。

② 祝智庭、沈书生：《数字韧性教育赋能学生在日益复杂世界中幸福成长》，载《现代远程教育研究》2020年第4期，第3－10页。

③ 开放教育资源（OER）运动是一个全球性的运动，出现于20世纪90年代中期。

④ UNESCO Institute for Lifelong Learning, "Embracing a Culture of Lifelong Learning: Contribution to the Futures of Education Initiative". See https://unesdoc.unesco.org/ark:/48223/pf0000374112.

英语学科教师的信息化教学能力提出了更高要求。

一、英语学科教师的信息化教学能力要求

英语学科信息技术融入课堂教学的效果很大程度上取决于教师将技术信念、态度、知识及设计融入课程的能力①，即教师的信息化教学能力。我国《教育信息化十年发展规划（2011—2020 年）》②《大学英语教学指南》③ 均对教师的信息化教学能力提出了要求。

那么，英语学科教师的信息化教学能力的评价标准是什么？根据《联合国教科文组织教师信息和通信技术能力框架（第 3 版）》④，教师信息和通信（以下简称"信通"）技术能力应包括 18 项，涉及教师专业实践的 6 个方面，涵盖教师将信通技术用于教学的 3 个不同阶段。其基本理念是，有能力在专业实践中使用信通技术的教师，可以提供优质教育，并且最终能够有效地指导学生掌握信通技术能力。教师只有具备信通技术能力、能够培养学生掌握这些能力，才能够利用信通技术，帮助学生成长为乐于协作、会解决问题、有创意的学习者和锐意创新、积极参与的社会成员。

该框架认为教师专业实践的 6 个方面分别是了解关于信通技术应用于教育领域的相关政策、课程和评估、教学方法、应用数字技能、组织和管理以及教师的专业学习。教师将信通技术用于"获取知识""深化知识"和"创造知识"3 个这教学的连续阶段（见图 5 - 2 - 1）。

---

① Howland, J. L., Jonassen, D. H., Marra, R. M, *Meaningful Learning with Technology*. Allyn&Bacon, 2011, pp. 110 - 119.

② 《教育信息化十年发展规划（2011—2020 年）》指出，"高度重视信息技术对教育发展的革命性影响，推进信息技术与教育教学深度融合，实现教育思想、理念、方法和手段全方位创新"。

③ 教育部高等学校大学外语教学指导委员会发布的《大学英语教学指南》要求"英语教师不断提高使用信息技术的意识、知识和能力，在具体课堂教学设计与实施过程中，融入并合理使用信息技术元素，改革教学方式，提升教学质量，促进教学改革"。

④ 《联合国教科文组织教师信息和通信技术能力框架》（ICT-CFT）旨在帮助各国制定全面的国家教师信息和通信技术能力政策和标准，并将其纳入教育计划的总体信息和通信技术。联合国教科文组织这一框架被世界各国广泛使用，它强调了技术在知识获取的 3 个阶段、6 个教育重点领域中可以发挥的作用，迄今为止已有 3 个版本，分别发表于 2008 年、2011 年和 2018 年。

教师的专业学习	数字素养	建立网络	锐意创新的教师
组织和管理	标准课堂	协作小组	学习型组织
应用数字技能	应用	教导	转型
教学方法	信通技术辅助教学	解决复杂问题	自我管理
课程和评估	基础知识	应用知识	知识社会技能
了解关于信通技术应用 于教育领域的相关政策	了解政策	实施政策	政策创意
	获取知识	深化知识	创造知识

图 5 - 2 - 1　联合国教科文组织教师信息和通信技术能力框架（ICT-CFT）①

　　具备"获取知识"阶段能力水平的教师能够做到：说明其课堂实践在哪些方面符合并支持机构和（或）国家政策；分析课程标准，能将信通技术用于教学，以支持学生达标；选择适当的信通技术来支持具体的教学；了解硬件配件和常见的办公软件应用程序的各项功能，并且能够使用这些功能；建设物质环境，确保技术具备包容性，可以支持多种不同学习方法，以及利用信通技术支持自身的专业发展。

　　具备"深化知识"阶段能力水平的教师能够做到：设计、调整和实施可以支持机构和（或）国家政策、国际承诺（如联合国公约）及社会优先事项的课堂实践方案。将信通技术与学科内容、教学和评估程序、年级水平有机地结合起来，营造有利的信通技术辅助学习环境。在该环境中，学生可借助信通技术表明自身熟练掌握了课程标准。设计由信通技术辅助的、基于项目的学习活动，利用信通技术促进学生规划、实施和监测项目计划，并解决复杂问题。综合利用多种数字工具和资源，创造一体化数字学习环境，支持学生掌握更高级的思维能力和解决问题的技能。灵活运用数字工具来促进协作学习，管理学生和其他学习伙伴以及学习过程。

---

　　① 联合国教科文组织：《联合国教科文组织教师信息和通信技术能力框架（第3版）》，见联合国教科文网站（https://iite.unesco.org/pics/publications/cn/files/3214726.pdf）。

利用技术与专业网络开展互动，支持教师本人的专业发展。

具备"创造知识"阶段能力水平的教师能够做到：对机构和国家教育政策提出批评意见和修改建议，设计改进方案，并预测这些变化将带来的影响；确定如何以最佳方式结合以学生为核心的协作学习，确保学生掌握多学科课业标准；在确定学习参数的同时，鼓励学生在以学生为核心的协作学习中进行自我管理；规划"知识社群"，利用数字工具支持普适学习；在制定学校技术战略方面起到领导作用，将学校建设成为学习型组织；持续开发、实验、指导、创新和分享最佳做法，确定让技术服务于学习的最佳方式。

湖北经济学院孙小军、王瑞辑两位教师组成的课题小组于 2019 年8—12 月开展问卷调查，分别向武汉、南京等地 10 余所本科院校的商务英语方向的教师发放关于英语教师信息化教学能力的调查表 300 份，收回有效问卷 276 份，并采用 SPSS 19.0 进行数据分析。调查结果显示：教师信息化教学能力总体统计均值为 3.75，处于中等偏上水平，说明商务英语方向的教师已初步具备开展信息化教学的能力。[①]

信息化教学能力的提高与教师个人素养的提高和努力是分不开的，同时，宏观层面的良好环境和配套政策扶持也是解决问题的有力推手。高校为教师获得信息技术提供渠道，帮助教师获得整合信息技术的学科教学与体验机会，为教师提供搭建信息技术与英语学科融合课程体系相关的培育体系，都将激发教师群体开展信息化教学的积极性与主动性，全面提升教师的信息化教学能力。

二、混合式英语教学

（一）混合式英语教学的概况

混合式教学的理论基础来自建构主义。[②] 建构主义理论强调学习者的

---

① 孙小军、王瑞辑：《商务英语教师信息化教学能力调查研究》，载《湖北经济学院学报（人文社会科学版）》2022 年第 2 期，第 154 – 156 页。

② 侯艳：《混合式教学模式在中学英语课堂中的应用研究》，载《教育现代化》2018 第 6期，第 274 页。

主动性，突出学生个体的差异性和学生的主体地位。建构主义强调教师应通过构建知识结构和学习环境，促进与学生的沟通和交流，发挥教师的主导性和学生的主体性。

在高等教育领域，混合式教学作为信息技术和教育教学深度融合的有效载体，一直被运用在英语教学领域，只是因为可投入的成本、可采用的技术手段的不同，各地各时期的混合式教学呈现出不同的特点。但有一个共同点比较突出，那就是我国英语教学领域采用的混合式教学整体呈现创造性特点，不断创造一系列新的课程模式，以应对新形势。混合式教学是发展变化的，需要根据教学的具体需求进行合理选择，需要教师结合现有的传统课堂的教学优势和在线教学（e-Learning）的优势，发挥引导、启发、监控教学过程的主导作用，激发学生作为学习主体的创造性、主动性和积极性。混合式教学在高等教育英语教学的口语、听力、阅读、写作、翻译等方面得到了广泛应用。

（二）我国英语学科混合式教学存在的问题

国际上关于语言学、心理学、文化学等相关学科的最新研究成果，如认知理论、交际理论、语用理论、系统理论等，被我国学者源源不断地吸收进英语教学理论，对英语教学实践均具有启发、指导意义；同时，广大一线英语教师也结合自身教学实际，构建出符合中国国情的混合式英语教学模式。目前，我国英语学科混合式教学仍存在以下问题。

首先，我国英语学科信息化课程资源种类单一。中国新闻出版研究院发布的《2020—2021中国数字出版产业年度报告》显示，2020年，我国数字出版产业整体全年产业收入超过万亿元，达到11781.67亿元，比上一年增加19.23%。[①] 但是，融媒体时代的英语学习教材未能顺应时代的多元融合趋势特征，在内容、模式和结构上还没有实现优化和升级。无论是在K12教育，还是在高等教育的英语学科学习过程中，学生的主要课程资源还是统一订购的纸质教材，信息化课程资源只作为纸质媒介的补充被使用。

当下，纸媒资源与数字资源之间的融合度不高，如纸质教材配备的数

---

① 张立：《2020—2021中国数字出版产业年度报告》，中国书籍出版社2021年版，第2 - 35页。

字资源种类单一，大多数为音频资源。融媒体是大学英语教材数字化转型的重大机遇，教材编纂出版过程的融合应是全方位的，从资源、文本、模态、媒体到用户的融合，实现资源和信息从静态到动态的有效整合。具体来说，这涉及人才、语言和数据的充分准备，其中，人才是先决条件，数字化和互联网通信技术、媒体融合技术和语言技术是保障，多模态教材文本和元数据是关键，学生智能学习的需求和习惯是落脚点。而一套成熟的融媒体英语教材应该至少用三种载体呈现：纸质资源，以文字、图片为主，配置二维码，扫码读取打包信息（包括插图、音频、视频等，实现图文音像交融释义）；App，包含音频、小视频、GIF 动图、较大篇幅的例句或场景对话，以及辅助功能；网站或手机端应用，包含单条查询、扩展延伸内容、用户交互（用户可以参与词条或义项的添加、修改，实现编者与用户的深度融合）。导致纸媒资源与数字资源之间融合度不高的因素有很多，对商业利益的考量是主导因素。融媒体教材的编纂出版需要大量的人力、物力的成本投入和资金支持，同时，后期的运营维护、迭代更新也需要持续的投入，这一切都影响着融媒体教材的规模增长。

其次，关于国内系统化的混合教学模式分类和明确分类标准的研究基本没有，缺乏涉及线上线下联结点的设计，很少有教师基于在线学习结果而改变课堂教学内容和教学设计。[1] 教学模式仍以知识单向线性传播为主，缺乏学生自主式、探究式、合作式学习活动，难以为学生的全面发展提供有效支持。目前，我国高等院校英语教学多采取大班制理论讲解先行，辅以小班制或小组制微格实训，虽取得了一定的效果，但因场地、师资配备等客观条件的限制，距离学生能在真实教学情境中运用相关理论解决实际问题尚有较大差距。

国内互联网迅猛发展的 10 年，也是我国英语课堂教学中多媒体手段普及的 10 年，国内高校教师可以熟练掌握多种多媒体手段，如幻灯片、平板电脑、慕课及翻转课堂以调动学生的学习积极性。在疫情的影响下，各高等院校、教学机构纷纷开展远程直播课程教学，技术手段只是教学环节的支撑和辅助，具体落实到教学内容上，大多还是采用知识单向线性讲解，互动环节常受到网络、播放设备的限制。然而，出于对成本、认知的

---

① 李利、高燕红：《促进深度学习的高校混合式教学设计研究》，载《黑龙江高教研究》2021 年第 5 期，第 148 - 153 页。

多种考量，如果不认清在线课程中"内容为王"的地位，只提供预备性、拓展性、补充性的学习资料，只注重微视频灌输，则容易陷入知识学习浅层化的误区①，导致在线课程中教学性存在、认知性存在及社会性存在的水平都相对较低，在线课程的有效性有待提高。② 这样的大学英语教学课前准备不足，不能激起学生的学习兴趣，学生在课堂上感到沮丧、迷茫，协作度、参与度不高，不能适应时代要求。因此，混合教学模式和课程设计与规划的统一标准亟待研究。

最后，课程过程性评价学习分析有待完善。学习分析（learning analytics）旨在通过对高等教育机构内的大量数据进行分析，帮助人们做出更好的决策，以便更好地为高等教育多样化学习群体提供服务。目前，我国高等教育领域的教育平台已经实现从学生的显性行为（如完成作业、参加考试）和隐性行为（如在线社交互动、参加课外活动、发布论坛帖子和其他未直接被评估为学生教育进步的一部分活动）中收集数据，但缺乏统一的学生学习分析标准，教师也缺乏必要的相关教育。因此，教师不具备对学生的各种数据进行解释，以评估学生学业成果，预测其未来表现，发现其潜在的问题，实时修改课程教学和评估的能力。在实际操作过程中，教师的过程性评价主要是解释说明学生最终成绩的构成，或将平时作业通过线上学习平台进行发布、提交，对原有评价方式进行简单的变形或重复。

目前，教学实践中的教学管理与服务信息化水平高于教学过程的信息化水平。高等教育教师可以熟练使用 QQ 群、微信群、钉钉群等资源平台共享与教学内容相关的学习资源，安排预习任务；课中在有充分准备的情况下组织学生积极参与课堂讨论；课后可以下发检测教学效果的测试或作业，也可通过以上平台与学生进行交流，引导学生对教学内容进行反思总结。

---

① 李利、高燕红：《促进深度学习的高校混合式教学设计研究》，载《黑龙江高教研究》2021 年第 5 期，第 148－153 页。

② 白雪梅、马红亮、吴海梅：《在线课程有效性的实证研究——基于某师范类大学四个不同专业的 800 个研究样本》，载《现代教育技术》2017 年第 2 期。

三、多模态英语教学

在高等院校，英语作为一门公共必修课在人才培养方面有着非常重要的地位。近年来，很多院校进行英语教学改革，大幅缩减了英语课时，有些专科院校甚至取消了公共英语的必修课模块。因此，如何在有限的英语课堂教学中提高教学效率，是高等教育英语教学领域的一个现实命题。

（一）多模态英语教学概况

1995 年，新伦敦小组（New London Group）首次提出"多模态教学"①。什么是多模态？众所周知，语言交流方式（口头语言和书面语言）在过去的 1000 年中一直主导着语言研究。语言模式被认为是意义的主要载体，这种交流观产生了以文字为中心的排版文化。尽管口头语言占主导地位，但除此之外，符号、视觉、听觉表达也是可以超越文字中心和排版文化的。多模态从社会符号学的角度来看待语言和交际，人类"理解沟通和表达的方法不仅仅是关于语言的，而且关注人们使用的各种沟通形式——形象、手势、眼神、姿势等，以及它们之间的关系"②。

国内胡壮麟、顾曰国、朱永生、张德禄等学者③引入了多模态话语分析理论，奠定了国内多模态教育发展理论的基础。我国学者主要从系统功能语言学和多模态互动分析两个角度研究多模态的教学模式。基于多模态互动分析理论和系统功能语言学理论的分析模式，张德禄、王正两位学者

① The New London Group, "A Pedagogy of Multiliteracies: Designing Social Futures", *Harvard Educational Review*, 1995 (1), pp. 60 – 93.

② Valencia, J. A. A., "Meaning Making and Communication in the Multimodal Age: Ideas for Language Teachers", *Colombian Applied Linguistics Journal*, 2016 (6), pp. 98 – 115.

③ 胡壮麟区分了模态和媒介/媒体的概念，解释了多模态识读的概念及其内涵，拉开了国内多模态外语教学研究的序幕。（参见胡壮麟《社会符号学研究中的多模态化》，载《外语教学与研究》2007 年）顾曰国界定了多媒体和多模态的概念，并把认知心理学引入多模态学习研究。（参见顾曰国《多媒体、多模态学习剖析》，载《外语电化教学》2007 年）张德禄深入研究了如何在多模态话语分析理论框架下选择最有效的模态进行外语教学实践活动（参见张德禄《多模态话语理论与媒体技术在外语教学中的应用》，载《外语教学》2009 年）；探讨如何在外语课堂教学中调用多模态系统进行学习，构建教学程序和模态系统选择的基本原则（参见张德禄《多模态外语教学的设计与模态调用初探》，载《中国外语》2010 年）；探索多模态学习能力培养模式（参见张德禄《多模态学习能力培养模式探索》，载《外语研究》2012 年）。

提出了一个新的多层次多模态互动分析综合框架，从文化语境、情景语境、互动话语、模态、媒介五个层面来分析互动活动。①

大学英语的教学活动（高级活动）是由多个教学步骤（次一级活动）构成的，其本质是教师与学生的互动，是人类互动中的一种重要形式，因此采用多层次多模态互动分析综合框架进行分析比较适合。

（二）我国英语学科多模态教学存在的问题

随着英语教学改革的不断深入，多模态教学已成为一种新的教学手段，越来越受到广大大学教师的青睐。他们利用音频、图片、视频等多种资源来提升课堂教学的直观性和生动性，促进学生积极参与英语课堂，切实提高学生的英语素养。"互联网＋"时代，教师能够在有限的时间和空间内，将更为广阔的教育资源变得可用，将原本单一的课堂手段变得多元，将线性的交互方式变为频繁、多渠道的互动。经过 10 多年的发展，我国英语学科多模态教学存在不少优点，但也存在以下问题。

首先，知识点过于零散，没有形成统一的教学体系。我国多模态英语教学呈现出较强的创新性，课堂形式多样，教学内容丰富，但缺乏统一的教学体系，知识点多以零散的"知识块"存在。英语课堂往往成为教师的"展示课"，教师进行大量的资料展示，而学生的课堂活动参与度不高，课堂教学实施中的学习只停留在语言学习层面，没有关注学生批判性思维的培养。"互联网＋"进入教育领域，使课堂教学的多元互动成为可能，原本不易操作的语言课堂输入、输出方式更加灵活，课堂教学更加生动、高效；与传统教学模式相比，大学英语多模态教学模式更有助于增强学生的学习兴趣，培养他们的自主学习能力，进而提高其听、说、读、写、译能力。但由于有的多模态英语的教学设计和运用不能与大学英语教学的重难点相对应，教学内容、形式编排不能对语言技能起到实际操练作用，教学难易程度不能契合学习者的英语语言能力和水平，造成一味追求创新性，而忽略了使用该教学模式的目的。在多模态理论框架下处理好知识结构的系统性与知识传授碎片化之间的关系，需要教师掌握分级分类的指导原则和实施策略。

---

① 张德禄、王正：《多模态互动分析框架探索》，载《中国外语》2016 年第 3 期，第 54 - 61 页。

其次，多模态内容结构配置不合理，容易分散学生的课堂注意力。人工智能、虚拟现实、增强现实等新技术的广泛应用，增进了全社会数字化素养（digital literacy）的认识水平，"人们的识读能力超出了传统文字读写的范畴，包含对于图片、音频、视频及其组合方式的应用与使用"①。计算机中介交流技术（Computer-Mediated Communication Technologies，CMC）的广泛使用，不但改变了语言教师传统的写作观念，而且使多模态写作（multimodal composing）成为可能。② 铺天盖地的可用模态，一方面丰富了多模态教学的内容，另一方面也导致教师对多种模态资源的内容、结构、时间分配不当。多种模态资源在课程讲解、互动活动、讨论讲评等环节中频繁转换，在不足 1 小时的课堂里，学生的注意力在纸质媒介、PPT 课件、音频与视频资源、网站链接之间频繁转换。有的老师为了丰富课程模态，甚至将声、光、电媒体全部使用上，这样反而影响了教学效果。因此，为了获得更佳的课堂教学效果，在教学过程中，教师要学会选取适当的主模态，突出一种高强度的模态，确保模态结构配置在一定时长内保持一致，尽量避免学生注意力由于模态的频繁转换而被分散。例如，在 50 分钟的课堂教学过程中，根据课堂教学目标，合理分配各种模态使用时间和频率，可以每 25 分钟左右③切换一次，避免多模态转换过于频繁。

最后，海量的资源容易导致学生学习效率的降低，教师应将教学设计、学习工程和用户体验设计引入多模态教学。新兴教育技术云计算（cloud computing）④ 的应用标志着大型网络服务器集群、承载数千台服务器的专业数据中心的出现，带来了巨大的"数据农场"，提升了处理能力和存储容量，创造了过剩的计算资源。异地存储、多用户应用程序扩展、托管和多处理器计算等云计算，将曾经昂贵的资源（如磁盘存储和处理

① Godwin-Jones，R.，"Second Language Writing Online：An Update"，Semantic Scholar Network. See https：//www. semanticscholar. org/paper/Second – language – writing – online%3A – An – update – Godwin – Jones/afefe7de4f78e30a6ab719ce344297b6b970faf8.

② Kress，G.，"Multimodality：A Social Semiotic Approach to Contemporary Communication". See https：//www. researchgate. net/publication/289921573_ Multimodality_ A_ Social_ Semiotic_ Approach_ to_ Contemporary_ Communication.

③ 见 2009 年露西·乔·帕拉迪诺《注意力曲线》中建议的注意力集中时间。

④ 2009 年，新媒体联盟（NMC）和教育事业学习倡议教育事业计划（EDUCAUSE Learning Initiative）联合出版的《地平线报告》提到的六个重要教育技术之一。

周期）转变为一种随时可用的廉价商品。开放教育资源①项目的全球化，为全世界学习者带来了低成本的海量学习资源。但是，海量的学习资源有时反而分散了学生的注意力，因为无论是教师还是学生，甄别有用资源都不是一件轻松的工作。在人机互动的网络多模态学习环境下，学生面对丰富的学习资源，在缺乏有效的学习策略知识和自律缺失的背景下，学习焦虑反而会增长。② 因此，对学生进行学习策略和学习规划的指导是相当有必要的。

在过去的几年中，学习设计师的工作已经超越了标准课程的设计和开发，并得到了专业人士的认可。③ 学习设计师参与到项目管理、学习分析、教育研究、教师指导和协作中，提升了教学设计人员的职业身份和专业技能，一些新的职业名称也随之出现，如学习体验设计师（LXD）和学习工程师（LE）。一个学习设计生态系统可以包括许多角色，他们与教师合作是学习设计生态系统的核心，所有这些角色的最终目的都是帮助学生在学习中取得成功。学习设计师和技术专家是学习设计和技术团队的组成部分，学习设计师精通各种方法，如 ADDIE④ 和综合课程设计，并拥有学生学习方式方面的专业知识。用户体验、设计思维和认知心理学与教学系统设计的融合催生了学习体验设计师这一职业，学习体验设计师致力于提升教学设计、学习工程和教育学中的用户体验设计。

---

① 分别出现在 2000 年、2020 年和 2021 年的《地平线报告》提到的六个重要教育技术之中。

② 费伟：《网络多模态环境下外语学习焦虑对大学生英语综合应用能力影响的实证研究》，载《外语电化教学》2016 年第 6 期，第 68 - 73 页。

③ 2020 年的《地平线报告》提到的六个重要教育技术之中，包含教学设计（instructional design）、学习工程（learning engineering）和用户体验设计（UX design）的提升。

④ ADDIE 是指一套系统地发展教学的方法，五个字母分别表示 analysis（分析）、design（设计）、development（开发）、implementation（实施）、evaluation（评价）。它主要解决要学什么（学习目标的制订）、如何去学（学习策略的运用）以及如何判断学习者已达到学习成效（学习评量的实施）的问题。在 ADDIE 的五个阶段中，分析与设计属于前提，开发与实施是核心，评价是保证，三者互为联系、密不可分。

四、基于翻转课堂理念的英语教学模式

（一）基于翻转课堂理念的英语教学概况

翻转课堂是一种学习模式，与混合学习、基于探究的学习以及其他教学方法和工具存在重叠，旨在为学生提供灵活、主动和更具吸引力的教学方法和工具，它重新安排了课堂内外的时间，将学习的所有权从教育者身上转移到学生身上。①

2007 年，美国科罗拉多州落基山林地公园高中的两名化学教师乔纳森·伯格曼和艾伦·萨姆斯为了使缺课的学生们跟上学习进度，尝试使用屏幕截图软件和 PPT 录制现场课程并发布到 YouTube 上。他们很快观察到课堂发生了戏剧性的变化：学生关注的重点转移到互动上和教师与学生或学生与学生之间更深层次的联系上。教师的角色从讲授知识者转变为指导学生学习的指导者。他们观察学生小组完成作业的情况，有针对性地制作适合这些学习者的小型讲座视频。这是第一个有充分文献证明的翻转课堂的例子。

2011 年，可汗学院的发起人萨尔曼·可汗在 TED 发表了一个题为"用视频重塑教育"的演讲后，成立了非营利的网站可汗学院，该网站和应用程序为人们提供了大量免费的专业视频讲座，内容涵盖科学、经济学、金融、人文学科等各学科。大量学生、教育工作者开始将这些视频用作他们学习的资源，这引起了国内教育研究者对翻转课堂的关注。

（二）我国基于翻转课堂理念的英语教学特点

首先，我国学界较多关注翻转课堂"程序重置"的模式研究，个案研究较多，但对学习策略和学习规划的研究不够深入。翻转课堂模式对教师的能力提出了更高要求，需要教师具备创建、选择与特定课程最相关的材料的能力。翻转课堂模式创造了更加高效和丰富的课堂。一般情况下，教师通常可以采取自录视频讲座或直播，或指导学生使用各种开放教育资

---

① 2014 年、2015 年《地平线报告》均将翻转课堂（flipped classroom）纳入六个重要教育技术中。

源的方式为课堂做准备。教师可以花更多的时间与每个学生互动。翻转课堂与上面提到的多模态教学一样，存在资源过多的问题，需要对学生进行学习策略和学习规划的指导。大学英语学科教学的目的是全面优化和持续改善英语教学质量，培育学生的自学能力。如果英语教学仅局限于英语知识、语法等内容的教学，不能将学生的个性化兴趣、自学能力与英语教学活动有效融合，则会直接影响学生英语兴趣的有效激发，难以有效挖掘学生英语学习的发展潜力，影响学生英语能力的培养。这是因为，良好的学习策略和学习规划是改善教学成效，提高学生学习效能，辅助英语教学，创新、优化英语教学形式，全面提高英语课堂教学质量的重要因素。

其次，翻转课堂虽在许多高校的英语学习中被广泛应用，但在提升大学生语言习得能力的通用性和适用性方面还存在局限性。大学英语翻转课堂主要起到补差的作用，可以缩小学习者间的学业水平差距，但这种补差作用对增加中高及较高学业水平学习者的学习所得和学习机会没有太大帮助，无法突出个性化学习的优势。安徽财经大学闫正坤、周平两位老师对这一观点提供了实验支撑。他们在某高校会计学类专业 12 个平行班中随机选择了 3 个平行班作为进行干预的实验组，采取翻转教学模式，其余 9 个班作为研究的对照组，采取传统教学模式，最终确定有效样本 301 人，其中实验组 66 人，对照组 235 人。使用大学英语四级（CET4）考试成绩和大学英语六级（CET6）考试成绩作为研究前期和后期语言能力发展的主要量度，对大学英语翻转教学的效果进行分析。实验结果显示：翻转教学模式在各个水平位都能够提升学习者的外语能力，较传统教学具有更高的效率。但条件分位数回归的结果及教学效果的分布曲线显示：翻转课堂的高效性对外语能力处于中等或中等以下水平（实验组 CET4 成绩在 514 分以下）的学习者群体的后期外语能力提升有效，对已具有中高及以上水平（实验组 CET4 成绩在 556 分以上）的学习者的教学效果贡献较小。从教学效果的区间变化来看，翻转课堂的影响在中高语言水平（75 分位点）区间减弱，而在较高语言水平（90 分位点）区间不显著。已经达到 CET4 优秀水平及以上的学习者在大学英语的翻转课堂中收益较小，而具有 CET6 优秀水平及以上的学习者则从翻转课堂中得不到有益的帮助。①

① 闫正坤、周平：《翻转教学对大学生外语习得的影响研究》，载《外语教学理论与实践》2021 年第 2 期。

最后，翻转教学在大学英语学习过程中解决的只是学习的表层问题，对深层次的知识加工和迁移的作用有限，偏向于对基础知识（如词汇和基础语法）的记忆与习得。北京邮电大学焦丽霞、任春蕾等老师基于ICLASS 教学平台对大学英语写作教学中的翻转课堂模式的可行性进行了研究。该平台建有大学英语写作课程，包括"课程主页""教学大纲""课程资料""课程小组""交流互动""作业习题""在线测试"和"课程工具"版块。教师通过"课程资料"版块给学生发布写作教学微视频和相关学习资料；通过"在线测试"版块给学生发布小型测试，让学生在课堂外观看视频后自我检测相关知识的掌握情况；通过"作业习题"版块完成并提交作业（如全篇作文）；通过"交流互动"版块对学生进行分组，以便其在课堂外进行互动交流。该研究选取北京邮电大学非英语专业的 110 名学生，分为实验组和对照组（实验组学生 50 名，对照组学生60 名），研究期限为 32 个教学周；运用 SPSS 19.0 进行了结果录入、统计和分析。实验结果显示，依托大学英语写作课程的翻转课堂模式的尝试取得了一定成果，学生英语写作的态度变得积极，课堂参与感变强，写作信心增强，写作策略知识的习得效率提高；但是，学生在写作策略的运用方面并没有取得明显进步，议论文写作的成绩提高不明显。①

第三节　技术赋能的英语智慧韧性生态系统

学习生态系统（learning ecosystem，LES）是指在一定的学习环境中，学习相关者与环境中的学习资源相互作用形成的学习系统。智慧学习生态系统是数字学习生态系统融合智慧教育理念后协同发展而形成的学习系统，它是在一定的智慧学习空间（技术融合的生态化学习环境）中，学和教群体（学习者、教学者、管理者）与其所在的空间及空间中的资源（设备、设施、工具、制品符号、内容等）相互作用而形成的"教法－技

---

① 焦丽霞、任春蕾、吕翠俊：《基于 ICLASS 平台的"翻转课堂"模式在大学英语写作教学中的可行性研究》，载《北京邮电大学学报（社会科学版）》2017 年第 1 期。

术－文化系统"。①

一、线上线下融合教育

（一）线上线下融合教育概况

2017 年，李开复博士在杂志《经济学人》（*The Economist*）"The World in 2018"特辑发表专栏文章"Meet OMO Sapiens"，在新零售领域提出了 OMO 概念，即线上线下融合，引起了社会的广泛关注。伴随着互联网的快速发展和人工智能技术的进步，OMO 商业模式逐渐发展成为一种互联网经济思维下的线上线下融合的商业发展模式。②

关于教育 OMO 的定义、特征等，学界还没有形成共识。前沿的技术进步使获客、教学、服务和运营管理方式更有效率，疫情的偶然因素加速了 OMO 在教育领域的应用。教育 OMO 的表象是前端获客、教学、服务环节的线上线下融合，本质是数据驱动的、线上线下互为延伸的更高效的运营模式。艾瑞咨询公司 2021 年发布的《教育 OMO 发展趋势报告》清晰地阐述了教育 OMO 的表象和本质特征（见图 5－3－1）。③

伴随云服务的发展，大量的 PaaS 和 SaaS 服务涌现，推动了教育培训产业链的分工细化，为教育 OMO 的发展提供了底层基础设施支持。无论是精于线上的互联网培训机构，还是传统的线下教育培训机构，都在探索 OMO 教学模式，不同类型的教育培训机构采用不同的 OMO 教学模式。新东方、好未来等大型线下培训机构加大科技投入，探索搭建生态平台。例如，学而思从 2018 年开始就开设与线下内容同步、与教师同步的学而思培优在线课程④；腾讯、阿里巴巴等互联网公司则偏重于输出直播授课、

---

① 顾小清、杜华、彭红超等：《智慧教育的理论框架、实践路径、发展脉络及未来图景》，载《华东师范大学学报（教育科学版）》2021 年第 8 期，第 20－32 页。

② 祝智庭、胡姣：《技术赋能后疫情教育创变：线上线下融合教学新样态》，载《开放教育研究》2021 年第 1 期，第 13－23 页。

③ 《教育 OMO 发展趋势报告（2021 年）》，见艾瑞咨询网（https://report. iresearch. cn/report_ pdf. aspx?id＝3791）。

④ 2021 年 7 月，中共中央办公厅、国务院办公厅印发《关于进一步减轻义务教育阶段学生作业负担和校外培训负担的意见》。受"双减"政策影响，该平台已停止运营，但承诺将相关视频、文本资源保留两年。

管理运营解决方案及底层云服务、AI 技术；一些纯在线教育公司，如作业帮、网易有道等则开始拓展地面业务，建立地面推广团队、体验店等。

← 直观体现为获客 OMO、教学 OMO、服务 OMO　　→ 后端数字化转型、组织转型的支撑与赋能

	营销	转化	授课	服务	教研	师训	管理
线下	地摊、户外广告、线下活动等	线下体验店、线下试听课、线下顾问	纯面授课	线下练习、测评、答疑	非标准化、传承度低的纸质教研	以线下教师培训为主	以经验化管理为主
OMO	线上机构以线下门店/体验店为流量入口，线上运营转化　　线下机构通过短视频、社群运营、线上轻课等做获客转化		线下双师　线下主课和线上轻课结合　周中、周末线上线下配合　线上上课和线下答疑结合		教研：结合线上数据反应的学习情况为学生定制个性化服务　　教师培训：线上培训+线下培训，使教师同时具备线上线下教学能力　　管理：实时、全面监测和评价		
线上	搜索、信息流、冠名广告、公众号及视频号	线上试听课/引流课、社群裂变、线上顾问	纯在线课	线上自主练习、测评、在线答疑	电子化、标签化、数据化的教学与教辅资源	线上的内容体系、授课技巧等资源；不同班型教师授课技巧	业务管理、教学管理、服务及数据闭环

图 5-3-1　教育 OMO 的表象和本质特征辨析①

（二）OMO 赋能英语智慧韧性生态系统

在教育领域，OMO 教学模式以学生为中心，通过技术手段打通线上和线下、虚拟和现实学习场景中各种结构、层次、类型的数据，形成线上线下融合的场景生态，实现个性化教学与服务的教学新样态。我国学者祝

---

① 数据来源：《教育 OMO 发展趋势报告（2021 年）》。

智庭、胡姣对 OMO 教学模式进行了深入探讨，对 OMO 教学模式兼容混合学习（blended learning）和混成学习（hybrid learning）模式，体验无缝学习（seamless learning），且促进智慧学习（smart learning）的情况做了详细阐述，并绘制出各部分间的发展关系图（见图 5 - 3 - 2）。①

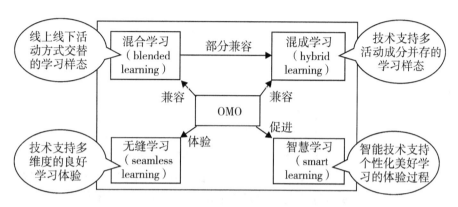

图 5 - 3 - 2　OMO 教学模式的内涵②

第一，OMO 为英语学习者提供多种学习样态。

面对 OMO 教育模式新样态，英语教育的线上与线下教学尚未形成系统性的融合，线上教学与线下教学之间总处于一种相对独立状态：要么是用线上教学替代线下教学的某个要素，要么就是通过线上教学的技术将两个空间的教学活动连接起来而已。其教学的落脚点不是对学生情绪与情感的表达的关注，更多的是技术力量的展示，无法充分地实现对学生的个别化指导，满足不了学生个性化的学习需求。

OMO 教学模式兼容混合学习、混成学习模式，线上线下元素间可交叉融合，要素的组合和变化重构了学习空间，集成了从无技术面对面课堂学习到全技术、全网络的线上学习的混合学习；同时，呈现出线上线下教学与服务无差别、无边界、无障碍的形态，支持灵活的学习方式并促成自

①　祝智庭、胡姣：《技术赋能后疫情教育创变：线上线下融合教学新样态》，载《开放教育研究》2021 年第 1 期，第 13 - 23 页。

②　祝智庭、胡姣：《技术赋能后疫情教育创变：线上线下融合教学新样态》，载《开放教育研究》2021 年第 1 期，第 13 - 23 页。

然优质的学习体验。①

第二，OMO 为英语学习者提供良好的学习体验。

1974 年，乔治·库在高等教育改革研究领域中提出，无缝学习可将课堂内与课堂外、学术与非学术、校内与校外独立的学习经验连接为一个整体，即实现学习经验的完整性、连续性。无缝学习在个人和群体学习空间之间架起了桥梁，它在努力弥合不同情境中的学习差距，这些情境可以是课堂与课后、正式学习与非正式学习、物理世界与虚拟现实或网络空间，为实现规模化、个性化人才培养以及建设终身学习型社会提供技术应用经验。②

OMO 教学模式具有高度灵活性，可以为英语学习者提供可选择的多样化学习支持，是开展英语学科无缝学习的新契机。OMO 教学模式可以实现英语课堂、家庭学习等实体学习空间之间的无缝对接，也可以实现虚拟仿真实验室、智慧教室、网络平台等数字空间之间的无缝连通。OMO 教学模式可以形成适应学生差异和个性化需求的系统性、整体性全场景教学闭环。OMO 教学模式有利于跨时空、可随处获取学习资源、可组合使用多类型设备的无缝学习环境的创造；有利于合成知识、多学习任务自如切换、兼容多种教学模式的无缝学习教法的实施；有利于融合正式学习与非正式学习、个人学习与社会学习、实体世界与虚拟世界的无缝学习文化的形成，为英语学习者提供良好的学习体验。

第三，OMO 促进英语学习者的个性化学习过程。

美国心理学家加德纳在 1983 年提出了多元智能理论。多元智能理论重视学习者之间的个体智能差异对教学的影响，允许学生以适合自己的学习方式获取知识，并以自己接受知识的独特方式形成对事物的正确认识，是一种自我的学习观念。③ 这一理论为个性化学习提供了全新的视角。

我国信息技术赋能的智慧教育始于 2012 年，祝智庭教授在宁波论坛上所做的主旨报告《智慧教育：教育信息化之新境界》拉开了我国智慧

---

① 祝智庭、胡姣：《技术赋能后疫情教育创变：线上线下融合教学新样态》，载《开放教育研究》2021 年第 1 期，第 13 – 23 页。

② 肖君、梁晓彤、黄龙翔等：《无缝学习的焦点与趋势》，载《中国远程教育》2021 年第 2 期，第 66 – 75 页。

③ 陈争峰、郑沛、刘楠：《后 MOOC 时代下 O2O 大学英语教学模式研究》，载《教育学术月刊》2020 年第 5 期，第 92 – 96 页。

教育时代的帷幕。历时近六年，我国的智慧教育已于 2018 年由萌生阶段进入试点示范阶段，标志性事件是《教育信息化 2.0 行动计划》的发布。① 智慧教育的真谛就是通过构建技术融合的生态化学习环境，通过培植人机协同的数据智慧、教学智慧与文化智慧，本着"精准、个性、优化、协同、思维、创造"的原则，让教师能够施展高成效的教学方法，让学习者能够获得适宜的个性化学习服务和美好的发展体验，使学习者由不能变为可能，由小能变为大能，从而培养具有良好人格品性、较强行动能力、较好思维品质、较深创造潜能的人才。②

《大学英语课程教学要求》明确规定要"贯彻分类指导、因材施教的原则，以适应立体化、网络化、个性化英语教学和学习的实际需要"③。OMO 教学模式利用技术增能打通线上线下，形成立体化、多元化的英语学习场景，赋能学生的多感官、多角度和多方面参与的英语学习；线上和线下数据交织，教育资源共建共享，为英语学习者构建起无界共享的网络资源空间；而对学习行为数据的采集与分析，则将驱动精准识别、诊断和决策，为英语学习者提供个性化支持服务。

二、融媒体教育形态

（一）教育媒介概况

"教育媒介是一定教育观的物质体现"，是重要的教育物资之一，不仅反映了一个国家的经济、技术发展水平以及对教育的重视程度，也反映了教育作为特殊的社会活动的专门化程度和一定的教育观。④

教育媒介的形态发展、演变历程是以社会发展为基础，探索教育形态

---

① 祝智庭、彭红超：《技术赋能智慧教育之实践路径》，载《中国教育学刊》2020 年第 10 期，第 1 – 8 页。

② 顾小清、杜华、彭红超等：《智慧教育的理论框架、实践路径、发展脉络及未来图景》，载《华东师范大学学报（教育科学版）》2021 年第 8 期，第 20 – 32 页。

③ 《大学英语课程教学要求》，见中华人民共和国教育部网（http://www.moe.gov.cn/srcsite/A08/s7056/200401/t20040130_ 110837.html）。

④ 李晓：《教育媒介的形态演变及启示》，载《现代教育科学·普教研究》2012 年第 5 期，第 14 页。

与教育技术互动发展的过程。从世界范围看，教育媒介形态大致经历了教具化、多媒体、全媒体、融媒体①四个阶段，四个阶段之间的相互关系如图5-3-3所示。

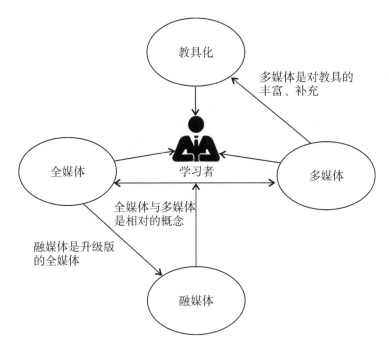

图5-3-3　教具化、多媒体、全媒体、融媒体四个阶段的相互关系

　　第一阶段：教具化的教育媒介形态。这种形态也被称为直观教学，最初起源于近现代的欧洲，是主要依靠教师口头教授和文字书写进行教学的教育媒介形态。教具化的教育媒介形态从本质上来说是一种以人工的方式，对自然世界进行模仿，从而让幼儿在这种模拟的自然环境中进行学习和感悟的形态。② 1658年，捷克教育学家夸美纽斯出版的《世界图解》（又名《可见的世界》或《宇宙奇观》），是根据作者所提出的适应自然

---

　　①　有学者将融媒体具化为智媒体，就是人工智能与媒体的结合体。彭兰教授在《智媒化：未来媒体浪潮——新媒体发展趋势报告（2016）》中指出，在经历了门户时代、Web 2.0时代以及众媒时代之后，我们正步入"智媒时代"。

　　②　徐鑫鑫：《教育媒介形态发展新趋势》，载《新媒体研究》2015年第1期，第122页。

和直观教学原则写成的一部小学教科书。① 福禄培尔·弗里贝尔是德国著名的教育家，被世人誉为"幼儿教育之父"，他充分肯定游戏和活动的重要性，并为儿童的游戏和活动设计了一系列"恩物"。② 上述两者的核心思想都是营造与自然融合的环境。

第二阶段：多媒体的教育媒介形态。多媒体教育的产生和发展是人类教育史上自发明使用教科书以来最大的一次进步和变革。多媒体是以文本、图表、图片、动画和视频等多种方式的组合向学生呈现教学材料的媒体。早在 1922 年，托马斯·爱迪生就提出了使用多媒体进行教育改革的设想，他宣称"电影注定要改变我们的教育制度，在几年内它将取代教科书的使用"。20 世纪 50 年代，教育电视被认为是一个创建"大陆课堂"的方法，并且是"以较低的成本"提供"更好的教育"。③ 目前，多媒体被公认是基础的现代化教育信息技术之一，另外两个是计算机和网络通信。④

第三阶段：全媒体的教育媒介形态。全媒体教育媒介形态是与多媒体教育媒介形态相对的概念，是教育媒介形态发展历程上的一次重大变革。在我国，"全媒体"一词最早出现于 2006 年发布的《国家"十一五"时期文化发展规划纲要》和 2007 年发布的《新闻出版业"十一五"发展规划》。⑤ 全媒体是在传播应用层面上流行的一个概念，它本身并不是一个实体性的媒体，并不代表媒体类型的应有尽有，而是意味着不同媒介类型之间的嫁接、转化和融合，其所包含的是一种媒介形态、传播手段或运营模式，更是一种全新的信息生产方式和全新的传播观念。⑥ 全媒体教育媒介形态是指利用各种媒介进行即时交互性学习的方式，这其中既包括利用

---

① 见百度百科网（https://baike. baidu. com/item/% E4% B8% 96% E7% 95% 8C% E5% 9B% BE% E8% A7% A3/10285944）。

② 德国教育家福禄培尔为儿童设计的一套玩具。

③ 郑玉玮、崔磊：《多媒体在教育中的应用：一个矛盾的复合体》，载《电化教育研究》2016 年第 11 期，第 18 - 24 页。

④ 陈琳、姜蓉、毛文秀等：《中国教育信息化起点与发展阶段论》，载《中国远程教育》2022 年第 1 期，第 37 - 44 页。

⑤ 井一龙、倪晓丰、高向辉：《全媒体视域下教育舆情的特征、治理困境与对策》，载《现代教育管理》2021 年第 11 期，第 43 - 50 页。

⑥ 苗浩、陈荣：《基于全媒体的基础教育数字资源的组织与推送模式研究》，载《软件导刊（教育技术）》2013 年第 7 期，第 43 - 44 页。

传统的媒介形态进行教学，又包括利用即时交互性媒介，如翻转课堂、半翻转课堂、VR 技术等实现知识的传授。①

第四阶段：融媒体的教育媒介形态。媒体融合是媒体发展的必然趋势。1964 年，加拿大传播学大师马歇尔·麦克卢汉在《理解媒介》一书中用"媒介杂交"（hybrid of two media）这个概念来描述两种以上媒介的交汇融合，从媒介环境与人的发展这一角度，思考电子媒介如何消除人的异化、实现人的延伸。尼古拉斯·尼葛洛庞帝是美国一位计算机科学家，于 1980 年创办了麻省理工学院媒体实验室。他更多是从经济学的视角，提出"工业融合论"，思考如何推动信息产业与传媒产业的有效整合，侧重于数字产业的发展。1983 年，美国传播学者、马萨诸塞州理工大学的伊契尔·索勒·普尔提出"传播形态融合"（convergence of models）的理论。他从新闻学的视角提出，包括报纸、广播、电视等传统媒介在内的不同媒介将在一个既定的物理网络上实现功能一体化。② 融媒体的核心要义为"融"（convergence），是在各种传播媒体之间实现融通，借助"互联网＋"和人工智能技术，催生更多的教育媒介，并出现教育媒介融合的趋势，而且其进程会随着时代的发展和进步不断加快。

（二）融媒体赋能英语智慧韧性生态系统

媒体融合既是一场由技术迭代推动的媒体内生转型，也是一场由国家层面谋划和推动的深刻变革，习近平总书记曾多次就媒体融合发展议题发表重要讲话。③

大学英语的教学目标是培养学生的英语综合应用能力，特别是听说能力，使他们在今后学习、工作和社会交往中能用英语有效地进行交际，同时增强其自主学习能力，提高其综合文化素养，以适应我国社会发展和国

① 岳铁艳：《全媒体教育形态下的教师知识体系多维建构》，载《教学与管理》2018 年第 6 期，第 51－53 页。

② 胡靖、胡加加：《溯源与考辨：媒介融合的多维视角和研究路向》，载《中国出版》2019 年第 12 期，第 14－18 页。

③ 石舟：《基于 AI 的教育"智媒体"探索与实践——以北京市朝阳区教育融媒体建设为例》，载《基础教育论坛（下旬刊）》2021 年第 3 期，第 111－112 页。

际交流的需要。① 在语言学习过程中，与其所学语言相匹配的情景起到举足轻重的作用。各类教育媒体平台的深度融合可以为学生营造英语语言学习的氛围，为学生创设使用英语交流的具体场景。

第一，融媒体丰富英语智慧学习场景。

2015 年，美国戴维·乔纳森等人主编的专著《学习环境的理论基础》（第二版）提出以学生为中心的学习环境是必须的。学习环境包括正式场景、非正式场景和跨场景，其必须是全面的、跨场景的，因为在不同学习场景中的同一组人群可以更好地理解学习过程，交流和积累学习经验，冲突效应和积累效应在提高学习效果中起到非凡的作用。② 多种教育媒体深度融合，可以精准复原各种声音、颜色等感知信息，不断提升甚至超越现实的体验感，是构建优秀教学场景的有力工具。

场景的概念起源于剧场，人们通过演绎剧情营造氛围，打造"就场、在场"的情境。场景化赋能教育的最终目标，在于为学习者将所学内容运用到实际生活中提供机会，以鼓励学习者不断体验场景，实现知识迁移。③ 在扩展现实（XR）、增强现实（AR）、虚拟现实（VR）、混合现实（MR）、触觉（HAPTIC）等技术的支持下，学习场景不再停留于多媒体、文字互动，而是让学习者随时都能够获得真实的体验，感官知觉系统得到充分的激发与调动，从而提高认知，加深对知识的理解。融媒体可以将多种媒介信息综合起来，不仅可以利用广播、报纸、期刊等传统媒体素材，聚合互联网上的学习资源，还可以利用融媒体技术疏通教育资源流动渠道，便于根据学生英语学习中的情感因素筛选育人素材，帮助学生在情景教学中增强情感共鸣、提高英语学习效率。融媒体用图片、音频、视频等信息传输媒介优化教学情景创设的效果，经由听觉、视觉增强英语知识的感染力，让学生在多模态情景中感知所学内容，摒弃仅依靠文本的英语教育旧态，赋予教学情景表现力与生命力，从多角度增强情感因素，优化学

---

① 《大学英语课程教学要求》，见中华人民共和国教育部网（http://www.moe.gov.cn/srcsite/A08/s7056/200401/t20040130_ 110837.html）。

② 曾海、陈艳、邱崇光：《基于学习环境理论的智慧场景在线教育新生态的研究》，载《中国多媒体与网络教学学报》2021 年第 11 期，第 25 - 30 页。

③ 袁凡、陈卫东、徐铷忆等：《场景赋能：场景化设计及其教育应用展望——兼论元宇宙时代全场景学习的实现机制》，载《远程教育杂志》2022 年第 1 期，第 15 - 25 页。

生的英语学习体验。① 融媒体时代下，英语教育可以跳出传统的课堂，使学习者真正打破时空场景的限制，打破硬件的边界，最终实现英语智慧教育生态的建构，增强教育韧性，实现泛在学习。

第二，融媒体为英语学习者提供良好的自主学习体验。

自主学习理论主要源于建构主义，强调学习过程的建构性，将个人发展看作知识和经验不断达到平衡的过程，鼓励和强化学习者主观能动性的发挥。自主学习虽是学习者对自我学习的一种驾驭，但受到学习者自身（包括其学习责任、学习方法、学习策略、学习自制力、学习目标和学习动力等）和外界（包括学校、家庭和社会文化）各种因素的影响。② 自主学习者应具备三方面的能力，即自我监控能力、自我指导能力和自我学习能力。

学习策略是学习者在学习过程中为使学习更成功、更自主、更愉悦而有意识采取的行为和行动。③ 教学过程中积极的学习策略可以促进、帮助学习者调控学习动机，对培养学生的自主学习能力发挥着举足轻重的作用。同时，协作学习也可以培养学习者的自主学习能力，因为团队行为可以通过参与、体验、交流、互动、合作、互助等方式提高学习者自身的认知和元认知能力，提升自我学习能力。大学英语学习目标要求学生除了掌握基本的英语语音、语法知识，还需具备跨文化意识、口语交际能力、读写能力、英语思维能力等。融媒体资源可以帮助英语学习者从不同领域、不同视角拓展英语人文视野，将英语与社会、科学、经济等领域联系起来，体现英语学科的人文性、工具性。此外，语言学科需要大量重复性练习，融媒体从资源、文本、模态、媒体到用户的融合，都具有开放性、交互性和自主性的特点，可以为英语学习者提供良好的自主学习体验。

第三，融媒体促进英语学习者实现终身学习愿景。

自 1965 年法国教育学家保罗·朗格让在联合国教科文组织召开的国

① 陈辉：《融媒体下情景教学增强情感因素对英语学习成效影响的研究》，载《东西南北》2020 年第 15 期，第 145 页。

② 陈保红、单伟龙：《"互联网＋"视阈下大学生自主学习能力培养研究——以大学英语为例》，载《中国电化教育》2021 年第 12 期，第 139－145 页。

③ 高越：《大学英语教学中学生自主学习能力培养的有效途径》，载《中国成人教育》2012 年第 9 期，第 132－133 页。

际成人教育促进会上正式提出"终身教育"以来①，联合国教科文组织先后发布了一系列涉及终身教育的国际性报告。1972 年发布的第一份国际教育报告《学会生存——教育世界的今天和明天》（又称《富尔报告》）提出的"终身教育""学会生存"成为世界教育的发展方向，具有里程碑意义。1996 年，面向 21 世纪发布的《教育——财富蕴藏其中》（又称《德洛尔报告》）提出受教育者应"学会认知""学会做事""学会生存""学会共同生活"，"四个学会"成为世界各国教育的"四大支柱"，而建成终身教育体系则是实现"四个学会"目标的根本保障和工作原则。2015 年发布的《反思教育：向"全球共同利益"的埋念转变?》提出人类应该反思教育的目的和学习的组织方式，号召以人文主义的教育观和发展观，将教育和知识视为全球共同利益。2020 年发布的《拥抱终身学习的文化》提出建立一种面向全球的终身教育文化才是应对各种现实的、潜在的危机与挑战的关键所在，终身学习型社会的未来教育愿景的实现取决于文化的转变，即终身教育文化的培育。② 2021 年发布的《共同重新构想我们的未来：一种新的教育社会契约》秉承了教育应成为"全球公共利益"的理念，进一步倡导构建新的"社会契约"，希望将国家政府、社会组织、学校、社区和教师、青年与儿童、家长等教育的相关利益方全部纳入契约，通过共同努力，实现将教育作为"全球共同利益"的愿景。③

　　不同的英语学习者所需要的学习资源内容不同，决定了终身教育需求的多样性特点，决定了资源的多样性；不同环境中的学习者使用的终端类型不同（如电视、电脑、手机、平板电脑等），决定了终身教育资源必须能够兼容多种终端，基本形态以细粒度的微小资源为主，以适应碎片化学习；同时，资源必须便于灵活组合，以实现更复杂的学习目标。在多种媒介融合的环境下，英语学习资源具有开放性、可获得性，每个个体都可以

　　① 余平、钱冬明、祝智庭：《数字化终身教育资源结构、分类及标准研究》，载《现代远程教育研究》2014 年第 4 期，第 47－55 页。

　　② 柯文涛：《迈向 2050 年的终身学习型社会——基于对〈拥抱终身学习的文化〉报告的解读》，载《成人教育》2021 年第 6 期，第 1－5 页。

　　③ 张民选、卞翠：《联合国教科文组织发布全球性报告——共同重新构想我们的未来》，载《中国教育报》2021 年 11 月 11 日。

通过简单的方式接受各种英语教育；多种媒介可以为学习者提供个性化学习内容，充分支持用户的自主选择权，具有非强制接纳的特点；多种媒介的互动性传播，增加了用户的交流互动与用户黏性，打开了信息交流的新局面。

第六章 终身学习视野下的英语智慧学习生态模式建构

本章的主题包含许多相关学科领域的知识和内容：英语学习、智慧学习、学习生态、模式建构……每一个关键词都有它独特的学科背景、研究方法，随之而来的是大量研究论点和专家意见。比如，终身学习的研究属于教育学学科内的成人教育领域；英语学习属于外国语言文学的研究范畴；学习生态应该由教育学的学习生态学专家来解释；而智慧学习和模式建构则属于教育技术学的研究者所擅长的研究领域。

为了厘清智慧生态的发展历程，以及构建英语智慧学习生态模式的必要性，在本章中，首先回顾智慧学习生态模式是如何从百年前的行为主义支持的程序教学、认知主义的计算机支持的学习、建构主义的数字学习（e-Learning），经时间的不断洗礼，借助技术的不断迭代更新，发展到今天的智慧学习生态体系的。其次，通过对智慧教育的定义解析，对生态学、教育生态学、智慧学习生态的发展和国内外相关研究情况进行简要的介绍。最后，对不同研究者、不同视角、不同理论框架下的智慧学习生态系统及其对应模式思路进行介绍和综述，最终创设一个适合一线教师使用的英语智慧学习生态模式。

第一节 从学习机器到智慧学习的发展历程

把这么多二级学科、交叉学科的研究内容有机结合在一起，无论对于作者还是读者而言，都存在相当大的挑战性。所以有必要先介绍主要的概念和内容，再来建构模式。教育技术学是一个注重填充实践和理论间的鸿沟的学科，相关研究者擅长建构模式（模型），对于他们来说，模式（模型）是介于教育理论和教育实践之间的有效中介。模式（模型）的建构一般来说有两种手段：一种是自上而下，根据相关的教育理论，对理论涉及的思想进行细化，形成模式（模型）；另一种是总结归纳，在实践过程中收集一系列操作方法，找到它们之间有用的策略，形成策略集合，最终将有效的策略集合进行整理，提出相关模式（模型）。规范的教育技术研究往往会在理论模式（模型）的基础上，进一步将创设/归纳出的模式（模型）应用到实际教学/学习过程中进行验证和调整，以此说明模式的有效性，并且将其整理成可操作的模式（模型）。

接下来需要解释的概念是智慧学习。智慧学习的概念发展自在线学习、网络学习，而网络学习的概念则是由计算机辅助学习（computer assisted instruction，CAL/computer assisted learning，CAL）发展而来的，计算机辅助学习是由程序学习（processed learning）发展而来的。最早的程序教学中的"程序"指的是一系列工艺的操作流程，和现在常说的"（计算机）程序"（program）不可一概而论。它是利用行为主义学习定律中的练习律、效果律和近因律将学生要学习的内容拆分成非常小的项目，将项目按照一定的顺序排列起来，在每一个项目中提出问题，通过教学机器（teaching machine，也被称为学习机器，见图 6 - 1 - 1）将教学内容呈现出来，然后要求学生以文字或者选择的方式给予回应。

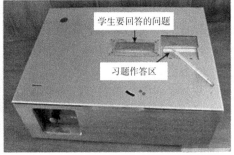

图 6 - 1 - 1　伯尔赫斯·斯金纳设计的教学机器①（现收藏于美国国家博物馆）

一、代表行为主义的程序教学时代

程序教学的出现显然受到了当时社会流水线工艺的启发和影响——现代流水生产线诞生于 1914 年，而第一台教学/学习机器诞生于 1924 年。

---

① Vargas，J. S.，"A Science for E-learning：Understanding B. F. Skinner's Work in Today's Education"，*elearn*，2019（9）.

当时，俄亥俄州立大学的教育心理学家西德尼·普莱西教授使用旧打印机的零件进行重构与组装，最终设计出了一台物美价廉的学习机器。学习机器第一次以实体的形式出现在大众面前，在一定程度上实现了"程序化"的教学。西德尼·普莱西的教学机器（她本人也将其称为考试机器）实现了呈现教学内容—测试学习效果—根据学生回答情况确定是否继续教学的教学模式，为日后所有的学习管理系统（learning management system，LMS）的开发奠定了基石。图6－1－2为西德尼·普莱西设计的教学机器宣传单，图中展示的是1929年生产的学习机器。

这些古老的机器作为世界上最早的一批"学习机"，虽然看起来笨拙、显示屏幕小、回答空间小、答案不易判定、学习内容更换麻烦、学生可以通过判断所有错误答案的方式完成自己的学习和考试，但是它对于未来世界，包括发展至今的智慧教育都有很大的启示。首先是拆分教学内容。要编制符合显示窗口的学习内容，就必须熟悉对应学科的教学大纲和教学内容，将教学内容有机地拆分为对应的知识点，并且针对知识点一步步编辑显示内容和测试内容。这和今天的微课将诸多知识点、知识内容进行拆分讲解有着异曲同工的效用，是符合学生心理发展规律的。其次是明确教学目标。内容制作者要根据教学目标确定知识的质量，对制作好的教学内容进行多次确认和审核，这在一定程度上刺激了20世纪50年代之前的教学设计理论的发展。再次是深化学习内容之间的联系。这种联系有两个维度：第一个是知识点与知识点之间的联系（例如，要先学习分数如何通分，再学习分数的加减法），第二个是相同知识点在不同难度上的联系（例如，先测试1/2＋1/3，再测试7/53＋11/13）。程序学习要求将学习内容按一系列的序列进行编订，确保学习者的学习步调是由简至繁、由易到难、循序渐进的。在一定程度上，这也让相关领域研究者从动物实验得到的高度抽象的"刺激—强化—反馈"理论转移到真实教育中儿童学习知识内容的组织与排列问题，为未来的有效教学进一步奠定了理论基础。最后是更为重视实践应用与修订。要根据实际情况设计分支程序，根据学生常犯的错误整理知识内容，查看相关学习效果并及时调整反馈以强化学习效果。① 相关研究的发展为下一步的计算机辅助教学奠定了坚实的基础。

---

① ［美］B. F. 斯金纳等：《程序教学和教学机器》，刘范等译，人民教育出版社1979年版，第141页。

一款新型的考试和教学用自动机器

俄亥俄州立大学西德尼·普莱西研发

自动记录学生的成绩进行记录和评分（或打分）
　可以设置要求学生在进入下一个问题之前找到正确答案，并计算他尝试的次数
可以根据考试内容实现判断正误题、多项选择题、和普通选择题型
在中小学和大学中在课堂中和个人学习过程中均可使用；在人事工作、心理诊所和学习实验方面也很有价值

再也不用批改试卷

得分结果立即可见

再也不怕批改错误

不在试卷上做批注

既可以测试，也可以练习

考试/练习模式无缝转化（反之亦然）
数秒钟就可以为下一位考生重置
半分钟就可以更换考试科目
能存储100道题
可重复使用空白空间，可回答黑板上的问题

该仪器由滚筒和棘轮计数器组成，可以通过五个按键进行交互操作。滚筒上方通过穿孔键盘，通过该机构记录回答正误。整体尺寸为5"×4.5"×4.5"

可通过挡杆在一秒钟内将其从测试机器转换为练习机器（反之亦然）

考试用

学生通过按键回答每个问题
顶端的小窗能够看到问题序号
侧面的小窗能够看到问题总数

教学用

学生找到本题正确答案后，才可以进入下一道题的学习
回答不正确，顶端小窗不会变化
侧面小窗能看到问题总数

该机器能让您远离无聊的卷面批改，同时彻底消除评分错误的可能。
答完题立即出分，学生不用再经历漫长的等待。
作为练习机器使用，该设备既可以做测试，又可以做教学机，告诉学生他做错了，并在下一步之前纠正错误并找到正确答案。
该机器使学生自主学习和自主测试成为可能。
对于教育研究有巨大价值的宝贵机器
售价不超过15美元

图6-1-2　西德尼·普莱西设计的教学机器宣传单①

---

① Sidney, P. S., "Pressey and the Automation of Education, 1924—1934", *Technology and Culture*, 2004, 45 (2), p. 319.

受到当时行为主义心理学研究思潮的羁绊，教学程序的编写以"刺激—强化—反馈"为主要思路，所以相应内容的编制也强调教学项目要由关键词引导学生回答、产生标准答案、对学生学习的效果进行强化等。最夸张的是斯金纳本人曾经说自己的教学机器能够"完全替代授课教师，让教师这一职业变得过时"。随着时间的推移和认知心理学的发展，不少学者意识到机器学习的美好愿景并不适用于教学实践，并提出了相应的批评意见。比如，斯金纳由动物实验引出的学习理论存在不适应人类学习中有关理解、概括、迁移等认知活动的本质特征，夸大人机关系，削弱师生的思想、品德与感情的作用等一系列问题。①

　　通过对程序教学的发展历程进行简单的回顾，我们可以明显看到当代教育研究的两个显著特征：第一是相关领域研究受到当代社会其他学科的影响，这种影响甚至能够反映到相关领域所属的一级学科上；第二是相关领域研究会试图适配到所有可能的工具之上。例如，程序教学本身就是社会工业化发展的一种衍生产物；在心理学中得到的相关研究结果直接促进了教育心理学作为二级学科的发展与壮大。管理学在 20 世纪 20 年代得到了蓬勃发展，教育研究者直接创立了教育管理学的二级学科，在当时有效改进了学校组织结构，但其发展很快就受到了阻碍。1975 年，相关领域的诸多研究者都表示"教育管理运动在很大程度上已经疲惫不堪，基本假设的重新验证已经开始"②。

　　相类似地，教育技术研究者更注重理论与实践相结合的工具。只要他们发现新的视听工具，就会试图将其应用到教育领域，而且最匪夷所思的是整个社会都对新的教学工具抱有极大的期望。比如，在视听教育的年代，专家学者使用大量视听工具制作广播、电视学习节目，大量使用当代技术力量制作和开发学习资源。随着个人计算机的发展和普及，教育技术研究者很快就把在程序教学/学习中积累的经验迁移到计算机上，解决了一些程序教学/学习难以应对的问题。

　　① 何克抗：《建构主义——革新传统教学的理论基础》，载《电化教育研究》1997 年第 3 期，第 9 页。

　　② 黄志成：《近期国外教育管理理论的发展》，载《全球教育展望》1995 年第 1 期，第 22 –27 页。

二、代表认知主义的计算机支持的学习时代

程序学习虽然在阵阵批评声中逐渐退出历史舞台，但是它所产生的有益影响却换了一个形式延续至今，最具代表性的产物就是计算机支持的教学/学习。相关领域的研究者认为："计算机支持的学习能够为学生提供良好的、个人化的学习环境。综合应用多媒体、超文本、人工智能、网络通信和知识库（后来发展为 Wiki）等计算机技术，能够克服传统教学情景方式单一、片面的缺点。它的使用能够有效地缩短学习时长、提高教学质量和教学效率、实现最优化的教学目标。"① 由于计算机产业的迅猛发展，大批教育研究者、教育政策的制定者、计算机硬件厂商、软件厂商、家长都对这种观点十分认同。

早在 1958 年，在大部分计算机还以大型机的身份身处神坛之上的发展时代，伊利诺伊大学就针对教育设计了一套独立的软硬件系统，并将其称为 PLATO（Programmed Logic for Automatic Teaching Operations）系统（见图 6 – 1 – 3）。该系统从 20 世纪 60 年代开始共经历了四代，一共延续了差不多 40 年，能够提供从小学到大学的 200 多门课程，共 10000 多学时的教学服务。PLATO 系统为伊利诺伊州立大学的学生、伊利诺伊州立大学香槟分校的学生、当地基础教育学校的学生、其他愿意购置该系统的大学的学生甚至监狱服刑人员都提供过服务。

图 6 – 1 – 3　早期的 PLATO 教育系统②

---

① 师书恩：《计算机辅助教学》，高等教育出版社 2001 年版，第 36 页。

② Kroeker, K. L., "Celebrating the Legacy of PLATO", *Communications of the ACM*, 2010, 53 (8), pp. 19 – 20.

更让人震惊的是，这个完完全全针对教育的 PLATO 系统不仅是最早使用可触控等离子显示屏的计算机，还是第一批提供论坛、留言板、网上考试、电子邮件、聊天室、图片显示、即时消息、远程屏幕共享的计算机系统。要知道 PLATO IV 是在 1969 年设计生产的，而因特网随着 1972 年阿帕网（ARPANET）项目实验成功才正式诞生。

PLATO 系统具有前瞻性，它最有影响力的地方就是以出色的处理器运算能力、图形处理能力和标准化终端孕育出了一系列单机游戏和网络游戏：1969 年就生产了世界上第一款支持两人远程在线玩的网络游戏《太空大战》（*Space War*），随后又生产了大量单机与网络游戏，包括《圣者》（*Avatar*）、《帝国》（*Empire*）、《空中缠斗》（*Airfight*），甚至微软系统中自带的纸牌游戏的雏形也能够在这款教育计算系统中被发现。大部分游戏都是编写者利用业余时间编写并且免费发布的，后期很多优秀的游戏得到了继承和发展，至今仍然活跃在各个游戏领域之中。

受到 PLATO 系统的启发，计算机产业巨头 IBM 公司很快就研发了 IBM1500 教学系统（见图 6 - 1 - 4），它能够支持一位教师使用教学机器开展 32 个学生的教学活动，这和今天的计算机实训机房十分类似。该系统应用了 CRT 显示器，该显示器应该是最早支持触控笔（light pen）的智能设备。

图 6 - 1 - 4　IBM1500 教学系统①

---

① 图片来源于 Timetoast 网站（https://www.timetoast.com/timelines/evolucion - de - technologias - cn - eeuu - y - europa）。

IBM 针对 IBM1500 教学系统最早在斯坦福大学开展了实验，由于其运营逻辑是"不计成本的品牌建设"，IBM 直接建设了 30 个实验机房。该教学系统能够支持教学排序、学习计时，并且对音频－视频媒介有相应的支持。在 20 世纪 60 年代末期，专门研发提供视频支持、音频反馈和触控笔的微型机是一种非常奢侈的投资，所以尽管 IBM 公司承诺会对该项目进行持续的研究与支持，但是其投建的 30 个实验点很快就无力支撑和维护这些高端设备，因此，项目也很快就销声匿迹了。①

该系统的失败主要是因为理念过于超前且没有充足的资金，下级实验点无力支撑。随着时代的发展，1975 年之后，微型计算机进入教育领域。20 世纪 80 年代末期，多媒体计算机大量普及，相应的教育软件开发者才重新审视这两台原型机的教育理念，继续前行。

20 世纪 90 年代末和 21 世纪初，随着发达国家教育政策的发展，微型计算机才算真正走进了课堂，当时最著名的计算机支持的教学/学习软件就是专业课件制作软件 Authorware（见图 6 - 1 - 5）。迈克尔·艾伦博士根据自己在 1970 年参与 PLATO 学习管理系统设计和研发的经验，于 1984 年在苹果系统上开发了软件 Best Course of Action，该软件在 1992 年被更名为 Authorware 课件制作软件。

继承了 PLATO 系统的优良基因，Authorware 使用的是当时少有的基于流程图的图形编程语言，能够创建软件和用户的互动，支持声音、非线性文本、图形甚至简单的动画和数字电影。它最强大的地方还在于交互功能完善，提供了按键、鼠标、限时等一系列应答方式，提供了许多系统变量和函数以供用户使用，甚至可以直接编译成".exe"可执行文件，可以在任何 Windows 系统中直接打开。这样一来，相关的教学软件制作者的门槛也直接从"经过多年训练的专业程序员"降低到"经过培训的软件使用者"。借助其良好的基因、超前的多媒体支持、多种专业反馈途径以及图形编程的易用性，Authorware 轻松地占领了 80% 的教育软件制作市场。即便是完全没有听过这个软件的读者去任何大学或者大型图书馆的教育区和软件应用区，都能找到大量关于 Authorware 的编程和应用教材，我国甚至在 2017 年还有相关的教材出版。

---

① Buck, G., Hunka, S., "Development of the IBM 1500 Computer-Assisted Instructional System", *IEEE Annals of the History of Computing*, 2001, 17（1）, pp. 19 - 31.

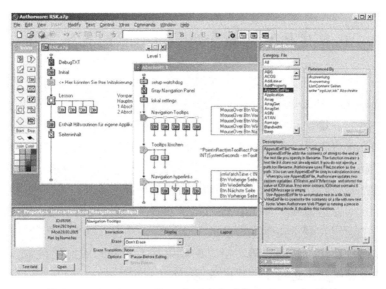

图 6 - 1 - 5　1995—2005 年风靡全球的 Authorware 软件

　　Authorware 的母公司 Macromedia 在 2005 年和著名的 Adobe 合并，后者通过这次商业合并将其文化创意软件的佼佼者位置保持至今。Adobe 官方宣布网络学习与传统学习模式的界限变得越来越模糊，现在的学习管理系统不再适用，所以在 2007 年 8 月 3 日宣布停止对 Authorware 的开发。计算机支持教学/学习的时代也从此和 Authorware 一并被直接写进历史。

　　经过仔细思考和分析，我们不难发现这个代表计算机支持的教学/学习软件成为历史的真实原因：第一，Adobe 作为创意软件出身的商业界巨头，收购 Macromedia 的目的并不是相中了它的产品线，而是为了彻底消灭自己的竞争对手。缺乏教育领域出身的背景，对盈利十分敏感的资本是不允许这种"情怀软件"继续占据公司的研发精力的。第二，Adobe 认为自己的 Acrobat、Acrobat Connect、Captivate、Flash 等门槛更高的商业软件可以取代 Authorware 的功能。第三，Microsoft Office 2003 系统中的 Power-Point 明显比 Authorware 更容易入门，后期也证实 PowerPoint 在教育领域中应用得更多。

三、代表建构主义的在线学习时代的到来

2002 年，时任美国总统布什签署了著名的《不让一个孩子掉队法案》（*No Child Left Behind*，NCLB，也被译为"有教无类法案"）。法案第二条——培养、培训和聘请高质量教师，其中第四部分明文规定：通过科学技术提高教育质量。其做法是联邦政府向州政府提供帮助，开展利用科学技术提高中小学学生成绩的系统改革；鼓励开展、扩大新技术的应用改革，包括公私合作的改革；支持电子网络的应用和发展，发展远程教育；利用新技术促进家长、学生、教师和管理者之间的交流。相关文件指出，计算机的运用有利于向学生普及数字化教育、整合教师培训资源、课程开发以及基础教学方法研究等。当时的政策甚至对联邦政府的拨款、授权、分配以及持续资助进行了明确的规定。[1]

虽然 NCLB 法案的初衷是提高美国国内教育公平性、缩小贫富差距、消除不同种族之间的差距，并试图以学业合格考试为验证手段，建立学校、区、市以及州级层面的问责机制，但这一教育改革的结果是具有相当大争议的，以至于教育政策中心发布的报告浓墨重彩地进行了如下描述："不同学生成绩差距缩小的州，数量远大于差距扩大的州；成绩进步的州，数量多于成绩下降的州。"[2] 这种描述掩盖了整体改革的失败，法案要求缩小不同收入、种族间的差距，但不同种族之间差距真的缩小了吗？根据统计数据，州级层面的成绩方差缩小了，成绩均值上升的州数量大于成绩均值下降的州，但 NCLB 的实际成效让诸多政府官员和写调查报告的学者一言难尽，而花出的经费却是真金白银。

这一政策的投资经费直接将美国从 CAI 时代推进到 e-Learning 时代，宏观支持迅速推动了具体政策和实践的发展。美国教育部制定了"全国教育技术规划"（National Educational Technology Plan，NETP）作为上级政策的执行方案，对生机比（每个课室应该配多少台计算机，多少个学生应该共同使用多少台计算机）都做出了具体的规定。而充沛的资金以

---

① 古冬梅：《美国教育政策解读》（学位论文），福建师范大学 2010 年。

② Dee，T. S.，Jacob，B.，"The Impact of *No Child Left Behind* on Student Achievement"，*Journal of Policy Analysis and Management*，2011，30（3），pp. 418–446.

及对相应产业的支持使计算机支持的教学/学习彻底被网络学习所取代。难怪连 Adobe 都取消了对 Authorware 的研发，因为未来所有的课程都是在线的，都要通过网络来学习。显然 Adobe 内部做了成本 - 收益分析，认为放弃比改造更能营利。

e-Learning 的发展伴随着"信息高速公路"的建设一路突飞猛进。原本有人批判基于计算机的学习虽然解决了一系列问题，但是学习者处于孤立的状态，无法和教师/其他学生产生联系，这个问题通过网络信息化得以解决；原本有人批评软件智能化程度低、实用性差，这个问题通过将大规模的高校课程公开到网络上得以解决；原本有人批评学生缺乏协作，应基于问题进行学习，到了 e-Learning 时代，这个问题也迎刃而解了。之前所有学者都在争论，为什么花了那么多钱建立信息化系统，投建到教室的计算机并没有起到预想的作用。从 e-Learning 时代开始，相关学者就意识到，之前将计算机引入课堂的想法和做法本身并没有错，但是机械地引入一套并行于教师授课的计算机学习系统，这种粗暴的方式方法存在很大问题。

在 e-Learning 的概念被引入中国后，一些人仍然将其称为"数字学习""电子学习""网络学习"；由于网络学习涉及远程教育，也有一些研究者认为它应该属于远程教育的范畴。但是这种新的风潮实际上并不能以"基于网络开展的远程教育"一概而论。美国教育部 2000 年度发布的《教育技术白皮书》对 e-Learning 的范畴进行了界定：e-Learning 指的是通过互联网进行教育及提供相关服务的过程；e-Learning 给学习者提供了一种全新的学习方式，增强了随时随地学习的可行性，为终身教育提供了可能；e-Learning 改变了教学者的作用和教与学之间的关系，改变了教育的本质；e-Learning 能够很好地实现某些教育目标，但不能完全代替传统课堂教学，也不会取代学校教育。[①] 何克抗提出，e-Learning 不仅仅指电子化和网络化学习，同时也可以指有效率的学习、探索式的学习，"它应该被作为变革传统教学的方式，变为营造良好师生氛围的一种全新的教育方

① 何克抗：《e-learning 的本质——信息技术与学科课程的整合》，载《电化教育研究》2002 年第 1 期，第 3 - 6 页。

式"①。而有一些学者则将 e-Learning 定义为"将信息技术与学科课程相结合的、以学生为主体的一种创新型的教育方式"②。

e-Learning 的发展遵循客观规律，诞生了很多优秀的、非营利性的学习平台，其中最具代表性、对当今智慧教育影响最大的就是可汗学院。2004 年，孟加拉裔美国人萨尔曼·可汗接到家族分配的一个小任务：给自己的表妹补习数学。可汗最擅长教学，毕竟他早已轻松获得麻省理工学院的数学学士、电子工程与计算机科学学士及硕士学位，还获得了哈佛商学院的工商管理学硕士学位。当时的可汗在沃尔基金管理公司做对冲基金的高级分析师，为了给远在老家新奥尔良的表妹讲好数学，他以雅虎电子画画笔记本为载体，通过录屏讲解完了基础数学的许多知识。为了保证二人的时间都合适，可汗使用了免费的视频平台 YouTube 上传了自己的视频。

可汗当时选择一节课只讲一个小知识点，将视频时长控制在 5—10 分钟内，用尽可能简单的语言和案例对数学知识进行了诠释。结果这种以学习基础数学为主题的视频在以娱乐和分享为主的视频网站火了起来，单单 YouTube 的创作者分成就超过了其作为高级金融分析师的收入，更不要说各大基金排着队要给可汗进行投资。可汗在 2007 年积累了大量素材，创建了一个完全基于网络的"可汗学院"（Khan Academy）。

可汗学院提供关于数学、物理、化学、生物、历史、天文、地理、经济学和计算机等多个学科的各类教学视频，不仅学科多，而且从学科内容的深度和广度来看，教学体系也很庞大，从小学数学"数的概念"到微积分入门，甚至是偏微分方程的应用也被可汗本人讲解得明明白白。可汗后期还增加了针对 SAT 和 MCAT 等考试的专题，重新组织学习内容和测评、考试内容以满足学习者的需求。最关键的是，可汗学院所有学习资源至今仍然以全免费的形式向学生和教师开放。2009 年，可汗辞去了自己原有的工作，安安心心当起了可汗学院的执行理事。

图 6-1-6 是由三张截图拼接而成的，最底层的图片展示了可汗学院

---

① 何克抗：《建构主义的教学模式、教学方法与教学设计》，载《北京师范大学学报（社会科学版）》1997 年第 5 期，第 74-81 页。

② 何克抗：《信息技术与课程深层次整合的理论与方法》，载《电化教育研究》2005 年第 1 期，第 7-15 页。

的一部分学科目录。可汗除了按照年级、学科的逻辑进行课程排序，也按照考试类型进行课程分类。中间的图片展示的是可汗学院的教学视频。可汗的教学从始至终使用的都是简单的展示板，没有精心编排的画面、没有专门请人画动画，仅用一个触控板和免费的软件，就提供了庞大的教学内容。最上层的图片是可汗学院所提供的精心制作的测试，这些测试可以用作学习前摸底、学习中小测、学习后复习，成功答对相应的问题后才能够学习下一个知识点。可汗学院可谓教育界的奇迹，一个完全没接触过教育学的人颠覆了现代教育的底层逻辑——追随可汗学院的步伐，教育界开始大规模推行微课和翻转课堂（先学后教），美国一些中小学校甚至直接在课堂上播放可汗学院的教学内容。这种行为具有重构中小学的教学和学习流程的潜质。

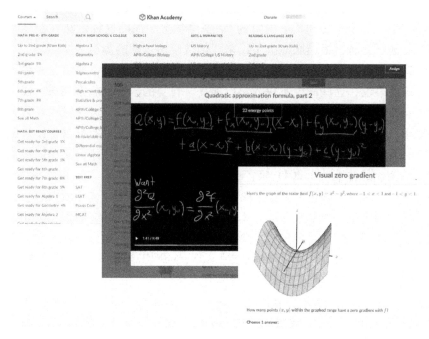

图 6 - 1 - 6　可汗学院的课程分类、授课方式以及课程测试

　　可汗学院为未来的教育提供了一个相当靠谱的承诺，当然它不是这个时代唯一的贡献和产物。除了可汗学院，还有一种 e-Learning 的方式也走上了时代的舞台。2001 年，世界著名高校麻省理工学院官方宣布自己将公布一部分在线课程。自此，很多学校为了证明自己一流大学的地位，也开始进行优秀课程的现场录制，并将其录制好的成品放在学校官网供学习者回看。这样，他们的线下课程就变成了网络课程，在不影响授课教师讲课的同时直接满足了网络课程建设的需求。

许多高校直接把现场课程录制内容公开的资源汇聚形成了第一批开放课程（Open Courses）。比如，麻省理工学院在 2007 年一口气上线了 900 门课程；加州大学伯克利分校提供完整的课程视频以供观看；耶鲁大学、哈佛大学、犹他州立大学和剑桥大学等学校纷纷加入了这一风潮。早期的开放课程大多数以课程视频实录结合 BBS 留言板或者学习平台完成作业任务为主。2007 年 8 月，犹他州立大学的大卫·怀利教授受到选课人数不足的困扰，他另辟蹊径，直接把网上选修课程的权限开放给所有人，全球任何人都可以参与课程学习并获得学分，这使得他的课程人数从 5 名本校研究生一下子拓展到 8 个国家的 50 多位学生。他的这种做法在慕课兴起之后被研究者追根摸底地查了出来，他被奉为慕课的鼻祖之一。

诸多顶流高校突然把自己的课程完全免费地进行公开本来就是一件不可思议的事情，这些高校不仅入学门槛高，自身的学费也非常高昂。以美国常青藤高校的一般费用进行估算，一个学年的本科学费大概是 30 万元人民币，如果每学年修 40 学分，一门 4 学分的专业课的听课成本就达到了 3 万元人民币左右。这种大肆"撒钱"的行为自然吸引了课程供应商和相关企业的注意力。2011 年，赛巴斯汀·索恩成立了"知识实验室"即后来的 Udacity，有 16 余万人观看了"人工智能导论"这一门课程。作为应对，斯坦福大学的教授在 2012 年 4 月成立了 Coursera，吸引了斯坦福大学、密歇根大学、普林斯顿大学和宾夕法尼亚等名校加入；麻省理工学院和哈佛大学也于同年同月计划成立 edX，edX 于当年秋季学期在 MITx（麻省理工学院的网络公开课程平台）上启动。

2012 年末，Coursera、Udacity、edX 基本形成三足鼎立的局面。无论是课程供应商 Udacity、教授成立的 Coursera 还是以学校层面建立的 edX，这些独立机构都为高校相关部门的管理减轻了负担，在提供更为优质的学习资源管理平台、提供更为高速的网络服务、为教师和学生提供更好的支持的同时，也进一步将开放课程推动发展成大型开放式网络课程（Massive Open Online Courses，MOOCs，慕课）。随着这一趋势的流行，各个国家纷纷开始建设和开发自己的平台：英国推出了"未来学习"（Futurelearn），德国推出了"我的大学"（Iversity），欧盟直接推出了"开发教育"（OpenupEd），法国建设了"法国数字大学"（France Universite Numerique，FUN），印度建设了"卡特教育"（EduKart），澳大利亚推出了"开始学习"（Open2Study）。① 我国高校在加入美国知名平台的同时，自己也建设了"教育在线"和"中国大学慕课"平台。图 6-1-7 为 Udacity、edX、Coursera 和中国大学慕课的平台界面。

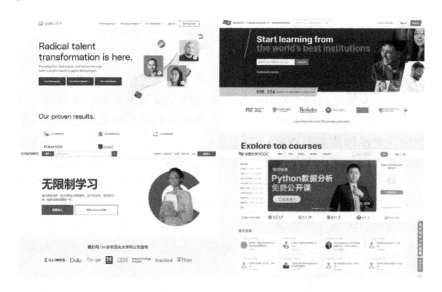

图 6-1-7　Udacity、edX、Coursera、中国大学慕课的平台界面

如果说可汗学院为基础教育提供了新的路径，那么慕课则直接推倒了传统大学的"墙"，使教育从"知识付费、花钱学习"直接跨入了"知识免费、人人可学"的开放时代。从公元前 387 年柏拉图在雅典城外成立阿卡德米学院（Academy）至今 2000 多年，知识都是高端的生产生活工具，是普通民众需要花很大代价才能接触到的信息，而慕课则直接把核心内容展示给大众，这难免会引起风潮。尽管如此，不少学者也对慕课进行了批判，认为"我们不能过分乐观，将慕课视为终结知识鸿沟的利器，

---

① 郭英剑：《"慕课"在全球的现状、困境与未来》，载《高校教育管理》2014 年第 8 期，第 41-48 页。

慕课在鸿沟外又造成了知识生产的鸿沟……慕课造成知识生产与消费环节的非均质化更加明显"①。慕课虽然存在或多或少的问题，但依旧成为2012年至今最大的研究热点之一。现在几乎所有的大学都或多或少地开放了自己的课程，或者拥有自己的慕课平台。

四、当代的智慧学习

随着慕课的发展和壮大，对于慕课的种种批评接踵而至。其实，无论是教学机器、计算机支持的教学/学习、e-Learning，还是其背后支持的行为主义、认知主义和建构主义，都无法在本质上解决一个问题，那就是如何提升技术支持学习的有效性。不少美国的专家和学者尖锐地指出，教育经费年年增长，教育改革层出不穷，教学评估的结果却表明他们的基础教育完全没有任何改革的迹象。关于"不让一个孩子落伍"改革，由于其强调以考试为导向，获得的批评是"这么做就是把孩子和洗澡水一起倒掉"②。美国教育顾问对于高等教育的评价是："我们认为高等教育系统迫切需要和基础教育系统一样的、更深刻的、彻底的转变。"③ 对于大规模发展的慕课，美国东北大学专业研究学院高等教育创新项目执行主任的评价是："整个慕课就是一种群体性癔症，人们只是把意大利面甩在墙上，看黏在墙上的是什么东西。"④

如此悲观的评价并不是毫无根据的。美国政府调查了10款有关阅读和数学的大型软件产品，研究发现其中9款软件对考试成绩没有显著影响。⑤实际上，信息化的教学手段从始至终游离在课堂教学的边缘。比如，课堂中信息技术的使用，国家花了大量经费开展教师信息技术使用的培训，而

① 冯雅颖、徐小洁：《慕课：知识鸿沟的后现代趋势》载《新闻研究导刊》2015年第9期，第19-20页。

② Dreier, F. G., "Don't Throw out the Baby with the Bath Water", *Quality progress*, 2007, 40 (8), p.42.

③ Donnelly, K., Rizvi, S., Barber, M., "An Avalanche is Coming—Higher Education and the Revolution Ahead", *Educational Studies*, 2013 (3), pp. 152-229.

④ Carlson, S., Blumenstyk, G., "For Whom is College being Reinvented", *Chronicle of Higher Education*, 2012, 17, p.35.

⑤ Gabriel, T., Richtel, M., "Inflating the Software Report Card", *The New York Times*, 2011, 1, p.15.

这些培训绝大多数都是教计算机的基本操作、如何使用操作系统和 Power-Point 软件以及确保教师能够在课堂上使用计算机进行板书演示等。它导致的结果是在绝大部分的课堂上，"计算机＋白板"代替了"粉笔＋黑板"，原来要书写的板书变成了提前制作好的 PPT 文件。在笔者接触的绝大多数课堂教学之中，信息技术是完全可以被传统教学媒介替代的。

最新的技术能够解决很多传统教学无法解决的问题。比如，在课堂上使用即时反馈系统，能够直接看到学生小测的结果，了解正确回答的比例，继而确定课堂的下一环节应该是继续往后讲授还是对普遍出现错误的知识点进行强化。但是即时反馈系统需要所有学生都使用智能终端设备——手机、平板电脑、笔记本电脑或者台式计算机进行答题，在授课过程中让学生使用智能终端设备是许多教师无法接受的，这样就限制了即时反馈系统在绝大多数课堂中的应用。再如，视频聊天、视频会议系统早在20 年前就已经十分成熟了，因特殊原因无法到达课堂的学生完全可以通过现有技术远程参与课堂学习，但事实上这种渠道由于种种原因都被封闭了。

2020 年年初，疫情的出现直接阻断了几乎所有面授教学的可能性，当时的环境已经不允许人和人之间进行面对面交流，几乎所有教师都转移到网上进行授课。当然，这也是借助于技术发展和智能设备的普及才能实现的：首先是智能设备的普及——几乎每个家庭都拥有大屏智能手机、平板电脑或者个人计算机，这样，加入智慧学习系统就不需要额外的投入。其次是现代信息技术发展的去技术化——很多烦琐的操作都变成了一键设置，教师只需要几步简单的操作就可以执行课堂教学，学生只需要输入课程号码就可以直接加入课堂进行学习，一些企业还专门开发了教育软件并将其免费提供给师生使用。在特殊环境下脱颖而出的智慧学习系统让我们看到了过去的种种努力其实并没有白费，至少在特殊时期它还是一种非常好的课堂教学替代品。

实际上，智慧教育的理念、硬件和软件早就悄悄发展并逐步完善了。钱学森早在 1997 年就提出了"大成智慧学"（science of wisdom in cyber-space）的概念。钱学森本人对智慧教育的定义是"引导人们尽快地获得聪明才智与创新能力的学问，目的在于使人们面对浩瀚的宇宙和神秘的微观世界，面对新世纪各种飞速发展、变幻莫测而又错综复杂的事物时，能够迅速做出科学、准确而又灵活、明智的判断与决策，并能不断地有所发现、有所预见、有所创新"①。"大成智慧学"的特点是在信息技术的支撑下，以信息空间形成网络，在知识爆炸的信息时代建立包括自然、社会、数学、系统、思维、人体、行为、地理、军事、建筑、文艺等多领域知识在内的现代科学技术体系。钱学森强调，"智慧"由"量智"和"性智"组成，"量智"倾向于逻辑思维，而"性智"则倾向于形象思维。在计算机和网络技术迈向智能化、泛在化、感知化的同时，智能终端和泛在网络的计算速度与精度远超人脑，所以主要负责"量智"；当面对计算机无法处理的隐性知识或需要运用形象思维、求异思维、直觉、灵感进行创造性工作时，则主要由人脑进行补充。② 这样，充分利用计算机和网络的优势，人机各有所长、优势互补，就能使人不断及时获得集成的、广泛且新鲜的知识、信息与智慧，从而迅速提高人的智能。③

对智慧教育影响最大的国际项目可以追溯到 IBM 公司的"智慧地球"战略。2008 年，IBM 在《智慧地球：下一代领导议程》(*A Smarter Planet: The Next Leadership Agenda*) 中首次提到"智慧地球"的概念。④ IBM 作为推出 IMB1500 教学系统的老牌的厂商，再一次敏锐地嗅到了物联网的需求，所以提出了"借助新一代信息技术（如传感技术、物联网技术、移动通信技术、大数据分析、3D 打印等）的强力支持，让地球上所有的东西实现被感知化、互联化和智能化"⑤。很快，"智慧地球"的思想就渗透了各个领域，出现了智慧城市、智慧交通、智慧医疗，同样也少不了智慧教育。2009 年，IBM 发起了智慧教育的倡导，提出智慧教育应该向学习者的技术沉浸，个性化和多元化的学习路径，服务型经济的知识技能，系统、文化与资源的全球整合，以及 21 世纪经济发展的关键作用这五个

① 钱学敏：《钱学森对"大成智慧学"的探索——纪念钱学森百年诞辰》，载《西安交通大学学报（社会科学版）》2011 年第 6 期，第 6 - 18 页。

② 祝智庭：《智慧教育新发展：从翻转课堂到智慧课堂及智慧学习空间》，载《开放教育研究》2016 年第 2 期，第 18 - 26 页，第 49 页。

③ 贺斌：《智慧学习：内涵、演进与趋向——学习者的视角》，载《电化教育研究》2013 年第 11 期，第 24 - 33 页，第 52 页。

④ Palmisano, S. J., "A Smarter Planet: The Next Leadership Agenda", *IBM*, 2008, 6, pp. 1 - 8.

⑤ 祝智庭：《智慧教育新发展：从翻转课堂到智慧课堂及智慧学习空间》，载《国内高等教育教学研究动态》2016 年第 2 期，第 11 页。

关键方向努力。①

　　相对于钱学森的高屋建瓴的"大成智慧学"，IBM 提出的"智慧地球"概念更贴近公司和厂商的实践角度与投资方向，为企业如何加入教育服务铺好了一条既定的道路。比如，早在 2009 年，IBM 就指出智慧教育平台要在未来 3 ～10 年具备以下要素：维基（这里的维基指的是开放型知识建构社区）、博客、标签、社会网络分析、声誉系统和推荐系统、企业级即时信息、遥现②和其他视频会议、虚拟世界。如今再回头看这条道路，除了遥现技术、全息投影、虚拟现实、大规模多人在线网络游戏在教育中的应用没有达到 IBM 的预期，其他大多数的预测已经成为我们的日常生活的现实。

第二节　建构英语智慧学习生态模式的必要性

一、智慧教育的定义

　　祝智庭认为，学习过程中接触到的从数据（data）到信息（information），再到知识（knowledge），最后提升到智慧（wisdom）的过程，是一个循序渐进的过程，随着等级的提高，对情境性和理解力的要求也随之提高。要完成数据—信息—知识—智慧的转换，一方面需要以相关的知识背景、情境知识和缄默知识为支撑，另一方面需要人类主动理解。祝智庭诠释的 DIKW 模型如图 6 –2 –1 所示。因此，他对智慧教育的定义是："智慧教育的真谛就是通过构建技术融合的学习环境，让教师能够施展高效的教学方法，让学习者能够获得适宜的个性化学习服务和美好的发展体验，使其由不能变为可能，由小能变为大能，从而培养具有良好的价值取向、

　　① Rudd, J., Sullivan, P., King, M., et al., "Education for a Smarter Planet：The Future of Learning". See http://www.redbooks.ibm.com/redpapers/pdfs/redp4564.pdf,2009.
　　② 遥现（telepresence）指的是使用信息技术进行远地协同工作，使用者在本地接收远处环境产生的视觉、听觉、触觉等信号，通过传感技术对遥控端进行操控。

较强的行动能力、较好的思维品质、较深的创造潜能的人才。"①

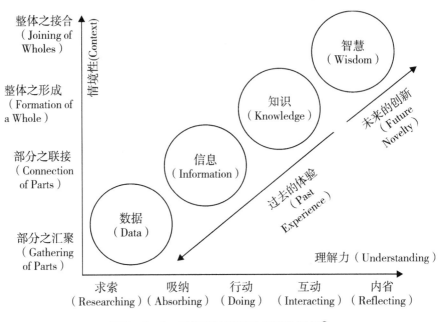

图 6 - 2 - 1　祝智庭诠释下的 DIKW 模型②

很显然,祝智庭关于智慧教育的定义明确了智慧学习和信息技术的关系,即智慧学习要依托信息技术,构建技术融合的学习环境;对学习中主要的参与者与技术的关系进行了界定(这一点在后面建构模型的小节中再进行详细阐述);对智慧学习的作用进行了界定,即智慧学习是为了培养未来需要的人才。这个定义缺乏对智慧教育是什么、要怎么做、要如何实现最后目标的具体路径的阐述,但就定义而言,我们也不能强求它包罗领域之中的所有细节。

对于智慧教育的另一种说法是,"智慧教育是教育信息化发展的高级阶段,凸显集成性、公开性、体验性,特别是科学性、智能性,提供全方

---

① 祝智庭、贺斌:《智慧教育:教育信息化的新境界》,载《电化教育研究》2012 年第 12 期,第 13 页。

② 祝智庭:《智慧教育新发展:从翻转课堂到智慧课堂及智慧学习空间》,载《开放教育研究》2016 年第 2 期,第 18 页。

位的教育服务的职能"①。这一概念涉及的范畴比祝智庭提出的智慧教育的定义具体很多。首先，对智慧教育的发生和发展进行了明确的断代与总结，然后对智慧教育的特性进行了简要的描述，最终将其功能界定为"全方位的教育服务智能"。这个关于智慧教育的狭义的定义较为精简，也相对容易理解。概念的提出者金江军是工业互联网领域的专家，他对"智慧+"的研究多于对教育的关注，提出了智慧教育、智慧产业、智慧旅游、智慧城市等一系列概念。但是具体到智慧教育的概念，就只剩下集成化、自由化和体验化等较为泛在的内容，概念中缺少教育的内涵和相关外延。

　　总体来说，我们可以看出祝智庭提出的智慧教育概念并没有浓墨重彩地对技术进行描述，因为在智慧教育的时代，技术是泛在化的，是无处不在的，是教育过程中不可分割的一部分。他更为强调智慧教育的发展应该着重于"教师更好地教"和"学生更好地学"；至于技术则是为了创设"良好的学习环境"，这就意味着所有的技术都已经像黑板和粉笔一样，包含在学习环境的创设之中。这种观念要求我们重新以生态学的角度审视祝智庭于2017年对智慧教育的定义："智慧教育的真谛就是通过构建技术融合的生态化学习环境，通过培植人机协同的数据智慧、教学智慧与文化智慧，本着'精准、个性、思维、创造'的原则，让教师能够施展高成效的教学方法，让学习者能够获得适宜的个性化学习服务和良好的发展体验，使其由不能变为可能，由小能变为大能，从而培养具有良好的价值取向、较强的行动能力、较好的思维品质、较深的创造潜能的人才。"② 这个定义将原来的"智能化学习环境"直接提升为"生态化学习环境"，明确提出了生态理念，也让智慧教育进入了智慧学习生态的范畴。

二、生态学与教育生态学

　　"生态学"一词的英语 ecology 来源于希腊文，由"居住地"（oikos）和"研究"（logos）两个词根组成，最早由博物学家亨利·梭罗于1858

---

① 金江军:《智慧教育发展对策研究》，载《中国教育信息化》2012年第11期，第18－19页。

② 祝智庭、彭红超:《智慧学习生态：培育智慧人才的系统方法论》，载《电化教育研究》2017年第4期，第5－14、29页。

年提出，由恩斯特·海克尔于 1866 年定义其概念。① 它指的是研究有机体与其周围环境（包括非生物环境和生物环境）相互关系的科学。它有自己的独立研究的理论主体。生态学的研究方法经过了"描述—实验—物质定量"的过程。20 世纪 60 年代，"三论"（即系统论、控制论、信息论）的发展影响了生态学。20 世纪 70 年代，生态学的定义中增加了生态系统的观点，将生物与环境的关系归纳为"物质流动"与"能量交换"，最终将生态学涉及的相关要素概括为物质流、能量流与信息流。②

从生态学的定义和研究方法来看，它自身可大可小，可长可短，可轻可重，无论是方法论还是研究启示都存在很大的延展性。所以生态学很快就扩充发展起来了。不仅微生物界、植物界、动物界和人类范畴之内都融合了相应的生态学（比如人类生态学），在生态系统不同的层级中也均有所突破（比如个体生态学和群落生态学）。最终，生态学和不同的学科发生了联系反应，不仅衍生出与生命学科相关的行为生态学、遗传生态学、分子生态学，还慢慢衍生出与非生命学科相关的经济生态学、数学生态学、化学生态学和教育生态学。

作为教育学和生态学的交叉学科，教育生态学试图围绕生态平衡、环境与适应、人群分布与构成、人际关系等问题开展研究与诠释，试图建立合理的校内外生态环境。教育系统和生态系统存在一定的相似性，例如，在生态系统中，小到培养皿中的菌落，大到生物圈，只要明确限定生态系统的范围，它们都可以是一个完整的生态系统。③ 同理，学习系统中小到随时发生的碎片化学习，大到一个国家、地区乃至全世界所发生的教育变革都可以是教育生态系统的一部分。

教育生态学的研究始于 20 世纪 40 年代，罗杰·巴克和赫伯特·赖特在堪萨斯大学中西部心理学实践研究所（Midwest Psychological Field Station）对人类行为进行了生态学研究。20 世纪 70 年代，尤利·布朗弗布伦纳试图在康纳尔大学建立"人类发展生态学"（Ecology of Human Development），研究以关注学校情境中个体行为与环境的关系为主。④ 20 世纪

① Levine, N. D., Anderson, J. J. B., *Human Ecology*. PWS Publishing Company, 1975, p. 4.
② 任海、彭少麟：《恢复生态学导论》，科学出版社 2001 年版，第 60 页。
③ Likens, G. E., *The Ecosystem Approach*: *Its Use and Abuse*. Ecology Institute, 1992, p. 20.
④ 范国睿：《美英教育生态学研究述评》，载《华东师范大学学报（教育科学版）》1995 年第 5 期，第 83 - 89 页。

70 年代是教育生态学研究最火热的时期，伦纳德·费恩撰写了《公立学校的生态学》（*The Ecology of the Public Schools*，1971）；托马斯·坦纳撰写了《生态学、环境与教育》（*Ecology, Environment and Education*，1974）；伊丽莎白·沙利文编著了《未来：人类生态学与教育》（*The Future: Human Ecology and Education*，1975）；约翰·埃格尔斯顿的《学校生态学》（*The Ecology of the School*，1977）以研究教育资源分布为宗旨；等等。

　　20 世纪 70 年代的相关研究确立了教育生态学的研究方式，而到了 90 年代，教育生态学的研究范围和深度都有了进一步的突破。有一些研究者认为，学校是一个文化生态系统（cultural ecosystem），所以需要侧重微观的学校生态学研究，通过管理学的手段，统筹学校中的生态因子，建立健康的生态系统，继而提高办学有效性。[1] 除此之外，还有对微观课堂生态的研究，对教育、文化、生态危机等宏观问题的研究[2]，有关特殊教育问题的生态学研究，有关家庭、学校、社区互动问题的生态学研究，有关师生关系的生态学研究等。

　　从整体来看，教育生态学在教育中的应用仍然凸显了其自身的工具属性。它为教育研究提供了自然实验、调查、统计、系统分析法等一系列研究工具，能够通过迁移律解释教育过程中存在的物质流、能量流和信息流；能够使用富集与降衰律解释资源对教育的影响；能够把握教育生态平衡的规律；能够使用竞争和协同进化，促进教育体制内的良性循环；等等。通过这些定律的隐喻，教育生态学也提出了限制因子定律、耐度定律与最适度原则、花盆效应、教育生态位原理、教育生态链法则、教育节律、社会群聚性、群体动力、整体与边缘效应等一系列相应原理。

三、智慧学习生态以及其国内外研究情况

　　通过对生态学－教育生态学发展历程的介绍，我们可以对智慧学习生

────────────

　　[1]　Goodlad, J. I., *The Ecology of School Renewal: Eighty-Sixth Yearbook of the National Society for the Study of Education, Part I.* National Society for the Study of Education, 1987, p. 35.

　　[2]　Bowers, C. A., Flinders, D. J., *Responsive Teaching: An Ecological Approach to Classroom Patterns of Language, Culture.* Teachers College, 1990, p. 42.

态进行描述性的界定。在这里我们可以将智慧学习生态理解为数字学习环境的一个质变层次的升级，它是教育者应该为学习者创设的诸多学习环境系统的有机结合。如图6-2-2所示，国内关于智慧学习与智慧教育的研究在2012年就开始爆发式增长，从每年几篇、几十篇一跃至上百篇，智慧教育的研究在2020年的发文量达到巅峰，突破1000篇。相比国内，国外关于"smart education""smart learning"的主题研究并不如国内充分：有研究者对国际期刊上555篇智慧学习相关主题的论文进行了文献分析，发现在智慧学习领域中，最关注的国家就是中国，发表最多英文相关文献的研究机构是清华大学，最相关的关键词有"智慧课堂""学习过程""智慧设备""移动设备"以及"学习分析"，关注度最高的研究领域是"移动学习""智慧学习中的混合学习""物联网与云计算""生态与环境感知智能"以及"慕课与课程内容管理"。①

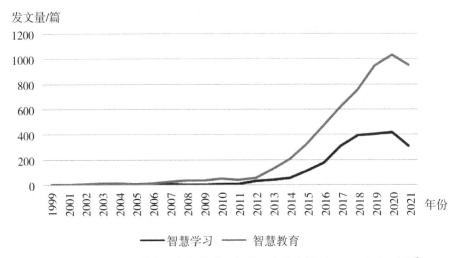

图6-2-2　我国智慧教育与智慧学习相关研究发文量（1999—2021年）②

　　① Chen, X., Zou, D., Xie, H., et al., "Past, Present, and Future of Smart Learning: A Topic-Based Bibliometric Analysis", *International Journal of Educational Technology in Higher Education*, 2021, 18 (1), pp. 1 - 29.

　　② Chen, X., Zou, D., Xie, H., et al., "Past, Present, and Future of Smart Learning: A Topic-Based Bibliometric Analysis", *International Journal of Educational Technology in Higher Education*, 2021, 18 (1), pp. 1 - 29.

在智慧学习的研究领域中占主要地位的研究方向主要有以下 22 个：交互式多媒体学习、科学技术工程和数学（STEM）教育、出勤状况与注意力识别、智慧学习中的混合学习、情感计算与生物特征计算、基于探究的协作学习、学习反馈与学习评估、智慧学习的基础设施、智慧学习分析、语义学与本体论研究、e-Learning 系统的软件开发、智慧学习手机App、虚拟现实的相关探讨、无线技术与传感器应用、基于情境的服务、移动学习、慕课以及课程内容管理、特殊教育中的智慧学习应用、物联网与云计算、生态与环境感知智能、英语和语言学习、RFID 无线射频与激光技术。

在对智慧学习的研究中，研究方向最多的国家是中国；其次是韩国，韩国智慧学习的研究有超过四分之一都集中在移动学习领域；随后是美国、印度、加拿大、希腊、委内瑞拉和厄瓜多尔。而在研究方向最多的九所高校中，中国有三所高校上榜，分别是排名第一的清华大学、排名第六的北京师范大学和排名第七的华中师范大学。无论是从研究发文量还是从设施的配备与建设上看，我们在智慧学习领域都走在了世界的前列。但无论是研究还是硬件，我们都难以改变目前的教育现状，距离理想的智慧学习还有一定的距离。

第三节　适合教师的英语智慧学习生态模式建构

一、从教育生态系统到智慧学习生态系统

前面我们讨论了教育生态学的相关研究方法和研究视角，教育生态学主要探究生态规律对课堂生态环境造成的影响。从传统的教育生态视角出发，整个人类社会或者说以国家为单位的社会闭环可以被视为学习发生的社会生态系统，国家的社会生态系统包含的正规教育体系——从幼儿园到大学的教育都属于教育生态系统，社会生态系统为教育生态系统提供人口、资源等一系列输入，而教育生态系统则为社会输出相应的人才与文化产物。在教育生态系统中存在不同层级、不同阶段的学校生态系统，而这些学校生态系统不是学习真正发生的环境，学习在课堂中、在教师讲授的

过程中、在学生完成作业的过程中、在课后讨论的过程中潜移默化地发生着。

由此可见，对课堂生态环境的研究并不能完全解释学习的发生，智慧学习生态环境自身应该由物理环境、线上环境、教学环境与学习环境等一系列环境组成，这些环境视情况而定，共同作用于学习者，从而产生复杂的智慧学习生态环境；智慧学习生态系统应该以物质循环、能量流动和信息传递三大基本规律为指导，以智慧学习环境为支撑，以转变限制因子、强化补偿因子、弥补缺失因子、遵循耐度原则为方式，对学习者所接触的智慧学习空间或学习场所有相应的提升作用。[1] 所以，智慧学习环境应该将学校生态系统作为该系统的外部条件和保证，形成由学校生态系统向智慧学习生态系统输入物质、能量、设备、经费，再由不同的子系统（比如课堂教学系统、在线学习系统、离线学习系统、混合学习系统等）相互结合，内部调控、传输、作用，向学校生态系统输出物质与能量的动态平衡生态圈（见图6-3-1）。

智慧学习环境包含现代技术可以支撑的、学习者可以接触到的所有要素。胡旺的解释较为通俗易懂，他将智慧学习生态环境分为物理环境、虚拟环境、教学者、学习者四个一级要素，每个一级要素又包含不同的二级要素。[2]

图6-3-2展示的是教师及教辅、学习者、物理环境和虚拟环境所包含的二级要素以及各个二级要素所对应的可能存在的子要素。这些要素自由组合便可以组成一个小的智慧学习微观环境。例如，物联感知系统下的学生注意力、使用资源管理系统支持教师信息技术应用水平的提升、5G环境下的学生学习态度等。智慧学习环境包含在现有的物理环境和网络教学环境中，教师和学生可能做出的所有学习行为。任何对其范畴的探究都可以被视为智慧学习微观环境的创设。智慧学习生态环境主要研究学习者和物理环境之间的关系、学习者和虚拟环境之间的关系、学习者和教学者之间的关系。需要指出的是，这并不是说教师和物理环境、教师和虚拟环

① 胡旺：《"互联网+"教育背景下智慧学习生态环境构建研究》（学位论文），江苏师范大学2017年。

② 胡旺：《"互联网+"教育背景下智慧学习生态环境构建研究》（学位论文），江苏师范大学2017年。

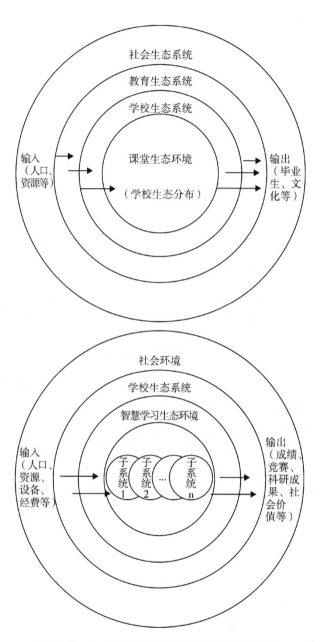

图 6 - 3 - 1　教育生态系统与智慧学习生态系统

境、物理环境和虚拟环境之间的关系就不重要，这只是对复杂情况进行简化的结果。

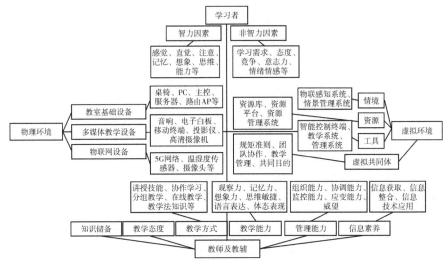

图6-3-2　智慧学习环境要素示意

图6-3-3很好地呈现了智慧学习生态环境四大生态因子的相互关系，将学习者置于整个智慧学习生态环境的中心，简化了四大生态因子可能存在的24种关系。需要注意的是，在建立自己的智慧学习微环境时，我们不一定要把自己所研究的核心内容参照他人的观点进行表述：无论是虚拟环境、教学者还是物理环境，都可以将其作为自己所创设的教学环境中的核心因子。

例如，一名高校英语教师在非英语专业的英语教学课堂中创设一个以手机等移动端为主的混合教学生态环境。那么，对于这个环境，一种理想的干预是在"高校物理课堂教学"的基础上，以携带自己的移动设备（Bring Your Own Device，BYOD）为关键因子，以提供学习资源和混合学习任务为干预策略，教学者设置好学习任务和任务反馈，利用学习者的在线学习过程数据和反馈数据对班级的教学步调、学习材料进行相应的调

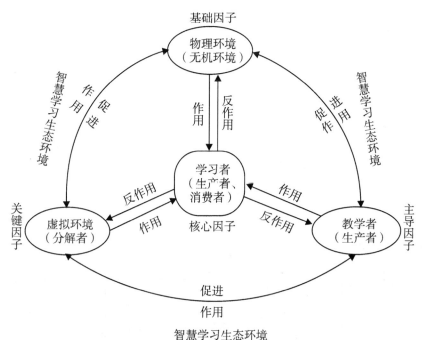

图6-3-3　智慧学习生态环境的生态因子关系①

整，以此促进学生的学习步调，以提升学生的学习效果。

　　整个环境创设过程涉及诸多可选因素，但是每次的研究和调整都应该结合自己的情况，对可控制变量进行干预。

　　最后要强调的是，智慧学习生态系统的内涵虽然包罗万象，但是在个人研究和学习过程中，应该把自己所能够接触到的、试图干预的要素作为创设智慧学习环境的内涵，将其他的要素作为外延进行探讨。创设的智慧学习环境可以由诸多简单、实际的微环境构成，这种方法可以避免智慧学习生态的概念过于宽泛，以至于阻碍相应环境的创设与研究进展。

---

①　胡旺：《互联网＋教育背景下智慧学习生态环境构建研究》（学位论文），江苏师范大学2017年。

二、智慧学习生态系统的信息模型与集成框架

智慧学习生态系统的另一种分类视角是祝智庭、彭红超提出的信息模型视角，这种视角将智慧学习生态系统分为"教学小生境"和"学习小生境"两个子环境。在教学小生境中，教学者、辅导者和数字学习管理者共存，而对应的学习小生境则存在学习同一课程、同一单元的学习者（见图6-3-4）。① 可以看出，在这种分类视角下，物理学习环境和虚拟学习环境这些实体环境和技术环境被弱化，其所承担的职责也被转化为环境中的生物体所承担的职责。

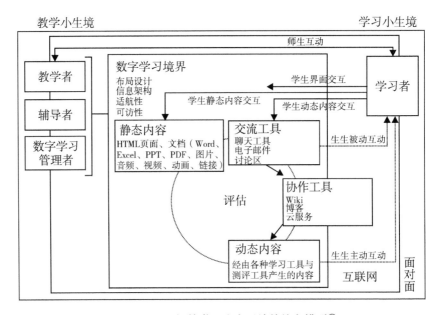

图6-3-4 智慧学习生态系统的信息模型②

---

① 祝智庭、彭红超：《智慧学习生态系统研究之兴起》，载《中国电化教育》2017年第6期，第1-10页，第23页。

② 祝智庭、彭红超：《智慧学习生态系统研究之兴起》，载《中国电化教育》2017年第6期，第1-10、23页。

智慧学习生态中的能量流动，就是借助交流工具和协作工具，根据内容信息生成知识的变革过程。该过程主要发生在网络教学的平台之中，通过数字物种和用户群体的交互作用来实现。智慧学习生态系统信息模型中的组分及其相互作用主要有：①教学小生境内的相互作用——教学者、辅导者和数字学习管理者三者间的两两交互；②学习小生境内的相互作用——学生学习内容之间的交互、学生和学生之间的交互；③教学小生境与界面的相互作用——教学者、辅导者、数字学习管理者和学习者与学习界面（interface）的交互，主要是人机交互；④学习小生境与界面的相互作用　一学生与学习界面的交互，学生与学习内容的交互。[①] 我们可以将系统中多要素的关系隐喻为共生、共栖以及寄生的生态关系：如果群体中的学生之间处于齐头并进、平等合作、相互学习、和谐共生的状况，则可以认为其存在共生关系；如果群体中的学生之间存在明显差距，有一些学生较为后进，但是能够得到有效的帮助，或者其学习不存在明显的阻碍，则可以认为其存在共栖关系；在同等的差距条件下，如果一些学生能够从环境中汲取营养，而另外的学生无法获得应得的知识，甚至遇到了较大阻碍（如班级中存在因学习困难而完全无法跟上课程内容的学生被学生集体选择性忽视的情况），我们就可以认为其存在寄生关系。

从企业、机构的视角来看智慧学习生态系统也较为重要，它的意义在于为用户提供多平台的一站式服务，打通智慧学习生态系统间的壁垒。

无论是高校教师还是中小学教师，绝大多数人都在工作中体会过不同网络平台无法共享数据的痛苦——学校主页是这套账户密码、云课堂是那套账户密码、教务系统又是另一套账户密码……如果一位使用混合教学的高校英语教师想把学生在网络环境中得到的成绩导出，作为平时成绩的一部分，那么他/她需要先登录云课堂系统，把成绩导出来，然后登录学校主页，再进入教务系统，使用第三套密码进行成绩录入。经过这一系列操作，这位老师可能已经度过了非常不愉快的一天，但依旧没办法把学生的最终成绩提交上去。

企业、机构并不关心学生的学习过程或者教师的教学过程，对相关企业来说，一切皆是数据。那么，数据的交互以及无缝集成就成了智慧学习

---

① IMS Global Learning Consortium，"Ecosystem of Learning Platforms，Apps and Tools". See https：//www. imsglobal. org/initiative/ecosystem－learning－platforms－apps－and－tools.

环境中的重要一环。ISM 全球学习联盟（IMS Global Learning Consortium）为如何实现智慧学习生态提供了一种理论视角（见图 6 – 3 – 5）。

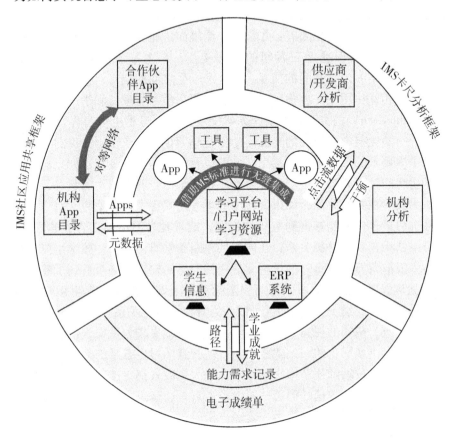

图 6 – 3 – 5　企业、机构视角下智慧学习生态系统的数据集成框架①

如图 6 – 3 – 5 所示，该联盟提供的框架是一个支持开放标准的共同体。在网络环境中，不同的智慧学习微环境都是以平台和系统的结构存在的，那么，如何使这些平台和系统之间的数据互联互通就成了一个重要的问题，平台间的统一登录和数据共享问题亟须解决。该框架能够促使信息企业、服务提供机构快速构建相关的开放性生态系统环境，将每个微系统

①　IMS Global Learning Consortium，"Ecosystem of Learning Platforms，Apps and Tools". See https://www.imsglobal.org/initiative/ecosystem – learning – platforms – apps – and – tools.

的权责范围规定在四项工作之内：一是定义自己信任、接受和共享的范围；二是查询其他微系统的系统数据并处理其响应；三是查询时响应相邻系统；四是生成用户与微系统交互的前端接口。这有利于数据在各个微系统之间进行有效的传递。

除了不同微系统之间的数据传递，该模型还考虑到学习分析中的数据获取与数据粒度的问题，相关的规范定义了学习分析的标准、学习者活动的度量标准以及数据收集和输出的应用程序接口（API）。① 使用一系列相关标准〔例如，IMS 学习工具数据交互规范（IMS Learning Tools Interoperability）和 IMS 通用标准（IMS Common Cartridge）〕就可以打造一个具有通用性的、开放式的智慧学习生态框架，实现平台、软件、工具的无缝集成，其结果是为教学者提供更精准的干预策略，为学习者提供更为舒适的学习体验。

三、智慧学习生态系统的作用机制与系统图谱

通过智慧学习生态系统的数据集成框架可以看出，智慧学习生态系统不仅要体现"以学生为中心""以体验为中心""以服务为中心"的相关理念，还要将"以数据为中心"作为以上三个理念的技术基础支持。数据作为增强、赋能智慧教育的杠杆，可以起到驱动优质教育发展的作用；除此之外，教育过程本身更是一种文化现象，是文化理念、价值的传承和发展过程。所以，智慧学习生态系统要在教学法、技术因素的基础上，对文化因素加以考虑。祝智庭和彭红超将智慧学习生态系统诠释为在一定的智慧学习空间（技术融合的生态化学习环境）中，学习群体和教学群体（学习者、教学者、管理者）与其所在空间及空间包含的资源（设备、工具、人工制品、学习内容等）相互作用而形成的教法－技术－文化系统。②

因此，智慧学习空间的四大设计原则应该是以体验为中心、以服务为

---

① IMS Global Learning Consortium, "IMS Caliper Analytics™ Conformance and Certification Guide". See https://www.imsglobal.org/spec/caliper/v1p2.

② 祝智庭、彭红超：《智慧学习生态系统研究之兴起》，载《中国电化教育》2017 年第 6 期，第 1－10、23 页。

中心、以学生为中心以及以数据为中心。智慧学习生态系统的各个组分之间相互作用，形成统一的功能整体，组分间的关系也是通过交互作用的机制实现的。教学者和管理者根据相关机制制订合适的学习策略与教学策略就显得尤为重要，这样能够为数据的互联互通指明方向。如图6-3-6所示，智慧学习生态系统主要考虑学生、同伴、教学者、管理者、空间和资源六大要素之间的相互作用机制。因此，祝智庭等认为，智慧学习生态系统最重要的机制是反馈机制、优化机制、协调机制、适配机制、扩散机制以及聚合机制六大机制，智慧学习生态系统间的相互作用机制更偏向于共生和共栖的关系。①

反馈机制、优化机制：反馈机制旨在促进管理者掌握系统内各个要素的情况，是一种将信息传输给各个要素的机制（比如，"数字驾驶舱""学习仪表盘"是能够反馈学生状态与学习效果的工具）；优化机制旨在提供智慧抉择，是为系统关键要素提供更为优质的方案、策略的机制，通过吸收反馈信息、进行智慧分析、做出精准决策，从而实现优质教育。

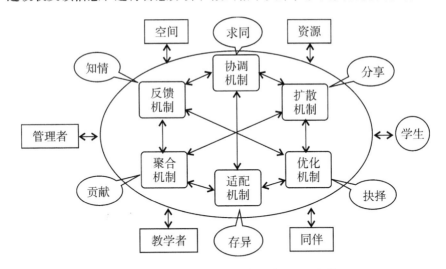

图6-3-6　智慧学习生态系统作用机制②

　　① 祝智庭、彭红超：《智慧学习生态系统研究之兴起》，载《中国电化教育》2017年第6期，第1-10、23页。

　　② 祝智庭、彭红超：《智慧学习生态系统研究之兴起》，载《中国电化教育》2017年第6期，第1-10、23页。

协调机制、适配机制：协调机制是将整个生态系统中相互冲突、相互矛盾的分组进行合理分配、按需规整以实现"求同"理念的执行机制（例如，各个不同品牌、厂商制作的电子课本、电子书包可以通过协调机制，达到相互兼容的结果）；而适配机制对应的"求同"是一种系统间的要素分组进行多样化、自适应的"存异"机制（比如，个性化自适应学习就是通过技术手段保证资源和学习者这两个要素之间的适配）。

扩散机制、聚合机制：扩散机制是一种分享机制，它的主要作用是保证智慧学习生态系统的均衡发展。依托人际关系六度空间的相关理论，扩散机制为信息资源的扩散、数据的互联互通提供了相应的理论依据，能够提升信息、知识传播的效率。聚合机制是一种贡献机制，是生态系统中不同组件相互汇聚、群策群力，实现集体智慧的活动（例如，以 Wiki 为代表的知识共建平台能够体现聚合机制的作用）。聚合机制主要解决的核心难题是"求同"与"存异"之间的平衡。

总体来讲，在这个模型中，各个作用机制的功能各有千秋，但是它们的共同目标是促使文化理念和学习价值协同工作，用各种途径保证学习者吸收知识、产生想法、取得成果，最终能够输出文化价值。

智慧学习生态系统作为一个独立的生态体系，它与其他系统是相互支持、向下兼容、向上拓展的关系。对此，祝智庭提出，智慧学习生态系统是一种在线学习系统与离线学习系统混合而成的生态学习系统。从学习环境的角度出发，它涵盖了数字生态系统学习环境、个人学习环境与虚拟学习环境，是比在线学习系统内涵更为宽泛的生态系统。

如图 6-3-7 所示，智慧学习生态系统包含了大部分离线学习系统（大部分为面对面教学的部分）、在线学习系统（大部分为网络学习系统），以及其相互结合、相互交叉形成的混合学习系统的全部范畴。对于目前的智慧学习生态系统来说，主要的关注点还是在线学习系统和混合学习系统。在线学习系统所包含的数字生态系统（DLE）为智慧学习生态系统提供了集成的平台、软件、工具，为群体互动生成性学习和小组合作研创型学习创造了条件；个人学习环境（PLE）为学生个体差异与偏好提供了充分的支持，能够被用作智慧学习生态系统中的个人学习空间[①]；虚拟

[①]　祝智庭、郁晓华、管珏琪等：《面向"人人通"的学生个人学习空间及其信息模型》，载《中国电化教育》2015 年第 8 期，第 1-9 页。

学习环境（VLE）能够突破时空、模拟情景，解决班级中的差异化教学问题，但是解决所有人的普适问题，就意味着很难满足学习者的个性化学习需求。①

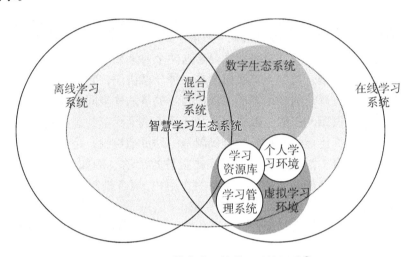

图6-3-7　技术增强的学习系统图谱②

总体来说，通过对学习系统图谱的总结，可以看出不同年代、不同背景、不同环境观的学习系统最终是如何融合和发展的。对于个体研究者来说，最主要的还是要结合自身的教学需求、学生的学习情况，使用身边能够获取的技术力量（比如云课堂、雨课堂、成熟的商业 App 等）搭建属于自己和所教学班级的英语智慧学习生态系统。

四、智慧学习生态系统的文化模式与实施策略

下文主要解释智慧学习生态系统是如何从文化视角融入课堂教学和学生学习的。首先是智慧人才培育的微文化模式理念。如果对学习情境的创设有深入的理解，那么不难看出，微文化模式在一定程度上可以被理解为

① 祝智庭、管珏琪、刘俊：《个人学习空间：数字学习环境设计新焦点》，载《中国电化教育》2013 年第 3 期，第 1—6、11 页。

② 祝智庭、彭红超：《智慧学习生态系统研究之兴起》，载《中国电化教育》2017 年第 6 期，第 1—10、23 页。

对课堂内学习环境的研究的衍生和发展。祝智庭将智慧学习生态的微文化模式视为培育智慧人才的方法，认为应该遵循以服务为中心、以学生为中心、以体验为中心的理念。

如图 6-3-8 所示，"以服务为中心"需要教学方法的支持，它将教学方法定位为为学生提供合适的教学方法；"以学生为中心"需要教学者的支持；"以体验为中心"则对学习方法提出了相应的要求。这三者的交汇和融合旨在实现"精准"和"个性"的智慧教育原则：在学习目标方面，能精准判断学习是否发生，精准预测学习是否能按期完成，根据学习情况给予精准辅助[1]；对学习者来说，要做到个性化的教与学，需要策略、方法、资源、服务等一系列的环境支持，这些支持均应根据学习者自身的情况做出基本判断，让学生获得良好的体验。

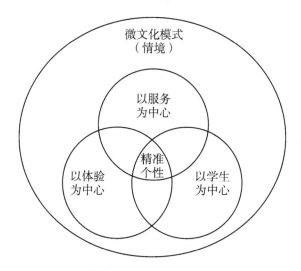

图 6-3-8　智慧学习生态系统下的智慧人才培养理念[2]

从不同的结构粒度来看智慧学习生态，需要宏文化模式、微文化模式

---

① 祝智庭、彭红超：《信息技术支持的高效知识教学：激发精准教学的活力》，载《中国电化教育》2016 第 1 期，第 18-25 页。

② 祝智庭、彭红超：《智慧学习生态：培育智慧人才的系统方法论》，载《电化教育研究》2017 年第 4 期，第 5-14、29 页。

和个人模式三个层次的支持。宏文化可以被理解为国家层面的整体的教育体制、教育手段和相关文化，也可以被理解为个人无法或者很难影响、改变的宏观层面的文化；而微文化则是真正实施教学、学习发生的空间，可以将其理解为课堂教学环境，也可以理解为教师授课过程中为学生搭建的文化环境。学生的学习并不直接发生在宏文化模式和微文化模式之中，而是将二者进行模式匹配，产生个人模式，保证学习的发生（见图6-3-9）。

以英语教学为例，在整个宏文化的范畴之中，英语教师需要创设不同学习阶段、不同学习内容的英语教学的微文化，结合学生个人的学习模式进行模式识别（比如，测试学生的单词量，以单词量判断合适的文化模式和个人模式），再根据识别的模式为学生匹配合适的学习内容（比如，为基础不扎实的学生匹配低难度的阅读材料，为高阶的学生匹配生词量较大的阅读材料），根据相应的学习内容创设网络和面对面的学习情境。

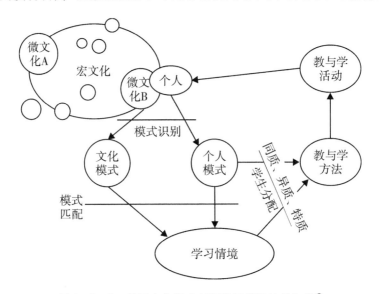

图6-3-9　基于文化模式创设学习情境的教与学①

---

① 祝智庭、彭红超：《智慧学习生态：培育智慧人才的系统方法论》，载《电化教育研究》2017年第4期，第5-14、29页。

在理想情况下，在创设的学习情境中需要将学生的个人模式依据需求进行同质、异质以及特质的小组分配，为教学方法的制订策略提供相应的理论依据。这种理念的教与学模式可以为智慧学习生态中的能量流动建立良好的沟通途径，方便教师对具体的教学策略进行精细化的设计。

　　图 6 - 3 - 10 为智慧学习生态中的教师提供了相对固定的参考选择。如图 6 - 3 - 10 所示，内容传授、体验与实践为 x 轴的两个不同方向；学生自主导航、教师他主导航为 y 轴的两个不同方向。那么，第一象限就是学生自主导航的体验与实践（项目）；第二象限就是学生自主导航的内容传授（研习）；第三象限是教师他主导航的内容传授（教学）；第四象限就是教师他主导航的体验与实践（练习）。对于象限里提到的"翻转课堂1.0""翻转课堂2.0""创客教育"的概念，在英语智慧学习生态环境的前期和新手操作中，没必要在使用前进行深入的了解和探究，而应在"知识学习"和"体验学习"中做出更多探究和努力，使用好现有模式的理论，组织好相应的教与学模式，为学生的知识、技能、能力、品性均衡发展打下良好的基础。

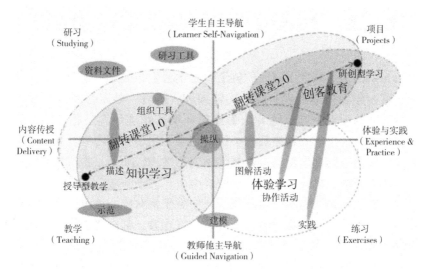

图 6 - 3 - 10　智慧学习生态中的教与学平衡①

　　①　祝智庭、彭红超：《智慧学习生态：培育智慧人才的系统方法论》，载《电化教育研究》2017 年第 4 期，第 5 - 14、29 页。

教师在设计具体的教学方法时，要注意教与学的平衡。智慧学习生态的教与学的平衡，是教师他主导航与学生自主导航、内容传授与体验实践的平衡。智慧学习生态中的学习就是精准、个性的智慧教育原则的一种体现，只要遵循精准化和个性化的相关智慧教育原则，无论学习最后落在图6-3-10的哪个维度、哪个部分，都能够达到动态平衡的智慧学习状态，并能因此促进教育教学和学习的智慧性、稳定性与有效性。

　　总而言之，有关智慧学习生态的上层设计理论还有很多，但是搭建基于特殊学科的智慧学习生态模式要根据个人的需要去进一步探究。对创设智慧学习环境的一线教师来讲，最重要的不是先掌握所有理论模式（模型），而是在自己的授课情况、学生个性、教学环境、信息支撑的基础上，选择适合自己的、小的技术更新，进一步从使用一个小技术，拓展到搭建一个微环境；在集合了一系列微环境的基础上，根据教学的实际情况搭建基于文化模式创设的英语智慧学习生态小模型，再根据模型的产生、发展，提出适合自己教学的英语智慧学习生态模型。

第四节　英语智慧学习生态的教与学实践探讨

　　图6-4-1是笔者所建设的英语智慧学习生态模式，这个模式主要有四个要素，分别是学习者，教学、辅导和管理者，学习空间以及学习资源。和胡旺的观点不同，笔者认为虚拟环境和物理环境是相对的综合概念，并不能作为关键要素体现在英语智慧学习生态模式之中。智慧学习生态模式应该由空间和资源构成智慧学习生态情境，而不是将实体环境和虚拟环境作为相对概念体现在模式之中。

　　学习者在英语智慧学习生态模式之中处于绝对中心地位，无论是学习空间、学习资源，还是教学者、辅导者、管理者，都围绕着学习者进行服务：教学者、辅导者、管理者向学习者提供支持；学习者通过线上、线下、混合的学习空间开展学习活动；学习者使用线上、线下和混合的学习资源进行知识的内化。对学习者自身来说，学习者之间的交流和协作也是智慧学习生态非常重要的一个部分，学习者在知识社区中生产知识、消费知识并进行知识内化，智慧学习生态模式应该向其提供全面的支持。在图6-4-1中，学习者内部的交流和协作单独围绕着生态模式的核心展开。

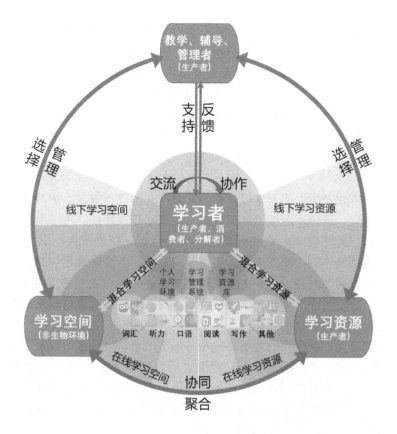

图6-4-1 适合教师自由搭建的英语智慧学习生态模式

综上所述，学习者最主要的身份就是整个系统中的消费者，其次是知识的生产者，最后是知识的分解者。

由于涉及在线和混合学习空间与资源，所以教师并不局限于教学者的角色，还拥有教学者、辅导者以及信息系统管理者的多重身份；除了授课教师，其他人也可以担当管理者（比如信息系统中的设计者和管理员）。教师需要对在线、线下以及混合的学习空间进行选择和管理。例如，教师要开展一节口语课，需要选择合适的线上学习空间、管理合适的线下学习空间或者综合组织混合学习空间，安排好哪些是线上预习的活动，哪些是面对面教学的交互活动，哪些是线上复习和作业部分，为学习的开展做好准备。同时，教师也要对在线、线下以及混合的学习资源进行合理的选择，为学习者提供精细化的支持。

学习空间由在线学习空间、线下学习空间以及混合学习空间构成，在整个英语智慧学习生态模式中起到了非生物环境的基础支撑作用。学习资源在整个系统中仅仅作为生产者（基础资源的提供者）存在。由图 6 – 4 –1 可见，英语智慧学习生态模式的构建更多的还是在于在线学习和混合学习的部分，图中白色的部分可以被理解为传统教学在智慧学习生态模式中的位置，而学习空间和学习资源为整个生态模式提供的个人学习环境、学习管理系统、学习资源库则是学习者需要面对的平台、软件以及工具。

相关研究表明，英语学习的软件系统具有用户基数大、学习内容国际化与轻量化、语音评测技术成熟、技术渗透率高等特点。其结果就是有大量高质量、高完成度的软件可以用于学情分析、智能批改、学生智能匹配、智能口语评测、智能成绩预测、分级阅读、个性化推荐学习内容以及个性化推荐阅读内容。① 不仅这些软件能够轻松涵盖英语教学中的词汇、听力、口语、阅读、写作教学，还有不少成熟的软件、平台和系统能够提供更为专业化、定制化的服务。

总的来说，在今天的发展环境和市场情况下，终身学习视野下的英语智慧学习生态模式的搭建在一定程度上可以被视为"一站式选购服务"：教师需要在数百种不同的收费和免费服务里选择最适合自己的体系，每一款 App 都可以成为模式中的子系统，教师根据自己的使用习惯为学生搭建个性化的智慧学习生态支撑体系（比如，用 A 款软件保障单词教学，用 B 款 App 支持学生课内外阅读，用 C 款即时聊天工具提供混合教学的反馈，用 D 平台收集学生的在线学习情况）。在当今的环境下，授课教师可以使用免费产品轻松搭建适合自己的英语智慧学习生态模式，而教师最需要关心的则是如何收集生态模式产出的结果，以比较产品的优劣，形成实证的数据，并将自身的选择从个人授课工具提升到有效的教学模式这一层面上。

---

① 刘邦奇、张金霞、许佳慧等：《智能技术赋能因材施教：技术框架、行业特点及趋势——基于智能教育行业发展实证数据的分析》，载《电化教育研究》2021 年第 2 期，第 70 – 77 页。

第七章　终身学习视野下的英语智慧学习生态模型应用场景

世界经济论坛（World Economic Forum）于 2020 年 1 月发布的报告《未来学校：为第四次工业革命定义新的教育模式》提出了"教育 4.0 全球框架"，该框架包含八个关键特征：全球公民技能（global citizenship skills）、创新创造技能（innovation and creativity skills）、技术技能（technology skills）、人际关系技能（interpersonal skills）、可及性和包容性学习（accessible and inclusive learning）、基于问题和协作的学习（problem-based and collaborative learning）、个性化和自定进度的学习（personalized and self-paced learning）、终身学习和学生自驱动的学习（lifelong and student-driven learning）。前四项是年轻一代成为未来经济的生产贡献者和未来社会积极的有责任心的公民所需要具备的关键技能，后四项是需要创建的学习生态系统的四个关键特征。

教育 4.0 全球框架是对第四次工业革命需求的有效回应，在新的经济环境中，通过建立新的教育制度、模式和系统，使学习者掌握生活技能和创新创造技能，通过人和技术相结合实现新的可能，以更好地适应未来的工作，满足生产力发展的需求。教育 4.0 时代对未来学校提出了迫切要求，即转变教育模式，更新教育系统，大量培育掌握第四次工业革命职业技能与核心素养的全球化公民。向教育 4.0 过渡需要全方位的转变，包含学习内容和学习经验的转变、教师和学生的转变、学校和社会的转变，以及整体性的教育生态转变。教育的明天必须走向主动学习，走向个性化学习，走向内在驱动的学习。要真正实现以学生为中心，就必须重新设计学习空间和场景。本章主要从正式学习、非正式学习两方面对终身学习视野下的英语智慧学习生态模型应用场景进行探讨。

第一节　正式学习

一、概述

对学习的分类目前存在两分法和三分法两种方式。两分法将学习分为正式学习（formal learning）与非正式学习（informal learning），三分法将学习分为正式学习、非正式学习与非正规学习。基于学习者获取知识的手段和方式的区别，可将学习分为正式学习和非正式学习。正式学习主要指在学校的学历教育和参加工作后的继续教育，而非正式学习指的是在工作、生活、社交等非正式学习时间和地点接受新知的学习形式。二者作为术语经常同时出现在各类终身教育研究中，均属于终身学习体系的范畴。但需要注意的是，欧盟委员会、经济合作与发展组织（OECD）和其他国外学者也提出了"non-formal learning"（非正规学习）的概念，并将"formal learning""informal learning"和"non-formal learning"共同作为终身学习的重要组成部分。欧盟委员会在 2001 年对三者做出的定义如下。

正式学习：学习通常由教育或培训机构提供，在学习目标、学习时长或学习支持服务方面有明晰的结构，且以获得证书为导向，学习者有较强的目的性。

非正式学习：学习可以发生在工作、家庭、休闲等日常生活的各个场景，在学习目标、学习时长或学习支持服务方面没有明晰的结构，且不以获得证书为导向。在非正式学习的大部分情况下学习者的学习是随机的、无目的性的。

非正规学习：学习并非由教育或培训机构提供，在学习目标、学习时长或学习支持服务方面有明晰的结构，且不以获得证书为导向，学习者有较强的目的性。

从欧盟委员会的定义可以看出，在三分法中，正式学习与非正规学习的分类是以是否由教育或培训机构提供、有无明确的学习目标、是否以获取证书为导向为标准，而正式学习与非正式学习的分类则以学习目标、学习时长和学习支持服务是否结构化为标准。显然，两个分类标准不一致，这样的分类方式也不够科学。两分法在分类时标准基本相对清晰，但存在无法涵盖所有学习类型的弊端。综合考虑三分法和两分法的优劣，本章采用两分法，即将学习分为正式学习和非正式学习。

正式学习是一种有明显的组织性、系统性、受动性、制度性、目的性特征的自上而下的学习活动。学习常发生在有组织并经过营造的背景环境中，如正规教育、公司内部培训等，此为组织性；学习者在相对较短的时间内以学习书本知识为主要形式，系统掌握经前人探索、概括、提炼和检验的认知成果，此为系统性；学习者在教师的主导作用下，多以接受间接性知识为主，虽在各种激励措施的影响下可以发挥积极性和自觉性，但在学习科目、学习内容及学习进度方面无法自主选择，此为受动性；学习依据课程要求，按照设定好的日程进行，学生到校上课有制度约束，往往是强制性的，此为制度性；学习有明确的学习目的，是有意行为，此为目的性。①

技术赋能的智慧学习贯穿终身学习体系下正式学习的全过程。本节将从全日制高等教育、开放教育范畴和 K12 基础教育中探索英语智慧学习生态模型的应用场景。

二、基于慕课视域的高职英语教学改革

英语学科具有较强的实践性，尤其是在国际化、开放的大社会环境中，英语时常被用作有效沟通交流的手段。对高职②院校学生而言，想要提升未来的就业能力、充分适应社会环境，就必须掌握高职英语知识。高职院校学生毕业后有可能从事与英语相关的工作，这要求高职学生必须具备应用英语进行沟通交流的能力。③ 不过，结合现实状况，高职学生在学习英语期间，受到基础水平相对不高、缺乏足够的自制力、对英语学习的兴趣不足等因素的影响，其英语学习存在诸多困难，导致高职英语教学效率低下。为了解决以上问题，必须对高职英语教学进行合理性改革，突破

---

① 章鹏远：《欧盟国家非正规与非正式职业学习认证概述》，载《职教论坛》2005 年第 19 期，第 59 - 61 页。

② 高等职业教育。

③ 汪涛：《慕课背景下高职英语教学改革探析》，载《青海教育》2020 年第 7 期，第 20 页。

传统的说教模式，拓展教学思路。在此基础上，应用慕课进行教学是一个不错的选择。

（一）应用慕课进行教学的特征

慕课最初在国外兴起，借助信息技术被传到了我国，并逐渐丰富了我国的教育理念。在应用过程中，慕课需要利用信息技术手段，将网络作为有效载体，遵从以人为本的开放式教学。[①] 通过对比发现，这种教学方法和传统课堂授课模式存在明显的差异。慕课能够有效突破时间与空间的限制，在授课期间，不再局限于对课程内容及知识的简单描述，而是利用有效的工具对学生所需要掌握的知识进行高度集中化处理，再配合教师生动的举例，最终将复杂、抽象化的理论知识形象地展现出来。因此，应用慕课进行教学可以直接展现课程的主题性，使高职学生在课堂学习过程中具有明确的方向和目标。应用慕课进行教学的特征主要包含以下三个方面。

第一，资源的广泛性。教师在应用慕课进行教学时，可以充分展现教学内容的丰富性。从培养学生的学习兴趣方面出发，教师利用新模式或新方法，使学习内容具有吸引力，培养学生对学习的兴趣。此外，慕课还突破了时间和空间的限制，能够让学生更加轻松和有效地学习，充分利用碎片化时间，更容易提高学习效率。

第二，挣脱传统课堂的束缚。在传统课堂中，学生只扮演被动接受的角色，尤其是在自身对学习兴趣不大的情况下，很容易产生排斥心理。慕课模式能够尽可能避免上述状况的发生，它更加倡导学生自由学习，让学生在学习中展现良好的自主性。即使是日常学习成绩不够理想的学生，也能够在丰富的慕课资源中寻找到适合自身学习状态的知识内容。

第三，发挥网络学习的优势。随着时代的发展，网络信息技术的应用越加重要，使用慕课进行教学的方式也能够为学生提供更加便利的网络学习途径。以日常知识训练、复习为例，学生能够利用网络寻找相关资源，重新消化难以理解的知识内容，有效提高对知识的吸收程度，教师则可以

---

① 叶潇筠：《慕课背景下高职英语教学改革策略的相关探析》，载《教育界》2019 年第 35 期，第 154 – 155 页。

利用在线检测的方式评判学习效果。[①] 当然，在实施过程中，针对无法解决的问题，教师应积极参与指导，利用点拨式教育强化学生对知识的掌握。

（二）当前高职英语的教学状况

1. 授课方法较为单一

高职英语教学应用的方法相对传统，教师在传授英语知识阶段，总体的教学思路相对固定。这种不灵活的教学方式容易使学生产生疲劳感，从而对学习产生厌倦。高职英语教师如果总是利用较为固定的教学方法，没有采用新策略，就不符合与时俱进的时代特征，容易消磨学生的耐心。学生在学习英语的过程中失去了新鲜感，就会处于较为困惑和迷茫的状态，有时候在面对无法理解的问题时，也不会主动询问，最终导致英语成绩直线下滑，丧失学习英语的信心。

2. 能力培养的理念需要加强

结合高职学生的状况，教师在授课阶段要展现培养学生能力的理念。不过，部分高职英语教师存在思想方面的误区，尤其是在受到传统教育思想影响的情况下，认为学生学习英语的目的主要是掌握相关的知识，没有注意到能力培养这一教学目标。其实，从高职英语的实用性来看，教学重点应该放在沟通交流上。课堂中所学到的词汇、语法等知识通常可以借助查阅字典或者语法书籍等方法来掌握，但语言能力的培养却需要不断的实践和积累。教师在授课阶段面对众多学生，很难完全了解每位学生的学习状况，只能在大体上按照自身的意愿来教授知识，这也会导致其缺乏对学生个体情况的精确掌握，难以实现差异化、针对性授课。如果课堂相对乏味，那么部分学习能力较弱、成绩不理想的学生就难以紧跟教师的步伐，这将对其成绩产生负面影响，同时，这也不符合现代高职英语教学的理念。

3. 教学目标不够明晰

高职英语教学通常缺乏较为清晰的教学目标，尤其是不同专业的学生，对英语学习的需求往往存在差别。例如，通常经济相关专业的学生应

---

① 祁建碧：《慕课视域下高职英语教学的创新策略》，载《现代职业教育》2021 年第 22 期，第 230－231 页。

更加重视商务英语的学习，而师范教育专业的学生则应注重对语法及句式知识内容的掌握。[①] 但目前不同专业的学生使用的英语课程教材、教学方法却完全一致。在实际授课期间，高职英语教师应用的教学模式相对笼统，没有考虑到高职英语教学应和学生的专业相联系，导致教学的实用价值较低。

4. 实践性不足

高职英语教学必须体现实践性。教师在授课阶段，需要从学以致用的角度出发，充分注重实践环节。首先，高职院校学生在学习英语期间，由于其所处校园环境缺乏一定的英语氛围，在日常生活中难以用英语进行交流，所以实践的机会并不多。其次，英语课堂是实践的最佳场地，在传授英语知识阶段，如果高职英语教师无法为学生们创造出实践空间，继续沿用相对传统的单向灌输式教育，学生在课堂中只听课、做题，就会浪费用英语表达和交流的机会，那么英语教学就成了纯粹的纸面英语。[②] 即便是部分成绩优秀的学生能够了解对应的英语词汇和语法，在实际应用过程中也很难用英语进行沟通交流。

（三）基于慕课视域的高职英语教学案例

本案例以某高职院校外语学院的英语写作课程为研究对象，探索基于慕课平台的混合式教学改革实践，推广"慕课新体验，师生共学习"的模式，以期提升教学效果和质量。

英语写作课程一般在第三学期开设。考虑到每年下半年（即单学期）教师的教学工作量普遍偏多（周课时 16 节以上），同时为实现以学生为中心的教学模式，拟试行"线上 + 线下"混合式教学模式，使学生充分参与课程学习，减轻教师的教学工作量。

1. 课前准备

学院教师基于英语写作线下课程内容，从全国近百门优秀慕课精品课程中遴选出相关度较高的慕课课程。全院师生在新学期开始了对集美大学

---

① 谷远洁：《慕课背景下高职英语教学改革探析》，载《文教资料》2020 年第 23 期，第 233 – 234 页。

② 张博扬：《慕课背景下高职英语教学的创新方式研究》，载《海外英语》2021 年第 4 期，第 125 – 126 页。

开设的慕课课程"英语语法与写作"的学习。每位教师会在上课前列出慕课中的重点和难点。考虑到高职学生的实际情况，教师们在开学初先对课程内容进行了全面学习，并对慕课内容进行了加工和调整，利用云班课、雨课堂等在线平台开展相关教学活动，深入开展混合式教学，在学习支持服务和资源建设等方面起到了指导和示范的作用。

2．课中实施

通过将该门慕课的资源引入 SPOC 课堂平台，可实时了解学生学习各章节的情况（见图 7 - 1 - 1）。全班 40 名学生几乎均能通过手机或电脑学习慕课"英语语法与写作"，积极参与从词法、句法到篇章结构等各章节的学习。

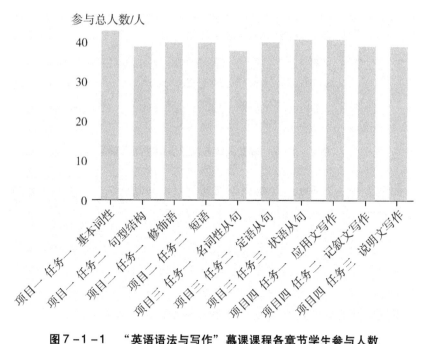

图 7 - 1 - 1　"英语语法与写作"慕课课程各章节学生参与人数

（1）测验活动的引用。教师在课堂教学中，实时监控学生的听课效果，结合授课内容，对慕课小测验的内容进行遴选，将其引入云班课、雨课堂等 SPOC 课程平台，并不定期在课堂中组织学生限时完成。学生完成测验活动后，教师将会得到每道题的答题正确率数据（见图 7 - 1 - 2）。

通过分析答题正确率，教师能够及时了解哪些知识点学生掌握得较好，哪些知识点掌握得不太全面，从而在课堂中将学生不太理解的知识点进行重点讲解。

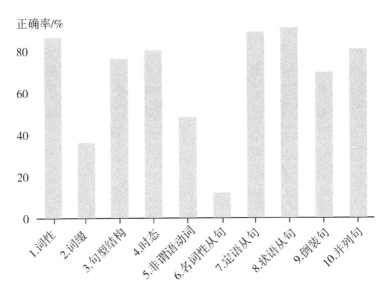

图7-1-2　课堂测验各知识点的答题正确率

如图7-1-2所示，学生由于前期学习了基础语法，因此对词法和句法掌握较好，但是对词根词缀、非谓语动词和名词性从句等知识点掌握得较差。教师可通过对学生熟悉的基本单词进行复习，并结合词缀法、联想记忆法等进行拓展，扩充学生的词汇量。教师也可从学生熟悉的单词词性、时态、语态等知识点出发，引导学生进行全面复习，将其与非谓语动词相联系。在复习了词性的用法后，教师可带领学生复习常见的句型结构，对句子的各成分进行分类，并引入主语从句、宾语从句、表语从句、同位语从句等名词性从句的用法，将同位语从句与学生最熟悉的定语从句进行对比，引导学生对其进行区分。

（2）课程讨论话题的引用。为锻炼学生的思辨能力，促进师生间在课内和课外的交流，教师可将慕课讨论区的话题引入SPOC课堂，师生均能够对发表内容进行点评。教师通过浏览各区块的统计数据，能够了解每个话题的发帖量，得到师生对每个话题的参与度和关注度（见图7-1-3）。

由图7-1-3可见，师生对动词时态、复合句、各体裁作文的篇章结构关注较多。因此，教师在课堂中可以鼓舞学生学以致用，通过汉译英、写作等方式，对所学语法知识进行综合运用。

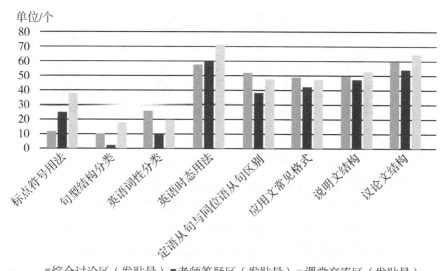

■综合讨论区（发贴量）■老师答疑区（发贴量）■课堂交流区（发贴量）

图7-1-3　学生参与SPOC课堂讨论的情况

（3）作文、翻译题的引入。为提高学生的写作积极性，使每位学生的作文都能够得到及时和全面的反馈，教师可将慕课中的作文或翻译作业引入批改网平台，布置学生在课内或课外限时完成。每位学生可用手机或电脑在批改网平台完成写作，并可多次提交作品。该平台可通过智能评分方式，对每篇作文进行实时评分，并指出单词拼写和语法等错误。教师同时在该平台进行人工批阅，可根据作文篇章结构和立意，给予相应评语。学生可在教师和智能平台的指导下不断提升写作水平。如图7-1-4所示，学生对大学英语四、六级汉译英和大学英语四级作文作业的参与度较高，说明学生非常愿意将所学的语法知识在翻译题中进行运用。大学英语四级作文作业的参与度明显高于六级，说明学生在写作中出现了畏难的心理。根据批改网显示的各项作业的平均分和最高分，可看出学生在完成作业的过程中，均能努力进行多次尝试，力争做到最好。

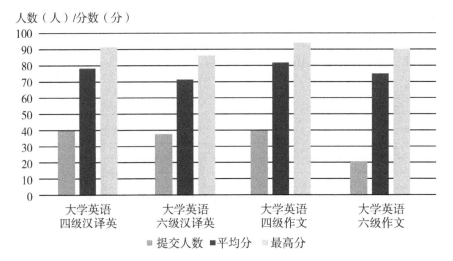

图 7 -1 -4　学生在批改网平台参与写作和翻译活动的情况

（4）建立学习小组。一门慕课的辍学率往往达到 50% 以上，完成一门慕课的学习对学生的意志力有着较高的要求。为了实现课程的完整学习，教师可在班上建立若干个慕课学习小组，每位组员充分地发挥自身优势，发扬团队协作的精神。不同学生对各知识点的理解和掌握水平各不相同，小组组员们可对自己所擅长的章节内容进行学习分享。当同学在学习中遇到挫折，想要停止学习时，组员的鼓励能够给予其最大的安慰，有利于实现共同进步、共同成长。例如，在慕课平台，组员能够利用自身思辨的能力及在措辞、语法等方面的优势，通过相互协作的方式完成一篇文章的翻译或书写。

（5）班长引领学习。由于一门慕课对学生的时间管理能力、信息化技术能力和自学能力要求较高，因此建议教师在前期已完成对慕课内容的全面学习的基础上，与各班班长保持沟通，安排班长或学习委员引领全班学生学习，并在各环节提醒学生按时完成相关活动与作业，具体落实到每一位学生的实际情况，力争所有学生都能实现全面学习。班长可率先尝试学习录音剪辑、文字编辑等信息化学习的相关技术，并对全班同学进行培训和指导。当同学们在学习中遇到困惑时，由班长收集并定期总结相关问题，及时反馈给教师。教师通过课堂答疑、线上辅导等方式解答学生在学习中遇到的问题。

（6）召开座谈会、经验分享会。学院可在每学期期中和期末召开慕课学习座谈会和学习经验分享会。各班可选出若干名学生代表，让其就当前阶段学习中，该课程的内容难度、趣味性和时间安排等方面情况发表意见，从而促使教师决定是否需要在日常教学中做出相应的调整。学院可在每个班选出 1 ～2 名慕课学习标兵，让其于期末在全院进行经验分享，从而促进师生间的交流，让学生们互相取长补短。

（7）作品展示、以赛促学、以赛代考。通过在一个学期试行以慕课分数取代课程期末成绩的学分转化改革方案，发现慕课成绩无法全面、客观地反映学生本学期的学习效果。获得满分的学生人数较多，成绩不及格的学生也不少。教师可鼓励学生在慕课学习中积极做好每个章节的学习笔记并写下学习心得，鼓励学生每年参加本校或省市组织的线上或线下写作和翻译大赛。在比赛中获奖的学生，其成绩可折合成写作课程的相应成绩。通过多元化的考核方式，能够较好地突破单一的评价机制。

（8）课后访谈。慕课课程结束后，在参与教学改革的实验班的 40 名学生中随机抽选 15 名学生进行了访谈。从学习体验、学习模式评价、学习平台应用反馈和教学意见与建议四个维度对学生本学期的学习体验进行研究，总结出学生在本学期学习慕课的感受（见表 7 - 1 - 1）。

表 7 - 1 - 1 本学期英语写作慕课学习体验访谈

一、慕课学习体验	1. 您为什么会选择学习慕课？ 　　参与慕课学习能够随时随地学习全国各大高校的精品在线课程，使高职学生有机会与全国各重点院校师生进行交流，树立更高的学习目标，力争在学业上做到最好
	2. 您对课程的整体印象如何？ 　　"英语语法与写作"慕课的课程资源非常丰富。能够通过各章节短视频的讲解，全面展示各重难点知识点。每单元的作业和测验能够准确地检验学习效果，是传统课堂学习内容的有效补充
	3. 您浏览课程资源的情况如何？ 　　基本能够较完整地学习课程各章节视频、课件等内容。特别是教学视频和例文内容，非常有吸引力。课件通过列表、思维导图等方式将知识点清晰地列出，有利于学生系统地学习整门课程内容。在浏览课程资源时若遇到难以理解的知识点或术语，能够与小组同学通过其他相关慕课课程探索答案

续表 7 -1 -1

一、慕课学习体验	4. 您在慕课平台与教师的交流情况如何？ 　　每周在课程平台能够非常频繁地与教师和同学进行学习交流，分享学习心得。老师和同学们在课程讨论平台能够对我们所提出的问题进行及时、全面的解答。同学们也更期待能够以慕课平台学习为契机，和该慕课开设院校的师生进行深入的线下学习交流
二、慕课学习模式评价	5. 您如何看待慕课课程的单元模块设置、时间设置？ 　　各单元模块设置合理，能够按词法、句法、修辞法、篇章顺序实现深入浅出，有利于学生更全面地掌握英语写作技能。希望对各章节学习进度的设置能够安排得更加宽松，避免中途偶尔遗忘的问题。对个别难度较大的测试与作业，希望能够提供更多次数的尝试机会
	6. 本课程在线师生、生生互动，发帖情况如何？ 　　虽然在线课堂的师生、生生互动不如微信等方式方便，但课程平台上的老师能够在 3 天内对各种关于学习的提问进行及时和全面的回复。同学们虽能在课程讨论区踊跃参与发帖，但多数均集中在学期初或学期末，期望能够坚持定期参与在线学习交流，以更好地实现过程化学习
	7. 课程各测试环节设置如何？ 　　各测试环节设置合理，每章节的测试内容能够全面考核学生对知识点的掌握情况，难易比例分配合理，客观题、主观题、作品展示等题目形式多样。期望能够对翻译、作文等主观题提供更详细的指引或参考样例
三、慕课平台应用反馈	8. 您对慕课平台整体界面的印象如何？ 　　课程平台版面设计新颖，各级章节标题排列清晰，非常有条理
	9. 您对慕课在线平台有哪些建议？ 　　期待视频讲解能够配上中文或英文字幕。期望平台/慕课课程在学期初能够为学生提供导学指引
四、意见与建议	10. 您在慕课学习中最大的收获是什么？ 　　通过本学期的慕课学习，能够学到很多课本以外的相关知识，能够结交很多共同学习的朋友，同时有效地锻炼了自控能力和时间管理能力

续表 7 -1 -1

四、意见与建议	11. 您在慕课学习中遇到的最大问题（困难）是什么？ 　　由于整门课程均为英文讲解，涉及专业术语较多，部分章节作业难度较大，极易导致中途辍学的现象。自主学习缺乏来自教师的鼓励和监督
	12. 通过本学期的慕课学习，您最大的希望是什么？ 　　希望老师能够在学生在校期间引导学生学习更多优秀的慕课资源，从而使学生在毕业后逐渐实现自主学习和终身学习

由以上访谈内容可知，学生对本学期慕课学习的体验、学习内容和收获均持积极态度。在高校教学中实施慕课信息化教学改革势在必行。

3. 教学改革实施的效果反馈

本学期课程教学结束后，教师除了对班上 15 名学生代表进行关于学习体验和学习收获的访谈，还对班上 40 名学生进行了关于慕课教学改革的问卷调查[①]，以全面地开展教学评价。

由表 7 -1 -2 可知，全班学生对慕课教学改革持肯定意见，评价指数均达到了 4.0（良好）以上。慕课教学改革对学生的学习兴趣起到促进作用，使课堂氛围更加活跃，有效实现了师生互动和生生互动，学生参与慕课学习的积极性极高。

表 7 -1 -2　学生对慕课教学改革的评价（n = 40）

维度	题项	M （SD）
可行性	激发学习兴趣	4.24 （0.98）
	营造民主课堂氛围	4.16 （1.09）
	在线讨论	4.06 （1.19）
	慕课资源与传统资源结合	4.04 （1.08）
	理解和记忆知识点	4.10 （1.18）

---

① 谢淑英：《Motalk 辅助的高职英语专业晨读模式研究》，载《湖北科技学院学报》2021年第 5 期，第 120 -121 页。

续表 7 - 1 - 2

维度	题项	M (SD)
满意度	参与慕课学习意愿	4.24 (1.04)
	慕课学习资源体验	4.10 (1.14)
	后续参与慕课学习意愿	4.02 (1.24)
有效性	学生间互助	4.14 (1.17)
	师生互动	4.06 (1.05)

4. 课后反思

慕课教学改革对日常教学起到积极作用。通过整个学期的教学实践，总结出以下教学成效。

（1）学生能够积极地参与慕课学习，从而提高了自主学习的动力。

（2）教师通过积极开展慕课重难点讲解和答疑等指导活动，使学生更加有效地掌握所学知识。

（3）教师将慕课优质资源引入云班课、雨课堂等平台，有助于在课内和课外实现更深入的师生互动，也更加细致地记录了每位学生的学习数据。[①]

（4）将慕课与日常课堂教学相结合，并以学习心得、思维导图、技能大赛等形式展示慕课学习的成果，激发了学生的学习兴趣。

同时，该教学实践也存在以下不足之处。

（1）由于慕课的每个活动环节安排得过于紧凑，自主学习和自控能力较弱的学生无法完成全面学习。建议将慕课课程引入 SPOC 平台，由老师集中管理，实时关注每位学生的学习动态，对后进生给予更多的关心和鼓励。

（2）难度较大的慕课课程易使学生滋生厌学情绪，导致学生中途放弃。建议成立慕课学习小组，小组可针对组内无法攻克的难点向其他小组或教师请教。

（3）慕课的课程成绩无法客观地反映学生的学习情况。建议除组织

---

① 王可心：《基于学习通平台的翻转课堂教学模式实践》，载《校园英语》2020 年第 9 期，第 49 - 50 页。

学生开展全面学习之外，引入学习过程记录、作品展示等方式进行学习效果考核。有待建立更完善的学习激励制度，从而促进学生更加积极地持续学习。

由此可见，基于慕课的教学改革，并不只是停留于形式上的改变，也不只是将慕课成绩作为学习效果的唯一衡量标准。我们可以尝试从一门课程开始，从不同的维度对学生的学习进行记录、分析和评价，全方位地检验学生是否能够在教学改革中获得更大的收获。同时，也应给予学生情感上的关怀，尽可能地提供学习援助，最终使学生的学习动机从"要我学"变成"我要学"。

5. 总结

随着时代的发展，现代化教育理念和方法不断更新。慕课教学方式的应用，为高职英语教学提供了一种改革尝试。结合慕课教学实践，针对当前高职英语的教学现状，提出如下建议。

（1）对不同学生实施针对性指导。

传统教学模式无法关注不同学生间的差异，这种一以贯之的教学方式难以体现教育的针对性。可现实的情况是，每位高职学生对英语知识的掌握程度并不相同，个人的理解方式、知识运用能力也存在差异。正因为如此，教师应通过应用慕课进行教学等方法尽可能实现差异化教学，体现教育过程中的针对性，实施因材施教。

例如，在有效构建教学官网的背景下，可以建立起包含高职英语课程的资源中心，将资源中心与慕课紧密结合，对英语知识进行收集和整理，并最终加以呈现，为高职英语教师实施差异化教学提供支持。教师在讲授每节课之前，需要结合课程大纲进行准确分析，按照不同梯度，合理设计预习内容，然后将整理好的慕课资源上传到教学官网，让学生结合自身状况，实现自主预习。教师在课堂实施阶段，还可以从重难点出发，利用设计问题的形式，让学生主动探讨。同时，在学生解决问题的过程中，教师也可以通过观察学生的答案了解学生的知识掌握情况。如果发现学生对某些知识掌握不足，教师就可以在课堂中重点强调，让学生消除知识盲区，发挥有的放矢的优势。在课后，高职英语教师还可以通过慕课窗口上传用于复习巩固的课程体系图，让学生实现自主复习。此外，还可以在教学网站中增设学生意见栏，保证在学习期间能够随时了解学生内心的想法，针对有效的反馈，对课堂模式进行优化与调整，以便让慕课教学方式发挥出更大的作用。

（2）优化教学方式并激发学生的学习兴趣。

基于慕课视域不断丰富高职英语的教学方法，教师在对教学内容进行有效整合后，可以利用多元化的授课方式，让慕课资源得到充分挖掘。[①]相对而言，慕课的新模式能够给学生带来新鲜感，从而有效激发学生的学习兴趣。

例如，在教学英语语法知识时，教师可以充分应用富有趣味性的慕课形式，让学生更好地感受英语语法的差异性，采用播放视频的形式，让学生了解异域文化。针对难以理解的重点词汇，教师可以通过穿插播放慕课的方法让学生感受英语知识的应用过程。英语具有交际实用性的特征，为了有效培养学生的语感，教师可以播放一些比较优秀的英语电影片段，或者组织学生积极参与与英语学习相关的游戏。上述方法可以帮助学生掌握英语知识内容，让传统的学习方法得到拓展，不再局限于课堂授课，充分利用慕课的多样性，有效激发学生的学习兴趣。

（3）创建英语阅读教育的新模式。

英语阅读属于高职英语教学的重要方面，教师应积极培养学生阅读的好习惯，不断拓展学习的新途径，让学生实现自主学习，提升对英语知识的应用能力。教师要结合学生对英语基础知识的掌握程度，设计合理的阅读学习计划，并且应用慕课课程中的教学资源，彰显阅读学习的趣味性和开放性。

例如，慕课的课程范围极其广泛，针对不同专业的学生，高职英语教师可以选择合适的英语阅读文章，制订个性化的阅读计划。教师可上传适用于不同专业学生的阅读资料，充分挖掘网络信息资源的价值，在为学生提供大量学习材料的同时，突破传统课程教学模式的禁锢，使学生脱离教科书的限制，进而获得更为丰富的知识内容。

（4）营造英语学习氛围并注重情境化实践。

高职英语学习不应该沦为纸面化学习，而应该体现实践性和实用性。因此，高职英语教师要借助慕课为学生营造良好的英语交流氛围，并且注重英语的情境化实践，最终实现培养复合型优秀人才的目标。

例如，在学生完成部分内容的学习后，高职英语教师可以利用慕课视

---

① 王枫：《慕课在高职英语教学中的应用》，载《山西青年》2020年第4期，第75页。

频有效创设相关的问题情境，然后通过英语知识网络结构的创建，保证从点到线再到面的合理联系，使学生按照思路主动完成掌握知识的过程。尤其是在锻炼口语交际能力时，通常不可能一蹴而就，教师在为学生选择相关慕课时，应该按照明确的梯度进行学习，使学生逐步掌握英语知识内容。在应用慕课进行教学的阶段，可以采用播放音频、视频等方式为学生创设融洽的语言情境，以便强化学生的口语沟通交流能力。[1] 还可以通过角色扮演的方式创设情境，让学生在现场模拟的情境中进行英语对话，真正提升其英语交流能力。

（5）创建小组并实现互助式提升。

高职英语的教学，既要注重学生对理论知识的掌握，也要从实践应用的角度出发，彰显英语实用性的特点。为了能让学生融入良好的英语语言交流氛围，教师需要合理引导学生创建对应的小组，使学生与学生间形成良好的对话关系，充分发挥互助式学习的优势。[2] 在这种模式下，教师可以让学生通过参与口语训练、知识交流等方法，加强英语知识的运用能力。

例如，教师可以结合慕课教学的特征，选择新颖的角度或者形式作为切入点。如挑选一张图片，让学生以小组为单位描绘其中的内容，并展开丰富的联想，分别按照图片中的不同角色进行对话，让学生揣摩其中的意境，并强化对英语语言的应用。当然，教师还可以以小组为单位布置任务，通过和谐竞争的方法提高学生学习的积极性，在这种榜样带动、奖励刺激的过程中，逐渐形成良性的引导体系，使每位学生的学习都能够充满动力。在交流阶段，学生还可以分享彼此的学习经验，在互相鼓舞的同时，进一步实现互助式学习。

---

① 许芳芳、余萍：《基于慕课的高职英语教学模式研究》，载《科学咨询》2020 年第 47 期，第 61 – 62 页。

② 武漫丽：《探析基于慕课背景下高职英语教学方法》，载《科教导刊》2020 年第 13 期，第 133 – 134 页。

三、在远程开放教育中的应用——以开放大学为例

（一）英语多模态教学改革

2018 年 4 月 13 日，教育部发布的《教育信息化 2.0 行动计划》提出了智慧教育创新发展行动，要求"加快面向下一代网络的高校智能学习体建设"，"适应 5G 网络技术发展，服务全时域、全空域、全受众的智能学习新要求"，"推进信息技术和智能技术深度融入教育教学全过程"。外语教育信息化是国家信息化战略的重要组成部分。2020 年教育部发布的《大学英语教学指南》指出，倡导高校充分利用信息技术，积极创建多元的教学与学习环境，建设或使用在线开放课程、线下课程、线上线下混合课程、虚拟仿真个性化课程等精品课程，实施混合式教学模式，促进学生主动学习、自主学习和个性化学习。国家开放大学的公共英语系列课程是所有学生必修的公共基础课，每年有近百万学生学习。作为一所利用先进信息技术开展教学的新型院校，国家开放大学国际语言文化教学部经过调研，在全国各分部选取试点，分批次实施公共英语多模态教学改革，取得了良好的效果。

多模态教学指在系统功能语言学理论的基础上，利用图片、网络、角色扮演等多形式、多渠道地积极调动学习者的兴趣，让其配合参与语言知识的学习。在这种学习的过程中，学习者通过对信息进行感知、理解、编码及存储，获取大量接受性知识，为有意识和自动化的知识产出奠定良好的基础，从而构成一个有效的循环系统。人们对多模态教学中的各种符号资源如文本、声音以及色彩等进行分析，将多模态与多媒体相结合。可以说，新媒体环境下的多模态英语教学是现代新媒体技术与多模态话语分析理论的有机融合。

教学改革模式主要分为全在线式教学、移动式教学、混合式教学三种模式。教学改革对象为公共外语专门用途英语（ESP）系列课程，包含人文英语、理工英语、管理英语和商务英语四个系列的本科及专科课程。在改革过程中，试点学校的英语教学重心开始向以听、说为主的口语训练转移，在教学方法上强调多元交互与实践，在教学设计上重视发挥形成性考核的作用，在教学组织上聚焦教师团队和学生小组的作用，取得了较好的

效果，初步构建了 OPEN 模式。[①]

所谓 OPEN 模式，就是项目组提出的在公共英语教学改革中，试点学校需要重点关注的四个方面的内容，这也是多模态理论在网络环境下的英语学习的现实观照。O 代表 oral English，即"英语口语"，教师应该改变应试教学模式，在有限的线下或线上时间内，积极开展丰富多彩的口语训练活动，提高学生的英语听说能力。P 代表 practice，即"练习"，教师要重视教学中的人机、师生、生生多元交互的活动。E 代表 evaluation，即"评价"，教师可以根据实际情况，做好形成性评价和总结性评价的设计。N 代表 nct，即"网络"，试点学校要着力探索教师团队专业发展和学生小组学习的网络运行机制。

教学重点转移到英语口语训练上。开放大学公共英语教学改革从通用英语（EGP）转至专门用途英语（ESP）方向，为学生提供职场环境下的口语主题，其中听说训练在每个单元的七个任务中占四个，为学生张口说英语提供了丰富的素材。在网络核心课中，优秀教师的视频讲解已经把阅读和语言知识点讲得十分详细、清楚，对课程辅导教师来说，确实没有必要在面授课堂上或直播课堂中再重复一遍。而在多模态视域下，应把教学的重点放在学生听说能力的培养上。针对纯在线教学模式的试点班学生，可利用微信小打卡、英语流利说、英语天天说等应用程序或软件训练学生的口语，并以开放大学的 MOODLE 平台为主要环境，从词汇的正确发音出发，到句子朗读，再到整个对话、整篇课文的跟读，学生提交的形成性作业也以口语训练为主。而移动学习模式的试点班学生则可充分利用开放云书院手机数字教材中的录音功能，随时随地利用平板电脑和手机录制课文对话，然后分享给同学和教师。

加强多元互动。语言训练的目的是使学生的综合技能得到提高。学生可以在网络核心课中通过八个单元的自测练习和综合测试实现人机交互，通过人机练习掌握词汇与语法内容。教师通过微信群、QQ 群提醒学生面授或网上直播课的时间。在直播课上，除主讲教师提供辅导之外，还有团队中的另一位教师作为助教及时提出一些问题让学生思考并对学生的疑惑进行解答，实现网上师生互动；让学生组成线下或线上小组，每组五人左

---

① 刘永权、王淑平：《多模态视域下开放大学公共英语 OPEN 模式的构建》，载《河北广播电视大学学报》2020 年第 25 期，第 25-31 页。

右，并让小组成员互评发音和写作作业，实现生生互动。

评价贯穿教学始终。评价是教学中的重要一环，评价将逐渐从以目标为本的评价向从过程为本的评价转型，最后实现以主体为本的评价，也就是说，从量化评价过渡到质性评价，从静态评价过渡到动态评价。正如学者郭颖等人所指出的，"传统的教学评价将教学目标达成度作为主要的评判标准，动态质性评价方法摒弃了这种机械、固化的评价标准，将评价活动融入评价对象所处的情景之中，更为关心评价的真实性与自然性"[①]。如果英语学习仅仅将最后考试中的多项选择题作为评价依据，那么这门实用性、通识性较强的课程也就失去了意义。探索多元化的考核评价方式是教学改革的重要目标之一。

探索教师团队的网络化建设。开放大学要紧紧抓住人工智能和5G时代给网络教育带来的契机，利用手机数字教材等多种资源，探索移动学习、泛在学习的新模式，并以国家开放大学学习网为主要平台，以网络核心课程为主要抓手，为网络核心课程教师团队建设的新机制做出创新性贡献。传统高校靠教学名师立校，开放大学要以教师团队强校。

通过试点改革，教师不但可以利用各种社交媒体为学生提供支持服务，而且可以将技术工具和平台用于教学。比如，四川开放大学采用"小鱼易连"直播平台进行全省课程直播在线教学。再如，福建开放大学和河北开放大学邯郸分校采用科大讯飞的口语训练系统，其他分校还利用UMU、雨课堂等工具进行教学，将技术与教育融合，提高了教师的技术应用能力，增强了师生之间的互动。

通过开展三批试点改革，推动公共英语系列课程在教学模式、教学设计、形成性测评等方面取得进一步突破，逐步形成"六网融通"大模式下的开放大学英语混合教学模式、开放大学英语全网教学模式和开放大学英语移动教学模式，打造一支总部统筹、分部支撑、分校延伸、资源较完备、师资较整齐、学习支持有温度、教学研究有深度的跨区域大型教学团队。

---

① 郭颖、姚冬梅、毛海燕：《外语生态课堂动态质性评价理念探究》，载《黑龙江教育（高教研究与评估）》2019年第11期，第57－59页。

（二）智慧教育生态下英语课程思政隐性实施的路径探析

课程思政作为一种思想政治教育理念，强调以立德树人为目标，以全员、全程、全方位育人为引领，推进各类专业课程与思想政治理论课同向同行，发挥协同育人的作用。全面推行课程思政是新时代高校思想政治工作的重要举措。2016年12月，习近平总书记在全国高校思想政治工作会议上明确指出，"把思想政治工作贯穿教育教学全过程，实现全程育人、全方位育人"，其他各类课程也要与思想政治课程"同向同行，形成协同效应"，为推进高校课程思政建设工作指明了前进方向。2020年5月，教育部印发《高等学校课程思政建设指导纲要》（以下简称《纲要》），从国家层面对"课程思政"做了顶层设计和整体规划，为高校、学科和专业推进课程思政建设做了全方位的部署。《纲要》指出，"要紧紧抓住教师队伍'主力军'、课程建设'主战场'、课堂教学'主渠道'"，"将显性教育和隐性教育相统一"，构建全员全程全方位育人大格局。课程思政建设作为一项长期性、系统性工程，要坚持"四个相统一"：坚持知识传授与价值引领相统一，坚持显性教育和隐性教育相统一，坚持统筹协调和分类指导相统一，坚持总结传承和创新探索相统一。

课程思政的隐性教育指通过各个专业课程、专业课堂和教学方式中蕴含的思想政治教育资源进行潜移默化的教育教学活动，以实现思想和价值引领。国外学者把这种课堂外的文化环境氛围和环节产生的德育教化途径称为"隐性课程"，强调在正规课程之外受到的无形教育，涉及文化层面、校园环境、物质层面、管理制度层面和教育教学过程中的互动交流环节。

专业课程是课程思政最主要的依托，要根据不同学科专业的特色和优势，深入研究不同专业的育人目标，深度挖掘、提炼专业知识体系中蕴含的思想价值和精神内涵，科学合理地拓展和提升专业课程的广度、深度和温度，从课程所涉及的专业、行业、国家、国际、文化、历史等角度，增强课程的知识性、人文性，提升引领性、时代性和开放性。然而，很多专业课程依然存在专业教育与思政教育"两张皮""贴标签"的现象，部分教师也只是简单地把所谓的思政元素硬搬到专业课程中，无法达到课程思政润物无声、春风化雨的预期效果。

从本质属性角度分析，外语课程具有人文性的本质属性，外语教学承担着培育学生的人文精神和提高学生的人文素养的任务，这也是由语言教育育人的根本特征所决定的；从覆盖范围角度分析，公共外语课程涉及专业广、学科多、学习时间长，不论从时间跨度还是从专业跨度看，思政教育的责任都显得尤为突出。

从学习方式角度分析，开放教育中的英语学习者多采取灵活的学习方式，如网络学习方式。此种学习方式虽不受时间和空间的限制，但若网络监管和约束不到位，加之学生缺乏辨析和鉴别能力，则其更容易受到西方腐朽文化的负面影响。在英语课程思政建设中，要严守网络教学的主阵地，增强对学习者文化价值观的引领，加强其对本民族文化的认同感，正确对待跨文化现象，增强其母语文化意识。

从学习者年龄特征角度分析，开放教育中的学习者多为成人，本着ESP的实用性原则，在理工英语、商务英语、管理英语、人文英语等公共外语课程的教学中，必须将社会责任、爱岗敬业、团队协作、创新创造等元素和典型案例贯穿课程体系设计与实施，才能满足已走向工作岗位的成人学习者的求学需求。

从信息技术角度分析，随着4G网络的全面覆盖以及5G技术日益成熟，人工智能和新媒体更加深刻地影响了年轻一代的成长，影响了大学生对人与社会、人与他人关系的认知。鉴于互联网的知识资源无边界、无穷尽且杂乱无序，精华与糟粕共存，辨别能力不够强的大学生甚至教师都可能会迷失方向。以英语为传播语言的网络资源相对不容易受到有效监管，如果不良、不实信息被人工智能通过热点等智能方式推送给学生，就容易使大学生陷入"信息茧房"之中，不利于其建立起正确的价值观和道德观，使其容易做出错误判断。因此，要根据在开放教育中实施英语课程思政的紧迫性，有的放矢地探索开放教育中智慧英语学习课程思政的实践路径。

在文秋芳教授的英语课程思政实施框架①的基础上，根据开放教育英语教学的实际情况，我们可以从教学目标、教学内容、教学过程、教学评价这四个方面去渗透英语课程思政教学。

精准设置课程思政教学目标。深入理解多层次的育人目标：一是国

---

① 文秋芳：《大学外语课程思政的内涵和实施框架》，载《中国外语》2021年第18期，第47-52页。

家、学校、院系层面的整体教学目标，二是英语学科的育人目标，三是不同类别英语课程的培养目标，四是单元或章节学习目标。英语教师在设置课程思政教学目标时，要把这四个层次的育人目标与知识学习的要求相统一，不仅要考虑英语语篇中的字、词、句的知识目标，还要考虑育人目标。

深入挖掘教学内容中的育人元素。在全方位理解育人目标的基础上，教师要深入研究教学内容，使思政元素润物无声地融入教学材料的讲授中，或者是将之隐藏在课堂练习中。教师要明确每一堂课的语言核心知识点和技能，深入挖掘育人元素，如价值导向、情感品格、文化素养、自我管理等。教师要对育人元素进行科学取舍，突出重点，通过多媒体、智慧课堂、AR/VR 等技术和恰当的教学活动，搭建合理的"脚手架"，拓展课程的深度，提升学生的兴趣和主动性。

严格落实课程思政教学过程。在落实课程思政教学过程中发挥教师的导学功能和教学支持服务的助学功能，让教师为课程思政的顺利实施保驾护航。建立相应的规章制度，如在导学课程中明确学习方式和考核方式，设立课前学习清单，辅助学生预习本节课的内容。一旦确定好制度，则要依规进行管理。教师的言行以及不经意间的观点和看法可能对塑造学生的三观产生不可估量的影响，因此，教师在教学过程中应更加注重自身的言行举止。在外在表现方面，教师要情绪饱满，积极向上；在精神世界方面，教师要坚守理想信念和道德情操，并将之外化为语言和行动；在对待学生的态度方面，教师要严慈相济，经常反思是否对学生充满爱心、严格要求，是否对有个性的学生也能做到理解和宽容。

灵活评价课程思政的教学效果。英语阅读或听力材料都反映了作者的立场和观点，也就是说，这些内容都蕴藏着作者的价值导向。命题人要精准捕捉其中的思政和育人元素，并巧妙地设计题目，让学生沿着主线对语篇进行拆分和解读，并了解其背后的思想价值体系，以提高人文素养和政治意识。教师要通过随堂练习，有意识地提出与教学内容相关的价值导向问题。当学生的看法出现偏差时，要循循善诱，及时引导纠正，切忌放任不管。

四、在基础教育中的应用

（一）英语精准教学模式与内涵

智慧教育是推进基础教育高质量发展的重要抓手。通过多年探索实践，基础教育领域已形成了众多以智慧教育为支撑的基础教育新途径和新模式。下面将以丽水精准教学和翼课网英语教学平台为例，探索智慧学习在基础教育中的应用场景。

精准教学是奥格登·林斯利于20世纪60年代根据伯尔赫斯·斯金纳的行为学习理论提出的一种教学方法。最早期的精准测试曾被应用于未成年人的康复治疗。随后，精准测试被应用于教学实践，借助适当的工具对学生学习的变化进行测量，旨在通过设计测量过程来追踪学生的学习表现并提供数据决策支持，为后续教学提供数据参考，精准指导教学工作。近年来，国内的研究者开始结合我国教育现状探索精准教学的理论框架。祝智庭和彭红超较早地提出了信息技术支持下的精准教学模式，并确定了精准教学的四个环节，即教学目标之"精"、教学实践之"准"、教学过程之"互动"、教学评价之"精准"四大环节。①

（二）丽水范式中英语精准教学改革实践

设计面向智慧学习的精准教学活动生成性设计模型，有利于更好地服务智慧学习。为更直观地了解英语精准教学模式，以下将以丽水精准教学范式为案例进行分析。

丽水市地处山区，其当前经济水平和基础教育教学水平与浙江省其他发达地区相比，均存在较大差距，加之城乡发展不均衡，丽水市存在教育信息化发展滞后、教育质量有待提升等现实问题。新一届丽水市地方政府高度重视教育变革，并且提出"强市必先强教，育人必先兴学"的口号，推行以信息化技术来实现智能化学习的教育模式，将大数据、人工智能等引入学校，为教学提供智能化的数据支持，借助信息化手段开展协同推进

---

① 彭红超、祝智庭：《面向智慧学习的精准教学活动生成性设计》，载《电化教育研究》2016年第37期，第53－62页。

全区域精准教学改革的计划，在提升教学质量方面取得了一定的成果。

丽水市政府已经建立了市、县两级领导兼任教育"特邀督学"的机制，要求市政府领导执行"三个三"行动计划："三个落实"，即每位领导落实联系一个县，落实跟踪一所学校，落实每学期至少安排一天到联系点开展督导工作；"三个关注"，即每位领导重点关注一个教育重大项目，指导一项教育重大发展工作，办好一个教育民生事项；"三个行动"，即每位领导每学期进课堂听一次课，开一次学校座谈会，做一个讲座或报告。

在"三个三"行动计划的指导下，丽水市协同组建了由市（县）领导、高校教育理论与技术专家、信息技术公司技术支持人员和试点学校骨干成员等人员组成的指导团队，开展了实践探索研究，形成了一个分工明确的协同创新机制：教育局行政部门的管理人员负责组织精准教学改革重大活动，以及考核、表彰先进和重点培训项目；教育技术中心具体负责设备的采购和信息化平台构建；教育教学研究院具体负责日常业务的指导等；高校的专家负责理论研究、理念引领、整体规划、技能培训等；信息技术公司的技术人员负责提供精准教学技术平台和技术支持等；基础教育学校的教师具体落实精准教学改革实践。

疫情期间，全国中小学广泛利用网络平台开展"停课不停学"的教育教学活动。在后疫情时代，如何维持精准教学模式，保证线上教学活动精准、指向核心素养、教学有效等成为精准教学发展升级的关键问题。为解决以上问题，丽水市中小学紧跟时代变化，以活动理论为基础，提出后疫情时代虚实融合的精准教学实践指导框架（见图7-1-5），并以此指导丽水市精准教学改革实践。

后疫情时代的精准教学实践指导框架发生于虚实融合后的精准教学环境，更加注重虚拟工具和实体工具的综合应用，人工智能在劳动分工中的地位和作用逐渐加强。与此同时，虚拟环境中的教学活动也体现出独特的优越性，如教学资源更加丰富、教学形式更加灵活、教学反馈更加及时等。虚实结合的教学方法弥补了纯线上教学难以维持秩序、难以实施教学考核等短板。教与学在虚、实两种教学环境中自由切换，并发挥两种教学环境的优势，取长补短。

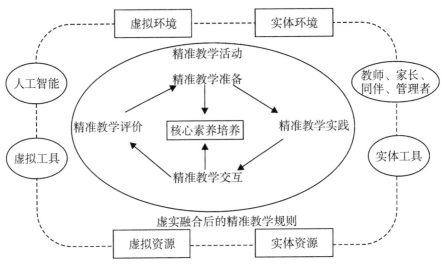

图7-1-5　虚实融合的精准教学实践指导框架①

在各试点学校积极践行精准教学的背景下，云和县实验小学抢占了先机，率先将智慧教育融入教学，启动了智慧教室项目，开展智慧教育、精准教学的实践，于2017年获评首批"丽水市数字校园示范学校"。2017年6月，该校英语学科成为浙江省数字教育资源应用实践基地学校。

在云和县教育局、装备中心的大力支持下，云和县实验小学教学活动场所实现无线网络全覆盖，教育城域网、智能安防专网、数字广播专网高速、安全、稳定、绿色的网络环境基本形成；实现了交互式电子白板全覆盖，生机比为4.68∶1，师机比为1∶1；进行了录播教室、创新实验室、机器人实验室、创客空间等创新实验室的建设，引进了台湾TBL团队小组合作学习模式以开展教学试点研究。

醍摩豆（TEAM Model）智慧教室是基于HiTeach智慧教学系统而形成的智慧教室，也是AI智慧学校的基础组成单位。醍摩豆智慧教室从课堂中的"教"与"学"出发，完美整合课堂所需的各项软件、硬件以及云端、AI人工智慧、大数据等各项服务，无须繁复的操作，就能帮助老师和学生达成现代化课堂的理想境界，翻转传统教学现场。TEAM代表教

---

① 潘巧明、赵静华、王志临等：《从时空分离到虚实融合：疫情后精准教学改革的再思考》，载《电化教育研究》2021年第42期，第122-128页。

学、评量、诊断、补救四大电子化工程，贯穿教学前期、中期、后期的整个教学过程，关注每位学生的学习。通过醍摩豆智慧教室更容易实现以学生为中心、合作学习、TBL（基于团队的学习）、PBL（项目式学习）、一对一教学等现代教育理念。

云和县实验小学英语教研组在二年级（共6个班级）全部启用醍摩豆智慧教室。为了更好地配合智慧教室的应用，方便学生进行小组合作学习，云和县实验小学把教室的课桌椅全部换新。2017年，英语教研组8名教师在专业技术团队的指导下进行了智慧教育学习，从而对移动终端和智慧教室在课堂教学中的重要性有了更深入的认识和了解，同时对在课堂应用新技术来开展教学的直观性、丰富性与趣味性也有了切身的感受。

2018年4月27日，在丽水市小学英语智慧教育精准教学暨骨干教师送教活动中，刘伟芳老师进行了主题为"Do you like pears？"的智慧课堂展示。她利用智慧教育TBL团队合作学习模式和"三步六环"的教学模式，体现了以学生为中心的课程改革理念，通过课前预学、课中合学、课后延学这三步，充分调动了学生自主学习和合作学习的意识，将核心知识落到实处，培养学生的学科核心素养。通过设计真实的情境，利用平板电脑搜索、IRS即问即答、飞讯等技术，关注每一个学生的学习，让学生自主学习、合作探究，充分发挥学生的发散思维。蔡媛媛老师对当天的活动进行了精彩的点评并做了主题为"善用科技智慧教学成就学生"的讲座。她利用大数据的分析对活动中的智慧课堂进行了中肯到位的点评。全方位的视角、精辟的语言和独到的见解不仅让与会教师们大开眼界、受益匪浅，更让教师们精准地了解到在日常教学中如何巧用、善用技术，打造"走心"的课堂，成就智慧的学生。

2018年10月30日，在丽水市精准教学推进策略校长培训活动中，刘伟玲老师进行了主题为"What would you like? Part B Read and Write"的智慧课堂展示，运用批注送反馈、二次作答等智慧手段，让学生在自主学习中不仅掌握了知识，还掌握了学习的策略。课后拓展部分以作业分层推送的形式进行，这使得学生可以根据自己的学情运用所学知识。

在智慧教育的大背景下，善用科技、成为好老师、成就每一个学生，是我们英语教师孜孜以求的目标和方向。小学英语教学课堂的步伐也将迈向更智慧的未来。面对新技术和新理念持续引发的教育教学创新，教师必须适应技术带来的变革。只有不断学习、不断更新，尝试跨界融合，创新驱动，链接一切，利用一系列创新思维来实现互联网时代教育的变革，才能惠及我们的未来。

（三）人工智能赋能"互联网+"教学的整体解决方案

除了丽水范式的醍摩豆智慧教室，在 K12 基础教育中还存在不计其数的智慧学习解决方案。下面我们选取翼课网——专门针对英语教学设计的基于新一代人工智能技术的"互联网+"课堂教学整体解决方案进行介绍。

翼课网平台针对英语教学实践中学生缺少听、说、读、写的实践机会，传统教学中教师难以全面掌握学生的学情，以及现实场景下教育管理者难以实时掌握区域、学校学科教学大数据等关键性问题，以精准同步、全场景深度覆盖、智能学与教为核心特点，开发了多种智能教学资源，全方位支持师生在多终端（网页 PC 端、移动 APP 端、平板 HD 端）进行教与学。

翼课网是获得专业认证的智能化同步教学平台，主要立足于全国中小学英语教学，供教师、家长和教育管理者使用。其对英语教学功能的聚焦也比较深入，同步全国各地不同版本的英语教材，从课内延伸到课外，加上大数据和人工智能加持，能够实现智能语音识别测评（口语测评反馈）、智能学习批改、学习过程采集分析检测等精准化教学，支持听、说、读、写全面的语言能力训练。

下面以精准备课和精准决策为例，举例分析翼课网智慧教学过程。

以人教版《英语》七年级下册 Unit 10 I'd like some noodles. 的单元备课为例，通过翼课网智能化同步教学平台上的大数据，可以精准把握学生学情的整体情况。学情分析是教师精准地确立教学目标的依据，翼课网智能化同步教学平台的学生数据分析系统记录了学生听、说、读、写的全过程，精准、深入地挖掘与分析了学生的历史学习数据，呈现了多方面、多角度的学情报告，使教师能够准确地评估学习过程，发现潜在问题并预测学生的未来表现。教师在备课过程中根据翼课网智能化同步教学平台提供的"训练周平均成绩走势图"判定近几周学生在词汇、口语、听力、阅读、语法和视听说方面的学习情况，发现学生在听、说方面的不足，以便在后续的教学中适当地加强。另外，学情分析不仅仅是对全班整体情况的分析，更能提供每一名学生的个体学情。案例中的"智慧蜂巢图"（见图

7-1-6）显示了学生在智能题库中的练习情况，把学生对知识点的掌握程度以蜂巢图的形式呈现出来，将学生在预习过程中掌握欠佳的知识点以高亮形式（预警）显示，提示在后续的教学设计中应多增加该类知识点的练习和讲解。翼课网智能化同步教学平台的数据分析功能为客观、理性的学情分析和准确确立教学目标提供了有利的数据参考，使备课过程突破了传统教学中学情分析的困境。

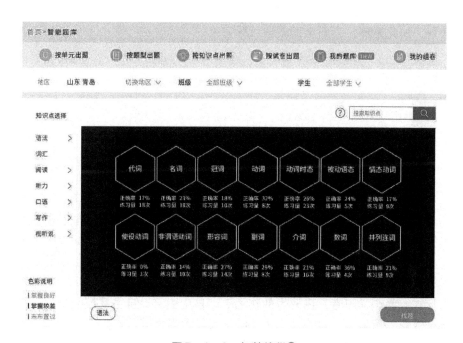

图7-1-6 智慧蜂巢①

课中的案例选自人教版《英语》八年级下册 Unit 4 Section B 1a-1e 的展示课例片段，这个教学片段呈现了教师通过翼课网智能化同步教学平台提供的实时学习数据，快速准确地找到了学生的不足并及时帮助其查缺补漏。案例中，学生在翼课网智能化同步教学平台移动终端完成教师布置的课堂听力练习"Listen and check Wei Ming's problems."，学生练习的用时

---

① 聂胜欣、蔡裕方：《基于大数据的精准教学应用初探》，载《英语教师》2017年第17期，第74-80页。

情况、分数、排名等实时数据被上传至教师移动终端，教师可以通过查看数据判断学生的学习效果是否达到理想预期。案例中，教师查看并诊断了学生的错题，调出变换后的题型再次引导学生重复听材料，进行深层次的知识加工。在课堂教学过程中，翼课网智能化同步教学平台分析作业练习的行为数据可以帮助教师及时调整教学过程。教师如果通过班级整体随堂作业得分数据分析图发现学生的学习目标尚未达成，则对当前的短板知识点进行补充讲解；当目标达成时，则进入下一个教学环节，继续完成教学计划，如此循环，直到全部教学目标完成。①

第二节　非正式学习

一、概述

学界一般认为，"非正式学习"一词最早起源于"成人教育学之父"马尔科姆·诺尔斯的研究。我国学者陈乃林、孙孔懿认为，"非正式学习即完全意义上的个别自学，指学习者个人为实现自己的理想目标或满足自己工作、生活、兴趣等需要而自觉进行的学习活动。完全的自主性是非正式学习的主要特点"②。因此，非正式学习涵盖了正式学习以外的其他学习形式，强调学习者在内驱力的作用下，自主决定、自主掌控的学习，具有个性化、情境性、自主性、可持续性及超时空性等特点。③

关于非正式学习的意义可以从社会和个人两个层面去阐述。第一，非正式学习能够有效促进学习型社会的发展。学习型社会要求全民进行终身学习，而非正式学习作为正式学习的补充，可以突破学习时空、学习内容、学习进度等的束缚，将学习延伸到家庭、工作、社交等任何情境之中，使"人人皆学""时时能学"和"处处可学"成为可能。学习者主

---

①　聂胜欣、蔡裕方：《基于大数据的精准教学应用初探》，载《英语教师》2017 年第 17 期，第 74 - 80 页。

②　陈乃林、孙孔懿：《终身学习略论》，载《江苏高教》1997 年第 6 期，第 5 - 11 页。

③　杨晓平、余燕青、杨登伟：《非正式学习视域下高职院校"双师型"教师专业成长探析》，载《教育与职业》2020 年第 24 期，第 86 - 89 页。

动开展学习，并根据自身需求决定学习目的、学习时间、学习内容、学习进度等，学习的针对性、有效性更强。第二，非正式学习是个体实现自我可持续发展的重要途径。根据马斯洛的需求理论，人最迫切的需要才是激励人行动的主要原因和动力。非正式学习能够满足个体多方面的需要，并且赋予个体充分的学习自主权，是推动个体可持续发展的重要途径。

非正式学习主要有以下四种方式：一是转化学习。转化学习是在真实而具体的情境中经历了挫折、失败后，通过总结经验、吸取教训、凝练自我，从而实现自主发展的学习。转化学习强调学习者在已有经验的基础上，通过学习、批判性反思和实践，建构新的观念，积累新的经验，以适应新的情境。二是自我导向学习。自我导向学习强调学习的自主性、灵活性和开放性，获得自我效能感是维持学习的重要内源性动力，实现自我价值是学习者追求的终极目标。三是情境化学习。情境化学习强调学习不能脱离具体的情境，不能离开人的实践而抽象地在理论中独自发生，学习者在特定的情境中进行文化意义的协商与理解，其核心因素是实践。四是合作学习。合作学习是指两名或两名以上学习者基于共同的目标方向与发展愿景，在平等与共享原则的指引下展开的互助性学习。学习者在与他人交流合作的过程中，通过优质资源的共建共享，激发群体智慧，促进学习者个体和群体的发展。[①]

二、（非学分）慕课/开放教育资源

慕课主要是指在网上通过群体教学的方式进行学习，主要面向的是学生群体，采用集中授课的模式和方法。慕课的英文全称为 Massive Open Online Courses，缩写为 MOOC。慕课包括四层含义：M 指大规模或群体性的教学方式。慕课不同于传统教学方式，属于在线的教学方式，在课堂中，学习者甚至可以达到几十万人。第一个 O 是开放的意思。慕课网络学习并不区分国家、民族，只要是有学习意愿的人，都可以参与慕课学习，在线学习相关知识和技能。第二个 O 为线上和网络形式。慕课以互联网作为基础，使用在线视频、音频等形式的教材进行教学或学习，可以

---

① 杨晓平、余燕青、登伟：《非正式学习视域下高职院校"双师型"教师专业成长探析》，载《教育与职业》2020 年第 24 期，第 86－89 页。

为世界范围内任何学习者提供相关的知识。C 是指课堂或上课的形式，这种课堂形式突破了现实空间的局限，形成了虚拟的课堂。

慕课的大规模开放在线课程运用在线的互动性教学模式，通过其开放的教育资源，引导师生之间形成互动，可以使学生通过更加简单的方式获取相关知识。慕课以学生为中心，能激发学生的求知欲望，是轻松愉悦的自我学习形式，充分体现了其优势。由于慕课学习没有限制，任何人都可以利用慕课获取知识，学习的方式也多种多样。因此，国外大部分大学均加入或拥有慕课平台，在各个平台上提供在线教学。自 2013 年开始，国内各大知名高校也开始加入慕课平台，形成了全球化的教学和知识共享的潮流。随着网络计算机技术的不断发展，慕课的学习方式可以有效弥补传统学习的不足之处，通过非正式学习以及自主学习，有效提升学生的学习效率以及学习效果。

（一）慕课的分类

慕课的不同特点造就了其不同的分类，主要分为三大类。

第一类，内容型慕课（xMOOC），主要以知识传递讲授型的方式进行学习。对学习者来说，自身也可以完成内容型慕课的学习。目前，大部分慕课都属于内容型慕课。以外语类慕课为例，如国外 EdX、Coursera、FutureLearn、Udacity 等慕课机构提供的"商务英语沟通技巧"（华盛顿大学）、"中文基础：语言与商业文化"（亚利桑那州立大学）、"韩语入门"（延世大学）、"汉语入门"（北京大学）、"Learning English：Intermediate Grammar"（加州大学尔湾分校）等外语课程都属于内容型慕课的范畴。

第二类，任务型慕课（tMOOC），其更加强调完成课程任务以获得相应的技能。任务型慕课主要包括任务、探索、解决方案等，学习者通过任务型慕课可以获得相应的知识和技能，提升操作能力。例如，美国米拉科斯达学院（MiraCosta College）的课程让学习者通过在线的方式对软件设计、音频、视频等进行应用，学习者通过对不同风格和工具的学习，理解相关概念。相对来说，任务型慕课更加强调技能学习，课程数量相对较少，同时课程类型也偏小众。因此，任务型慕课与其他类型的慕课的真正区别在于其任务设计的开放程度更高，但是复杂性也更强，属于某专业领域的开放性学术学习实践。例如，美国米拉科斯达学院的雷恩所倡导的"POT Cert"（Program for Online Teaching Certificate）课程每周发布一个教师在线教学的专题，借助软件设计、音频、视频等工具来展示，从而让学习者逐渐适应使用不同工具、不同风格的在线学习方式。①

第三类，联结网络慕课（cMOOC），是通过社交媒体软件，即通过联系实现学习的一种方式。这种慕课主要通过构建社区的形式，促进学习者之间交换知识和技能，实现社区内部以及学习者的技能成长。因此，此类慕课要求社区间和社区内学习者之间互相沟通，否则无法形成互动和合作形式，慕课也失去存在的意义。此类慕课通常是以学习资料的共享探索式的互动达到学习成效，以学习者之间的交流为核心。例如，由加拿大学者佐治亚·西门子和斯蒂芬·德恩斯开设的“Connectivism and Connective Knowledge Online Course”② 是具有较大影响力的联结网络慕课。

（二）英语慕课学习的特征

智慧英语学习环境下的英语慕课学习的特征与传统英语学习的特征存在重合之处，例如，它们均具有自发性、自由性、自律性等。在这里，我们对其不同之处进行探索。总的来说，英语慕课学习存在以下三个显著特征。

一是便捷性。随着互联网和移动终端的普及和全覆盖，英语学习者可以突破时间和空间的局限，使用智能设备进行英语学习，学习素材遍布互联网，学习工具和学习内容都可以依托互联网实现其功能，完全实现无纸化学习。学习内容也突破了国界限制，学习者可以访问国外英语学习网站，探索自己感兴趣的内容、课程，还可以下载音频、视频等大量学习资源，供离线复习使用。便捷性这一特征使得学习者可以充分利用碎片化时间，英语学习的机会和时长得以增加，学习的效果得到了增强。

二是开放性。大多数英语学习网站都是无访问限制的，任何国家的英语语言学习者都可以随时浏览网站，这是极其开放的学习途径。慕课学习的内容涵盖各类语言文化范畴，类型多样、内容丰富，学习者可以根据自己现阶段的语言水平去选择相应的学习材料。大多数英语学习网站的开放

①　薄巍、冯芃芃、金檀：《外语学习型慕课的类型、特征与发展》，载《广东外语外贸大学学报》2019 年第 30 期，第 48－54 页。

②　Lewis, T., Comas-Quinn, A., Hauck, M., "Forward", In Dixon, E., Thomas, M., (eds.). *Researching Language Learner Interactions Online：From Social Media to MOOCs*. Texas State University, 2015.

时间也是无限制的，学习者可以根据自己的时间合理安排学习时间、学习时长、学习频率等。

三是交互性。互联网环境下英语学习的交互性特点主要体现在学习平台的交互功能上。学习者在网络空间学习，平台可以运用人工智能技术对学习结果进行反馈，以便学习者及时修改和调整学习方案，从而提高学习效率。另外，虚拟现实、增强现实等技术为英语学习者创造了沉浸式的空间环境，通过模拟真实的交际语境，可以提高学习者的兴趣以及自主学习的积极性和主动性。

此外，很多英语学习资源都是免费对公众开放的，包括免费课程、免费答疑、免费测试等。因此，慕课还具有低成本的特点。

第八章 未来英语智慧学习生态研究前瞻

通过前面章节对终身学习视野下英语智慧学习生态研究的介绍，可以预见未来的英语智慧学习生态研究。在研究成果应用方面，关于英语智慧学习生态研究、智慧教育、终身学习等理论研究成果对英语教学实践的指导作用将更加具体化和明确化。在研究方法上，英语智慧学习生态教学实践和实证研究将更受重视，基于计算机和网络的统计分析、计算分析、语料库、认知科学等方面的知识和方法都将被更广泛地运用到英语教学的研究中。外语教育数字化转型与融合创新即将进入新一轮变革期。在研究内容上，英语教学研究与智慧教育、终身学习等研究成果相互交叉融合的趋势将越来越显著，研究的视角和思路将得到进一步拓展。在数字时代的教育环境下重新构想英语学习的整体方法、英语项目学习和问题化学习、英语智慧教学的流程再造优化过程等研究方向日渐受到重视。

第一节 英语教育数字化转型：前向学习

"前向学习"（Learning Forward）一词最早出现在 2020 年 12 月由微软与国际数据调查公司 YouGov 合作发布的调查研究报告《前向学习：重新构想学习的整体方法》（*Learning Forward：A Holistic Approach to Reimagined Learning*）[①] 中。这项调查于 2020 年 12 月进行，调查了美国、英国和印度的部分教师和学生的远程学习和混合学习情况，旨在了解当今数字时代教育环境中学习的需求、痛点（pain points）和对学习的看法。研究结果表明，为了增加学生在远程学习领域的幸福感，前向学习整体方法尤为关键，需要以技能为重点、以学生为中心。调查报告认为重构学习的整体学习方法包含五大要素：以学生为中心、以技能为重点、以社会学习为优先、学习环境是安全和有保障的、学习方法的可扩展性和可持续性（见

---

① Microsoft & YouGov.，"Learning Forward：A Holistic Approach to Reimagined Learning". See https://edudownloads. azureedge. net/msdownloads/Microsoft_ YouGov_ Learning_ Forward. pdf.

图8-1-1）。以学生为中心是前向学习整体方法的核心，其他四个要素围绕在核心周围，互相关联。

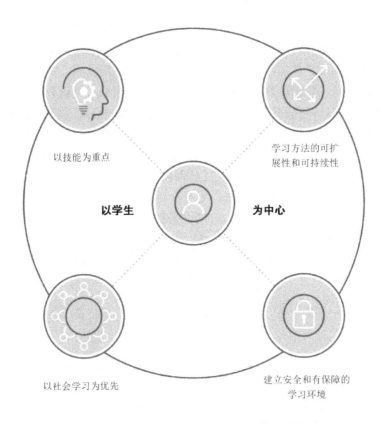

图8-1-1 技术赋能的前向学习整体方法模型

调查结果显示，教师认为，支持学生远程学习的关键是理解他们的学习动机是什么、面临什么样的复杂环境，以及他们的情绪状态。情绪能驱动学生的注意力和学习动力，教师需要了解学生的感受，以创造有效的学习环境。以学生为中心的方法是提高学生的认知、了解学生学习动机和帮助学生培养驾驭变化所需的技能的一种方法。学生认为，让远程学习变得更好、更容易的要素是更多与老师在一起的时间、一个更加活跃且参与度高的平台、更多的小组在线协作、按照自己的节奏学习。《2030年的课堂

与终身学习》① 以及麦肯锡最近的一份研究报告②表明，面向未来的技能
是高认知、社交情感和技术技能的整合体。其中，以技能为重点，排列前
三的技能为独立工作能力、注意力控制能力和技术操纵技能。调查结果还
揭示了社交情感学习的需求量大，但供应量小。培养社交情感技能是目前
社会的强烈诉求。另外，教师和学生都认同提供安全、可靠的在线和离线
环境的重要性。在可扩展性和可持续性方面，技术是一个关键因素，优先
考虑技术和培训是实现可扩展性和可持续性的条件。

　　《前向学习：重新构想学习的整体方法》构建了教育转型框架（见图
8－1－2），包含四个方面：领导力与政策、教与学、智能环境、学生与
学校成就。领导力与政策涉及变革愿景、社区参与与合伙人、策略计划与

图 8－1－2　教育转型框架③

---

① "The Class of 2030 and Life-ready Learning". See https://info. microsoft. com/ww－landing－
McKinsey－Class－Of－2030－Whitepaper. html.

② Microsoft Education and McKinsey & Company, "The Class of 2030 and Life-ready Learning：
The technology imperative", 2018.

③ Microsoft & YouGov, "Learning Forward：A Holistic Approach to Reimagined Learning". See
https://edudownloads. azureedge. net/msdownloads/Microsoft_ YouGov_ Learning_ Forward. pdf.

变革管理、持续改进与文化；教与学涉及以学生为中心的学习、课程与评价、学习设备、学习空间；智能环境包括混合学习、安全性与隐私、优化与可持续运营、高级分析与人工智能；学生与学校成就涉及教育者、领导人与信息技术发展、未来学习技能、平等、包容与获取、社交情感学习。报告认为教育转型框架是未来创新教学的基础。

　　未来的英语智慧学习生态是一种将英语语言技能与以英语学习者为中心的教学法相互融合的生态，追求能力本位。前向学习为英语教育数字化转型，建设安全的、可持续发展的英语智慧学习环境提供了有益参考。

第二节　基于项目的英语学习

　　基于项目的学习是当今教育 4.0 的九大趋势之一。① 在英语教学中，任务学习曾经一度比较盛行，目前逐步让位于项目学习②，项目学习和问题化学习日渐受到重视③。国外有学者编制了项目学习的策划表，涉及存在的问题、面临的挑战、调查研究结果、项目学习内容和技能标准、21世纪的合作关系、批判性思维等培养目标的内容④，对数字化时代的英语教学具有参考价值。牛津大学出版社在 2018 年提出了以学生为核心的英语语言学习的 PBL 框架（PBL Framework for EFL）（见图 8 - 2 - 1）⑤，描述了在学习语言过程中，师生交互需要考虑的 7 个要素，即发生与模仿、定义与润色（启发式问题）、标明 SMART（specific、measurable、achieva-

　　① Fisk，P.，"Education 4.0… the Future of Learning will be Dramatically Different，in School and Throughout Life"．See http：//www. thegeniusworks. com/2017/01/future - education - young - everyone - taught - together.

　　② Jennifer，S.，"Project Based Learning in the Secondary English Classroom"．See https://ilearn. marist. edu/access/content/user/10111255% 40marist. edu/For% 20Weebly% 20Portfolio/Sommer%20 - %20Project%20Based%20Learning%20Brochure. pdf.

　　③ 祝智庭、罗红为、王诚谦等：《外语教育数字化转型与融合创新》，载《外语电化教学》2022 年第 4 期，第 7 - 17 页。

　　④ Woodson，K.，"How to Get Your ESL Students Excited with Project-based Learning"．See https://www. fluentu. com/blog/educator - english/project - based - learning - esl/.

　　⑤ Maria，J.，"PBL Framework for EFL"．See https：//oupeltglobalblog. com/2018/06/14/promoting - project - based - learning - qa.

ble、relevant、timely）目标与合作、比较与分享（是否真实？有帮助吗？激励作用如何？必需吗？友善吗？）、加强和进步（21 世纪的热门技能）、反思与修订、产出和呈现（成为现实）。

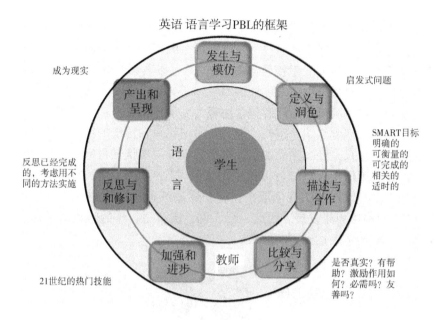

图 8 - 2 - 1　英语语言学习的 PBL 框架

在英语项目实施的过程中，英语学习者需要运用知识和技能完成短期项目。关于实践这些短期项目需要的技能，国际上已有相关研究。世界经济论坛研究列出了 2020 年名列前十的技能，分别是复杂问题解决、批判性思维、创造性、人员管理、与他人协调、情感智能、判断和决策、服务导向、谈判、认知灵活性。[①] 在项目实施的整个过程中，这些技能得到了充分增强，为英语学习者未来的职业生涯做好了积极的准备。

---

① World Economic Forum. "Chapter 1：The Future of Jobs and Skills". See http：//reports. we- forum. org/future - of - jobs - 2016/chapter - 1 - the - future - of - jobsand - skills.

第三节　英语智慧教学的流程再造优化过程

　　智慧教育具有六大特征：精准、个性、协同、优化、思维、创造。在优化特征方面，祝智庭认为：一是流程再造的优化，如翻转课堂；二是持续迭代的优化，产生"敏捷教学系统"，并且以英语教学为例，提出了流程再造的"临近发展区"（见图 8 – 3 –1）。[①] 在英语教学中，认知效率涉及主动加工和高阶思维，前者包含注意力、工作记忆、加工速度，后者涉及听觉加工、视觉加工、逻辑推理、长时记忆。在传统的英语教学中，输入的知识可能只是经过主动加工，可以实现低层次认知目标，并且较长时间停留在实现低层次认知目标上。在数字时代，技术手段的整合、融入，使英语教学可以快速实现低层次目标，通过流程再造找到一个"临近发展区"，向高级思维发展。由此，听、说、读、写、译的输出结果达到更高预期，学业绩效达到更高层次。

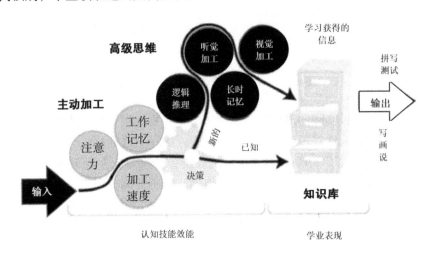

图 8 – 3 –1　流程再造的"临近发展区"

---

　　① 祝智庭：《智慧教育引领未来学校教育创变》，载《基础教育》2021 年第 4 期，第 5 – 20 页。

参 考 文 献

爱德华·伯内特·泰勒. 原始文化［M］. 连树声，译. 桂林：广西师范大学出版社，2005.

艾瑞咨询. 教育 OMO 发展趋势报告（2021 年）［EB/OL］.（2021 – 06 – 09）. https://report. iresearch. cn/report_ pdf. aspx?id = 3791.

艾瑞咨询. 中国终身教育行业研究报告（2020 年）［EB/OL］.（2020 – 04 – 16）. https://www. iresearch. com. cn/Detail/report? id = 3557&is free = 0.

B. F. 斯金纳，等. 程序教学和教学机器［M］. 刘范，等，译. 北京：人民教育出版社，1979.

保罗·朗格让. 终身教育导论［M］. 藤星，等，译. 北京：华夏出版社，1988.

北京共识：人工智能与教育［EB/OL］.（2019 – 08 – 28）. http://www. moe. gov. cn/jyb_ xwfb/gzdt_ gzdt/s5987/201908/W020190828311234679343. pdf.

北京师范大学智慧学习研究院，联合国教科文组织国际农村教育研究与培训中心. 弹性教学手册：中国"停课不停学"的经验［EB/OL］.（2020 – 01 – 01）. https://cit. bnu. edu. cn/sysdt/94144. html.

薄魏，冯芃芃，金檀. 外语学习型慕课的类型、特征与发展［J］. 广东外语外贸大学学报，2019，30（2）：48 – 54.

蔡连玉，刘家玲，周跃良. 人机协同化与学生发展核心素养：基于社会智能三维模型的分析［J］. 开放教育研究，2021，27（1）：24 – 31.

曹培杰. 人工智能教育变革的三重境界［J］. 教育研究，2020（2）：143 – 150.

岑洁玲. "双高计划"下人才培养状态数据在内部质量诊断与改进的应用研究［J］. 高教学刊，2020（30）：74 – 76.

长江日报. 我国已相继支持建设 18 个新一代人工智能创新发展试验区［N］. 长江日报大武汉客户端，2021 – 12 – 18.

陈保红，单伟龙. "互联网＋"视阈下大学生自主学习能力培养研究：以

大学英语为例 [J]. 中国电化教育, 2021 (12): 139-145.

陈丹, 祝智庭. "数字布鲁姆"中国版的建构 [J]. 中国电化教育, 2011 (1): 71.

陈恩伦. 发展韧性: 风险社会下研究生教育的新命题 [J]. 研究生教育研究, 2021 (3): 19-25.

陈辉. 融媒体下情景教学增强情感因素对英语学习成效影响的研究 [J]. 东西南北, 2020 (15): 144-145.

陈琳, 姜蓉, 毛文秀, 等. 中国教育信息化起点与发展阶段论 [J]. 中国远程教育, 2022 (1): 37-44.

陈乃林, 孙孔懿. 终身学习略论 [J]. 江苏高教, 1997 (6): 5-11.

陈争峰, 郑沛, 刘楠. 后 MOOC 时代下 O2O 大学英语教学模式研究 [J]. 教育学术月刊, 2020 (5): 92-96.

持田荣一, 森隆夫, 诸冈和房. 终身教育大全 [M], 龚同, 林瀛, 邢齐一, 等, 译. 北京: 中国妇女出版社, 1987.

第 49 次《中国互联网络发展状况统计报告》[EB/OL]. (2022-02-25). https://www.cnnic.net.cn/hlwfzyj/hlwxzbg/hlwtjbg/202202/t20220225_71727.htm.

董晓宇, 战菊. 英语写作教学中学生的元认知特征研究: 知识、体验与策略 [J]. 中国外语, 2019 (1): 62.

范国睿. 美英教育生态学研究述评 [J]. 华东师范大学学报 (教育科学版), 1995 (2): 83-89.

范国睿. 智能时代的教师角色 [J]. 教育发展研究, 2018, 38 (10): 69-74.

方舟. 大学英语多元化评价体系的构建研究 [J]. 海外英语, 2022 (4): 19-20, 23.

费伟. 网络多模态环境下外语学习焦虑对大学生英语综合应用能力影响的实证研究 [J]. 外语电化教学, 2016 (6): 68-73.

冯晓英, 林世员. 中国教师培训发展报告 (2021) [M]. 北京: 国家开放大学出版社, 2022.

冯晓英, 王瑞雪, 曹洁婷, 等. 国内外学习科学、设计、技术研究前沿与趋势: 2019"学习设计、技术与学习科学"国际研讨会述评 [J]. 开放教育研究, 2020 (1): 21-27.

冯雅颖，徐小洁．慕课：知识鸿沟的后现代趋势［J］．新闻研究导刊，2015（18）：19－20．

傅佩荣．哲学与人生［M］．北京：北京联合出版公司，2019．

高越．大学英语教学中学生自主学习能力培养的有效途径［J］．中国成人教育，2012（9）：132－133．

龚亚夫．论基础英语教育的多元目标：探寻英语教育的核心价值［J］．课程教材教法，2012（11）：26．

工业和信息化部．"十四五"大数据产业发展规划［R/OL］．（2021－12－01）．http://www.gov.cn/zhengce/2021－12/01/content_5655197.htm.

古冬梅．美国教育政策解读［D］．福州：福建师范大学，2010．

谷远洁．慕课背景下高职英语教学改革探析［J］．文教资料，2020（23）：233－234．

顾小清，杜华，彭红超，等．智慧教育的理论框架、实践路径、发展脉络及未来图景［J］．华东师范大学学报（教育科学版），2021（8）：20－32．

郭高攀，王宗英．第二语言习得中情感因素的研究［J］．重庆工学院学报（社会科学版），2009（3）：139－141．

郭炯，荣乾，郝建江．国外人工智能教学应用研究综述［J］．电化教育研究，2020，41（2）：91－98，107．

国务院．新一代人工智能发展规划［EB/OL］．（2017－07－20）．http://www.gov.cn/zhengce/content/2017－07/20/content_5211996.htm.

郭晓静．中国英语教学法：从舶来品走向理性选择［J］．教育探索，2007（8）：57－58．

何佩航，郭颖，姚冬梅，等．外语生态课堂动态质性评价理念探究［J］．黑龙江教育（高教研究与评估），2019（11）：57－59．

郭英剑．"慕课"在全球的现状、困境与未来［J］．高校教育管理，2014，8（4）：41－48．

贺斌．智慧学习：内涵、演进与趋向：学习者的视角［J］．电化教育研究，2013，34（11）：24－33，52．

何克抗．建构主义：革新传统教学的理论基础 上［J］．电化教育研究，1997，3（3）：9．

何克抗．建构主义的教学模式、教学方法与教学设计［J］．北京师范大学学报（社会科学版），1997，5：74－81.

何克抗．信息技术与课程深层次整合的理论与方法［J］．电化教育研究，2005，1（8）.

何自然，何雪林．模因论与社会语用［J］．现代外语，2003（2）：200.

侯艳．混合式教学模式在中学英语课堂中的应用研究［J］．教育现代化，2018（6）：274－275.

胡德映．中国英语教育九十七年回顾［J］．山东外语教学，1999（4）：55－57.

胡靖，胡加加．溯源与考辨：媒介融合的多维视角和研究路向［J］．中国出版，2019（12）：14－18.

胡旺．"互联网＋"教育背景下智慧学习生态环境构建研究［D］．徐州：江苏师范大学，2017.

胡贤钰，董宏建．基于布鲁姆认知目标的英语数字布鲁姆的构建［J］．中国教育信息化，2017（18）：8.

胡小勇，孙硕，杨文杰，等．人工智能赋能教育高质量发展：需求、愿景与路径［J］．现代教育技术，2022（1）：5－15.

胡叶婷．基于元认知策略的应用型本科高校英美文学智慧教学模式探索：以安徽信息工程学院为例［J］．绍兴文理学院学报（教育版），2020（1）：79－83.

黄荣怀，王运武，焦艳丽．面向智能时代的教育变革：关于科技与教育双向赋能的命题［J］．中国电化教育，2021（7）：22－29.

黄志成．近期国外教育管理理论的发展［J］．全球教育展望，1995（1）：22－27.

纪康丽．外语学习中元认知策略的培训［J］．外语界，2002（2）：20.

教育部．高等学校人工智能创新行动计划［EB/OL］．（2018－04－10）．http://www.moe.gov.cn/srcsite/A16/s7062/201804/t20180410_332722.html.

教育部．教育信息化 2.0 行动计划［EB/OL］．（2018－04－18）http://www.moe.gov.cn/srcsite/A16/s3342/201804/t20180425_334188.html.

教育部．普通高等学校本科专业类教学质量国家标准［EB/OL］．（2018－01－30）．http://www.moe.gov.cn/jyb_xwfb/xw_fbh/moe_2069/xwfbh_2018n/xwfb_20180130/sfcl/201801/t20180130_325921.

html.

教育部高等教育司. 大学英语课程教学要求［EB/OL］.（2008 - 04 - 25）. http://www.moe.gov.cn/srcsite/A08/s7056/200401/t20040130_110837.html.

蒋青希. 终身教育与终身学习概念解析及比较［J］. 当代继续教育, 2015（33）：19 - 22.

金江军. 智慧教育发展对策研究［J］. 中国教育信息化, 2012（22）：18 - 19.

井一龙, 倪晓丰, 高向辉. 全媒体视域下教育舆情的特征、治理困境与对策［J］. 现代教育管理, 2021（11）：43 - 50.

克拉斯沃尔, 等. 教育目标分类学第二分册（情感领域）［M］. 上海：华东师范大学出版社, 1989.

克里斯托弗·K. 纳普尔, 阿瑟·J. 克罗普利. 高等教育与终身教育［M］. 徐辉, 陈晓菲, 译. 上海：华东师范大学出版社, 2003.

课题组. 中国教育现代化发展的总体趋势和挑战［J］. 教育研究, 2017（11）：18 - 27.

柯文涛. 迈向 2050 年的终身学习型社会：基于对《拥抱终身学习的文化》报告的解读［J］. 成人教育, 2021（6）：1 - 5.

朗格让. 终身教育导论［M］. 滕星, 等, 译. 北京：华夏出版社, 1998.

黎安琪, 严陵. 教育与发展：宏观关系与微观文化 下［J］. 外国教育资料, 1997（4）：41 - 45.

李桂真. "智慧学习"取向下的大学英语学习环境构建研究［J］. 广西教育学院学报, 2017（5）：6.

李利, 高燕红. 促进深度学习的高校混合式教学设计研究［J］. 黑龙江高教研究, 2021（5）：148 - 153.

李芒, 段冬新, 张华阳. 教育技术走向何方：从异化的预测到可选择的未来［J］. 现代远程教育研究, 2022（1）：21 - 30.

李森皓, 吴晓. 基于元认知策略的听力学习 App 设计［J］. 电子技术, 2022（2）.

李晓. 教育媒介的形态演变及启示［J］. 现代教育科学·普教研究, 2012（5）：14 - 15.

李晓晔, 包天仁. 英语教育的求索者［J］. 传媒, 2002（9）：17 - 20.

李银仓. 论外语教学的情感目标 [J]. 外语教学, 2018 (3): 68.

联合国教科文组织国际教育发展委员会. 学会生存: 教育世界的今天和明天 [M]. 华东师范大学比较教育研究所, 译. 北京: 中国时代经济出版社, 1996.

联合国教科文组织 21 世纪教育委员会. 教育: 财富蕴藏其中 [M]. 北京: 教育科学出版社, 1996.

刘邦奇, 张金霞, 许佳慧, 等. 智能技术赋能因材施教: 技术框架、行业特点及趋势: 基于智能教育行业发展实证数据的分析 [J]. 电化教育研究, 2021, 42 (2): 70 - 77.

刘革平, 刘选. 跨学科比较视域下智慧教育的概念模型 [J]. 电化教育研究, 2021 (3): 5 - 11.

刘伟伟, 原建勇. 人工智能难题的大数据思维进路 [J]. 新疆师范大学学报 (哲学社会科学版), 2018 (3): 120 - 125.

刘铁园, 陈威, 常亮, 等. 基于深度学习的知识追踪研究进展 [J]. 计算机研究与发展, 2022 (1): 82 - 104.

刘艳华, 徐鹏. 大数据教育应用研究综述及其典型案例解析: 以美国普渡大学课程信号项目为例 [J]. 软件导刊 (教育技术), 2014 (12): 47 - 51.

刘奕涛, 杨体荣, 方晓湘. 增强教育系统的韧性: 联合国教科文组织危机敏感型教育规划论析 [J]. 比较教育研究, 2021 (11): 31 - 38.

刘永权, 王淑平. 多模态视域下开放大学公共英语 OPEN 模式的构建 [J]. 河北广播电视大学学报, 2020, 25 (1): 25 - 31.

卢盈. 大数据时代教育研究的机遇、挑战与应对 [J]. 高教发展与评估, 2021 (4): 12 - 22.

罗红卫. 网络英语教学的情感设计研究 [D]. 上海: 华东师范大学, 2009.

罗红卫, 祝智庭. 网络英语教学的情感设计框架 [J]. 外语电化教学, 2008 (1): 4 - 18.

罗佳. 情感过滤假说的实证研究 [D]. 湘潭: 湖南科技大学, 2007.

罗丝玛莉·卡法瑞拉. 成人学习规划 [M]. 洪敏琬, 译. 台北: 五南书局, 1997.

马玉慧, 王珠珠, 王硕烁, 等. 面向智慧教育的学习分析与智能导学研

究：基于 RSM 的个性化学习资源推送方法［J］. 电化教育研究，2018（10）：47 –52.

Margaret Alptekin，杨平. 非英语国家的英语教学中的文化问题［J］. 国外外语教学，1995（1）：1 –4.

苗浩，陈荣. 基于全媒体的基础教育数字资源的组织与推送模式研究［J］. 软件导刊（教育技术），2013（7）：43 –44.

聂胜欣，蔡裕方. 基于大数据的精准教学应用初探［J］. 英语教师，2017，17（24）：74 –80.

潘巧明，赵静华，王志临，等. 从时空分离到虚实融合：疫情后精准教学改革的再思考［J］. 电化教育研究，2021，42（1）：122 –128.

彭红超，祝智庭. 面向智慧学习的精准教学活动生成性设计［J］. 电化教育研究，2016，37（8）：53 –62.

彭红超，祝智庭. 人机协同决策支持的个性化适性学习策略探析［J］. 电化教育研究，2019，40（2）：12 –20.

Peter Strvenss，毛继光. 语言学习中的文化障碍［J］. 国外外语教学，1994（1）：1 –6.

祁建碧. 慕课视域下高职英语教学的创新策略分析［J］. 现代职业教育，2021（22）：230 –231.

钱学敏. 钱学森对"大成智慧学"的探索：纪念钱学森百年诞辰［J］. 西安交通大学学报（社会科学版），2011，31（6）：6 –18.

乔刚，周文辉. 高等教育质量监测数据平台建设：理念、框架与路径［J］. 清华大学教育研究，2017（1）：57 –63.

清华大学－中国工程院知识智能联合研究中心，清华大学人工智能研究院，中国人工智能学会. 人工智能发展报告（2011—2020）.［EB/OL］.（2021 – 04 – 07）. https：//www. sohu. com/a/459477909 _ 100204233.

人工智能与教育：政策制定者指南［EB/OL］. https：//unesdoc. unesco. org/ark：/48223/pf0000378648.

任海，彭少麟. 恢复生态学导论［M］. 北京：科学出版社，2001.

人民网人民数据. 数据治理，数智未来：2020 大数据产业分析综述（一）［BE/OL］.（2021 – 01 – 04）. https：//baijiahao. baidu. com/s？id = 1687932564283693959&wfr = spider&for = pc.

师书恩．计算机辅助教学［M］．北京：高等教育出版社，2001．

石舟．基于 AI 的教育"智媒体"探索与实践：以北京市朝阳区教育融媒体建设为例［J］．基础教育论坛（下旬刊），2021（3）：111 – 112．

舒永久，李林玲．高等教育治理体系现代化：逻辑、困境及路径［J］．现代教育管理，2020（6）：1 – 6．

司岩．多媒体环境下高中英语听说教学情感策略研究［J］．英语广场，2018（1）：160 – 161．

宋灵青，许林．教育信息化从 1.0 到 2.0：走具有中国特色的发展之路［N］．中国教育报，2020 – 05 – 09（3）．

汤姆·古德温．商业达尔文主义：数字时代的适者生存法则［M］．北京：电子工业出版社，2019．

陶洁．基于人才培养的职高英语学法指导研究［J］．成才之路，2015（25）：80．

腾讯课堂，艾瑞咨询．中国综合性终身教育平台大数据报告：腾讯课堂数据篇（2021 年）［EB/OL］．（2022 – 05 – 10）．https://www.iresearch.com.cn/Detail/report?id = 3916&isfree = 0．

田艳．智能化英语自主学习［M］．北京：外语教学与研究出版社，2021．

王彩丽．情感教学在大学英语智慧教学中的运用：以"全新版大学英语"综合教程为例［J］．文教资料，2017（29）：217 – 218．

汪存友，黄双福．自适应学习支持下的美国高校课程设计和教师角色研究：以科罗拉多理工大学 IntelliPath 项目为例［J］．网络教育，2020（7）：35 – 41．

王丹，郭传友，沈云云．基于"人工智能＋"的四维情感生成智慧教学模型构建［J］．山东农业工程学院学报，2020（7）：181 – 186．

王枫．慕课在高职英语教学中的应用［J］．山西青年，2020（4）：75．

王家耀．人工智能赋能时空大数据平台［J］．无线电工程，2022（1）：1 – 8．

王可心．基于学习通平台的翻转课堂教学模式实践［J］．校园英语，2020（9）：49 – 50．

王丽娟．外语教育培养文化自信的必然性和路径探索［J］．教育理论与实践，2021，41（36）：36 – 39．

汪玲，郭德俊．元认知的本质与要素［J］．心理学报，2000（4）．

汪涛. 慕课背景下高职英语教学改革探析［J］. 青海教育，2020
（7）：79.

汪亭亭，吴彦文，艾学轶. 基于面部表情识别的学习疲劳识别和干预方法
［J］. 计算机工程与设计，2010（8）.

王昀. 教育生态视阈下的英语教学发展：评《生态、空间与英语教育教
学研究》［J］. 环境工程，2021，39（8）：244.

汪张龙，徐俊俊，李晓臻，等. 纸笔考试智能网上评卷系统的设计和应
用：智能教育应用之"考试评价"篇［J］. 现代教育技术，2018
（3）：5–11.

魏凯，闫树. 美欧发布数据战略对我国的启示［J/OL］.（2020–06–
01）. https：//mp. weixin. qq. com/s/wOe2b9Cs1RD2J3fS–gctgw.

文秋芳. 大学外语课程思政的内涵和实施框架［J］. 中国外语，2021，
18（2）：47–52.

武漫丽. 探析慕课背景下高职英语教学方法［J］. 科教导刊，2020
（13）：133–134.

吴树芳，朱杰，王梓懿. 浅析布鲁姆教育目标分类体系［J］. 教育现代
化，2018（5）：22.

武晓婷. 大数据时代美国大学个性化学习项目的进展及启示：以美国三所
大学为例［D］. 日照：曲阜师范大学，2019.

吴遵民. 关于现代国际终身教育理论发展现状的研究［J］. 华东师范大
学学报（教育科学版），2002（3）：38–44，61.

习近平. 推动新一代人工智能健康发展更好造福世界各国人民［N］. 人
民日报，2019–05–17（1）.

鲜敏. 情感因素对第二语言习得的影响［J］. 读与写（教育教学刊），
2016（11）：21.

肖君，梁晓彤，黄龙翔，等. 无缝学习的焦点与趋势［J］. 中国远程教
育，2021（2）：66–75.

谢群莹. 以人为本，创新发展智慧教育［J］. 在线学习，2021（9）：
15–18.

谢淑英. MoTalk 辅助的高职英语专业晨读模式研究［J］. 湖北科技学院
学报，2021（5）：120–124.

新华社. 人工智能竟然也会产生自己的偏见［J］. 科学大观园，2018

（20）：7.

《新一代人工智能伦理规范》发布［J］. 工业控制计算机，2021，34（10）：133.

许芳芳，余萍. 基于慕课的高职英语教学模式研究［J］. 科学咨询，2020（47）：61 – 62.

徐土根，何桦. 学习动机理论与课堂教学［J］. 杭州师范学院学报（自然科学版），2004（6）.

徐鑫鑫. 教育媒介形态发展新趋势［J］. 新媒体研究，2015（1）：122 – 123.

徐振国，孔玺，张冠文，等. 学习画面情感对学习者情感的影响研究［J］. 电化教育研究，2020（11）：79 – 86.

杨芳，魏兴，张文霞. 大学英语混合式教学模式探析［J］. 外语电化教学，2017，173（1）：21 – 28.

杨晶，康琪，李哲. 美国《联邦数据战略与2020年行动计划》的分析及其启示［J］. 情报杂志，2020（6）：150 – 156.

杨现民，唐斯斯，李冀红. 发展教育大数据：内涵、价值和挑战［J］. 现代远程教育研究，2016（1）：50 – 61.

杨现民，田雪松，等. 中国基础教育大数据（2018—2019）：走向数据驱动的现代教育治理［M］. 北京：科学出版社，2021.

杨晓平，余燕青，杨登伟. 非正式学习视域下高职院校"双师型"教师专业成长探析［J］. 教育与职业，2020（24）：86 – 89.

叶潇筠. 慕课背景下高职英语教学改革策略的相关探析［J］. 教育界，2019（35）：154 – 155.

尹恩德. 镇海区十三五区域智慧教育建设规划与思考：宁波市镇海区智慧教育十三五建设思路［J］. 中国教育技术装备，2016（1）：1 – 2.

尹天光. 基于大数据分析的高校教师教学发展性评价体系构建研究［J］. 教育理论与实践，2021（27）：42 – 45.

殷晓梅，贾连群，韩宇，等. 教育信息化视域下混合式教学效果评价模式研究［J］. 中国中医药现代远程教育，2020，18（21）：150 – 151.

余聪，陈剑波. 智能时代教育治理现代化的特征、结构与发展路径［J］. 教学与管理，2021（6）：23 – 27.

余丽娟. 教育评价理论下的大学英语课程新模式构建的研究［J］. 品位

经典，2019（4）：73-76.

余平，钱冬明，祝智庭. 数字化终身教育资源结构、分类及标准研究
［J］. 现代远程教育研究，2014（4）：47-55.

余胜泉. 人工智能教师的未来角色［J］. 开放教育研究，2018，24（1）：
16-28.

余胜泉. 人机协作：人工智能时代教师角色与思维的转变［J］. 中小学
数字化教学，2018（3）：24-26.

余胜泉，彭燕，卢宇. 基于人工智能的育人助理系统："AI 好老师"的体
系结构与功能［J］. 开放教育研究，2019（1）：25-36.

余胜泉，王琦."AI+教师"的协作路径发展分析［J］. 电化教育研究，
2019，40（4）：14-22，29.

袁凡，陈卫东，徐铷忆，等. 场景赋能：场景化设计及其教育应用展望：
兼论元宇宙时代全场景学习的实现机制［J］. 远程教育杂志，2022
（1）：15-25.

岳铁艳，全媒体教育形态下的教师知识体系多维建构［J］. 教学与管理，
2018（6）：51-53.

曾海，陈艳，邱崇光. 基于学习环境理论的智慧场景在线教育新生态的研
究［J］. 中国多媒体与网络教学学报，2021（11）：25-30.

詹泽慧. 基于智能 Agent 的远程学习者情感与认知识别模型：眼动追踪与
表情识别技术支持下的耦合［J］. 现代远程教育研究，2013（5）：
100-105.

詹泽慧，钟柏昌. 人工智能助力高等教育：变革与坚守［J］. 中国高等
教育，2021（20）：22-24.

张博扬. 慕课背景下高职英语教学的创新方式研究［J］. 海外英语
（上），2021（4）：125-126.

张德禄，王正. 多模态互动分析框架探索［J］. 中国外语，2016（3）：
54-61.

张海生，范颖."互联网+教育"时代的学习新形态：主要类型、共性特
征与有效实现［J］. 中国远程教育，2018（10）：24-34.

张佳妮，江颖. 学习支持服务如何使远程教育更具吸引力?：英国开放大
学 MILLS 对我国远程教育的启示［J］. 外国教育研究，2019（6）：
57-73.

张民选，卞翠. 联合国教科文组织发布全球性报告：共同重新构想我们的未来［N］. 中国教育报，2021 – 11 – 11.

章鹏远. 欧盟国家非正规与非正式职业学习认证概述［J］. 职教论坛，2005（19）：59 – 61.

张荣军，岳红玲. 底线思维的理论逻辑和实践运用［J］. 重庆社会科学，2020（8）：53 – 60，2.

张燕南. 大数据的教育领域应用之研究［D］. 上海：华东师范大学，2016.

张优智，张家麒. 近十年国际大数据领域研究进展：基于 Web of Science 的实证分析［J］. 武汉商学院学报，2021（4）：69 – 74.

张正东. 中国外语教育政策漫议：我国外语教育的国情特点［J］. 基础教育外语教学研究，2005（12）：16.

郑海昊，刘韬. 数字交互技术视域下的智慧学习元认知体验研究之一：共我体验突破交互边界［J］. 中国电化教育，2018（12）：96 – 103.

郑旭东. 智慧教育 2.0：教育信息化 2.0 视域下的教育新生态：《教育信息化 2.0 行动计划》解读之二［J］. 远程教育杂志，2018（4）：11 – 19.

郑玉玮，崔磊. 多媒体在教育中的应用：一个矛盾的复合体［J］. 电化教育研究，2016（11）：18 – 24.

中共中央办公厅，国务院办公厅. 加快推进教育现代化实施方案（2018—2022 年）［EB/OL］.（2019 – 02 – 23）. http://www. gov. cn/zhengce/2019 – 02/23/content_ 5367988. htm.

中共中央，国务院. 中国教育现代化 2035［EB/OL］.（2019 – 02 – 24）. http://www. moe. gov. cn/jyb_ xwfb/gzdt_ gzdt/201902/t20190223_ 370857. html.

中国大数据产业生态联盟，赛迪顾问股份有限公司，赛迪智库. 2021 中国大数据产业发展白皮书［R/OL］.（2021 – 07 – 28）. https://www. bdinchina. com/ueditor/php/upload/file/20210728/1627450992976794. pdf.

中国社会科学院语言研究所词典编辑室. 现代汉语词典［M］. 北京：商务印书馆，2016.

中国信息通信研究院. 大数据白皮书（2021 年）［EB/OL］.（2021 – 12 – 20）. http://www. caict. ac. cn/kxyj/qwfb/bps/202112/t20211220_

394300. htm.

中国政府网. 国务院关于印发新一代人工智能发展规划的通知（国发〔2017〕35 号）［EB/OL］.（2017 - 07 - 20）. http：//www. gov. cn/zhengce/content/2017 - 07/20/content_ 5211996. html.

中华人民共和国教育部. 教育部关于印发《高等学校人工智能创新行动计划》的通知［EB/OL］.（2018 - 04 - 03）. http：//www. moe. gov. cn/srcsite/A16/s7062/201804/t20180410_ 332722. html.

钟茂森. 细讲论语：学而为政篇［M］. 武汉：长江文艺出版社，2011.

邹霞. 现代教育技术基础［M］. 北京：中国水利水电出版社，2009.

朱枝. 大数据背景下高校英语个性化教学实践研究［J］. 教育理论与实践，2021（30）：59 - 61.

祝智庭. 智慧教育新发展：从翻转课堂到智慧课堂及智慧学习空间［J］. 开放教育研究，2016（1）：18 - 26.

祝智庭. 教育数字化转型是面向未来的教育"转基因"工程［J/OL］.（2022 - 08 - 12）. https：//mp. weixin. qq. com/s/iMWgzfGQXhV9KVSbmazedw.

祝智庭. 以智慧教育引领教育信息化创新发展［J］. 中国教育信息化，2014（9）：4 - 8.

祝智庭. 智慧教育新发展：从翻转课堂到智慧课堂及智慧学习空间［J］. 开放教育研究，2016，22（1）：18 - 26，49.

祝智庭. 智慧教育引领未来学校教育创变［J］. 基础教育，2021，18（2）：5 - 20.

祝智庭，管珏琪，刘俊. 个人学习空间：数字学习环境设计新焦点［J］. 中国电化教育，2013（3）：1 - 6，11.

祝智庭，贺斌. 智慧教育：教育信息化的新境界［J］. 电化教育研究，2012（12）：5 - 13.

祝智庭，胡姣. 技术赋能后疫情教育创变：线上线下融合教学新样态［J］. 开放教育研究，2021（1）：13 - 23.

祝智庭，罗红卫，王诚谦，等. 外语教育数字化转型与融合创新［J］. 外语电化教学，2022（4）：7 - 17.

祝智庭，彭红超. 智慧学习生态系统研究之兴起［J］. 中国电化教育，2017（6）：1 - 10，23.

祝智庭，彭红超. 创新发展技术赋能的智慧教育：访我国智慧教育开拓者祝智庭教授 [J]. 教师教育学报，2021 (4)：21-29.

祝智庭，彭红超. 技术赋能的韧性教育系统：后疫情教育数字化转型的新路向 [J]. 开放教育究，2020 (5)：41-50.

祝智庭，彭红超. 技术赋能智慧教育之实践路径 [J]. 中国教育学刊，2020 (10)：1-8.

祝智庭，彭红超. 智慧学习生态：培育智慧人才的系统方法论 [J]. 电化教育研究，2017，38 (4)：5-14，29.

祝智庭，彭红超. 信息技术支持的高效知识教学：激发精准教学的活力 [J]. 中国电化教育，2016 (1)：18-25.

祝智庭，沈书生. 数字韧性教育赋能学生在日益复杂世界中幸福成长 [J]. 现代远程教育研究，2020，32 (4)：3-10.

祝智庭，孙妍妍，彭红超. 解读教育大数据的文化意蕴 [J]. 电化教育研究，2017 (1)：28-36.

祝智庭，俞建慧，韩中美，等. 以指数思维引领智慧教育创新发展 [J]. 电化教育研究，2019 (1)：5-16.

祝智庭，郁晓华，管珏琪，等. 面向"人人通"的学生个人学习空间及其信息模型 [J]. 中国电化教育，2015 (8)：1-9.

纵横. 2021 大数据产业分荐 [J]. 互联网周刊，2021 (15)：30-32.

Amodei, D., Ananthanarayanan, S., Zhu, Z. Y. Deep speech 2: End-to-end Speech Recognition in English and Mandarin [R]. 33rd International Conference on Machine Learning 2016. International Conference on Machine Learning, Vol. 48.

Anderson, L. W., Sosniak, L. A. Bloom's Taxonomy [M]. Chicago：University of Chicago Press, 1994：81-90.

Anderson, T. Theories for learning with emerging technologies [C] //Veletsianos, G. (Ed.). Emerging Technologies in Distance Education. Edmonton, Canada：Athabasca University Press, 2010.

Ang, S., Van Dyne L. The Handbook of Cultural Intelligence [M]. New York：ME Sharpe, 2008：65-87.

Arup B., Jothika K. Competency Based Curriculum in Higher Education：A Necessity Grounded by Globalization [D]. India：Assam University,

2011.

Aspin, D. N. International Handbook of Lifelong Learning [M]. Boston: Kluwer Academic Publishers, 2001.

Aspin, D. N., Chapman, J. D. Values Education and Lifelong Learning: Principles, Policies, Programmes [M]. London, UK: Springer, 2007.

Aspin, D. N., Chapman, J. D., Evans, K. Second International Handbook of Lifelong Learning [M]. London, UK: Springer, 2012.

Atkinson, D. Alternative Approaches to Second Language Acquisition [M] New York: Routledge, 2011: 53 – 76.

Atkinson, D. Language learning in mindbodyworld: A sociocognitive approach to second language acquisition [J]. Language Teaching, 2014 (47): 467 – 483.

Atkinson, D., Churchill, E., Nishino, T., et al. Language learning great and small: Environmental support structures and learning opportunities in a sociocognitive approach to second language acquisition/teaching [J]. Modern Language Journal, 2018 (102): 471 – 493.

Baker, T., Smith, L., Anissa, N. Educ-AI-tion rebooted? Exploring the future of artificial intelligence in schools and colleges [J/OL]. (2019 – 02 – 01). https://www.nesta.org.uk/report/education – rebooted.

Bamford, D. A. 3D technology in Education White Paper [EB/OL]. (2014 – 12 – 31). http://www.dlp.com/downl, oads/The_3D_in_Education_White_Paper_US.

Bandura, A. Self-efficacy: Toward a unifying theory of behavioral change [J]. Psychological Review, 1977, 84 (2): 191 – 215.

Bandura, A. Social cognitive theory: An agentic perspective [J]. Annual Review of Psychology, 2001: 52, 1 – 26.

Bates, A. W. Teaching in a Digital Age—Second Edition Chapter 5: Building an Effective Learning Environment [M]. Vancouver: Canada TONY BATES ASSOCIATES LTD, 2019: 58 – 80.

Beijing consensus on artificial intelligence and education [EB/OL]. (2019 – 01 – 01). https://unesdoc.unesco.org/ark:/48223/pf0000368303.

Better language models and their implications [EB/OL]. (2019 – 02 – 14).

https://openai. com/blog/better - language - models/#sample6.

Biesta, G. What's the point of lifelong learning if lifelong learning has no point? On the democratic deficit of policies for lifelong learning [J]. European Educational Research Joumal, 2006 (5): 173.

Blaschke, L. M. Heutagogy and lifelong learning: A review of heutagogical practice and self-determined learning [J]. The International Review of Research in Open and Distributed Learning, 2012: 13 (1), 56 - 71.

Blaschke, L. M. Moving students forward in the PAH continuum: Maximizing the power of the social web [C] //Blaschke, L. M., Kenyon, C., Hase, S. (Eds.). Experiences in Self-determined Learning. Center for Open Education Research (COER), University of Oldenburg: Oldenburg, Germany, 2014.

Blaschke, L. M. Using social media to engage and develop the online learners in self-determined learning [J]. Research in Learning Technolog, 2014 (22).

Blaschke, L. M., Brindley, J. Establishing a foundation for reflective practice: A case study of learning journal use [J]. European Journal of Open, Distance, and E-Learning, 2011 (2).

Blaschke, L. M., Brindley, J. Using social media in the online classroom [C] //Ally, M., Khan, B. (Eds.). The International Handbook of E-learning (Volume 2): Implementation and Case Studies. Athabasca, Canada: Routledge, 2015.

Blakemore, S., Frith, U. The Learning Brain: Lessons for Education [M]. Blackwell: Maiden, 2005.

Blaschke, L. M., Hase, S. Heutagogy: A holistic framework for creating 21st century self-determined learners [C] //Kinshuk, M. M., Gros, B. (Eds.). The Future of Ubiquitous Learning: Learning Designs for Emerging Pedagogies. Heidelberg, Germany: Springer Verlag, 2015.

Bloom, B. S. Taxonomy of Educational Objectives: Cognitive Domain [M]. New York: McKay, 1956: 20 - 24.

Bowers, C. A., Flinders, D. J. Responsive Teaching: An Ecological Approach to Classroom Patterns of Language, Culture [M]. Columbia:

Teachers College, 1990: 42.

Buck, G. , Hunka, S. Development of the IBM 1500 computer-assisted instructional system [J]. IEEE Annals of the History of Computing, 1995, 17 (1): 19 – 31.

Build Query. Schools [EB/OL]. (2022 – 5 – 10). https://www.crunchbase.com/search/organization.schools.

Building Learner Agency with Growth Mindset, Habits of Mind and Virtuous Practice [EB/OL]. (2019 – 6 – 12). https://mindfulbydesign.com/events/building – learner – agency – auckland/.

Burke, P. J. , Jackson, S. Reconceptualising Lifelong Learning: Feminist Interventions [M]. London, UK: Routledge, 2007.

Canning, N. Playing with heutagogy: Exploring strategies to empower mature learners in higher education [J]. Journal of Further and Higher Education, 2010: 34 (1), 59 – 71.

Carlson, S. , Blumenstyk, G. For whom is college being reinvented [J]. Chronicle of Higher Education, 2012, 17.

Cissoko & Company, Ang S. , Earley, C. [EB/OL]. (2020 – 03 – 16). https://cissokomamady.com/2020/03/16/cultural – quotient – the – new – competitive – advantage/.

Chen, X. , Zou, D. , Xie, H. , et al. Past, present, and future of smart learning: A topic-based bibliometric analysis [J]. International Journal of Educational Technology in Higher Education, 2021, 18 (1): 1 – 29.

Cochrane, T. Exploring mobile learning success factors [J]. Research in Learing Technology (ALT-J), 2010, 18 (2): 133 – 148.

Cochrane, T. , Antonczak, L. , Guinibert, M. , et al. Developing a mobile social media framework for creative pedagogies [C]. Madrid, Spain: 10th International Conference on Mobile Learning. 2014.

Cochrane, T. , Narayan, V. Cultivating creative approaches to learning [C] //Blaschke, L. M. , Kenyen, C. & Hase, S. (Eds.). Experience in Self-determined Learning. Center for Open Education Research (COER), University of Oldenburg, 2014.

Conole, G. , Dyke, M. Understanding and using technological affordances: A response to Boyle and Cook [J]. Research in Learning Technology (ALT-J), 2004: 12 (3), 301 – 308.

Cormier, D. Rhizomatic education: Community as curriculum [J]. Innovate, 20084 (5).

Costa, L. V. , Veloso, A. I. , Mealha, O. A. Review of proxemics in "Smart Game-Playing" [R]. 2nd International Conference on Smart Learning Ecosystems and Regional Developments (SLERD). Citizen, Territory and Technologies: Smart Learning Contexts and Practices 80, 2018: 219 – 226.

Culatta, R. What are you talking about?! The need for common language around personalized learning [EB/OL]. (2016 – 03 – 21) http://er. educause. edu/articles/2016/3/what – are – you – talking – about – the – need – for – common – language – around – personalized – learning.

Darvin, R. , Norton, B. Identity and a model of investment in applied linguistics [J]. Annual Review of Applied Linguistics, 2015 (35): 36 – 56.

Dave, R. H. , Cropley, A. J. Foundations of Lifelong Education: Studies in Lifelong Education [M]. Oxford, UK: Pergamon Press, 1976.

Deci, E. L. , Ryan, R. M. The Handbook of Self-determination Research [M]. Rochester: The University of Rochester Press, 2002.

Dee, T. S. , Jacob, B. The impact of No Child Left Behind on student achievement [J]. Journal of Policy Analysis and Management, 2011, 30 (3): 418 – 446.

Deleuze, G. , Guattari, F. A Thousand Plateaus: Capitalism and Schizophrenia [M]. London, UK: University of Minnesota Press, 1987.

Discover scientific knowledge and stay connected to the world of science [EB/OL]. (2022 – 5 – 10). https://www. researchgate. net/publication/324950230_Everybody's_Got_a_Story_Examining_the_Building_of_Empathy_and_Understanding_for_the_Bully_the_Bullied_and_the_Bystander_through_Digital_Storytelling/download.

Donnelly, K. , Rizvi, S. , Barber, M. An avalanche is coming: Higher education and the revolution ahead [J]. Educational Studies, 2013 (3): 152 – 229.

Douglas Fir Group. A transdisciplinary framework for SLA in a multilingual world [J]. Modern Language Journal, 2016, 100: 19 – 47.

Dreier, F. G. Don't throw out the baby with the bath water [J]. Quality Progress, 2007, 40 (8): 42.

Dron, J., Anderson, T. Teaching Crowds: Learning and Social Media [M]. Edmonton, Canada: AU Press, Athabasca University, 2014.

Eberle, J., Childress, M. Using heutagogy to address the needs of online learners [C] //Rogers, P., Berg, G. A., Boettecher, J. V., et al. (Eds.). Encyclopedia of distance learning (2nd ed.). New York: Idea Group, Inc., 2009.

Earley, P. C. Cultural Intelligence: Individual Interactions Across Cultures [M]. Stanford: Stanford University Press, 2003: 130 – 150.

Earley, P. C. Redefining interactions across cultures and organizations: Moving forward with cultural intelligence [C] //Staw, B. M. (Ed.). Research in Organizational Behavior Vol. 24. Oxford: Elsevier, 2002: 271 – 299.

Educators technology, AI writing tool for scientists [EB/OL]. (2016 – 7 – 19). https://www. educatorstechnology. com/2016/07/digital – storytelling – wheel – for – teachers. html.

Field, J. Lifelong learning [J]. International Journal of Lifelong Education, 2001, 20 (1, 2): 5.

Gelpi, E., Figg, C., McCartney, R. E. Impacting academic achievement with student learners teaching digital storytelling to others: The ATTTCSE digital video project [J]. Contemporary Issues in Technology and Teacher Education, 10.

Fikse, L. J. Sustain ability and resilience: Toward a systems approach [J]. IEEE Engineering Management Review, 2006, 2 (3): 5.

Fisk, P. Education 4. 0···the future of learning will be dramatically different, in school and throughout life [EB/OL]. (2017 – 01 – 01). http:// www. thegeniusworks. com/2017/01/future – education – young – everyone – taught – together.

Flavell, J. H. Metacognition and cognitive monitoring: A new area of cognitive—developmental inquiry [J]. American Psychologist, 1979, (10): 906 – 911.

Gabriel, T., Richtel, M. Inflating the software report card [J]. The New York Times, 2011: 1A.

Garnett, F. The PAH continuum: Pedagogy, andragogy, and heutagogy [EB/OL]. (2013 – 03 – 04). https://heutagogycop. wordpress. com/ 2013/03/04/the – pah – continuum – pedagogy – andragogy – heutagogy/.

Garnett, F., O'Beirne, R. Putting heutagogy into learning [C] //Hase, S. & Kenyon, C. Self-determined Learning: Heutagogy in Action. Bloomsbury, 2014: 131 – 143.

Gelpi, E. Lifelong Education and International Relations [M]. Beckenham: Croom Helm, 1985.

Gerstein, J. Education 3. 0 and the pedagogy (andragogy, heutagogy) of mobile learning [EB/OL]. User generated education, 2013.

Godwin-Jones, R. Second language writing online: An update [J/OL]. (2018 – 02 – 01) https://www. semanticscholar. org/paper/Second – language – writing – online% 3A – An – update – Godwin – Jones/ afefe7de4f78e30a6ab719ce344297b6b970faf8.

Goodlad, J. I. The Ecology of School Renewal: Eighty-Sixth Yearbook of the National Society for the Study of Education, Part I [M]. Chicago: National Society for the Study of Education, 1987: 35.

García, J. R. F. El Aprendizaje de Las Personas Adultas a Traves Del Dialogo [M]. Rowman & Littlefield, 1997.

Granello, D. H. Promoting cognitive complexity in graduate writing work: Using bloom's taxonomy as a pedagogical tool to improve literature reviews [J]. Counselor Education and Supervision, 2001 (40): 2 – 36.

Groff, J. S. Personalized learning: The state of the field & future directions [J]. Centre for Curriculum Redesign, 2017.

Halliday, A. The role of culture in English language education: Key challenges [J]. Language and Intercultural Communication, 2009, 9 (3): 144 – 155.

Harasin, L. Learning Theory and Online Technologies [M]. Routledge,

2011: 68 –73.

Hase, S. An introduction to self-defermined learning [C] //Blaschke, L. M. , Kenyon, C. & Hase, S. (Eds.). Experiences in Self-determined Learning. Center for Open Education Research (COER), University of Oldenbury, 2014.

Hase, S. Self-determined learning (heutagogy): Where have we come since 2000? [J]. Southern Institute of Technology Journal of Applied Research-Special Edition, 2016.

Hase, S. , Kenyon, C. From andragogy to heutagogy [J/OL]. UltiBase In-Site, 2000.

Hase, S. , Kenyon, C. Heutagogy: A child of complexity theory [J]. Complicity: An International Journal of Complexity and Education, 2007, 4 (1): 111 –119.

Hase, S. Kentyon, C. Heutagogy and developing capable people and capable workplace: Strategies for dealing with complexity [R]. In Proceedings of the Changing Face of Work and Learning Conference. Vniversity of Alberta, 2003.

Hase, S. , Kenyon, C. Self-determined Learning: Heutagogy in Action [M]. London, UK: Bloomsbury Academic, 2013.

Haugen E. The Ecology of Language [M]. Stanford: Stanford University Press, 1972.

Hendriyanto, A. , Mustofa, A. , Sutopo, B. Building ecological intelligent through Indonesian language learning based on Kethek Ogleng Dance [J] International Journal of Education, 2018, 11 (1).

Hews, J. A technology-based personal learning environment [EB/OL]. (2019 –01 –01). https://pressbooks. bccampus. ca/teachinginadigitalagev2/chapter/5 –2 – what – is – a – learning – environment/.

Holladay, R. Learning ecology: Environmental patterns for deep [EB/OL]. (2016 –10 –10). https://www. hsdinstitute. org/resources/EnvironmentalPatternsforDeepLearning. html.

Universal Design of Learning (UDL) [EB/OL]. (2019 –1 –1). https://www. mohawkcollege. ca/employees/centre – for – teaching – learning/universal – design – for – learning.

Houle, C. O. Continuing Learning in the Professions [M]. Jossey-Bass, 1986.

Howland, J. L., Jonassen, D. H., Marra, R. M. Meaningful Learning with Technology [M]. Boston: Allyn & Bacon, 2011: 110 – 119.

IBM. Education for a smarter planet: The future of learning [EB/OL]. (2021 – 08 – 19). http://www. redbooks. ibm. com/redpapers/pdfs/redp4564. pdf.

IIEP-UNESCO. Crisis-sensitive educational planning [EB/OL]. (2020 – 04 – 01). http://www. iesalc. unesco. org/wp – content/uploads/2020/04/COVID19 – Education – Issue – Note – 2. 4 – Planning – 1. pdf.

IMS Global Learning Consortium. Ecosystem of learning platforms, apps and tools [EB/OL]. (2016 – 12 – 25). https://www. imsglobal. org/initiative/ecosystem – learning – platforms – apps – and – tools.

IMS Global Learning Consortium. IMS caliper analytics™ conformance and certification guide [EB/OL]. (2016 – 01 – 01). https://www. imsglobal. org/spec/caliper/v1p2.

Inou, Y. Online Education for Lifelong Learning [M]. Information Science Pub, 2007.

Jaakkola, M. Teacher heutagogy in the network society: A Framework for critical reflection [C] //Jandric, P. & Boras, D. (Eds.). Critical Learning in Digital Networks. Berlin: Springer Internation Publishing, 2015.

Jackson, N. J. The Concept of Learning Ecologies [M]. Lifewide learning, education, and personal development [J/OL]. (2013 – 01 – 01). http://www. lifewideebook. co. uk/uploads/1/0/8/4/10842717/chapter _ a5. pdf.

Jane-Maria, H. D. R. PBL framework for EFL [EB/OL]. (2018 – 6 – 14). https://oupeltglobalblog. com/2018/06/14/promoting – project – based – learning – qa.

Jarvis, P. Paradoxes of Learning: On Becoming An Individual in Society [M]. Jossey-Bass, 1992.

Jarvis, P. The Routledge International Handbook of Lifelong Learning [M].

London, UK: Routledge, 2009.

Jennifer, S. Project based learning in the secondary English classroom [A]. MEDU 631 – 256, 2013. https://ilearn. marist. edu/access/content/user/10111255%40marist. edu/For%20Weebly%20Portfolio/Sommer%20 – %20Project%20Based%20Learning%20Brochure. pdf.

Jonassen, D. , Davidson, M. , Collins, M. , et al. Constructivism and computer-mediated communication in distance education [J]. The American Journal of Distance Education, 1995, 9 (2): 7 – 26.

Jones, C. Enterprise education: Towards the development of the hcutagogical learner [J]. The all Ireland Journal of Teaching and Learning in Higher Education, 2016, 8 (1): 2542 – 25417.

Jude, L. T. , Kajura, M. A. , Birevu, M. P. Adoption of the SAMR model to asses ICT pedagogical adoption: A case of Makerere University [J]. International Journal of eEducation, e-Business, e-Management and e-Learning, 2014, 4 (2): 106.

Kanwar, A. S. , Balasubramanian, K. , Umar, A. Lifelong learning in South Africa [J]. International Journal of Continuing Education & Lifelong Learning, 2013: 5 (2), 17 – 39.

Kaplan, A. M. , Haenlein, M. Users of the world unite! The challenges and opportunities of social media [J]. Business Horizons, 2010: 53, 59 – 68.

Kauffmann, S. At Home in the Universe: The Search for Laws of Camplexity [M]. Penguin, 1995.

Kelliel, W. How to get your ESL students excited with project-based learning [EB/OL]. (2021 – 02 – 10). https://www. fluentu. com/blog/educator – english/project – based – learning – esl/.

Kendon, T. SAMR and TPACK: Two models to help with integrating technology into your courses [EB/OL]. (2022 – 05 – 10). https://taylor – institute. ucalgary. ca/resources/SAMR – TPACK.

Kerns, G. Individualization—The truly new element of personalized learning [EB/OL]. (2018 – 04 – 01). https://nceatalk. org/2018/04/individualization – the – truly – new – element – of – personalized – learning/.

Knowles, M. Self-directed Learning: A Guide for Learners and Teachers [M]. USA: Cambridge Adult Education, 1975.

Knust, M. & Hanft, A. Continuing Higher Education and Lifelong Learning: An International Comparative Study on Structures, Organisation, and Provisions [M]. London, UK: Springer, 2009.

Kramsch, C. Third culture and language education [C] //Contemporary Applied Linguistics. London: Continuum, 2009: 233 – 254.

Krashen, S. D. The Input Hypothesis: Issues and Implications [M]. New York: Longman, 1985.

Kress, G. Multimodality: A Social Semiotic Approach to Contemporary Communication [M/OL]. (2009 – 12 – 01). https://www. researchgate. net/publication/289921573_Multimodality_A_Social_Semiotic_Approach _to_Contemporary_Communication.

Kurt, S. Bloom's taxonomy [EB/OL]. (2020 – 12 – 15). https://educationaltechnology. net/blooms – taxonomy/.

Kurt, S. TPACK: Technological pedagogical content knowledge framework [EB/OL]. (2018 – 05 – 12). https://educationaltechnology. net/technological – pedagogical – content – knowledge – tpack – framework/.

Lantolf, J., Poehner, M., Swain, M. The Routledge Handbook of Sociocultural Theory and Second Language Development [M]. New York: Routledge/Taylor & Francis, 2018: 101 – 128.

Lantolf, J., Thorne, S. L., Poehner, M. Sociocultural theory and second language development [C] //VanPatten, B., Williams, J. (Eds.). Theories in Second Language Acquisition. New York: Routledge/Taylor & Francis, 2015: 207 – 226.

Leathwood, C., Francis, B. Gender and Lifelong Learning: Critical Feminist Engagements [M]. New York: Routledge, 2006.

Levine, N. D., Anderson, J. J. B. Human Ecology [M]. Belmont, Canada: PWS Publishing Company, 1975: 4.

Lewis, T., Comas-quinn, A., Hauck, M. Clustering, collaboration, and community: Sociality at work in a cMOOC [C] //Dixon, E., Thomas, M. (Eds.). Researching Language Learner Interactions Online: From So-

cial Media to MOOCs. San Marcos: Texas State University, 2015.

Likens, G. E. The Ecosystem Approach: Its Use and Abuse [M]. Hamburg: Ecology Institute, 1992.

Livermore, D. Leading with Cultural Intelligence [M]. New York: AMACOM, 2009: 170 – 189.

Lu, W. Construction and evaluation of a smart learning ecosystem for college English [J]. 2020 2nd International Conference on Applied Machine Learning and Data Science (ICAMLDS 2020), 2020 | Journal of Physics: Conference Series 1629, 2020: 345 – 370.

Luckin, R., Clark, W., Garnett, F., et al. Learner-generated contexts: A framework to support the effective use of technology for learning [C] // Lee, M., McLoughlin, C. (Eds.), Web 2.0-based E-learning: Applying Social Informatics for Tertiary Teaching. Hershey: IGI Global, 2010.

Mackness, J., Bell, F., Funes, M. The rhizome: A problematic metaphor for teaching and learning in a MOOC [J]. Australasian Journal of Educational Technology, 2016: 32 (1), 78 – 91.

Maslow, A. H. A theory of human motivation [J]. Psychological Review, 1943: 50, 370 – 396.

Mckeown, L. Pedagogy-andragogy-heutagogy [J/OL]. (2011 – 01 – 01). http://www. blog. lindymckeown. com/?p = 52,2011.

Mealha, Ó., Rehm, M., Rebedea, T. Co-design and tools supporting smart learning ecosystems and smart education [R] //5th International Conference on Smart Learning Ecosystems and Regional Development, 2021. Proceedings of the 5th International Conference on Smart Learning Ecosystems and Regional Development: Smart Innovation, Systems and Technologies (SIST 197), 2021: xiv + 270.

Meridian stories [EB/OL]. (2022 – 05 – 10). https://www. meridianstories. com/research – and – pedagogy/research – on – digital – storytelling – summary – of – studies – from – the – university – of – houston/.

Mezirow, J. & Associates. Fostering Critical Reflection in Adulthood: A Guide to Transformative and Emancipatory Learning [M]. Jossey-Bass, 1990.

Microsoft & YouGov. Learning Forward: A holistic approach to reimagined learning. (2020 – 12 – 01). https://edudownloads. azureedge. net/msdownloads/Microsoft_ YouGov_ Learning_ Forward. pdf.

Mishra, P. , Koehler, M. J. Technological pedagogical content knowledge: A framework for integrating technology in teachers' knowledge [J]. Teachers College Record, 2006, 108 (6): 1017 – 1054.

Olson, M. H. , Hergenhahn, B. R. An Introduction to Theories of Learning [M]. New Jersey: Pearson Prentice Hall, 2009.

O'Malley, J. M. , Chamot, A. U. Learning Strategies in Second Language Acquisition [M]. Cambridge: Cambridge University Press, 1990.

Organisation for Economic Cooperation and Development (OECD). Lifelong Learning for All [M]. Paris: OECD, 1997.

Palmisano, S. J. A smarter planet: The next leadership agenda [J]. IBM, 2008, 6: 1 – 8.

Patricia, A. D. Social Dimensions and Processes in Second Language Acquisition: Multilingual Socialization in Transnational Contexts [A]. Britain: University of British Columbia, 2019 (9): 6 – 22.

Percentage indicating proficiency on pre/posttests for skill and knowledge [EB/OL]. (2010 – 01 – 10). https://www. researchgate. net/figure/Percentage – indicating – proficiency – on – pre – posttests – for – skill – and – knowledge_ fig2_ 228666240.

Petrina, S. Sidney Pressey and the automation of education, 1924 – 1934 [J]. Technology and Culture, 2004, 45 (2): 305 – 330.

Phelps, R. , Hase, S. Complexity and action research: Exploring the theoretical and methodological connections [J]. Educational Action Research, 2007: 10 (3), 507 – 524.

Phuntsog, N. The magic of culturally responsive pedagogy: In search of the Genie's Lamp in multicultural education [EB/OL]. (1998 – 04 – 01). https://files. eric. ed. gov/fulltext/ED420632. pdf.

Prensky, M. Teaching Digital Natives: Partnering for Real Learning [M]. Thousand Oaks: Corwin Press, 2010.

Price, D. Heutagogy and social communities of practice: Will self-determined

learning re-write the script for educators? [C] //Blaschke, L. M. , Kenyon, C. , Hase, S. (Eds.). Experiences in Self-determined Learning. Oldenburg, Germany: Center for Open Education Research (COER), University of Oldenburg, 2014.

Proposal for a DECISION OF THE EUROPEAN PARLIAMENT AND OF THE COUNCIL establishing the 2030 Policy Programme "Path to the Digital Decade" [EB/OL]. (2019 – 07 – 22). https://eur – lex. europa. eu/legal – content/EN/TXT/?uri = CELEX%3A52021PC0574.

Puentendura, R. R. A brief introduction to TPCK and SAMR [EB/OL]. (2010 – 01 – 01). http://hippasus. com/rrpweblog/archives/2015/10/SAMR_ ABriefIntro. pdf.

Rauterberg, M. From personal to cultural computing: How to assess a cultural experience [C] //Kemper, G. , von Hellberg P. U. (Eds.), Day IV—Information Nutzbar Machen. Lengerich: Pabst Science Publisher, 2006: 13 – 21.

Rehman, Z. U. , Aurangzeb, W. The SAMR model and Bloom's Taxonomy as a framework for evaluating technology integration at university level [J]. Global Educational Studies Review, 2021VI (IV): 1 – 11.

Rogers, C. R. On Becoming a Person: A Therapist's View of Psychotherapy [M]. Boston & New York: Houghton Mifflin Company, 1961.

Romrell, D. , Kidder, L. , Wood, E. The SAMR model as a framework for evaluating mLearning [J] Journal of Asynchronous Learning Networks, 2014, 18 (2).

Rudd, J. , Sullivan, P. , King, M. , et al. Education for a smarter planet: The future of learning [J]. (2012 – 09 – 09). http://www. redbooks. ibm. com/redpapers/pdfs/redp4564. pdf.

Salem, B. , Rauterberg M. Power, death and love: A trilogy for entertainment [C] //Kishino, F. , Kitamura, Y. , Kato, H. , et al. (Eds.). Entertainment Computing-ICEC (Lecture Notes in Computer Science). Berlin: Springer, 2005: 279 – 290.

Schön, D. A. The Reflective Practitioner: How Professionals Think in Action [M]. Temple Smith, 1983.

Schön, D. A. Education the Reflective Practitioner: Toward a New Design for Teaching and Learning in the Professions [M]. Jossey-Bass, 1987.

Schuetze, H. G., Slowey, M. Higher Education and Lifelong Learners: International Perspectives on Change [M]. London, UK: Routledge/Falmer, 2000.

Schuetz, R. Creating learning legacies using blogs [C] //Blaschke, L. M., Kenyon, C., Hase, S. (Eds.). Experiences in Self-determined Learning. Oldenburg, Germany: Center for Open Education Research (COER), University of Oldenburg, 2014.

Shah, R. Transforming Systems in Times of Adversity: Education and Resilience White Paper. USAID Education in Conflict and Crisis Network [EB/OL]. (2019 - 01 - 01). https://www. eccnetwork. net/resources/transforming - systems - times - adversity - education - and - resilience - white - paper.

Shimaa, O., Ellatif, A., Salama, M., et al. A proposed paradigm for smart learning environment based on semantic web [J]. Computers in Human Behavior, 2017 (72): 796 - 818.

Siemens, G. Connectivism: A learning theory for the digital age [J/OL]. Elearnspace. (2023 - 01 - 01). http://www. elearnspace. org/Articles/connectivism. htm.

Skalka, J., Drlik, M., Obonya, J., et al. Architecture Proposal for Micro-Learning Application for Learning and Teaching Programming Courses [C] //IEEE Global Engineering Education Conference (IEEE EDUCON). 2020 | Proceedings of the 2020 IEEE Global Engineering Education Conference (EDUCON 2020), 2020: 980 - 987.

Steffenson, S. V., Kramsch, K. The ecology of second language acquisition and socialization [C] //Duff, P., May, S. (Eds.). Language socialization. Encyclopedia of language and education (3rd ed.). Cham, Switzerland: Springer, 2017: 17 - 42.

Steinberg, R. J. Encyclopedia of Human Intelligence Vol. 2 [M]. London, UK: Macmillan Publishing House, 1994.

Stephenson, J., Weil, S. Quality in Learning: A Capability Approach in

Higher Education [M]. London, UK: Kogan Pa, 1992.

Storch, N. Sociocultural theory in the L2 classroom [C] //Loewen, S. & Sato, M. (Eds.). The Routledge Handbook of Instructed Second Language Acquisition. New York: Routledge, 2017: 69 –83.

Swain, M., Deters, P. "New" mainstream SLA theory: Expanded and enriched [J]. Modern Language Journal, 2007 (91): 820 –836.

Take Your Maths Classroom to the Next Level [EB/OL]. (2022 –04 –20). https://www. carnegielearning. com/products/software – platform/mika – learning – software/.

Tay, B. H., Hoac, S. The role of action research in workplace PhDs [J]. Action Learning and Action Research Journal, 2004, 9 (1): 81 –92.

Terada, Y. A powerful model for understanding good tech integration [EB/OL]. (2020 –05 –04). https://www. edutopia. org/article/powerful – model – understanding – good – tech – integration.

The Center for Collaborative Education. As part of the Regional Funds for Breakthrough Schools Initiative, the Center for Collaborative Education (CCE) launched the Massachusetts Personalized Learning Network in 2016 [EB/OL]. (2016 –03 –01). https://www. nextgenlearning. org/grants/center – for – collaborative – education – ma.

The class of 2030 and life-ready learning [EB/OL]. (2023 –01 –01). https://info. microsoft. com/ww – landing – McKinsey – Class – Of – 2030 – Whitepaper. html.

The learn2 analyze educational data literacy competence profile [EB/OL]. (2023 –01 –01). https://learn2analyse. eu/proj/l2a – edl – cp/.

The New London Group. A pedagogy of multiliteracies: Designing social futures [J]. Harvard Educational Review, 1995 (1): 60 –93.

The use of telepresence in education and elearning [J/OL]. (2018 – 07 – 21). https://elearningindustry. com/telepresence – in – education – future – elearning.

Tikkanen, T., Nyhan, B. Promoting Lifelong Learning for Older Workers: an International Overview [M]. Luxembourg: Office for Official Publications of the European Communities, 2006.

Tokuhama-Espinosa, T. Mind, brain and education science: A comprehensive guide to the new brain-based teaching [M]. New York: W. W. Norton, 2011.

Tomczyk, L., Jauregui, V. C., de la Higuera Amato, C. A., et al. Are teachers techno-optimists or techno-pessimists? A pilot comparative among teachers in Bolivia, Brazil, the Dominican Republic, Ecuador, Finland, Poland, Turkey, and Uruguay [J]. Education and Information Technologies, 2021, 26 (3): 2715 – 2741.

UNESCO Institute for Lifelong Learning. Embracing a culture of lifelong learning: Contribution to the futures of education initiative; report; a transdisciplinary expert consultation [EB/OL]. (2020 – 01 – 01). https://unesdoc. unesco. org/ark:/48223/pf0000374112.

UNESCO. Reimagining our futures together: A new social contract for education; executive summary [EB/OL]. (2021 – 01 – 01). https://unesdoc. unesco. org/ark:/48223/pf0000379381.

UNESCO. Rethinking education towards a global common good? (2015 – 10 – 20). https://unesdoc. unesco. org/ark:/48223/pf0000232555.

Upendra, P. 7 Powerful chatbot apps for learning languages [EB/OL]. (2019 – 10 – 01). https://www. tristatetechnology. com/blog/best – language – learning – chatbot – apps/.

U. S. Department of Education. A supplement to the National Education Technology Plan (2017) [EB/OL]. (2017 – 01 – 19). https://tech. ed. gov/higherednetp/.

Valencia, J. A. A. Meaning making and communication in the multimodal age: Ideas for language teachers [J]. Colombian Applied Linguistics Journal, 2016 (6): 98 – 115.

Van Weert, T. J., Kendall, M. Lifelong Learning in the Digital Age: Sustainable for all in a Changing World [M]. London, UK: Springe, 2004.

Wain, K. Philosophy of Lifelong Education [M]. London, UK: Croom Helm, 1987.

Watson, D., Taylor, R. Lifelong Learning and the University: A Post-Dearing Agenda [M]. New York: Falmer Press, 1998.

Wei, Z. Construction strategy of smart english teaching platform from the perspective of ldquointernet + educationrdquo [R]. 2020 International Conference on Machine Learning and Big Data Analytics for IoT Security and Privacy. SPIoT-2020, 2021. Advances in Intelligent Systems and Computing (AISC 1283), 2020: 122 – 8, 122 – 134.

Weinstein, C. E., Hume, L. M. Study Strategies for Lifelong Learning [M]. Washington, D. C.: American Psychological Association, 1998.

Wenden, A. L. Metacognition: An expandedview on cognitive abilities of L2 learners [J]. Language Learning, 1987 (37/4): 573 – 594.

Why use storyboard that for ESL classes? [EB/OL]. (2022 – 05 – 10). https://www. storyboardthat. com/english – as – a – second – language.

Williams, M., Humphrys, G. Citizenship Education and Lifelong Learning: Power and Place [M]. New York: Nova Science Publishers, 2003.

World Economic Forum. Chapter 1: The future of jobs and skills [EB/OL]. (2016 – 01 – 01). http://reports. weforum. org/future – of – jobs – 2016/ chapter – 1 – the – future – of – jobsand – skills.

World Economic Forum. The global risks report 2022, 17th edition [EB/ OL]. (2022 – 01 – 01). https://www3. weforum. org/docs/WEF_The _ Global_Risks_Report_2022. pdf.

Yeaxlee, B. A. Lifelong Education [M]. London, UK: Cassell, 1929.

Zimmerman, B. J., Schunk, D. H. Self-regulated Learning and Academic Achievement: Theoretical Perspectives [M]. New York, NY, & London, UK: Routledge, 2001.

Zuengler, J., Miller, E. R. Cognitive and sociocultural perspectives: Two parallel SLA worlds? [J]. TESOL Quarterly, 2006 (40): 35 – 58.

34 Great ways to teach English with technology [EB/OL]. (2022 – 08 – 6). https://englishpost. org/tools – teach – english – technology/.